本书为北京市财政项目"PXM2012_014202_000196北京城市学院经济管

Management

管理学原理
实用教程

主　编：许天舒　梁玉芬
副主编：季承妹　冯丽娜

中国市场出版社
·北京·

图书在版编目（CIP）数据

管理学原理实用教程/许天舒，梁玉芬主编. —北京：中国市场出版社，2014.3

ISBN 978 - 7 - 5092 - 1197 - 7

Ⅰ．①管…　Ⅱ．①许…②梁…　Ⅲ．①管理学-高等学校-教材　Ⅳ．①C93

中国版本图书馆 CIP 数据核字（2014）第 002272 号

管理学原理实用教程

主　编　许天舒　梁玉芬
副主编　季承妹　冯丽娜

出版发行：中国市场出版社

社　　址：北京月坛北小街 2 号院 3 号楼　　邮政编码　100837

电　　话：编 辑 部（010）68037344　读者服务部（010）68022950
　　　　　发 行 部（010）68021338　68020340　68053489
　　　　　　　　　　68024335　68033577　68033539
　　　　　总 编 室（010）68020336
　　　　　盗版举报（010）68020336

邮　　箱：huchaoping1966@sina.com

经　　销：新华书店

印　　刷：河北省高碑店市鑫宏源印刷包装有限公司

规　　格：185 mm×260 mm　16 开本　　版　次：2014 年 3 月第 1 版

印　　张：22　　　　　　　　　　　　　印　次：2014 年 3 月第 1 次印刷

字　　数：450 000　　　　　　　　　　 定　价：38.00 元

前　言

　　管理无处不在。一方面，管理是任何组织发展的基础和推动力，"三分技术，七分管理"这句至理名言在任何时代都是永恒的真理，任何组织的发展都离不开管理；另一方面，管理提升和丰富了我们每个人的现实工作和生活，管理让我们的生活更美好，管理技能能提升我们的职业发展能力。管理是伴随我们一生，值得我们用一生去不断提升的生存和发展的能力。管理是社会、组织和个人的生存法则。

　　管理知识和技能如此重要，使管理学的相关课程早已成为各类高校中普及性的课程之一。本书是为适应我国高等院校培养社会所需要的实用型人才，配合管理学原理教学改革而编写的特色教材。本书在总结吸收前人丰富的管理思想和管理理论的基础上，结合国内外最新研究成果，汇总了作者多年来在"管理学原理"课程一线教学的经验编写而成。

　　在长期的教学管理实践中我们感悟到，管理能力的提升是一种修炼。所以在本教材的编写中我们基于"如何成为一名优秀管理者"的主线突出了以下思考：

　　一是突出"闻"。管理学是一门多学科渗透的学科，管理实践也纷繁复杂。因此在本教材的编写中我们立足于初学者的"博闻"，主要依据三条主线：第一，从中国古代五千年的浩瀚论述中采撷先贤们对管理的经典故事、名言名句，汲取其管理思想与智慧；第二，从国外管理先驱们百年来对管理的探索实践中学习其管理的技巧与方法；第三，从中国改革开放 30 年来中国企业在探索中国式管理创新中的大量鲜活案例获得有益的经验与借鉴。

　　二是突出"思"。闻的目的是思。本教材编写了若干版块，包括"引入案例"、"管理知识链接"、"管理故事"、"管理案例"、"管理寓言"、"职场印象"、"管理借鉴"、"管理实践"、"温馨提示"、"名人名言"、"交流分享"、"管理训练"等，其目的是促使学习者在前人成果的基础上引发深入思考。思考我能否用、我何时用、我为何用、我怎么用。所以"深思、慎思、反思"是我们设计本教材的第二层教学目标。

　　三是突出"修"。管理的最高境界是修心做人。管理学课程不仅仅是了解管理的知识与原理，这充其量只是低层次的目的。学管理是学做人，做企业实际是做人，成功的企业是做人的成功。教材中大量成功企业的实践，如：海尔张瑞敏对中国管理文化的信奉，日本京瓷的稻盛和夫对中国儒家经典的尊崇，中国互联网的楷模马云开口必谈做人。这些都说明做人是做企业的根本。所以"修学、修身、修心"相统一是学好管理学的第三层次的目标。

　　四是突出"行"。管理的终极目标在于实践，即"行"，这是人格的完善，是境界的提升。管理大师彼得·德鲁克说过，"管理是一种实践，其本质不在于知，而在于行；其验证不在于逻辑，而在于成果。"学习管理学的出发点是为了让个人和团体变得更有效率、更加出色、更能持续地成长。因此我们教学的第四个目标是"智行、敏行"。围绕此目标设计了大量具有时代感的职场实训题目，使学习者在实践中不断观照自我、不断自省、不断精进、不断提升、不断完善，遵循"格物、致知、诚意、正心、修身、齐家、治国、平天下"的序列，最终达到"成为一名优秀管理者"内圣外王的管理理想境界。

本书以培养读者的管理意识和管理能力为目的，以管理职能为主线，全面、系统地介绍了管理学原理的基本理论和实务。全书共分为8章：第1章，走进管理；第2章，走进管理者；第3章，管理决策；第4章，计划；第5章，组织；第6章，领导；第7章，控制；第8章，管理理论前沿。其中第1章和第2章属于管理的基础知识；第3～7章属于管理的实务部分；第8章主要是管理的理论前沿。

本书注重实用，强调对读者实际管理能力的提升，在每章后面都结合各章的内容，设计了以提升读者管理能力为目的的"管理训练营"模块，训练项目丰富多样，从多角度锻炼读者的管理能力。模块中的项目有交流分享、案例分析、管理能力训练游戏、情景扮演分析、职场提升等不同形式。

概括起来，本书具有以下突出特色：

1. 体例新颖

每章均设有名人名言、教学目标和要求、导入案例、管理案例、特别提示、管理故事、知识链接、本章小结、管理训练营等内容，集知识性、可读性、趣味性、实用性和探索性于一体。

2. 简明实用，理论够用，突出实际能力的训练和提升

本书打破了传统的学科体系，较好地处理了管理理论学习与管理技能培养训练的关系，切实落实"管用、够用、适用"的教学指导思想。本书以管理职能为主线，强化管理的实务能力，内容精简，体系完整。

3. 案例充足，资料新颖，拓展视野

全书共用了近500个通俗、生动、有趣的管理案例、管理故事等来覆盖、贯穿所有的管理原理的知识点，以加深读者的理解和感性认识。很多案例都是近年的最新案例。

本书所涉及的知识面和视野十分宽广，吸收了国内外最新的管理理论和实践中的新探索，以使读者及时掌握前沿内容，了解管理实践的最新进展。

4. 重点突出，逻辑清晰，语言简练，阅读轻松

本书使用了适量的标题，知识表达逻辑清晰、层次分明、重点突出，强化了教材的施教功能；语言尽量精炼、生动活泼、浅显易懂，使阅读轻松愉悦。

本书可作为高等院校财经管理类及理工等类各专业应用型本科或专科的教材，也可作为各类高职院校、成人教育的教材，或作为各类企事业人员及创业人员提高管理能力的培训或自学教材。

本书的作者都是长期以来一直活跃在管理学原理教学和科研第一线，并有着企业实践工作背景的"双师型"高校教师，本书的创作汇集了作者多年来教学、科研及企业实践的很多成果，是作者近年来管理学原理课程教学改革实践成果的充分体现。

　　全书由许天舒、梁玉芬担任主编，季承妹、冯丽娜担任副主编。其中，许天舒、梁玉芬负责全书的体例策划，许天舒负责拟定、编写大纲，组织协调并承担最终统稿工作。全书的分工如下：许天舒，第1章至第5章以及前言；梁玉芬，第6章至第8章；季承妹、冯丽娜负责校对。

　　在本书写作中，我们参考了许多同行专家的相关著作和文献，受益匪浅，在此，对这些专家、学者一并表示衷心感谢。由于作者能力有限，本书难免存在一些有待商榷和不足之处，恳请各位同行和读者批评指正，以便进一步修改和完善。

编者
2014年1月于北京

目　　录

第 1 章

走进管理

　　一个单独的小提琴手是自己管理自己，一个乐队就需要一个指挥。指挥对于乐队，就像经理对于企业，他们的存在是确保组织各项活动实现预定目标的条件。

——马克思

学习目标

1. 知识学习目标

- 理解管理的定义
- 理解管理的目标
- 理解管理的二重性
- 理解环境对管理的意义
- 了解西方早期管理思想
- 了解古典管理理论
- 了解行为科学理论
- 了解现代管理理论

2. 能力实训目标

- 应用管理的过程
- 应用管理的基本职能
- 应用管理的本质
- 应用环境分类的方法
- 应用权变管理原则

引入案例

联想培养帅才三招式

有人说联想之所以能成功，在于柳传志选对了两个人：杨元庆和郭为。联想的帅才确实是成就今天联想的重要因素之一。柳传志认为企业要发展，就要注意培养接班人的问题。

一、孵化第一式："扎鞋垫法"

神州数码总裁郭为，担任联想副总裁时不过 30 岁出头。他在联想从秘书做起，岗位先后变动达十余次，每个岗位都有不同类型的业务内容。按郭为的说法，他的工作是从给老板开车门、拎皮箱开始的。在之后的几年里，他做过业务部门的总经理、企业部的总经理，负责过财务部门的工作，被派到广东惠州联想集团新建的生产基地学习盖厂房，也去过香港联想负责投资事务。

杨元庆 1988 年来到联想集团，从推销员做起，两年后成为当时一个不太重要的业务部门 CAD 部门的经理。杨元庆利用与美国惠普公司的业务往来关系潜心学习惠普公司的管理，不仅使任职部门的营业额快速增长，而且带出一支十分优秀的队伍。由于工作出色，杨元庆被调到联想最重要的微机事业部做总经理。在微机事业部，杨元庆带领一群人不断拼搏，使联想电脑市场份额在两年间获得大的飞跃，被委以重任。就这样，他一步一步登上联想集团总裁的位置。

柳传志培养杨元庆、郭为，第一是让他们逐渐参与决策、参与管理，这样一方面在价值观、思想方法甚至工作技巧等诸方面求得一致；另一方面要求他们不能当被动式接受、传递的齿轮，而是要当主动思考、创造执行的发动机。第二就是先把责权利说清楚，然后放手给他们以机会和舞台，让他们在工作中锻炼成长起来。

这样的好处，一是群策群力，企业能避免大的决策失误和经营震荡；二是帅才们有职有权，积极性能调动起来；三是他们独当一面后，柳传志也能腾出时间和精力思考关乎公司发展的更重大、更长远的问题。

二、孵化第二式："赛马法"

联想培养帅才的第二个方法是从赛马中识别好马。在联想看来，最好的认识人才和培养人才的方法就是让他做事。联想"赛马法"包括三个方面的含义：

1. 要有"赛场"，即为帅才提供合适的岗位；

2. 要有"跑道"划分，不能乱哄哄挤作一团，必须引导他们有秩序地竞争；

3. 要制订比赛规则，即建立一套较为科学的绩效考核和奖励评估系统。

从1994年开始，联想每到新年度的三四月间都会进行组织机构、业务结构的调整。在这些调整中，管理模式、人员变动都极大。通过"折腾"，联想给员工提供尽可能多的竞争机会，在工作中崭露头角的年轻人脱颖而出，而那些固步自封、跟不上时代变化的人就会被淘汰——这就是"在赛马中识别好马"。

在20世纪90年代初，联想就开始实施在赛马中识别好马的策略。当时联想人员的年龄结构存在着一个很大的问题，最初创业的一代约占总人数的40%，平均年龄在46岁以上，年龄最小的也有40岁；另外60%是刚从学校毕业或从社会上招聘来的，平均年龄约26岁，最大的不超过30岁。30～45岁这个年龄层出现了空白。

这种情况可能会导致两种后果：一是五年之后，也就是当老一代联想人退居二线的时候，联想后继乏人；二是五年之后，50多岁的老一代联想人虽没有退居二线，但计算机界的竞争日新月异，从观念上及市场竞争上，联想可能会掉队。

意识到这一点后，联想便开始不断地把年轻人推到前面。在1990、1991年这两年里，虽然遇到了很大的阻力和困难，但是联想在用人、选拔人才时始终贯彻这一策略。

杨元庆和郭为也是在这个时候开始不断被提拔的，1990年郭为任联想业务二部总经理，1991年杨元庆任联想CAD部门的总经理。于是乎，好马们开始显山露水了。

三、孵化第三式："索骥法"

接班人问题要早做考虑。联想在创业初期，对人才的能力素质尚未进行深入的分析，没有成型的领导素质模型，只有个朴素的要求：德才兼备，就是说既要有业务能力做出业绩，也要有好的品德，而且德是放在第一位的。

到了20世纪80年代末，联想开始将人才分成三个层次：

1. 好员工：有责任心，能独立完成本职工作的人。

2. 骨干或经理：有责任心和上进心，能带领一班人完成工作的人。

3. 领军人物（也即帅才）：有责任心、上进心、事业心，能带领一个团队、制定战略，并将战略推向成功的人。对于帅才，细化成了十项全能：很强的适应能力，很强的学习能力，很强的总结能力，很强的沟通能力，很强的决策能力，正确认识自我的能力，顾全大局，实事求是，敢于承担风险、敢于面对困难，勤奋、吃苦。

上述10项能力中，首先应是适应能力。在工作中，很多情况下不是由你选择环境，而一定是你去适应环境，这样才能发展。现在很多年轻人眼高手低，缺乏这一素质。

杨元庆当初是抱着做技术工作的想法进入联想的，进去后才发现自己要每天往外跑做销售。性格内向的杨元庆接下这工作干了起来，最后一直做到了总裁，其适应能力不可谓不强。

1991 年，杨元庆所去的 CAD 部门主要代理销售惠普公司的绘图仪。杨元庆从惠普绘图仪的销售中，学会了除了零售和批发之外的另一种销售模式：代理和分销。杨元庆从中受到了很大启发。他开始构想以联想为中心的销售网络。在杨元庆上任的当月，联想 CAD 部与中关村的一家公司签订了代理分销合同，从此，中国 IT 业诞生了真正意义上的分销商。这种销售模式使得 CAD 部的销售业绩持续上升，由 1991 年的 3 000 万元达到 1993 年的 2.3 亿元。正所谓青出于蓝胜于蓝，这种学习自惠普的模式，也是后来联想在中国屡屡打败惠普、IBM 的强大工具。

杨元庆在 CAD 部的成功，显示了他的天赋，那就是善于适应环境，善于学习，善于总结经验，善于发现，善于应用。联想也是在企业不断地发展成长中，逐步完善自己对帅才的要求，形成系统的职业素质要求。通过这个成熟的模型，联想先后发掘了陈绍鹏、刘军等新一代的帅才。（案例来源：联想培养帅才三招式. 第一赢销网，2013-05-03.）

思考题：

从管理角度，你是如何评价联想的成功的？

✦✧✦✧✦✧✦✧✦✧✦✧✦✧✦✧✦✧✦✧✦✧✦

1.1　管理的含义和必要性

1.1.1　什么是管理

1. 组织与管理

管理活动自古即有。组织无论大小，无论目的差异有多大，大到管理一个国际组织、一个国家，小到管理一个家庭或自己，都存在管理。

组织是构成社会的最基本细胞，也是社会中最常见、最普遍的现象，我们至少要在一个组织中工作或生活，还会和各种各样的组织相接触。组织无论大小都是利用人力、物质、资金等各类资源生产出成果的一个系统。组织要取得好的成效就要运用到管理。

管理实践

管理实践和人类的历史一样悠久。公元前 5000 年，生活在幼发拉底河流域的闪米尔人就有了人类历史上最早的对管理活动的记录。公元前 17 世纪，中国商代的国王已经通过管理活动来统辖指挥几十万军队作战，并管理上百万分工不同的奴隶进行生产劳动。周朝制定了许多管理国家的典章制度，提出了"明德慎罚"的管理思想。为了适应诸侯王国之间政治、军事活动的需要，在中央到全国主要都城的大道上每隔 15 千米设一驿站，形成了全国性的信息网络，信息传递速度可以达到平均每天 250 千米，这是世界上最早的管理信息系统。

世界上所有的文明古国如巴比伦、罗马等都早在几千年前就对自己的国家进行了有效管理，并且建立了庞大严密的组织，完成了许多今天看来仍是十分巨大的建筑工程，中国的长城、兵马俑，埃及的金字塔就是最好的证明。

中国历史上伟大的工程，如长城、大运河和都江堰等工程的完成都离不开管理。长城总长达到六千七百多千米，从公元前 7 世纪春秋战国时期开始修建，一直延续到明朝万历年间（1573 年）。在科学技术与生产力均不发达的古代，能完成如此巨大的工程，管理工作的计划、组织、领导与控制进行得如此周密细致，使世人惊叹！

在漫长的封建社会中，我国建立了高度集权的行政管理体制，特别是在人才的选拔和录用方面，建立了比较完善的科举制度。从现代的观点看，尽管始于隋朝的科举制度在考试内容和选聘标准上存在着许多问题，但是通过考试和平等竞争的方法选用人才，在人类历史上可以说是开辟了一个范例，有的学者甚至把它说成是西方公务员制度的先驱。

当今的社会是组织社会，各种组织形式层出不穷，且其规模和复杂性都在增加。保证组织正常有效的运行的前提和基础就是管理工作以及管理职能正常高效地发挥作用。组织和管理是同生共存的，缺乏管理的组织无法达到高效运行和发展的目标，而没有管理的组织是无序混乱、低效、缺乏生命力的。

作为社会上最小的组织——个人，也是需要管理的。每个人的良好发展都离不开管理。纵观古今中外那些成功优秀的人士，没有一个不是个人管理意识和管理能力强的人。培养管理意识、提升管理能力是个人人生和职场发展必备的法宝。

2. 管理的定义

从字面上，管理有"管辖"、"处理"、"管人"、"理事"等意，即对一定范围的人员及事务进行安排和处理。对于管理的定义理解，古今中外，从不同的角度出发，有许多种的理解和阐述。下面是关于管理的一些典型而经典的定义：

□ 科学管理的创始人泰罗认为，管理就是"明确你要别人去干什么，并使他用最好的方法去干"。这一观点强调了管理对效率的意义和管理的目的性。

□ 近代管理大师孔茨认为，管理就是设计和保持一种良好的环境，使个人在群体中高效率地完成既定的目标。

管理案例　　　　　　　　　**惠普的敞开式办公室**

美国惠普公司创造了一种独特的"周游式管理办法",鼓励部门负责人深入基层,直接接触广大职工。

为此目的,惠普公司的办公室布局采用"敞开式大房间",即全体人员都在一间敞厅中办公,各部门之间只有矮屏分隔,除少量会议室、会客室外,无论哪级领导都不设单独的办公室,同时不称头衔,即使对董事长也直呼其名。这样有利于上下左右通气,创造无拘束和合作的气氛。

单打独斗、个人英雄的闭门造车工作方式在现今社会是越来越不可取了,团队的分工合作方式正逐渐被企业认同。管理中打破各级各部门之间无形的隔阂,促进相互之间融洽、协作的工作氛围,是提高工作效率的良方。

不要在工作中人为地设置屏碍分隔,敞开办公室的门,制造平等的气氛,同时也敞开了彼此合作与心灵沟通的门。

对一个企业而言,最重要的一点是营造一个快乐、进步的环境:在管理的架构和同事之间,可以上下公开、自由自在、诚实地沟通。

☐ 职能管理学派的代表法约尔认为,管理就是实行计划、组织、控制、协调和指挥。这一观点强调管理是一个过程。

☐ 行为学派的代表梅奥认为,管理就是做人的工作,管理的主要内容是以研究人的心理、生理和社会环境之间的相互关系为核心,激励员工,调动人的积极性。

☐ 决策学派的代表西蒙认为,管理就是决策,决策贯穿管理的全过程。这一定义强调了决策在现代管理中的主导地位,说明了决策与管理的内在联系。

☐ 管理科学学派的代表伯法认为,管理就是用数学模型来表示计划、组织、控制、决策等合乎逻辑的程序,求出最优的解答,以达到系统所追求的目标。

☐ 管理大师彼得·德鲁克认为,管理是一种以绩效责任为基础的专业职能。他认为,管理与所有权、地位或权力完全无关。管理是专业性的工作,与其他技术工作一样,有自己专有的技能、方法、工具和技术。管理的本质和基础是执行任务的责任。

综合上述对于管理含义的界定,管理的概念可以表述为:在特定的环境下,对组织所拥有的资源进行有效的计划、组织、领导和控制,以实现既定的组织目标的过程。

上述管理定义指出,管理既要注意效率也要注重效果。效率表明了投入与产出间的关系,因此管理涉及怎样使资源成本最小化、使效率最大化的问题。同时管理还涉及怎样使活动得以顺序完成,即寻求有效的成果。当通过管理使组织顺利地达成了预期的目标,我们就认为管理是有效的。因此,效率涉及的是过程,而效果涉及的是目标。

管理知识链接

科学管理之父弗雷德里克·温斯洛·泰罗出生于费城一个富裕的律师家庭,年幼时就喜欢科学研究和实验。他考上了哈佛大学法学院,但因眼疾而辍学,于

1874 年进入一家小机械厂当学徒，1878 年进费城米德维尔钢铁公司，先后当过工人、车间管理员、技师、工长，1884 年升为总工程师。

泰罗认为，科学管理并不一定是什么大发明，也不是什么新鲜或惊人的事，而是把老的知识收集起来，加以分析、组合并归类成规律和条例。其代表作有：《计件工资制》（1895）、《工场管理》（1903）、《科管理原理》（1911）。从 1880 年起，他开始试验和研究，后来被称为"科学管理"或"泰罗制"的管理理论和制度。

泰罗制的中心问题是提高劳动生产率。泰罗科学管理理论促进了当时工厂管理的普遍改革，在运用科学管理的工厂中，生产效率成倍增长；提高了企业管理和管理理论的科学性。

泰罗的研究成果为现代管理理论的形成和发展奠定了基础，为解决管理问题开阔了眼界。

泰罗理论的局限性是：依据"经济人"假设，以机械模式看待职工，把工人看做仅仅是接受监督人员命令、从事作业的被动生产工具，就像机器那样。他没有对人的因素进行充分研究，忽视了工人参与决策的能力。

对于管理的概念，可以从以下几个角度进行进一步的理解：

（1）管理的载体——组织。管理活动存在于组织活动中，只有在一个组织中，才能谈管理者和被管理者，才能实施管理活动。管理者的作用只有在组织中才能得到发挥。同时，任何组织活动都需要有计划与目标。管理就是通过制订计划，确定目标，引导组织成员通过协作实现组织目标的过程。

（2）管理的主体——管理者。管理者是管理活动中最基本和最主要的要素。管理者是指组织中从事管理活动的人员。管理者是一个社会组织或社会单位的若干首脑或负责人组成的群体。管理者因工作职位不同处于不同的管理层次上，如公司的经理、各部门负责人。

（3）管理的客体——管理对象。管理对象是管理者施加影响并产生作用的人和事。企业的管理对象是一切可调用的资源（人员、资本、土地、厂房、原材料、设备、信息等）。

（4）管理的手段——管理职能。管理职能是对在管理活动中反复出现的带有共性的管理活动的概括。管理职能也叫管理功能，是管理者对管理对象发生作用和影响的手段。管理的基本职能是组织、领导、用人、激励、预测、决策、计划和控制，贯穿于管理活动的始终。

（5）管理的目的是为了实现既定的目标，而该目标仅凭单个人的力量是无法实现的。

（6）管理是组织中的一个活动或过程（如分配、协调活动或过程）。

管理知识链接

20 世纪 40—80 年代，除了行为科学学派得到长足发展以外，许多学者从不同的角度发表自己对管理学的见解。其中主要的代表学派有：管理过程学派、管理科学学派、社会系统学派、决策理论学派、系统理论学派、经验主义学派、经理角色学派和权变理论学派等。这些管理学派研究方法众多，管理理论不统一，每个学派都有自己的代表人物、用词意义，以及所主张的理论、概念和方法，孔茨（H. Koontz，1908—1984）称其为管理理论丛林。

3. 管理的目标

管理目标是管理者借助管理手段而达到的预期目的，它是一切管理活动的出发点和归宿。每个组织都有自己的目标，严格地说，管理是为实现组织目标服务的，即为促使组织有效地利用资源达成组织目标而进行的活动。组织的目标就是管理的目标。为组织目标而进行的管理才是有意义的。

管理寓言

马和驴的故事

唐太宗贞观年间，长安城西的一家磨坊里，有一匹马和一头驴，它们是好朋友。马在外面拉车，驴在屋里拉磨。贞观三年，马被玄奘大师选中，出发经西域前往印度取经。17年后，马驮着佛经回到长安。它重到磨坊会见好朋友驴。马谈起这次旅途的经历，驴目瞪口呆，惊叹道："你有那么多见闻啊，那么遥远的道路，我想都不敢想。"马说："其实，我们走的道路都差不多，不同的是，我同玄奘大师有一个远大的目标，并始终如一地朝着目标前进，所以取得了不菲的成绩；而你却被蒙住了眼睛，年复一年围着磨盘转，所以始终走不出这个狭窄的天地。"

温馨提示

不能为管理而管理。为明确且正确的目标进行的管理活动才是真正有意义的。

管理故事

盛夏的一天，一群人正在铁路的路基上工作。这时，一列缓缓开来的火车打断了他们的工作。火车停了下来，一节特制的并且带有空调的车厢的窗户被人打开了，一个低沉的、友好的声音传来："大卫，是你吗？"

大卫·安德森——这群人的主管回答说："是我，吉姆，见到你真高兴。"大卫·安德森和吉姆·墨菲——铁路的总裁，进行了愉快的交谈。在长达一个多小时的愉快交谈之后，两人热情地握手道别。

大卫·安德森的下属立刻包围了他。他们对于他是墨菲铁路总裁的朋友这一点感到非常震惊。大卫解释说，二十多年前他和吉姆·墨菲是在同一天开始为这条铁路工作的。

其中一个下属半认真半开玩笑地问大卫，为什么他现在仍在骄阳下工作，而吉姆却成了总裁。大卫非常惆怅地说："23 年前我为 1 小时 1.75 美元的薪水而工作，吉姆却是为这条铁路而工作。"

管理哲理：23 年前为美元工作的人，现在仍然为薪水工作；23 年前为事业工作的人，现在却成了团队的领袖。这就是平凡者与卓越者之间差别的根源所在。

4. 管理的过程

一般而言，管理工作是遵循一定的次序和过程的。管理的过程一般先后依次经过计划、组织、领导和控制这四项基本工作或职能。所以，管理一个是有效并且有序进行的过程。

理想的管理过程应该是计划在前，再有组织、领导和控制工作的依次参与，但由于具体的管理目的、管理情境、管理对象等存在差异，不同的管理活动过程所遵循次序也是有差异的，比如在处理突发事件时的管理活动，可能就是控制工作在先。但这并不能否认管理活动是一个完整的过程。

管理知识链接

法约尔的管理 14 条原则

亨利·法约尔（Henri Fayol，1841—1925）是和泰罗并驾齐驱的古典管理理论的创始人。他是一位训练有素的采矿工程师，一生在德卡维尔采矿冶金联合公司度过，先担任一个矿厂的厂长，不久就被提拔为该公司的总经理长达 30 年。他具有长期从事高层管理工作的经验，对全面管理工作具有深刻的体会和了解。其代表作有：《管理的一般原则》（1908）、《工业管理和一般管理——预测、组织、命令、协调、控制》（1916）、《国家管理理论》（1926）。

下面是法约尔提出著名的管理 14 条原则。

- 劳动分工：目的是用同样的努力生产出更多更好的产品；
- 权力与责任：要求别人服从的权利和力量，权力和责任是互为因果的；
- 纪律：实际是企业同员工之间在服从、勤勉、积极、规矩和尊重方面所达成的协议；
- 统一指挥：无论对哪一个工作，一个下属只应接受一个领导的命令；
- 统一领导：对于目标相同的一组活动只能有一个领导和一项计划；
- 个人利益服从整体利益：要克服愚昧、野心、自私、懒惰、软弱和一切企图把个人或小集团利益置于组织整体利益之上而导致冲突的个人情绪；
- 合理的报酬：目的是使职工更有价值，并激起热情；
- 适当的集权和分权；
- 等级系列（跳板原则）：显示出权力执行的路线和信息传递的渠道；
- 秩序：每件东西和每个人都有一个位置，每件东西和每个人都在恰当的位置上；

- 公平；
- 保持人员稳定；
- 首创精神；
- 团结精神。

5. 管理的基本职能

管理的职能就是管理者在执行其职务时应该做些什么。管理有四大基本职能：计划职能、组织职能、领导职能和控制职能。

（1）计划职能。

计划职能是指通过对组织内外条件的分析和预测，确定一个组织在一定时期内将要实现的目标，然后制定若干个可以实现目标的可行方案，经评价后选择一个满意的方案，并制定出实施计划所需的政策。这是管理工作的一项重要的职能，是对组织在未来一段时间内的目标和实现目标的途径的策划与安排。计划是对既定的目标进行具体安排，化为全体成员在一定时期内的行动纲领，并规定实现目标的途径、方法的管理活动。它是现代管理最重要、最基本的职能。

（2）组织职能。

组织职能是管理的第二职能。其目的是建立一种能产生有效的分工合作关系的结构。组织是为了实现系统的共同任务和目标，对人们的活动进行合理的分工和协作，合理配置和使用资源，正确处理人们相互关系的管理活动。它试图把企业生产经营的各个要素、各个环节和各个部门，从劳动的分工和协作上，从相互关系上，从时间和空间的联结上，都合理地组织起来，使劳动者之间以及劳动者和劳动工具、劳动对象之间，在一定环境下，形成最佳的结合，从而使组织的生产经营活动能够协调地、有秩序地进行，不断提高生产经营活动的效益。

（3）领导职能。

领导职能是指领导者通过影响被领导者，使其努力实现组织的既定目标。组织目标的实现要靠组织全体成员的努力。各个岗位上的人员由于各自的个人目标、需求偏好、性格、素质、价值观及工作职责和掌握信息量等方面存在差异，在相互合作中必然会产生各种矛盾和冲突。因此，就需要有权威的领导者进行领导，指导人的行为，协调人与人之间的矛盾，增进理解，统一思想和行为。领导是领导者通过指挥、指导、协调等去影响个人和集体活动以实现组织目标的过程。领导者可以产生于正式组织或非正式组织中，正式组织的领导者拥有组织赋予他们的职位和职权，而非正式组织的领导者并没有组织赋予他们的职位和职权，而是靠自己的影响力自然形成的。领导的本质就是通过领导者与被领导者的相互作用，使组织的活动协调一致，并有效地实现组织目标。组织中的领导者依据权力、责任大小不同分为高、中、低等不同层次，不管是哪一层次的领导者都要求具有优良的品质和高超的领导艺术，这样的领导集体才能带领组织成员有效地实现组织目标。管理的领导职能是一门非常奥妙的艺术，贯穿于整个管理活动中。

管理实践

留住最优秀的草

有家大型工厂的老板，种田人出身。厂区有块空地，老板觉得空着可惜，便留作自己闲暇种草。他从天南地北引来不同种类的草，种在地上，亲自耕耘，就像他当年种庄稼那样。

第一年，老板的辛勤劳动换来了这样的景象：一丛丛一蓬蓬不同品种的草长起来了。有的叶儿纤长，有的叶儿短肥，有的杆儿向上挺立，有的杆儿匍匐在地，总之，给人的印象是杂乱无章，一片狼藉。

对此，员工们打心眼里瞧不起老板，认为此人没有品位，老土一个。老板似乎感觉到什么，以后逢节日闲暇之时，便召集手下大小头目，到草地整沟挖墒，施肥浇水。大伙一同将那些长势不旺、病快快乱蓬蓬的草除掉了，留下那些生命力特别旺盛、出类拔萃的草，在草地繁衍生息。

次年的早春，当田野里的野草刚刚绽芽，老板的草地已是芳草青绿、春意盎然了。大家这才明白，老板留下的是最优秀的草。就在这年的春天，一个考察团来老板的企业取经。老板闭口不谈企业管理经营，却把考察团引到他的草地上，大谈起种草经验来，弄得人丈二和尚摸不着头脑。老板说，我在这块空地上引进了不同种类的草，让草儿自由生长，不管它是名贵的还是普通的，谁在咱地盘上长得最好就留下，不好的则淘汰。我不光自己种，还让属下来种。结果，大家通过种草都明白了一个理……老板说到这儿卖起了关子，不说了。倒是考察团的团长接过话茬说，"明白了，这个道理是，发现、留住、养好最优秀的草，这与用好人才同是一个道理啊。"

一语道破天机，在场的员工顿时恍然大悟。打这以后，老板的草地一年比一年生机勃发，老板的事业也像他的草地那样，一年比一年兴旺起来。

（资料来源：吕国荣. 改变世界的 100 道管理鸡汤 [M]. 北京：中国经济出版社，2005.）

（4）控制职能。

控制是实现计划的手段，没有控制，计划就不能很顺利地实现。控制的目的在于保证企业实际的生产经营活动及其成果同预期的目标相一致，通过控制职能，把计划规定的任务和目标转化为现实。组织中的人们在执行计划过程中，由于受到各种因素的干扰，实践活动常常会偏离原来的计划。为了保证目标及为此而制订的计划得以实现，就需要控制职能。控制就是按照既定的目标、计划和标准，对组织生产经营活动各方面的实际情况进行检查和监督，发现差距、分析原因、采取措施、予以纠正，使工作能按计划进行，或根据客观情况的变化，对计划做适当调整，使其更符合实际。控制职能通过监视组织各方面的活动和组织环境的变化，保证组织计划与实际运行状况保持动态适应。

有效的控制不仅要以计划为前提、目标和标准，而且要提高预见性，要有长远观点。不仅要在偏差出现以后能够及时察觉到，并采取有效措施加以纠正，而且要尽量在重大偏差出现之前，能预见到问题并及时采取措施，把问题消灭在萌芽之中。控制要有全面观点，要从整体利益出发实施控制，各个局部的目标要协调一致。控制要迅速及时，要建立完善的信息管理系统，加强信息的收集、分析和反馈。

管理寓言

有一天动物园的管理员发现袋鼠从笼子里跑出来了，于是开会讨论，一致认为是笼子的高度过低。所以他们决定将笼子的高度由原来的 10 公尺加高到 20 公尺。

结果，第二天他们发现袋鼠还是跑到外面来，所以他们又决定将高度加高到 30 公尺。没想到隔天居然又看到袋鼠全跑到外面了。管理员大为紧张，决定一不做二不休，将笼子的高度加高到 100 公尺。

袋鼠的邻居长颈鹿关切地问袋鼠："笼子的高度加到这么高了，这回你们出不来了吧？"

"很难说。"袋鼠回答说："如果他们再继续忘记锁门的话！"

管理知识链接

法约尔将管理活动分为计划、组织、指挥、协调和控制五大管理职能，这一理论是今天指导具体管理实践的基本观点。合格的管理人员必须能够在本职工作中准备无误地履行管理的五大职能，并且能够熟练掌握管理五大职能的管理技巧。没有掌握管理五大职能及其技能的人，往往难以成为合格的管理人员。

管理过程学派又称管理职能学派，是美国加利福尼亚大学的教授哈罗德·孔茨和西里尔·奥唐奈里奇提出的。管理过程学派认为，无论组织的性质和组织所处的环境有多么不同，管理人员所从事的管理职能却是相同的。孔茨和奥唐奈里奇将管理职能分为计划、组织、人事、领导和控制五项，而把协调作为管理的本质。

在组织中有基层管理者、中层管理者和高层管理者，对于不同层次的管理者，要求其所具备的管理职能的侧重点是不同的。一般而言，从低层管理者、中层管理者到高层管理者，职位层次越高，其所需要具备的计划职能和控制职能就越多，而基层管理层则需要更多的组织职能。所以管理者要想提升和发展自己，必须逐步地提高自己的计划能力和控制能力。

6. 管理的本质

管理的本质涉及什么是真正意义上的管理的问题，也涉及什么是真正的管理境界的问题。维珍集团创始人布兰森说，"激励人性才是管理的真谛本质。"美国的钢铁大王安德鲁·卡内基是一位著名的成功学大师，他的墓碑上刻着："这里躺着的是一位知道选用比自己能力强的人来为他服务的人。"

管理的本质是：通过调动并激发他人，使他人同自己一起实现组织的目标。所以从这个意义上讲，事无巨细，所有事情都必须由管理者自己亲力亲为或必须由管理者亲自"抓"，甚至使管理者忙累到鞠躬尽瘁的地步并不是真正意义上的管理，而是违背管理本质的做法。

管理借鉴

事必躬亲的诸葛亮

在人们的眼里，三国时的宰相诸葛亮是智慧的化身，并且非常勤政，连他自己都说：鞠躬尽瘁，死而后已。但是他也有一个缺点：不相信别人。李严在刘备眼里，其才能仅次于诸葛亮，刘备临终时说："严与诸葛亮并受遗诏辅少主，以严为中督护，统内外军事，留镇永安。"刘备的目的很明确，让诸葛亮在成都辅刘禅主政务，让李严屯永安主军务。

诸葛亮秉政后，本应充分发挥李严等人的作用，然而他仍是事无巨细，惹得李严老大不高兴，矛盾日益加深。后来诸葛亮以第五次北伐为借口削了李严的兵权，调汉中作后勤工作，后来又籍运粮事件，"废严为民"，自己亲自担任运粮官，结果导致五丈原对峙旷日持久，军心涣散。司马懿断言："亮将死矣。"果如其言，不久诸葛亮就被活活累死了。这段历史不仅令人扼腕，更引人深思。诸葛亮的军事谋划能力令人叹服，但他却是一个不成熟的管理者。

1.1.2 管理的二重性

1. 自然属性和社会属性

管理活动是人类整个社会活动的一部分。管理既有同生产力、社会化大生产相联系的自然属性，又有同生产关系、社会制度相联系的社会属性。

管理的自然属性体现在两个方面。一方面，管理是社会劳动过程的一般要求，是适应生产力发展和社会分工发展的要求而产生的，是社会协作过程本身的要求，是共同劳动得以顺利进行的必要条件。共同劳动的规模越大、社会化程度越高，管理就越重要，这与生产关系、社会制度没有直接的关系。

另一方面，管理在社会劳动过程中具有特殊的作用，只有通过管理才能把实现劳动过程所必需的各种要素组合起来，使各种要素发挥各自的作用。这也与生产关系、社会制度没有直接的联系。管理的自然属性不以人的意志为转移，也不因社会制度、意识形态的不同而有所改变，完全是一种客观存在。社会化的生产需要"指挥劳动"，这样才能彼此协调，提高效率。

简而言之，由于社会化分工的必然存在，就要有管理职能的出现和应用。

管理的社会属性也称管理的生产关系属性，是指管理作为生产关系的体现。管理的社会属性体现在管理作为一种社会活动，只能在一定的社会历史条件下和一定的社会关系中进行。管理具有维护和巩固生产关系、实现生产目的的功能。管理的社会属性与生产关系、社会制度紧密相连。

简而言之，由于管理的主要对象是人，而人作为社会人和复杂人，工作能力有差异，工作情绪和状态也会有波动，他们的工作需要被指导和监管，因此就需要运用管理职能，需要管理来"监督劳动"。

管理实践

擦玻璃的学问

有一个留学生在日本留学期间在一家清扫公司打工。上班第一天，老板问他会不会擦玻璃。他心想：真是小看人，我从小学到中学，每次周末大扫除都要擦玻璃。于是回答："会"。老板说："那你把这个窗户的玻璃擦给我看"。留学生用了半个小时把玻璃擦干净了。

老板说："你再看我擦玻璃。"老板只用了 10 分钟就把另一个窗户的玻璃擦干净了。原来他们擦玻璃的方法不同。留学生是先把抹布捏成一团去擦玻璃，抹布脏了就到桶里洗，中间洗了七八次，最后桶里的水都脏了，抹布也干净不到哪去，好不容易才把玻璃擦干净。而老板只洗了两次抹布：第一次洗干净后将抹布重新叠一下，用干净的一面去擦，直到所有玻璃都擦干净了，最后再洗一次抹布。老板说，以后这样擦。后来留学生发现，这里的很多工作都有一套固定的模式，不可以随便更改，而按这些模式去干，确实可以省时间。

案例启示：管理的介入，能让即使是最简单的工作的效率和效果都能得以提升，说明管理的存在有其必要性和必然性。

2. 科学性和艺术性

管理的科学性主要体现在管理是一门科学化、系统化的知识体系。管理的理论来自实践并在长期的验证基础上进行提炼。20 世纪以来，管理知识逐渐系统化，形成了学科和体系，并形成了一套行之有效的管理方法。

同时管理又是一门艺术，具有技巧性。没有一个管理理论可以简单地直接照搬照用，也就是说，管理者在管理实践中，既要运用管理知识，又要灵活地发挥创造性，采用适宜措施，高效地实现目标。富有成效的管理是在拥有一定知识、经验、才能等因素的基础上，在行使管理职能过程中，创造性地运用相关理论和方法，分析和解决问题。管理在实践中因管理者富有灵活性、创造性地对管理理论的应用而体现了其充分的艺术性。这也正是管理的魅力所在。

所以说，管理既是一门科学，又是一种艺术，有效的管理必然是两者的有机结合。

管理实践

一位著名企业家在作报告，一位听众问："你在事业上取得了巨大的成功，请问，对你来说，最重要的是什么？"

企业家没有直接回答，他拿起粉笔在黑板上画了一个圈，只是并没有画圆满，留下了一个缺口。他反问道："这是什么？""零"，"圈"，"未完成的事业"，"成功"……台下的听众七嘴八舌地答道。

他对这些回答未置可否："其实，这只是一个未画完整的句号。你们问我为什么会取得辉煌的业绩，道理很简单：我不会把事情做得很圆满，就像画句号，一定要留个缺口，让我的下属去填满它。"

留个缺口给他人，并不说明自己的能力不强。实际上，这是一种管理的智慧，是一种更高层次上带有全局性的圆满。

给猴子一棵树，让它不停地攀爬；给老虎一座山，让它自由纵横。也许，这就是管理的最高境界。

1.2 管理与环境

任何组织都离不开特定的环境，就像植物生长离不开阳光和水分一样。组织的生存和发展必然会与环境发生千丝万缕的联系，组织作为一个系统不断地在与环境进行输入和输出的转换。

因此，组织的管理活动也必然会受到与之息息相关的环境的影响。管理是特定环境下的管理，不同环境下就应该有不同的管理。要时刻关注组织所处的内外环境的发展和变化，顺应环境的特点，抓住环境中的机遇，避免环境中的风险，才能有效管理。

管理案例　　　　　　受到环境牵连的味千

2012 年，在"日本烙印"的影响下，味千（中国）在北京、湖北、福建等省市均出现了连续关店的现象。虽然味千是中国企业，但因其是日系料理餐饮，受中日"钓鱼岛"之争引发的国人对日本概念的消费大幅下降的冲击巨大。同时，2012 年全球经济继续疲软，中国经济增长放缓，消费者信心不足带来的消费欲望降以及人工、食材、租金等成本的上涨令整个餐饮业的营运环境变得极具挑战性。味千多次在年报中提及，租金成本的上涨给企业带来不小的压力。2012 年上半年，味千租金及相关成本占营业额的 15.7%，较 2011 年同期增长约 2.6 个百分点。

门店收缩、股东减持、机构降级，特别是截至 2012 年下半年，在摩根士丹利、瑞士信贷集团、摩根大通、德意志银行以及联博基金公司等纷纷减持所持有的味千（中国）的股份等一系列

冲击面前，味千的营销策略必须在"日本品牌"还是"港资企业"的定位间做出选择。归咎于宏观经济仍存挑战，加上中日关系影响，曾因"日本概念"受益的味千，2012 年其旗下的门店不得不出"100%港资"的旗号。（案例来源：宋丽，彭小东. 味千拉面连续关闭多家门店　仍受骨汤门阴影笼罩. http://finance.qq.com/a/20130114/001002.htm，2013-01-04.）

管理实践

海底捞必须做出改变

火遍中华的连锁火锅品牌"海底捞"终于在美国洛杉矶富人区阿凯迪亚市（Arcadia）开了第一家分店。这次开店可谓是千呼万唤始出来：早就被美国年轻华人所期待，《华尔街日报》也引用中国市场研究集团高管的话，称其"可能像日本铁板烧品牌 Benihana"一样受到美国人的喜爱。Benihana 的特色就是厨师在食客面前烹饪食品，加上略微有趣的小表演，的确非常受欢迎。

但海底捞的长处在美国全都用不上！首先，在中国流行的"美甲"服务，在美国是无论如何过不了食品安全检查这关的。脑子"一根筋"的老美检察员不会理解为何在店内提供与吃饭这么不相关的服务，而且"修剪指甲"这件事对饮食标准而言根本就是"不卫生"。

此外，一些火锅汤底也不会在美国店出现，比如在中国大受欢迎的"酸汤鱼"锅底，对老外、土生土长的 ABC 们来讲，它像中药汤一样难以接受。一方水土养一方人，这就好比麻辣火锅在上海没有"麻"一样，你不理解也没办法。

大多数中国企业到了美国市场都会花时间先行克服"水土不服"。当然，企业家们是清醒的，他们知道不是每个在中国甚至亚洲市场备受欢迎的方法，都会在美国适用。在国外市场上，海底捞必须做出改变。（资料来源：段皎宇. 海底捞进军国际市场应该注意什么. 新浪财经，2013-09-27.）

1.2.1　研究环境的意义

管理故事

下雨就要打伞

松下幸之助从松下公司的社长转为会长之后，一天，一位新闻记者来采访他，问："松下先生，请你告诉我，贵公司为什么得以高速成长？"

突然被问及这个问题，松下一时答不上来，但转念之间，他反问这位记者："如果下雨，你会怎么办？"

这个记者没想到松下会这样反问他，不免有些吃惊，犹豫了一阵子，最后说出了松下预期的答案："当然要打伞啊。"

"不错，遇到下雨就打伞，这就是我使企业经营上轨道的要诀。"松下说。

记者愣了一下，但他随即将松下的话写在采访本上，并向松下道谢。

几十过去了，到了晚年，松下仍这么想："只要懂得下雨时打伞，就不会被淋湿。"

这是顺应环境的态度，也是企业发展的要诀。管理者必须明确环境的重要性，了解研究环境的意义。

1. 环境是组织生存发展的土壤

管理故事

达尔文的惊愕

1831—1836年，达尔文乘英国皇家海军舰艇"贝格尔"号做环球考察，一天来到非洲的一个原始部落。这个部落的人过着原始的生活，住的是山洞或树窝，吃的是野果和兽肉，还有一个可怕的习俗——当妇女年老体衰时就把她放逐深山任其饿死。

达尔文十分惊愕和不解，通过翻译问他们为什么这么干。部落酋长说："妇女的任务是生孩子，年纪大了不能生孩子了，留着她们干什么？"他还说，妇女生的孩子可以传宗接代，是有用的；但在没有食物吃的时候，一部分孩子也可以当食物吃。这个"逐老吃幼"的习俗和文明社会"尊老爱幼"的理念相差太远，怀着悲悯之情的达尔文决定要帮这个野蛮部落做点什么。

达尔文花钱买了部落中的一个男孩，把他送到伦敦培养了16年，然后送回这个部落，希望他能改变部落的野蛮习俗。一年之后达尔文再次来到这个部落，却找不到这个青年了，便问酋长他到哪里去了？酋长平静地说："我们把他吃了。"达尔文震惊："为什么？"酋长说："他什么也不会，留着也没有用。"

达尔文在日记中记载了自己的这次判断和行为的失误，深感一个种族的积习绝不能靠一两个人来解决；而且，人只有适应环境才能有出路，否则，哪怕再高明也会被淘汰。这些感悟使他对"适者生存"的进化理论更增添了信心和理解。

管理寓言

羊群和狼

有一个人在一条河的两边草地上分别放养了两群羊，若干年后，河这边的羊个个体格健壮，生气勃勃，羊群也在不断扩大；而河那边的羊体态臃肿，懒懒散散，羊群不断缩小。为什么同样的水和草却有不同的结果呢？

这个人仔细调查，发现原来河这边有一只狼，它的存在使羊拼命奔跑，于是优胜劣汰，种群不断发展；而河那边没有狼，羊没有竞争，整体养尊处优，结果种群不断退化。

2. 外部环境影响企业内部的管理关系

外部环境不断变化，企业内部的管理也应做相应的调整，这是成功管理的重要保证。所以，研究环境对管理者来说意义重大。

管理案例　　　　　　　　　　　　**联想的"冬天"**

"联想"是我国著名的 IT 企业，由于其主营业务 PC 遭遇 TCL 等企业的挑战，联想新的掌门人杨元庆坦然承认："联想的冬天不是即将来临，而是已经到来。"因此，联想被迫转型，由电脑制造向电脑用户服务转变，环境变化也使得企业内部的管理关系发生了变化。

例如考勤制度，原来的制度是适合制造业的 8 小时工作制，有固定周期，可以严格规定作息时间，上下班都要刷卡；现在作为服务提供商，情况不同了，工作时间要根据用户的需求而定，用户什么时候来电话，什么时候就得出动，无法像过去那样打考勤。

服务提供商和制造商的薪酬体系也不一样。联想原来的薪酬体系是工资高，奖金低，在考核个人的时候要考虑整个部门的业绩；现在要以做项目为主，需要用更高的奖金来激励员工多做项目。

---

3. 外部环境影响企业经营管理特色

管理者要想使自己企业的经营发展有特色，就必须研究环境，从中发现影响企业特色的决定性因素。

管理案例　　　　　　　　　**美国和日本企业的不同特色**

美日企业因环境、资金来源不同，在企业经营策略、工资制度和企业领导人的选拔上都大不相同。

美国企业的资金主要来自私人集资和股票市场，由于来源不稳定，所以经营中侧重近期利益和资金利润率的提高；在销售中常采用高价策略，以期在短期内回收投资；在工资制度上侧重职工的近期表现；在经理的选拔上侧重生财有道的财务人员。

日本企业的资金主要来自银行贷款，由于资金的来源相对稳定，所以较侧重长期利益，常采用低价策略，重视市场渗透和占有率，并采用年功序列制、终身雇佣制，较重视有长远眼光的工程技术人员。除此之外，美国企业更强调个性，重视个人；日本企业更强调团队精神，主张"内和外争"。所有的这些差别，都是由两国企业所处的不同的外部环境造成的。

1.2.2　环境分类

组织环境是指存在于一个组织内部和外部的、对组织运作产生影响的各种客观因素的总和。

组织环境可分为内部环境和外部环境两个方面。组织的外部环境是指存在于组织之外，并对组织的管理活动和绩效产生影响的外界客观情况和条件。组织的外部环境可分为一般环境因素和特殊环境因素。组织的内部环境是指存在于组织之内，并对组织的管理活动产生影响的客观条件的总和。组织的内部环境一般包括物质环境因素和文化环境因素。

1. 外部环境

（1）一般环境。

一般环境包括政治和法律环境、科技环境、文化环境、自然环境、国际环境，是所有组织都必须面对的。一般环境的发展和变化为组织提供生存发展的机会，同时也可能给组织的生存和发展带来危机，因此，组织必须时刻关注外部一般环境的发展和变化，及时感知机遇，发现危机。

①政治和法律环境。

政治与法律环境是影响组织发展的重要宏观环境因素，政治环境引导着组织运行的方向，法律环境则为组织规定了运行的行为准则。

政治环境主要包括一个国家的社会制度，政府的方针、政策、法律法令等。不同的国家有着不同的社会制度，不同的社会制度和不同的国家政策对组织活动有着不同的限制和要求。

即使社会制度不变的同一个国家，在不同时期，其政府的方针、政策倾向都会有变化，这些宏观方面的变化，对组织的运营和发展可能会产生直接的影响。组织必须时时关注政治环境的变化，通过政治环境研究，了解国家和政府目前禁止组织干什么，允许组织干什么，鼓励组织干什么，从而使组织活动符合社会利益，受到政府的保护和支持。

管理案例

2009年年初，我国政府在全国推行家电下乡政策。该政策一出台就有力地推动了家电产品在农村的销售。根据国家有关政策，农民消费者购买家电下乡产品，将获得13％补贴款。同时，北京等城市为推动此次家电下乡政策，采用"家电下乡一站式服务"，使农村消费者在购买家电产品的当天就能拿到13％的补贴款，让农民踏踏实实地享受到了实惠。

此次家电下乡政策让苏宁等电器企业销量大幅增加。以苏宁为例，2009年的"三八"节正赶上双休日，仅此两天，苏宁在通州家电下乡销售网点的销量比同期增长了十倍。

②经济环境。

经济环境是影响组织，特别是作为经济组织的企业活动的重要环境因素。经济环境是影响购买力的因素，对企业营销活动影响较大。它主要包括宏观和微观两个方面的内容。

宏观经济环境主要指一个国家的人口数量及其增长趋势、国民收入、国民生产总值及其变化情况、国民经济发展水平和发展速度。经济背景的繁荣为经济组织的发展提供了机会，而宏观经济的衰退则可能会给所有经济组织带来生存危机。

管理案例

阿里巴巴最早做黄页起家，但很快就发现了 B2B 领域的巨大商机并切入，一跃成为这个领域的领头羊。2003 年 C2C 大潮来临，阿里巴巴推出淘宝，凭借免费策略一举击败了国际巨头 eBay。

微观经济环境主要指企业所在地区或所需服务地区的消费者收入水平、消费偏好、储蓄情况、就业程度等因素。这些因素直接决定着企业目前及未来的市场大小。假定其他条件不变，一个地区的就业越充分，收入水平越高，那么该地区的购买能力就越高，对某种活动及其产品的需求也就越大。

管理案例

受累于 2008 年开始的金融危机，美国消费者一反常态地紧缩开支。美国政府公布的 2008 年第三季度消费者支出数据表明，消费支出下降超过了 3%。该数据创下二十多年来的最大降幅。

消费者支出占美国整体经济的三分之二。由于房产价格下跌、汽油价格高企，2008 年以来，美国消费者越来越节俭。而金融危机的持续蔓延更让他们大幅削减开支。金融危机打击了消费者信心，加之银行也在限制消费者信贷额度，美国人不得不捂紧钱包。

金融危机已经让美国很多地方受到了影响。从拉斯维加斯赌场附近的高档消费场所，到汽车销售这样与普通美国人息息相关的行业，都感受到了金融危机的气息。

美国经济咨商会的调查显示，2009 年购车的美国人比例已经下降到了 5%，这是自 1967 年开始进行此项调查至今的最低值。此外，美国人也在减少乘飞机出行的次数，不管是因为公务还是休闲。外出就餐的人数也在减少，饭店不得不努力提高上桌率。由于外出就餐的次数减少，杂货店里的食品销售迅速，越来越多的美国人从杂货店买食物回家吃。（案例来源：http://finance. QQ. com, 2008-10-07.）

③社会文化环境。

社会文化环境包括一个国家或地区的居民教育程度和文化水平、宗教信仰、风俗习惯、审美观点、价值观念等。文化水平会影响居民的需求层次；宗教信仰和风俗习惯会禁止或抵制某些活动的进行；价值观念会影响居民对组织目标、组织活动以及组织存在本身的认可；审美观点则会影响人们对组织活动内容、活动方式以及活动成果的态度。

④技术环境。

任何组织的活动都需要利用一定的技术条件。社会的技术进步会影响利用这些技术条件的组织活动的效率。技术环境包括技术装备水平、技术发展状况、技术政策和法规等。

⑤自然环境。

自然环境包括地理位置、气候条件和自然资源状况，这些因素会对企业的经营活动产生一定影响。组织所在地区的国家优惠政策和地方发展经济的政策，会对组织的发展起到促进或制约作用；组织所在地区的交通运输情况，会影响到资源获取的难易程度和运输成本；组织所在地区的气候条件，不仅对组织的运营产生影响，同时也对组织的顾客消费行为产生影响；组织所在地区的资源条件，特别是稀缺资源的蕴藏情况为组织的发展提供了机会，资源的分布通常影响着工业的布局，从而可能决定着组织的命运。

经济发展和经营活动的日益频繁带来了资源短缺、环境污染等问题。这些问题已日益成为对企业营销的挑战。管理者必须关注自然资源及环境变化的趋势，并从中分析企业营销的机会和威胁，制定相应的对策。近几年兴起的绿色营销就是很好的探索。

（2）特殊环境。

组织的外部特殊环境是指直接影响组织目标实现的具体环境，它直接决定和影响组织的生存和发展的方式。特殊环境包括能对组织效率产生正面和负面影响的重要因素。一般来说，组织的特定环境包括供应者、顾客、竞争对手、有关政府部门和社会组织等。

①供应者。

供应者是向企业提供生产产品或服务所需资源的企业、组织或个人。组织所面对的供应者，不仅包括提供材料、设备的供应者，还包括人力、资金的提供者。组织需要股东、银行、保险公司以及其他类似机构来确保资金的持续充足供应，需要工会、职业协会、当地劳动力市场等提供人力资源。组织对所需要的材料、人力、资金等都应有稳定的渠道。

②顾客。

各类组织，无论是企业还是政府部门或社会组织，其运转和发展都是以满足其目标顾客或服务对象的需求为核心内容；特别是对企业这样的组织，其成功的关键在于能否满足顾客需求，并使顾客满意。但是，顾客的需求是在不断发生变化的，这就意味着企业存在着潜在的不确定性。因此，企业要在激烈的市场竞争中立于不败之地，就要树立"顾客至上"的经营理念，培养和巩固顾客的忠诚度，以获得更大的市场份额和更高的利润。

③竞争对手。

企业要面对大量的竞争对手，同种产品的制造和销售通常不止一家企业。多家企业生产相同的产品，必然会采取各种竞争手段来争夺用户，从而形成市场竞争。竞争是多方面的，不仅限于争取顾客、原材料、贷款等，还包括技术的竞争和人才的竞争。因此，管理人员必须保持清醒的头脑，深入研究组织所面临的竞争状况，及时采取适宜的竞争战略和策略。

管理案例

2012 年，苏宁易购未完成业绩目标，为了冲销量，公司不惜拿出最核心的家电产品来参与"0元购"活动。类似促销活动虽然短期内积攒了大量人气，但整体拉低了客单价格和利润率，这种促销模式不具可持续性。

在 2012 年未完成年度目标及面临"电商七雄争霸"的竞争压力下，苏宁易购开始了新一轮的架构调整。调整后的苏宁易购架构呈现类京东化趋势，剑指京东意味十足。事实上，在电商行业中，挑战者纷纷将目标对准京东。

在本次架构调整中，苏宁易购架构日趋京东化，其与京东"火拼"的意味不言而喻。在此番调整中，苏宁易购的开放平台业务将与采销分离，成立开放平台体系，由专门的团队负责。截至 2012 年年底，苏宁易购开放平台吸引到近万商家的入驻申请，已有 1 500 多家报名商家通过审核并陆续开始在苏宁易购开设品牌旗舰店。

天猫和京东的开放平台已经做到了很大规模，苏宁易购的开放平台想要突围，必须要找到差异化生存方式。此外，技术、物流、服务等一系列环节皆需同步跟进。

开放平台也是京东和易迅在 2013 年的重要战略。京东开放平台于 2010 年上线，2011 年该平台增速达 200%～300%，销售额占京东商城总销售额的 10%。在 2012 年中国自主销售为主的 B2C 市场中，苏宁易购占有率为 13.6%，市场占有率同比增长 94%，增速第一。

从目前处于市场前列的电商来看，均有其核心产品和优势。京东、易迅和苏宁易购均以 3C 产品作为其核心，当当网和亚马逊则以图书作为切入点。而 3C 类电商遇到的最大考验莫过于供应链整合。（案例来源：苏宁易购 2012 年业绩未达标　架构调整剑指京东. 腾讯科技，2013-01-29.）

④有关政府部门和社会组织。

在我国，企业的经营行为要受到国家相关部门和社会组织的监督，如税务局、劳动局、质检局、消费者协会等，国有企业还要受到拥有其所有权的主管部门的监督。在西方国家，主管部门为了社会利益，对企业进行严格监督，如航空局对飞机是否合格、能否飞行等实行严格监督，食品、药物管理局对食品和药物生产进行严格监督，未获批准发证的，不准进行生产。因此，企业管理者必须理顺同这些部门组织之间的关系，在它们的监督约束下进行管理活动。

2. 组织的内部环境

组织的内部环境由组织的内部物质环境和内部文化环境构成。

（1）内部物质环境。

任何组织的管理活动都需要一定的资源。这些资源的拥有情况和利用情况直接影响甚至决定着组织管理活动的效率和规模，构成了一个组织运行的内部环境。组织活动的内容和特点不同，需要利用的资源的类型也有区别，但是任何组织的管理活动都离不开人力资源、物力资源和财力资源。

①人力资源。

组织的人力资源根据所从事的工作性质的不同，一般而言，可分为生产人员、技术人员和管理人员三类。管理者应该分析这三类人员的数量、素质和使用状况，及时做出相应的管理决策。

②物力资源。

物力资源是指组织所拥有的物质资源的数量。管理者要分析在组织活动过程中需要的物质条件的拥有数量和利用程度，及时采取措施提高其利用率。如企业要分析拥有多少设备和厂房，目前的技术水平是否与现有的生产设备相适应，是否需要进行新的技术改造，是否需要进一步提高生产率等。

③财力资源。

财力资源是一种能够获取和改善其他资源状况的资源。管理者要分析组织资金的数量、构成情况、筹措渠道及利用情况，为组织的战略或战术决策提供依据。

（2）内部文化环境。

组织内部文化环境指的是组织文化环境。组织文化被称为组织的灵魂、精神动力和价值导向，对组织管理的有效运行有着不可忽视的作用，对组织管理者的价值观念及领导风格会产生重要的影响。因此，分析组织文化的特点及其对组织活动的影响被视为管理成功的基础。

除此之外，依据企业所处环境的复杂性，即环境构成要素的类别和数量，以及动态性，即环境的变化速度及变化的可了解和可预见程度，可将组织环境分为四种不确定性情况：

（1）低不确定性的环境。

这是一种简单、稳定的环境。即组织所面对的环境因素的复杂性和动态性都很低，如软饮料、啤酒制造企业等行业企业所面临的环境，就是这种相对较简单并且变化不是很快的环境。

（2）高不确定性的环境。

这是一种复杂、动态的环境。即组织所面对的环境因素的复杂性和动态性都很高，如电子行业、计算机软件等高科技的 IT 企业所面临的环境，这种环境因素把控起来难度最大。

（3）较高不确定性的环境。

这是一种简单、动态的环境，即组织所面对的环境因素的动态性很高，但环境因素相对较简单，如唱片公司、玩具制造商、时装加工企业所面临的环境，这种企业所面对的外部环境变化很快，但环境因素并不太复杂。

（4）较低不确定性的环境。

这是一种复杂、稳定环境，即组织所面对的环境因素的动态性不太高，但环境因素相对较复杂，如医院、大学、保险公司、汽车制造商所面临的环境。

管理案例　　　　　　　　　　**巨人集团的东山再起**

巨人集团是一家知名的企业，20 世纪 90 年代以电脑起家，后来业务扩展到房地产和保健品。由于战线一下子拉得太长，资金周转不过来，贷款到期还不上，导致破产。

其掌门人史玉柱经过几年的蛰伏，想卷土重来。但他首先碰到的问题就是：这次要接受教训，把战线收缩到一点上，那以什么行业为主攻方向呢？他原想还是从老本行电脑做起吧，但有朋友告诉他，不能再搞电脑了，既然当初搞脑黄金已经花了一个亿，不如就从脑黄金做

起。史玉柱说："我栽就栽在脑黄金上，怎么还能从它做起呢？"

这个朋友说，电脑业所面临的环境属于高不确定性环境，既复杂，变化又快，你离开了这么几年，对于这个行业已经很陌生了，再从事这个行业会冒很大的风险。而脑黄金是保健品，它处在低不确定性环境中，既简单又稳定，离开几年变化业不大，从它做起冒的风险小。史玉柱听从了朋友的建议，把脑黄金改名为脑白金，大做广告，终于成功了。

1.2.3　权变管理原则

权变就是权宜应变，没有一成不变的、普遍适用的、最好的管理或不好的管理。管理必须因事、人、时、地而变。成功的管理必须是权变管理。组织是一个开放的系统，既受外界环境影响又对外界环境施加影响，组织的活动只有与外部环境的特点和变化相适应，组织才能得以生存和发展。

20 世纪 70 年代美国管理学者弗雷德·卢桑斯（Fred Luthans，1939—）在发表的《管理权变理论：走出丛林之路》一文中论述了权变管理理论。

中国古代也有"经权"之说，经就是有所不变，权是指有所变，经权就是站在不变的立场上来有所变。这是以不变应万变的最高管理智慧。

权变管理最核心的原则可以概括为以下内容。

1. 管理的环境是在不断变化的，管理必须适应环境的变化

现实中的管理并不存在普遍适用的某种固定的模式和方法，管理的方法、技术随企业的任务、生产方式或个人和群体行为的特点以及领导者和职工的关系而定。不能将某一场合下的成功管理模式简单地照搬到另一场合，而应根据环境变化灵活地开展管理工作。

管理案例　　　　　　　　　　**IBM 公司的多次转型**

IBM 最初是一家制表机公司，第一代电脑出来后，它面临丧失制表业务的重大危机，于是转型为计算机企业。到 20 世纪 70 年代末，个人电脑开始流行，IBM 落后于苹果公司，就转而确定

PC 标准。经过几年，别的 PC 厂商崛起，IBM 又失去了优势，它又用 5～6 年时间先于其他企业转型为服务型企业，在 21 世纪初 IT 行业低谷中一枝独秀。

管理案例　　　　　　　　　　**总源色拉油公司的破产**

　　总源色拉油公司是台湾一家家喻户晓、妇孺皆知的公司，其创始人陈书友更是一位富有传奇色彩的人物。1971年，陈书友到日本和美国参加食用油会议，对日美等国纷纷采用的经营权和所有权相分离的管理办法很感兴趣。回来后，他花了两年时间物色人选，最后决定聘请日本人中川全权负责公司的经营管理工作，自己只负责产品开发和产品质量研究。为了严格遵守两权分离的原则，陈书友还特地将公司中的家族成员和与他一起创业的学历低的职员全部调离原职，以便中川在行使职权中不受干扰。

　　中川当年40岁，应用化学专业毕业，曾在日本一家油脂公司担任过技术部和营业部经理，有超过20年的油脂业的经营经验。但是，他对中国的传统文化和中国的企业不熟悉，只知道生搬硬套日本的那套管理方法，结果，"水土不服"，使企业的管理乱了套。

　　起初，关于中川的种种议论，陈书友都一笑了之，不轻易相信；对亲友的劝告，也不放在心上，甚至对中川上任第一年就使公司赔了钱也不在意。第二年又赔了钱，陈书友也认为这只是阵痛，而不去调查赔钱的原因。哪知第三年，公司仍是赔钱，而且企业的经营乱成一团，外界的议论也很多。在这种情况下，陈书友不得不过问企业的管理情况，一查才发现企业内部存在很多问题：管理不善、账目不清、吃回扣严重……中川上任三年竟亏损1个多亿。迫于无奈陈书友收回管理权，但想彻底解决三年来积累的问题绝非易事，最后不得不申请破产。

管理案例　　　　　　　　　　**迪士尼乐园在法国的失败**

　　1992年，欧洲迪士尼乐园在法国巴黎郊外开放了。迪士尼的高层人士对它的前景十分乐观，因为迪士尼在佛罗里达、加利福尼亚、东京都获得了巨大的成功。不过事情的发展却正好相反，到1993年，巴黎迪士尼乐园已亏损了近十亿美元，处于奄奄一息的状态。这是怎么回事？

　　原来，美国成功并不等于在法国也成功。首先，此时欧洲正值严重的经济衰退，游客变得十分节俭。迪士尼的门票是42.25美元——比在美国的价钱还高。迪士尼宾馆的一个房间一晚是34美元，相当于巴黎最高档的宾馆的价钱。这就把相当多的欧洲人挡在门外。很多人即使来到乐园，也自带饭菜，不住迪士尼宾馆。即使住进，也只住一天——一大早来到乐园，晚上在宾馆住下，第二天早晨结账，再回到公园。宾馆的住房率只达到50%。

　　其次，美国人和欧洲人在文化上也存在差异。如在乐园内不准饮酒的规定，就引起了午餐和晚餐都要喝酒的欧洲人的不满（这项规定后来被取消了）。迪士尼公司认为，星期一比较轻松而星期五会比较繁忙，并相应地安排了员工。但情况恰恰相反，星期一游客很多而员工少，星期五游客少却员工多，搞得一团糟。乐园想在客流高峰时多雇些员工，客流低谷时让他们回去，这又违反了法国关于非弹性劳动时间的规定。"我们听说欧洲人不吃早餐，因此缩小了餐馆的规模，"一位管理人员回忆说，"你猜发生了什么？每一个人都需要早餐，我们要在只有350个座位的餐馆里提供2 500份早餐，队伍长得吓人。"

　　迪士尼公司的决策者由于忽视了环境的不同对公司的影响，因此造成了巨大损失。

2.　发挥主动性，变不利的环境为有利的环境，在不利中创造机会

　　　　权变管理原则要求管理顺应环境的变化，但并不是说只能被动地适应环境，其实在环境面前人们还有很多主动发挥的空间。

小思考

向和尚推销梳子

有一天，经理向四位推销员布置任务，要他们到庙里找和尚推销梳子。"给和尚推销梳子?"推销员都以为自己听错了，但经理还是坚持要他们去完成这个任务，并说谁完成得好谁就来接替自己的职位。于是四个推销员就出发了。

第一个推销员空手而回，说到了庙里，和尚说没有头发不需要梳子，所以一把都没有推销掉。第二个推销员回来了，销了十多把。他介绍经验说，我告诉和尚，头皮要经常梳，不仅止痒，还可以活络血脉，有益健康;念经念累了，梳梳头，保持清醒。第三个推销员回来了，销了百十把。他说，我到庙里去，跟老和尚讲，你看这些香客多虔诚啊，在那里烧香磕头，磕了几个头起来头发就乱了，香灰也落在他们头上。您在每个庙堂前放一些梳子，他们磕完头烧完香可以梳梳头，会感到这个庙关心香客，下次还会再来。第四个推销员说他销掉好几千把，而且还有订货。大家不信，他解释说："我到庙里跟老和尚说，庙里经常接受人家的捐赠，得有回报给人家，买梳子送给他们是最便宜的礼品。您在梳子上写上庙的名字，再写上三个字'积善梳'，说可以保佑对方，这样就可以作为礼品储备在那里，谁来了就送，保证庙里的香火更旺。这一下，销路就打开了。"

于是，第四个推销员当上了营销部经理。

这个故事给你的启发是什么?

1.3　管理思想和理论的沿革

思想决定行动，一切管理活动都要接受管理思想的指导，所以，管理思想是管理学的基础。管理思想经过多年的发展已形成系统的知识体系。

1.3.1　西方早期管理思想

西方早期管理思想为后期管理思想和管理理论奠定了基础，形成了管理思想一脉相承的体系。西方早期管理思想有两个主要代表人物:亚当·斯密和罗伯特·欧文。

1. 亚当·斯密 (Adam Smith, 1723—1790 年)

英国经济学亚当·斯密是古典经济学的杰出代表和理论体系的建立者。随着资本主义的发展和工厂制度的建立，特别是以英国为代表的西方资本主义从工厂手工业开始向机器大工业过渡的时期，愈来愈多的人研究社会实践中的经济与管理问题。

1776 年，亚当·斯密出版了他最重要的著作《国富论》(全名为《国民财富的性质和原因的研究》)，系统论述了劳动价值论和劳动分工理论。该理论的提出为后来古典管理理论的建立和发展奠定了基础。

斯密对劳动分工的研究和理论，适应了当时社会对迅速扩大劳动分工以促进工业革命发展的要求，成为以后管理理论中的一条重要原理。

管理故事

亚当·斯密是经济学的主要创立者。他出生于苏格兰东岸的克卡尔迪。亚当·斯密爱好学习和思考，14岁便进入格拉斯哥大学学习。由于用功和成绩优良，他得以转入牛津大学学习。斯密曾经回到他读过书的格拉斯哥教书，可能是丰富多彩的社会生活吸引了他，1764年，他放下了教鞭，去当年轻的比克勒公爵的私人教师，并与这位公爵到欧洲旅行。在法国的一年，重农主义等学说让他耳目一新。

1767年，他回到了故乡，理清他与重农主义者们争论所激发的思想。隐居近10年之后，1776年他完成了《国富论》这部伟大的著作。这部划时代的著作一经出版，立刻轰动了世界。

斯密认为，劳动是国民财富的源泉，各国人民每年消费的一切生活日用必需品的源泉是本国人民每年的劳动。这些日用必需品供应情况的好坏，决定于两个因素：一是这个国家的人民的劳动熟练程度、劳动技巧和判断力的高低；二是从事有用劳动的人数和从事无用劳动人数的比例。斯密在分析推进劳动生产力的影响因素时，特别强调了分工的作用，说明分工可以提高劳动生产率。英国首相皮特等政要人物都自称是斯密的弟子。

2. 罗伯特·欧文 (Robert Owen, 1771—1858年)

罗伯特·欧文是19世纪初英国卓越的空想社会主义者、企业管理的改革家。欧文的管理理论和实践突出了人的地位和作用，是人际关系和行为科学理论的思想基础，对以后的管理产生了相当大的影响，他被称为"人事管理之父"。

管理故事

从1800年开始，罗伯特·欧文在苏格兰新纳拉克经营一家纺织厂，在这家工厂里，他实行了前所未有的试验，推行了许多改革办法。他改善了工厂的工作条件，把长达十几个小时的劳动日缩短为十个半小时，严禁未满9岁的儿童参加劳动，提高工资，免费供应膳食，建设工人住宅区，改善工作和生活条件，开设工厂商店，按成本出售职工所需必需品，设立幼儿园和模范学校，创办互助储金会和医院，发放抚恤金等。

这些改革的目标是探索既能改善工人工作生活条件，又有利于工厂所有者的方法。其结果确实改善了工人的生活，也使工厂获得了优厚的利润。欧文这一系列改革的指导思想体现了他对人的因素的重视，是后来的人际关系和行为科学理论的思想基础。

1.3.2 古典管理理论

古典管理理论又称科学管理理论，是 19 世纪末 20 世纪初在美国、法国、德国等国形成的有一定科学依据的管理理论。其代表是美国的泰罗及其科学管理理论、法国法约尔及其经营管理理论和德国韦伯及其行政组织理论。由于他们都是以"经济人"的观点对企业管理进行研究，所以人们称其理论为管理思想发展中的"经济人模式"。

1. 弗雷德里克·泰罗 (Frederick Taylor, 1856—1915 年)

弗雷德里克·泰罗是科学管理的主要倡导者，被西方称为"科学管理之父"。他的著作主要有《计件工资制》(1895 年)、《车间管理》(1903 年)、《科学管理原理》(1911 年)。这些著作是泰罗几十年试验研究的成果和长期管理实践的经验总结。泰罗等人所倡导的科学管理是相对于从 18 世纪后期资本主义工厂制度出现到 19 世纪末 20 世纪初的 100 多年传统管理而言的。泰罗的科学管理的主要内容如下所述。

(1) 以如何提高工作效率为研究目的。

为了提高工作效率，泰罗主要从动作、时间、工作定额、作业工具和作业环境等方面进行深入细致的研究。

①动作研究。

动作研究就是对工人的操作进行细致科学的分析研究，去掉不合理的动作，保留先进的、合理的动作，并制定出标准的操作方法和操作程序。泰罗要求工人严格执行标准。在当时这种做法确实提高了劳动生产率。

②时间研究。

时间研究就是对工人的劳动时间进行科学分析，以达到对工时的科学利用。即通过对工人的劳动时间进行分析研究，在实行标准操作方法的基础上，规定完成每一标准操作和动作的标准时间，制定工时定额。

③工作定额研究。

在操作方法、操作时间、工具和作业环境标准化的前提下，确定工人一天必须完成的合格工作量标准，即工作定额。

④作业工具和作业环境研究。

经过调查了解、分析研究和试验后，在有科学依据的前提下，制定出标准，实现工具和作业环境的标准化。

(2) 用科学的管理方法代替经验管理。

①科学选择培训工人（第一流工人制）。

泰罗认为，要根据每个工人的性格、特点和长处来分配工作，发现他们的局限性和发展的可能性，然后，按照科学的方法对他们进行教育和培训，使他们承担能胜任的、最感兴趣的工作。只要工作对工人合适，能够发挥每个人的特长，他们就能成为第一流工人，从而提高工作效率。

②实行差别计件工资制。

实行差别计件工资制度就是对完成和超额完成工作定额的工人，按较高的工资单价支付工资；对完不成工作定额的工人，则按较低的工资单价支付工资，这样就起到了鼓励先进、鞭策后进的作用。同时，工资支付的对象是工人而不是职位，即根据工人实际工作表现，而不是根据工作类别来支付工资，这样克服了消极怠工的现象，调动了积极性。

（3）职能管理原理。

泰罗的科学管理理论的一个重要方面是职能管理原理。它包括两项内容：一是把计划职能同执行职能分开；二是实行职能工长制。

①计划职能同执行职能分开。

泰罗认为，要提高劳动生产率，就要明确划分计划职能和执行职能，即使管理和劳动分开。他把管理工作称为计划职能，把工人劳动称为执行职能。

泰罗指出，必须由管理部门按照科学规律来制订计划，把计划职能从工人的工作内容中分离出来，由专业的计划部门去做。计划部门的任务是规定标准的操作方法和操作规程、制定定额、下达书面计划、监督控制计划的执行。计划职能的人员称为管理者，负责执行计划职能的人员称为劳动者。

②实行职能工长制。

泰罗认为，在传统的组织机构中，一个工长为了完成工作，要承担多种职责，往往力不从心。实行职能工长制，一个工长只承担一个或少数职能，这样，管理者职责明确，生产费用降低，可以提高效率和效益。泰罗有关职能管理的思想，为以后企业中职能部门的建立和管理的专业化提供了启发和参考。

（4）例外原则。

泰罗认为，规模较大的企业，不能只依据职能原则来组织和管理，还必须运用例外原则。所谓例外原则就是指企业的高级管理人员把一般的日常事务授权给下级管理人员去处理，自己只保留对例外事项（重要事项）的决策权和监督权，如重大政策的决定和重要人事的任免等。

泰罗提出的这种以例外原则为依据的管理控制原则，后来发展成为管理上的分权化原则和事业部制等管理体制。

2. 法约尔及其经营管理理论

亨利·法约尔（Henri Fayol，1841—1925 年）是法国著名的管理思想家、古典管理理论的杰出代表，他继泰罗之后所形成的管理理论的中心问题是组织结构和管理原则的合理化、管理人员职责分工的合理化。

法约尔在管理方面的著作主要有：《管理的一般原则》（1908 年）、《工业管理和一般管理》（1916 年）、《国家管理理论》（1923 年）、《公共精神的觉醒》（1927 年）等。他一生获得多种奖章和荣誉称号，被誉为"经营管理理论之父"、"欧洲为确定管理内涵迈出第一步的人"。

法约尔的研究是从"办公桌前的总经理"开始向下发展的。他的管理理论是以作为一个整体的大企业为研究对象的，不仅适用于公私企业，也适用于军政机关和宗教组织等。因此，他的管理理论被称为"一般管理理论"。

法约尔认为，企业的生产经营管理包括以下 6 种活动：

①技术活动，指设计、生产、制造和加工等。

②商务活动，指采购、销售和交换等。

③财务活动，指确定资金的来源和使用计划。

④安全活动，指保证员工劳动安全、设备使用安全和财产安全等。

⑤会计活动，指货物盘点、编制各种会计报表、成本核算和统计等。

⑥管理活动，指计划、组织、指挥、协调和控制等 5 种管理职能。

法约尔认为，任何类型的企业都存在 6 种活动，特别是管理活动提出了管理的主要职能，是现在管理定义的核心部分，至今被人们所接受。因此，他被公认为是管理过程学派的创始人。

法约尔根据自己多年的实践经验，归纳总结出简明扼要的 14 条管理原则，其中权力与责任对等、统一命令（统一指挥）、等级链（法约尔桥）、首创精神等原则都非常著名和有影响力。

管理知识链接

法约尔桥，指组织内的等级链，就是从最上级到最下级各层权力连成的等级结构，它显示出权力执行的路线和信息传递的渠道。为了提高信息传递和命令执行的速度，法约尔设计了一种"联系桥"，以便横跨过权力执行的路线而直接联系，即在紧急情况下，不经上级批准而直接同有关人员联系，事后报告上级；但只有在有关方面都同意且上级始终知情的情况下，才能这样做。

3. 韦伯及其行政组织理论

马克斯·韦伯（Max Weber，1864—1920 年），德国著名的管理学家，现代社会学的奠基人，古典管理理论的代表人物。他的著作主要有《社会和经济组织理论》。由于他在组织理论方面的卓越贡献，被称为"组织理论之父"。韦伯在管理思想上的最大贡献是提出了"理想的行政组织体系理论"，或称"理想的行政集权制理论"。

该理论的核心是组织活动要通过职务或职位而不是个人或世袭地位来管理。韦伯的理想的行政组织体系具有以下特点：

①存在明确的分工。把组织内的工作分解，按职业专业化对成员进行分工，每个职位的权力和责任都应有明确的规定。

②自上而下的等级系统。按照等级原则对各个职位进行法定安排，形成一个自上而下的指挥链或等级体系。每一个下级都处在一个上级的控制和监督下。

③人员的考评和教育。通过正式考试或教育培训获得技术资格来选拔员工，根据职务的要求来聘用员工。

④行政管理人员。行政管理人员是专职管理人员，获取固定的薪金，有明文

规定的升迁制度。

⑤遵守规则和纪律。行政管理人员必须严格遵守组织中规定的规则、纪律和办事程序。

⑥行政管理人员除个别通过选举产生外，都是任命的。

⑦组织中人员之间的关系以理性准则为指导，不受个人情感的影响。

韦伯认为，这种高度结构化、正式的、非人格化的理想行政组织体系是强制控制的合理手段，是达到目标、提高效率的最有效形式，适用于各种行政管理工作及各种大型组织。

韦伯还认为，等级、权力和行政制（包括明确的规则、确定的工作任务和纪律）是一切社会组织的基础。对于权力，他认为有以下3种类型：法定权力、传统权力和超凡权力，其中法定权力是理想行政组织的基础。

1.3.3 行为科学理论

行为科学理论产生于20世纪20—30年代的美国。早期泰罗等人的管理思想及其制度是理性主义的典型代表，把人看成是纯粹的经济人，强调严格的操作程序。这种机械唯理主义的管理，虽然短期内取得了高效率，但同时也促使劳资矛盾日益尖锐激化。面临严峻的现实，人文主义开始抬头。在管理中注重人性、注重个人和群体的文化精神的理念迅速地获得人们的认同。行为科学理论便产生了。

行为科学是一门运用心理学、社会学、经济学等学科的理论和方法来研究工作环境中个人和群体的行为规律的科学。管理学家试图通过行为科学的研究，掌握人们行为的规律，找出对待工人、职工的新方法和提高工作效率的新途径。

行为科学理论的发展分为两个阶段，前一阶段称为行为科学的早期理论即人际关系学说，而后一阶段称为后期行为科学理论，其研究范围涉及人性理论问题、人的需要、动机和激励理论、领导方式理论和企业中非正式组织及其中人群关系问题。

1. 人际关系学说

美国管理学教授乔治·埃尔顿·梅奥（George Elton Mayo，1880—1949年）是该理论的代表人物。其主要著作有《工业文明的人类问题》（1933）和《工业文明的社会问题》（1945）。梅奥和其合作者创立的人际关系理论对20世纪四五十年代的管理理论和实践产生了深远的影响，因此，他被称为"行为科学学派的开山鼻祖"。

1924—1932年，梅奥主持了著名的霍桑试验。梅奥等人得出的结论是生产效率不仅受物理的、生理的因素的影响，而且受社会环境、社会心理的影响。这一点与科学管理的观点截然相反，其观点的主要内容如下。

（1）职工是"社会人"。

人不但有经济方面和物质方面的需要，更有社会方面和心理方面的需要，即人的行为动机不仅仅出于经济目的，还有情感、精神等方面的满足需要。在生产效率的决定中，逻辑的、经济的因素远不如感情的、态度和情绪所起的作用大。

（2）满足员工的社会欲望，提高员工的士气是提高生产效率的关键。

提高生产效率的关键是工作态度的改变，即士气的提高。士气高低取决于安全感、归属感等社会、心理方面的欲望的满足程度。士气还取决于家庭、社会生活的影响以及企业中的人际关系等。

（3）企业中存在着非正式组织。

非正式组织是组织成员自发产生的团体，是在满足需要的心理推动下，较自然地形成的团体。其中蕴含着深厚的友谊和感情因素，成员行为表现出感情上对非正式组织的忠诚。如果管理人员只是根据效率逻辑来管理，而忽略工人的感情因素，必然会引起冲突，影响企业生产率的提高和目标的实现。

（4）企业应采用新型的领导方式。

新的领导方式不能简单地把职工看成"经济人"，发号施令、强硬管理。缺少与员工沟通和感情联络的管理方式已经不能达到提高劳动生产率的目的。管理工作的重点应该是采取措施提高士气，促进协作，增进理解，使员工与企业能真诚持久地合作。

（5）存在霍桑效应。

即对新环境的好奇与兴趣可以提高员工士气，足以导致较佳的成绩，至少在最初阶段是如此。如何保持霍桑效应是管理者应重点研究的问题。可通过计划、目标、战略构想创造这种效应的持久性。

人际关系学说是管理思想的一个伟大转折，它否定了古典管理理论的"经济人"的观点，提出了"社会人"的主张，给管理学和管理实践的发展开辟了一个崭新的领域，是后来人本管理思想的基石。

管理知识链接

霍桑试验

霍桑试验是指 1924—1932 年在美国芝加哥西屋电气公司的霍桑工厂进行的一项研究试验。试验的目的是要找出影响员工生产效率的因素，从而寻求提高企业劳动生产率的新途径。该试验前后经历两个回合，第一个回合从 1924 年 11 月至 1927 年 5 月，第二回合从 1927 年 4 月至 1932 年 5 月，由梅奥主持。整个试验前后经历了 4 个阶段。

1. 工作场所照明试验（1924—1927 年）

照明试验是为了搞清楚照明强度的变化对生产效率所产生的影响程度。试验结果表明，照明强度的一般改变，不是影响劳动生产率的决定因素。

2. 继电器装配实验室试验（1927—1928 年）

试验的目的是找出"增加福利"与职工积极性的关系。比如改善物质条件和工作方法、增加休息时间、工间休息增加茶点、由集体奖励制度变为个人奖励制度等。试验表明，无论何种"增加福利"，工人的出勤率都增加，产量都上升。最后得出的结论是，改变监督与控制的方法能改善人际关系，能改变工人的工作态度，从而促进产量的提高。

3. 大规模的访谈与调查试验（1928—1931年）

试验的目的是了解工人对工作环境是否满意，以便着手改造环境。调查发现，人们对环境是否满意，与人们复杂的感情因素有关。有经验的调查人员很容易从人们以往的生活经历、现在的社会地位、广泛的社会联系等方面找到原因。

4. 继电器绕线机组观察室试验（1931—1932年）

试验的目的是要证实在工人当中存在着一种非正式组织，而且这种非正式组织对工人的态度有着极其重要的影响。观察发现，工人完成的产量保持在中等水平上，而且每个工人的日产量都差不多。观察研究结果表明，试验小组是一个复杂的小团体，在这个组织里有着一套严密的行为准则和共同的感情。企业中非正式组织对工人行为起着重要作用，应注意在企业内建立起更自由、更自然和更令人满意的人际关系。

2. 后期行为科学理论

后期行为科学理论所包括的内容很多，主要涉及人性理论及激励理论等内容（其中激励理论的内容将在"领导"一章中作详细介绍）。

（1）X理论和Y理论。

美国麻省理工学院的教授道格拉斯·麦格雷戈（Douglas Megregor，1906—1964年）于1957年11月在美国《管理评论》杂志上发表了《企业的人性方面》一文，首次提出X理论和Y理论，并在以后的著作中进一步完善。他的主要著作有《管理的哲学》（1954年）、《企业的人性方面》（1960年）。

X理论和Y理论是对人性认识的两种相对的观点，X理论是对人性的悲观认识，而Y理论是对人性的乐观认识。

管理知识链接

X理论的主要观点

1. 一般人都有厌恶劳动、尽可能少做工作的特性。

2. 对多数人必须强制、监督、指挥、惩罚、胁迫，才能使其努力工作。

3. 一般人生来就以自我为中心，对组织的需要并不关心，工作上缺乏进取心，不愿承担责任，宁愿服从领导。

4. 人天生就有守旧思想，反对变革。

5. 人缺乏理性，容易受外界或他人的影响，做出一些不适宜的举动。

管理知识链接

Y理论的主要观点

1. 大多数人都有一定的想象力、创造力和工作才能。

2．人能根据工作目标进行自我指挥和自我控制。

3．人的成就感和自我实现需要的满足，能直接激励人们去为组织目标的完成而努力。

4．人的智慧潜力没有得到充分发挥。

5．在适当条件下，人不仅能学会承担责任，而且能学会主动承担责任。

6．人并非天生就是懒惰的，工作时如同休息一样自然。

在实践中，用 X 理论指导员工对一般人是不合适的，而 Y 理论虽然是传统的 X 理论的合理替换物，但也不适用于所有的人。两个理论都存在一定的合理性和片面性。所以，在实践中，要因人、因工作而异，恰当地运用 X 理论和 Y 理论。

（2）超 Y 理论。

超 Y 理论的主要观点如下：

①人们是怀着许多不同的需要加入工作组织的。有的人需要有正规的组织和规章制度要求自己的工作，不愿参与决策和承担责任；有的人需要有更多的自主性和施展才华的机会，敢于承担责任和冒风险。

②工作的性质、员工的素质、工作环境等要有不同的组织结构和管理方式与之相适应。

③不同的人对管理方式的要求是不同的。有的人愿意接受 X 理论，有的人则愿意接受 Y 理论。作为管理者，要想运用好超 Y 理论，首先要对人、工作、环境等因素有一个正确的认识和了解。这样，才有可能做好组织和管理工作，才有可能提高工作效率。

管理知识链接

美国人乔伊·洛尔施（Joy Lorsch）和约翰·莫尔斯（John Morse）对 X 理论和 Y 理论进行了试验。他们选择两家工厂和两个研究所作为试验对象，其中一家工厂和一个研究所按照 X 理论实施严格的监督和管理，另一家工厂和另一个研究所按照 Y 理论实施参与式管理，并以正确引导和鼓励为主。

试验结果表明，用 X 理论指导工厂的工人效率高，而指导研究所的研究人员效率低；用 Y 理论指导工厂的工人效率低，而指导研究所的研究人员效率高。洛尔施等人认为，管理的指导思想和管理方式是由工作性质、成员素质等因素决定的。他们依据试验和调查的结果，提出了超 Y 理论。

（3）Z 理论。

日裔美国管理学家威廉·大内（William Ouchi，1943—）在比较研究分析日本和美国的企业管理经验之后，提出了有关组织发展的 Z 理论。Z 理论的主要管理观点如下：

①企业对职工的雇用应是长期的。

②企业的重大决策应该上下结合制定，鼓励职工参与管理工作。

③实行个人负责制，倡导职工创造性地开展工作。

④企业管理当局要关心职工的生活和工作，努力创造一种融洽的氛围。

⑤对职工实施全面培训战略。

⑥对职工进行全方面、全过程考核，然后选拔和聘用。

⑦控制机制要较为含蓄而不正规，但检测手段要正规。和信念、态度、目标和习惯一样，一个组织也要在一段时间内建立起一种与众不同的个性即组织文化。

管理知识链接

在第二次世界大战后，惨败的日本出人意料地在短短不到 30 年的时间内以流星般的速度在战争废墟上异军突起，一跃成为当时继美国和苏联两个超级大国之后的世界第三大工业国和经济强国。而同时，美国的经济增长失去了强大动力。

大内于 1973 年开始对日本和美国企业的管理方式的异同点进行比较分析。大内选择了两个国家的一些典型企业作为研究对象，研究发现，日本的经营管理效率一般比美国高。因此，大内提出，美国的企业应该结合本国的特点学习日本的企业管理方式，形成自己的管理方式，有与众不同的个性即组织文化。

大内把这种既结合自己特点，又利用日本管理方法而形成的新型企业称 Z 型企业，并把这种两者兼而有之的管理方式归纳为 Z 理论。大内的主要著作是《Z 理论——美国企业界怎样迎接日本的挑战》（1981 年）。Z 理论认为，企业管理当局与职工的利益是一致的，两者的积极性可融为一体。

（4）不成熟—成熟理论。

该理论是由美国的行为科学家克里斯·阿吉里斯（Chris Argyris，1923—）提出来的，又称为"个人和组织"的假设。他的著作主要有《个性与组织》（1957 年）等。

不成熟—成熟理论认为，人的个性是一个连续的发展过程，即人的个性发展有一个从不成熟到成熟的连续发展过程，最终发展成为一种健康的个性。在这个发展过程中，人的个性要发生以下 7 种变化：

①从被动到日益主动。

②从依赖别人的状态到相对独立的状态。

③从少量的行为到能做多种行为。

④从偶然的、肤浅的、很快放弃的兴趣到认识深刻、拥有专注的兴趣。

⑤从目光短浅的短期行为到目光远大的长期行为。

⑥从附属地位到平等或优越的地位。

⑦从缺乏自觉到自觉和自控。

不成熟—成熟理论认为，应该根据员工成长、成熟的不同阶段，采取不同的领导方式。作为管理者，应该给下属创造一个由不成熟向成熟发展的机会。如果一个组织不为人们提供使他们成熟起来的机会，或不提供把他们作为已经成熟的个性来对待的机会，人们就会变得忧虑、沮丧，甚至违背组织目标而行事。

1.3.4　现代管理理论

1. 社会协作系统理论

社会协作系统理论是从社会学和系统论的观点来研究管理理论，把企业中人们的相互关系看成是一种协作的社会系统。社会协作系统理论的创始人是美国的切斯特·巴纳德（Chester Barnard，1886—1961 年）。社会协作系统理论的主要观点如下。

（1）组织是一个协作的系统。

组织是两个或两个以上的人有意识地协调活动和效力的系统。这个系统要作为整体来看待，因为其中的每个组成部分都以一定的方式与其他部分相联系。一个系统由多个人组成，个人只有在一定的社会组织中同其他人发生协作关系才能发挥作用。在一个系统中既有个人目标也有组织目标。组织目标是一个协作系统的目标，只有协作成功，组织目标才能实现，协作系统才是有效力的。

系统的效率是由系统成员个人目标的满足程度决定的。这种把正式组织的要求同个人的需要连接在一起的思想，被誉为管理思想的里程碑。

（2）协作系统的基本要素。

作为正式组织的协作系统都包含以下 3 个基本的要素，即协作的意愿、共同的目标、信息联系。

①协作的意愿。

这是个人对组织的忠诚。组织成员愿意提供满足协作条件的劳动和服务是组织程序所不可缺少的，没有这种意愿，个人就不可能对组织有持续的努力，就不可能将不同组织成员的个人行为有机地结合在一起，协调组织活动。

②共同的目标。

这是协作意愿的前提。组织的共同目标是外在的、非个人的、客观的目标，而个人目标是内在的、个人的、主观的目标，只有个人意识到实现组织共同目标有利于实现个人目标时，才有利于个人对组织目标做贡献。

③信息联系。

前两个基本要素只有通过信息联系沟通，才能成为动态的过程。信息联系要有明确、正式的信息沟通渠道，要有权威性，联系的路程要短捷，联系中心的管理人员要称职。

（3）非正式组织的作用。

非正式组织常常为正式组织创造条件，促使成员间交换意见，通过对协作意愿的调节，维持正式组织内部的团结，维持个人的品德、自尊心，并抵制正式组织的不良影响等，以促进正式组织提高效率和效力。

（4）经理人员的职能。

经理人员的职能包括：建立和维持一个通畅的信息沟通系统，从组织成员那里获得必要的服务，规定组织的目标。经理最重要的品质不仅仅是自己遵守一套复杂的道德戒律，同时还要为他人制定这样的戒律。

（5）经理人员的权威。

巴纳德指出，经理人员作为组织的领导核心，必须具有权威。权威是存在于正式组织内部的一种"秩序"。若经理人员发出的指示得到执行，在执行人的身上就体现了权威的建立，违抗指示则说明他否定了这种权威。因此，指示是否具有权威性，检验的标准是执行人的执行情况。

管理知识链接

切斯特·巴纳德（Chester Barnard，1886—1961 年）出生于美国的马萨诸塞州，是美国著名的管理理论家，同时也是一位成功的商业人士。巴纳德从小就养成了用哲学思考问题的习惯。由于家庭困难，他靠勤工俭学读完了哈佛大学经济学课程，但由于缺少实验学科的成绩而未获得学士学位。后来由于他在研究组织和管理理论方面的杰出成就，先后获得了 7 个名誉博士的称号。

巴纳德于 1909 年进入美国电话电报公司统计部工作，专门研究欧洲一些国家的电话电报收费问题，很快成为专家。他于 1915 年被提升为商业工程师。1926 年任宾夕法尼亚贝尔电话公司总经理，1927 年任规模庞大的新泽西州贝尔电话公司总经理。在漫长的工作实践中，巴纳德积累了丰富的企业组织和管理经验。他的著作主要有《经理人员的职能》（1938 年）、《经理人员的教育》（1945 年）、《科学和组织》（1951 年）等。

2. 决策管理理论

20 世纪 60 年代，美国西蒙和马奇等学者提出了决策管理理论。决策管理理论的主要观点如下。

（1）决策贯彻于管理的全过程，管理就是决策。

西蒙等人认为，组织就是作为决策者的个人所组成的系统。组织的全部管理活动都是集团活动，而其中心是决策。计划制订、方案选择、组织形式以及控制选择等均是决策，而且一个组织的结构和职能也是人群行为的决策网络的结果。

（2）决策过程的 4 个阶段。

该理论学派认为决策的过程分为 4 个阶段：一是搜集情报阶段；二是拟订计划阶段；三是选定计划阶段；四是方案评价阶段。

（3）决策的准则。

用满意化决策准则代替最佳决策准则。人们之所以不用绝对理性的最佳准则，是因为实现绝对的理性要具备 3 个前提，而这是办不到的。这 3 个前提是：决策者对可供选择的方案及其未来的后果要无所不知；决策者要有无限的估算能力；决策者的脑中对各种可能的后果有一个完全而一贯的优先顺序。

（4）组织中集权和分权问题是和决策过程联系在一起的。

有关整个组织的决策必须是集权的，而由于组织内决策过程本身的性质及个人认识能力的有限，分权也是必要的。

管理知识链接

　　赫伯特·西蒙（Herbert Simon，1916—2001 年），美国的经济学家和社会科学家，决策管理理论的主要代表人物，在管理学、经济学、组织行为学、心理学、政治学、社会学、计算科学等方面都有所造诣。他早年就读于美国芝加哥大学，于 1943 年获得博士学位，1978 年获得诺贝尔经济学奖。主要著作有《管理行为》（1945 年）、《管理决策的新科学》（1960 年）。

　　詹姆斯·马奇（J. G. March，1928—）是决策管理理论的重要代表人物。于 1953 年获得美国耶鲁大学博士学位，1964 年成为加利福尼亚大学社会科学学院的首任院长，1970 年成为斯坦福大学的管理学教授。其主要著作有《组织》（1958 年，与西蒙合写）、《企业行为理论》（1963 年，同赛叶特合写）等。

3. 系统管理理论

　　系统管理理论盛行于 20 世纪 60 年代前后。系统管理理论认为组织就是一个完整的系统，对于组织的系统管理应遵循以下原则：

　　①以目标为中心。始终强调系统的客观成就和客观效果。

　　②以责任为中心。每个管理人员都被分配给一定的任务，并衡量其投入和产出的关系。

　　③以整个系统为中心。决策时强调整个系统的优化，而不是强调子系统的优化。

　　④以人为中心。每个工作人员都被安排了有挑战性的工作，并根据其工作业绩来支付报酬。

　　系统管理理论认为组织的管理系统分为 4 个阶段：系统的决策，系统的设计，系统的运转和控制，检查和评价系统运转的结果。

管理知识链接

　　20 世纪 60 年代，系统科学、系统理论、系统工程、系统分析、系统方法等术语充斥管理学文献中，成为一种风尚。倡导系统管理理论的人相当多，主要代表人物有约翰逊（R. A. Johnson）、卡斯特（F. E. Kast）、罗森茨韦克（J. E. Rosenzwing）等。这 3 位学者于 1963 年出版的《系统理论和管理》一书，从系统概念出发，建立企业管理的系统模式，成为系统管理理论最初的代表作。

4. 经验主义理论

　　经验主义理论（又称为经理主义学派）是研究实际管理工作者的管理经验教

训和企业管理的实际经验，强调用比较的方法来研究和概括管理经验的管理学派。创始人是彼得·德鲁克，代表人物有欧内斯特·戴尔、艾尔弗雷德·斯隆等。

经验主义理论认为，只有从企业管理的实际出发，研究企业管理的经验，把它加以概括和理论化然后再用以指导实践，才能提高管理的效率和效益。此外，该理论的代表人物还提出了许多论点，如管理的性质、任务和管理者职责，目标管理的思想，企业管理的组织结构的相关问题，用比较的方法研究概括企业的管理经验等。

管理知识链接

彼得·德鲁克（P.F.Druck，1909—2005年）是原籍奥地利的美国管理学家和管理咨询人员，也是著名的管理大师。他于1937年移居美国，先后任美国通用汽车等大型企业的顾问和大学教授，于1945年创办德鲁克管理咨询公司。

主要著作有《经济人的目的》（1939年）、《管理的实践》（1954年）、《有效管理者》（1966年）等。由于德鲁克对当代管理理论及管理思想有着深远的影响，被誉为"现代管理学之父"。

5. 管理过程理论

管理过程理论又叫管理职能学派、经营管理学派。其最著名的代表人物是哈罗德·孔茨。该理论主要致力于研究和说明"管理人员做些什么和如何做好这些工作"，侧重说明管理工作实务，不断丰富各项管理职能的内容。该理论的基本观点如下：

①管理是一个过程，即通过与别人一同去实现既定目标的过程。

②管理过程的职能有5个，即计划、组织、指挥、协调和控制。

③管理职能具有普遍性，即各级管理人员都执行着管理职能。但侧重点则因管理层次的不同而异。

④管理应具有灵活性，要因地制宜灵活运用。

管理知识链接

哈罗德·孔茨（Harold Koontz，1908—1984年），美国管理学家，管理过程学派的主要代表人物之一。获美国耶鲁大学博士学位。在美国欧洲各国讲授管理学，并在美国、荷兰、日本等国的大公司中任咨询工作，曾任美国管理学会会长、加利福尼亚管理研究院名誉教授。他从1941年始陆续出版了二十几本书和发表了八九十篇论文，主要代表著作有：《管理学原理》、《管理理论丛林》、《再论管理理论丛林》等。

6. 管理科学理论

管理科学理论也称数理学派，是泰罗的科学管理理论的继续和发展。管理科学的代表有美国的伯法·布莱克特、贝尔曼，苏联的康托洛维奇等人。该理论的主要观点是利用数学、自然科学和社会科学知识，以运筹学、系统工程、电子技术等科学技术手段，把管理问题列成数学模型，为管理决策寻得了一个有效的数量解，着重于定量研究。

管理知识链接

运筹学是管理科学理论的基础，它研究在一定的资源条件下，为达到既定的目标，运用数量分析的方法，选择出最优方案，以便能最经济有效地使用人力、物力、财力及其他资源，取得最大的效益。运筹学在具体运用中，形成了许多分支，如规划论、库存论、排队论、对策论等。

管理科学的目的是通过把科学的原理、方法和工具应用于管理的各种活动，制定出用于管理决策的数学和统计模型，并把这些模型通过电子计算机应用于管理，降低不确定性，以使投入的资源发挥更大的效率，得到最大的经济效果和效益。它强调应用最先进的科学理论和管理方法，如系统论、信息论、控制论、线性规划以及电子计算机的广泛应用。管理科学理论的主要内容包括运筹学和系统分析。

近年来管理科学理论将一些最新的科学技术成果成功地应用到管理工作的各个方面，在此基础上形成了许多新的管理思想和管理技术，使管理工作的科学性达到了新的高度。

管理知识链接

系统分析这一概念是 1949 年由美国的兰德公司首先提出并加以应用的。该理论认为事物往往是非常复杂的系统，运用科学和数学的方法对系统中的事件进行研究和分析被称为系统分析。系统分析的特点就是在解决重要的管理问题时要有全局观念，从整体利益出发进行分析和研究，这样才能作出正确的决策。

7. 权变管理理论

权变理论强调管理的灵活性和适应性。随着环境的变化，管理观念、管理方式、组织结构、领导方式也要相应变化。该理论是 20 世纪 70 年代在美国产生的一种理论。其代表人物是美国的管理学者弗雷德·卢桑斯（Fred Luthans，1939—）。他在《管理权变理论——走出丛林之路》一文中论述了该理论。

该理论主要研究组织内各子系统内部及各子系统之间的相互联系和相互影响的关系，以及一个组织与其所处的环境之间的相互联系和影响。

权变管理理论的核心用一个函数关系来表示管理，即管理是指管理因素和环境因素的函数关系，环境分为内部环境和外部环境，是自变量，管理思想、管理方法和技术是因变量。函数关系式为：

管理因素＝f(内部环境、外部环境)

权变管理理论的基本思想主要包括:

(1) 没有任何一成不变的、普遍适用的、最好的管理或不好的管理,好的管理必须因事、人、时、地而变。《孙子兵法》之《虚实篇》中说,"兵无常势,水无常形,能因敌变化而取胜者谓之神。"西方关于权变的管理有一句名言:"管理的智慧从你认识到世界上不存在唯一最优的管理系统时开始。"古今中外优秀的管理思想都认同,变是唯一不变的真理。成功的管理必须是权变管理。

(2) 组织是一个开放的系统,是一个既受外界环境影响又对外界环境施加影响的从属于大环境系统中的子系统。组织的活动只有与外部环境的特点和变化相适应,才能得以生存和发展。

(3) 管理的方法、技术随企业的任务、生产方式或个人和群体行为的特点以及领导者和职工的关系而定。

名人名言

☆健康向上的企业文化是一个企业战无不胜的动力之源。

——杰克·韦尔奇

☆用人不在于如何减少人的短处,而在于如何发挥人的长处。

——彼得·德鲁克

☆成功的企业不能靠一个成功的CEO,而要靠一个能不断产生成功CEO的公司机制。

——吉姆·柯林斯

☆有效的管理总是一种随机制宜的,或因情况而异的管理。

——哈罗德·孔茨

☆一个公司在两种情况下最容易犯错误,第一是有太多的钱的时候,第二是面对太多的机会。一个CEO看到的不应该是机会,因为机会无处不在;一个CEO更应该看到灾难,并把灾难扼杀在摇篮里。

——马云

"管理训练营"之模块一

项目一:交流分享

1. 管理为特点的目的而进行的,你的职业和人生发展目标是什么?你准备为此如何进行自我管理?

2. 对照本章所讲的内容,你是如何评价自己的管理意识和管理能力的?

3. 我国古代管理思想博大精深,请收集并加以提炼应用。

4. 结合本章内容,参照名家名言,尝试写出2~3句管理警句,并以此不断鞭策与鼓励自己,自觉提升自我的管理意识和管理水平。

项目二：管理案例

　　H 电脑公司是一家科技应用企业。公司创办时，董事会破格从地产公司电脑服务部聘任优秀员工李想为公司经理。

　　理由是：李想在电脑应用及智能化工程实施方面的技术水平较高，属内行。李想上任三个月，工作积极、勤奋，带领员工刻苦钻研技术业务。但他不知道怎么经营和管理，公司经营停滞不前。董事会决定将其撤换掉，但处理方法不当会挫伤李想，并对其各方面产生负面影响。

　　对此，董事们提出了各自的想法。有的说，把他增选进董事会，然后兼任公司技术负责人。有的说，让他做分管技术的副经理，享受经理待遇。还有的说，我们需要的是懂管理，能带领员工扩大经营规模，创造效益的经理，既然他不行，那就撤职让他专干业务，那不就行了吗？现在的企业对人的管理不必太顾虑，该咋办就咋办。也有的说，把他调回，给他 3 000 元苦劳奖，开个离职欢送会，大家吃顿欢送饭。

　　张董事长（领导层的权威）提出了自己的看法：

　　1. 李想是一个有技术的优秀员工，是我们企业的财富，是我们没有给他摆好位置，这是我们的失误。

　　2. 李想正是公司最需要的专业人才，公司正要依靠这样一些技术尖子来发展，调走他会影响到公司的技术工作。

　　3. 目前我们选定的经理刘峰虽有经营管理经验，但技术业务不太熟，需要李想帮助；增选李想进董事会不合适，若他作为董事兼技术总负责，则不是董事的新任经理在领导工作中会有难度。

　　4. 若简单地把李想撤换掉，会产生很大的负面影响，这个问题不宜简单化。

　　最后张董事长提议，设总经理，由他自己兼任；设两个总经理助理，拟聘的经理刘峰任总经理助理负责公司日常的经营管理工作，李想任总经理助理兼技术部经理。

　　张董事长说，对年轻的优秀员工李想（24 岁），应采取积极培养的方针，通过传、帮、带，使他既在业务上保持高水平，又在经营管理方面能有所突破。通过一段时间的运作，在适当的时候，我退出，那时必须建立一个稳定的、能力强的领导班子。

　　张董事长的意见通过后立即得到了实施，公司的经营状况有了起色，李想依然积极勤奋。半年后，张董事长退位，刘峰任总经理，李想任副总经理分管技术，公司运转良好。

　　案例分析问题：本案例对你有何启示？

项目三：管理游戏 1

"不可能完成的任务"

　　游戏目的：训练参与者的分析能力、创新能力、解决问题的能力和交流技巧

　　形式：4 人一组

时间：30分钟

材料：卡片

游戏规则与程序：

1. 把受训者分组，每组4人，然后发给每组一个任务卡。每张卡上写着一件商品的名字以及它应卖给的特定人群（比如向非洲人销售羽绒服，向爱斯基摩人销售冰箱等）。

要注意，这些人群并不需要这些商品，因此每个小组面临的挑战，是销售看似不可能卖出的商品。

2. 每个小组应根据任务卡的要求准备一条30秒的广告语，用来向特定人群推销商品。该广告应注意以下三点：

(1) 该商品如何改善特定人群的生活。

(2) 这些特定人群应怎样有创造性地使用这些商品。

(3) 该商品与特定人群现有的特有目的和价值标准之间是如何匹配的。

3. 给每组20分钟的时间，按照上述三点要求写出一个30秒钟长的广告语，要注意趣味性和创造性。

4. 其他受训者暂时扮演特定人群，认真倾听该小组的广告词，应该根据广告能否打动自己，是否激起了购买欲望，是否能满足某个特定需求来作出判断。最后通过举手的方式，统计出有多少人会被说服而购买这个产品；有多少人觉得这些推销员很可笑，简直是白费力气。

5. 选出优胜的一组，给予奖励。

有关讨论：

1. 善解人意在我们的生活和工作中扮演何种角色？做到这点是否给你带来了好处？

2. 为了与你的客户甚至是反对你的人心意相通，你需要做出哪些让步和牺牲？

3. 在推销小组的商品时，你是怎么分析特定人群与此商品的关系的？你是否考虑过他们的习惯、需要、想法和价值标准？

4. 你一定遇到过这种情况：有时候你的目标和他人的需要并不一致，你纵有雄心壮志却无人欣赏？在做这个游戏之前你是怎么处理的？做过这个游戏之后你将如何改进自己的方法？

项目四：管理游戏2
同心协力

游戏目的：让参与者体会协作的乐趣

游戏规则和程序：

1. 将学员分成几个小组，每组在5人以上为佳。

2. 每组先派出两名学员，背靠背坐在地上。

3. 两人双臂相互交叉，合力使双方一同站起。

4. 以此类推，每组每次增加一人，如果尝试失败需再来一次，直到成功才可再加一人。

5. 选出人数最多且用时最少的一组为优胜。

有关讨论：

1. 你能仅靠一个人的力量就完成起立的动作吗？

2. 如果参加游戏的队员能够保持动作协调一致，这个任务是不是更容易完成？为什么？

3. 你们是否想过一些办法来保证队员之间动作协调一致？

项目五：职场提示 1

德勤 CEO 的职场金玉良言

像很多人一样，德勤会计师事务所 CEO 乔·埃切瓦里亚在初入职场时也克服了很多障碍。他为刚刚毕业、正在找工作的大学生以及所有在职场打拼的人们给出了很多建议。

乔·埃切瓦里亚认为，虽然就业市场不容乐观，但只要有足够强烈的成功欲望，任何人都能做到。

埃切瓦里亚是波多黎各人，在纽约市南布朗克斯区一个贫穷的单亲家庭里长大，他的经历比大多数人都要艰难。到了 2011 年，他已经成为全球咨询与审计巨头德勤会计师事务所（Deloitte）的 CEO。埃切瓦里亚以自己的亲身经历为求职者们支招。

我毕业之后的第一份工作是什么？我是怎样得到这份工作的？

埃切瓦里亚说：我先是利用暑假在布朗克斯区做汽车修理工。从迈阿密大学（University of Miami）毕业后，我被哈斯金斯·塞尔斯会计师事务所（Haskins & Sells，后被德勤兼并）聘用，成为一名审计师。

大学期间，我获得了奖学金。当时，如果想参加八大会计事务所——如今已经变成四大——的面试，在学校的平均分不能低于 3.5 分。但由于我上的大学算不上一流（学校曾被冠以"晒太阳大学"的绰号），所以我的平均分必须达到 3.8 分，我做到了。因此，我有幸参加了面试。虽然我也存在许多不足之处，但我的会计成绩在全班名列前茅，他们没有任何理由不让我参加面试。

我的不足之处？

埃切瓦里亚说：我长着浓密的胡子，发型也非常糟糕。而且，我只有两套衣服，一套是褐色的，另外一套是涤纶料子的绿色西服。我也不懂什么社交礼仪，比如我不知道在餐桌上该怎么摆放面包盘，也从没用带茶托的杯子喝过咖啡。我花了很长时间才意识到，在职场上，这些事情同样都是非常重要的。但没有人会跟我讲这些。

然而正是由于这些因素，我得到的评价总是说我"潜力有限"，虽然这些事情看起来或许非常肤浅。没有人认为我应该得到升职。而且，我的收入也比其他人低。但我最终还是赶了上来。

我是如何做到的呢？

埃切瓦里亚说：首先，我会研究公司里成功的人在做什么。我观察他们，分析他们是怎么做到的，然后尽最大努力去模仿。其次，我工作非常非常努力。比其他任何人都要努力。最后，我的上司，一位西班牙女性，给了我很好的建议。我去休假之前，她对我说："你休假回来的时候，不要再留胡子了。不然，你永远也别想进入管理层。"我从没想过胡子会成为我发展的障碍。现在，她仍是我的导师。我在公司已有35年，而她在公司的时间已经有40年。在公司里，我总是称呼她"妈妈"。

对于今天的应届毕业生们，或者希望在大公司取得成功的任何人，我的建议是什么？

埃切瓦里亚说：首先，你的工作必须比其他任何人干得更漂亮。否则，即使你是天才，也不会成功。面对当前严峻的就业形势，为了能够跨进门槛，应届毕业生们可能不得不先放弃薪酬，免费工作一段时间。找一个自己真心希望工作的地方，通过努力的工作和出色的表现来证明自己。只要能做到这一点，雇主们肯定会愿意聘用你，给你提供报酬。

其次，我建议学生们多读书。读任何你能够获得的东西，因为你总能从中学到一些有用的东西。我刚入职场的时候，对我非常有帮助的是一本很薄的小书——《你本身多优秀并不重要，重要的是你想要多优秀》（It's Not How Good You Are, It's How Good You Want to Be，英国广告人保罗·阿登著）。到现在我还是会偶尔翻阅它。

最后，寻找一个愿意坦诚指出你的缺点和盲点的人做导师。如果没有"妈妈"告诉我要刮掉胡子，我根本不可能想到这个问题。

德勤在聘用应届毕业生时更看重哪些方面？

埃切瓦里亚说：我们每年招聘约18 000人，其中一半是应届毕业生，一半是有经验的职业人士，而我们每年要从500 000份简历和求职申请中挑选出这些人。除了最基础的证书和能力，我们寻找的是那些能脱颖而出的人。如果你是一个充满热情的人，就会引起我们的注意。如果你积极、热情，其他人都想围绕在你身边，这也是杰出的品质。

我们还希望聘用者能做到有始有终，懂得关心别人。这些都是，而且将始终是我们衡量候选人的标准，我们用这个标准来区别"不错的候选人"和"优秀的候选人"。（资料来源：德勤CEO的职场金玉良言．财富中文网，2013-05-29．）

小思考： 德勤CEO的职场金玉良言对你有什么启发？

项目六：职场提示2

职场中情商不容忽视

中国心理卫生协会心理咨询专家袁辛认为，提高情商对刚刚步入职场和社会的年轻人来讲尤为重要。

"来接受心理咨询的人中，很多年轻人的职场烦恼都是由于情商不高、难以适应社会造成的。过于强调和看重自我，不懂得替别人考虑，不善于与同事沟通和表达，缺乏团队合作精神，将个人情绪带入工作中等，这些都是情商低的表现。"

　　袁辛举了个例子，23 岁的小张从事柜台窗口工作，入职一年来一直不顺心。她觉得同事冷落她，上司不喜欢她，客户刁难她。袁辛为她分析了原因：脾气暴躁，有话不会好好说，一不高兴就翻脸。袁辛建议，"用恰当的方式表达自己的意见和建议，学会'说话'非常重要。"

　　对于情商的重要性，袁辛还特别提到这样一个事例：一位女生参加面试，进楼后找不到位置，向一位正在拖地的大爷询问。得到答案后，她道了谢，并对大爷说："不好意思，把您刚拖的地踩脏了。"路过的面试官碰巧看到这一幕，最终女生被录用了。"尊重他人的工作、懂得照顾他人感受，是在职场中与人合作的基础。"

　　"在职场中，情商的重要性比在校园中更加显现。"袁辛建议，刚刚步入社会的年轻人除了努力提高专业素养，更要有意识地调整心态，重视与人交流、沟通。要具备饱满的自信心、强大的抗压能力以及心理创伤复原能力，保持谦虚、平和，踏实做事，低调做人，这样才能让职场之路更加顺畅。（资料来源：职场中情商不容忽视. 网易财经，2013-06-07.）

　　小思考：
　　1. 什么是职场情商？
　　2. 请分析一下自己的职场情商。

第 2 章

走进管理者

要想在竞争中获胜，勇气只是赢得胜利的一方面，还要有实力。拐杖不能取代强健有力的双脚，我们要靠自己的双脚站起来。如果你的脚不够强壮，不能支持你，你不是放弃和认输，而是应该努力去磨练、强化、发展双脚，让它们发挥力量。

——洛克菲勒

学习目标

1. 知识学习目标

- 理解管理者的角色期待
- 理解影响组织成员道德素质的因素
- 理解提高组织中成员的道德素质的途径
- 理解管理者的社会责任

2. 能力实训目标

- 掌握管理者的角色担当
- 掌握管理者的技能要求
- 掌握管理者的道德素质要求

引入案例

京东创始人刘强东的朴素管理

刘强东，37 岁。这个激进、冒险的家伙，创建了京东商城，京东 2012 年平台交易额达到 600 亿元人民币，占中国自主式 B2C 电子商务销售额的 1/3。

京东商城，如今被国美、苏宁视为主要对手之一。不过，刘强东并非霸气外露之人，他甚至憨厚到略微有些木讷。他的谈吐功夫也只能说一般，远不能跟马云那样的天生演讲家相媲美，再精彩的桥段，到了他嘴里，也成了平铺直叙的"流水账"。

但这些，并未掩盖住他截至目前的"辉煌"。本质上，刘强东的经营和管理智慧，朴素而经典。

"有心人"

不能不说，当年"混迹"于中关村的那段经历，让"敏而好学"的刘强东耳濡目染了很多东西。最关键的是，他能观察、能思考、能打破常规、敢做。而他从中领悟到的那些思路及技巧，日后也成为京东商城异军突起的支撑力之一。

有"中国硅谷"之称的北京中关村，一度成为"冒险者的天堂"。当然，这里更是草根商业智慧的汇聚地。刘强东在这里汲取到的，是商学院课堂上无法学到的朴素经营智慧。

1998 年 3 月，从一家外企辞职的刘强东，开始连续两个月天天光顾中关村——他怀揣着 12 000 块钱准备创业（据说还瞒着女友和家人）。当然，他并不打算买东西，他只是留心观察，偶尔也会认真问上几句。

这个"有心人"终于发现了"中关村的秘密"。秘密就是中关村大部分店家都是在"炒货"。好像什么东西都卖、什么都有，但 80％的货并不是现货。这种"炒货"一般要让顾客等 10 分钟以上。刘强东从中发现的商机，正跟这个"10 分钟"有关。他发现 30％～40％的客户因不愿等候而流失。

刘强东去批发市场买了几十款产品来，然后去柜台发货。"我当时是批了 20 款不同型号的刻录机，价格跟别人去批发一样。每个刻录机在海龙都找了 24 个柜台，每个柜台放上一个。给柜台放货，柜台很高兴，因为很多柜台拿不到现货，更何况不要任何条件。然后我就派个小伙子在海龙，保证任何一个柜台要刻录机，都是两分钟之内送到。"单单这个"两分钟送到"，就让很多柜台心动了。精明的刘强东，给双方都设定了条件。他在给柜台留名片时，就说清楚：你卖我的刻录机，价格可能比别人贵一块钱，但如果我2分钟送不到，我赔你10块钱。店主一般想都不想就会答应下来。

就凭这个"灵机一动"的商机，1998年6月，刘强东的"京东多媒体"公司正式在中关村开业了。越来越多的店铺开始跟他合作，这时候，他已经不甘心再用跟别人一样的价格去批发商那里拿货了。短短两年内，京东就成为全国最具影响力的光磁产品代理商。

到2001年，他居然能轻松赚到1 000多万元（销售额6 000多万元）。一般人到了这份上，可能会比较知足了，但刘强东不。他开始尝试做零售、开连锁店。刘强东很快发现，尽管卖光磁产品让自己大赚，但利润越来越薄。这个"有心人"不由得担忧好日子不会持续太久。刘强东在早期即意识到"人无远虑，必有近忧"，这一点套用在创业中，就是能够把握市场，及早转型。

决断能有多彻底

2003年"非典"爆发，刘强东的12家店面每天光租金、员工工资和库存，就要干赔掉几十万元。情急之下，他和当时的很多公司一样，几乎找遍了所有网上的论坛，去发帖子。

初次触网的刘强东又一次敏锐地发现了商机。2004年，他"壮士断腕"，再次豪赌，关掉为京东提供了95%利润的12家线下连锁店，凭借6年来积攒下的2 000万元，专心做线上的商城店。由此，便有了如今京东商城的雏形。

刘强东在京东网上商城开始的日子里，天天趴在网上"给用户回帖"，不辞辛苦，甚至凌晨都在回复用户。后来，为了增强对用户体验的感知，他又玩起了微博，成为彻底的"微博控"，对于用户他几乎是有问必复。

刘强东带着他的京东商城抓住了中国电子商务发展的最好机遇。他的敏锐、雄心和勤奋，以及京东发展势头的迅猛，吸引了许多著名的大风投公司，即使在当今电子商务凶猛来袭的年代，像京东那样，一轮融资金额可以拿下15亿美元，一举创下中国互联网史上迄今为止单笔金额最大的融资记录，还是很令人侧目的。自此，京东爆发出不可遏制的发展态势。（案例来源：京东创始人刘强东的朴素管理.第一赢销网，2011-07-17.）

思考题：

1. 你认为作为一个成功的管理者，刘强东身上有哪些特质？
2. 刘强东的成长经历对你有什么启示吗？

◆━◆━◆━◆━◆━◆━◆━◆━◆━◆

2.1 管理者的角色、技能和魄力

要想当一个好的管理者，必须具备一定的能力，而要具备的能力又和要扮演的角色有关。因此，管理者必须明确以下两个问题：一是要扮演什么角色；二是在扮演这些角色过程中，需要具备哪些技能。

2.1.1　管理者的角色

列队虫的悲哀

　　有一种名叫列队虫的小昆虫，就是我们常说的"跟屁虫"。它之所以有这么难听的名字，是因为它独特的爬行方式：当很多列队虫一起走时，它们会一只只地首尾相接，成一行前进。带头的那只列队虫负责找桑树叶——它们最主要的工作。不管这只虫爬向哪里，后面的那些一定会跟着。

　　有位科学家用一组列队虫做了一次试验，将它们绕成一个圆圈，让带头者和最后一只首尾相接。这样一来就没有了领导者和跟随者之分。在圆圈的中央，放着一盘桑叶。科学家想知道，这种没有领导者和跟随者之分的情景能维持多久。他认为，等它们饿得厉害的时候，这个圆圈一定会解散，列队虫会抢着去吃桑叶。结果却大出他的预料，这些列队虫最后饿得奄奄一息，仍然首尾相接形成一个圆圈，食物就在中间，离它们仅几英寸远，它们却只知道一只跟一只爬行，不知道自己应该去寻找食物。

　　管理启示：组织中的每个成员处在不同的地位中，扮演不同的角色。管理者的角色是非常重要的。

1. 管理者的角色

　　管理者的角色是指组织中的管理者需要做的一系列特定的工作任务。20世纪 60 年代末期，亨利·明茨伯格在《经理工作的性质》一书中阐述了管理者在管理工作中需要扮演 10 种角色，具体包括：代表者、联络者、领导者、信息监听者、信息传播者、发言人、企业家、故障处理者、资源分配者和谈判者。这 10 种角色可被归纳为三大类：人际角色、信息角色和决策角色。

　　（1）人际角色。

　　管理者在处理与组织成员和其他利益相关者的关系时，就在扮演人际角色。管理者所扮演的人际角色包括代表者角色、领导者角色和联络者角色三种。

　　①代表者角色。

　　作为所在单位的管理者，管理者有时必须出现在集会上参加社会活动，或宴请重要客户等。在这种情况下，管理者行使着代表者的角色。

　　②领导者角色。

　　由于管理者对所在单位的成败负重要责任，所以必须在组织内扮演领导者角色。对这种角色而言，管理者和员工一起工作并通过努力来确保组织目标的实现。

　　③联络者角色。

　　管理者必须扮演组织联络者的角色。管理者无论是在与组织内的个人和工作小组一起工作时，还是与外部利益相关者建立良好关系时，都起着联络者的作用。管理者必须对重要的组织问题有敏锐的洞察力，从而能够在组织内外建立关系和网络。

（2）信息角色。

在信息角色中，管理者负责确保和其一起工作的人具有足够的信息，从而能够顺利完成工作。由管理责任的性质决定，管理者既是所在单位的信息传递中心，也是组织内其他工作小组的信息传递渠道。整个组织的人依赖于管理结构和管理者以获取或传递必要的信息，以便完成工作。管理者所扮演的信息角色包括信息监听者角色、信息传播者角色和发言人角色三种。

①信息监听者角色。

作为信息监听者，管理者持续关注组织内外环境的变化以获取对组织有用的信息。管理者通过接触下属来收集信息，并且从个人关系网中获取对方提供的信息。根据信息，管理者可以识别工作小组和组织的潜在机会和威胁。

管理故事

巴顿将军为了显示他对部下生活的关心，搞了一次参观士兵食堂的突然袭击。在食堂里，他看见两个士兵站在一个大汤锅前。

"让我尝尝这汤！"巴顿将军向士兵命令道。

"可是，将军……"士兵正准备解释。

"没什么可是，给我勺子！"巴顿将军拿过勺子喝了一大口，怒斥道："太不像话了，怎么能给战士喝这个？这简直就是刷锅水！"

"我正想告诉您这是刷锅水……没想到您已经尝出来了。"士兵正色答道。

温馨提示

倾听是管理者最重要的工作方法。

②信息传播者角色。

作为传播者，管理者把重要信息传递给工作小组成员，有时也向工作小组隐藏特定的信息。更重要的是管理者必须保证员工具有必要的信息，以便切实有效地完成工作。

③发言人角色。

管理者必须把信息传递给单位或组织以外的个人。例如，必须向董事和股东说明组织的财务状况和战略方向；必须向消费者保证组织在切实履行社会义务；必须让政府和社会对组织的遵守法律、承担社会责任等工作表现感到满意等。

（3）决策角色。

在决策角色中，管理者处理信息并得出结论，让组织按照既定的路线行事，并分配资源以实施组织计划。管理者所扮演的决策角色是企业家角色、故障处理者角色、资源分配者角色和谈判者角色四种。

①企业家角色。

管理者寻求组织的发展机会，实时作出重要判断和决策，如对所发现的市场机会及时作出投资决策，如新产品、市场开发等决策。

②故障处理者角色。

在组织运行的过程中，一方面总会遇到资源在组织内各部分的分配等问题要协调，另一方面组织运行中或多或少会遇到各种冲突或问题，管理者必须善于处理或解决问题。

③资源分配者角色。

管理者决定如何将组织资源分配给各个部门和成员。

④谈判者角色。

对所有层次管理工作的研究表明，管理者把大量的时间花费在谈判上。管理者的谈判对象包括员工、供应商、客户、政府和其他工作小组。

管理案例　罗斯福：驾驭人性的管理者

富兰克林·德拉诺·罗斯福是美国历史上唯一一位残障总统，也是美国历史上唯一一位蝉联四届的总统。罗斯福出身名门，是美国第 26 任总统西奥多·罗斯福的本族侄子，但他的人生并非一帆风顺，青年丧父，中年政坛失意，壮年身患残疾。但他在腿疾无法治愈的情况下参加总统竞选并获得成功。

罗斯福拥有超人般的乐观与激情，轮椅上谈笑风生的罗斯福是美国 20 世纪的杰出统帅。

一、领袖的正能量：真诚和勇气

能够在轮椅上得到大多数人的拥护，富兰克林·罗斯福靠的是坚定的信念、达观的态度、真诚的奉献和敢于尝试一切的勇气。

第一次入主白宫之前，罗斯福的优秀潜质便通过真诚与乐观传递出来。39 岁那年突如其来的变故，让他积累了人生最重要的管理财富。病痛中的罗斯福，对于贫穷与疾病有了更加切身的感受，给罗斯福提供了与普通人更多的接触机会。病床上安静的思考、轮椅上平和的交流，使得罗斯福发自内心地体会到，每个人都有需要帮助的时候，真诚帮助他人，才能得到拥护。在他重返政坛时，"奉献"两个字对他来说有了更加真实的意义，让他成为最真诚的管理者。

优秀的管理者总是喜欢大胆尝试一切方法来为最多数人争取利益。罗斯福在新政和二战时期的许多做法，都是需要胆识的，他在大萧条时期推出新政以挽救经济，二战爆发后推出租借法案援助盟国，1942 年对法西斯国家宣战，把孤立主义美国变成世界大联盟的领导者。美国著名记者约翰逊在罗斯福的传记中写道："他推翻的先例比任何人都多，他砸烂的古老结构比任何人都多，他对美国整个面貌的改变比任何人都要迅猛而激烈。"只有不权衡个人利益的领导者，才能做到在变革中无所畏惧。

正能量会传染，对未来充满信心的领袖能够带动人们的激情和勇气。经济大萧条的时候，失业、破产、痛苦和绝望席卷美国，罗斯福表现出压倒一切的自信，他告诉人们：我们唯一害怕的就是恐惧本身。

二、有效管理的前提：合理配置资源

合理配置资源，是有效管理的前提。将各种人才、各种情势和看似不相关的事物有机组合起来，择机而动，有时能够达到出人意料的效果。

罗斯福善于调动各方资源的才能很早就显现出来。为了加入哈佛大学校刊《绯红报》，罗斯福邀请当时担任纽约州长的堂叔老罗斯福到哈佛来演讲，并使用激将法采访到一向杜绝媒体的哈佛校长的投票意向，他写的报道不但刊登在《绯红报》上，还被美国各大报刊转载，他因此顺利成为

校刊助理，后来还升为主编。

罗斯福做事情从来不硬碰硬，他会引导民心并在时机成熟时采取行动。美国决定参加第二次世界大战之前，罗斯福先发表演说告诉奉行孤立主义的美国人，战争一旦蔓延，美国不可能置身事外，然后在获得大众理解后逐渐加强军备，这才使美国能够在关键的时刻及时反应、重拳出击。

运筹管理需要超前思维、选择时机，有效配置需要拉拢人才、建立同盟。

1932年竞选总统时，富兰克林·罗斯福适时提出复兴国家经济的"新政"计划。美国正值经济危机，经济复兴是所有人的梦想，怀抱不同政见的人都成为他的同盟者，"新政"在他竞选成功后得以顺利实施。

1933年当选后，罗斯福使内阁成员在地理上、政治上均保持平衡，其中有自由派民主党员，也有保守派民主党员；有三位共和党员，还有一位女部长。他的立法计划面向广大选民，设法帮助美国经济中主要的利益集团，1936年再次竞选时，罗斯福仍然受到大多数人欢迎，成功连任。对于罗斯福来说，运筹帷幄是"万事俱备，自创东风"。

三、管理的最高境界：洞悉人性

懂得倾听，才有人与人的信任。组织中的个体对管理者的信任，在很大程度上影响管理的效果和效率，甚至决定组织目标的成败。

能够敏感地倾听，是罗斯福与美国人建立情感维系的关键；能够轻松地唠家常，是罗斯福博取国民信任的优势。"炉边谈话"是富兰克林·罗斯福众多创新中极富特点的一项。罗斯福对"炉边谈话"的定位与白居易写诗的定位一样，即，让最普通的人能听懂。

首次就职总统后，第一次炉边谈话——拯救金融——就取得巨大成功：罗斯福向全美6 000万人保证，把钱存在经过整顿、重新开业的银行里，比放在褥子底下更安全。简短而诚挚的谈话，化解了人们心中的疑团，重构了国民对政府的信任，第二天，如同不久前蜂拥挤兑一样，美国人又开始排队存款，关闭了一周多的纽约证券交易所也重新开市，当天高开15%，创造了半个多世纪以来的单日最大涨幅。

优秀的管理者，眼里看到的是现金流、人才库；顶尖管理者，眼睛会看到人心深处。罗斯福深知，人们需要被尊重、被肯定和善意的对待。在总统任期内，罗斯福通过电波与民众交流时，超过300次以"我的朋友们"来亲切称呼收音机前的人们。从那时起，罗斯福就形成把包括对手在内的所有人都视为"我的朋友"的习惯，这个习惯让他以朋友的身份面对同盟者和非同盟者，帮助他完成对政敌和潜在政敌的从容调度。这种"睦邻政策"不仅搞定了美国对拉美地区政治的控制，还为世界带来了"联合国"这个珍贵礼物。

高端管理离不开沟通，人际关系和组织关系中，优先表示沟通意愿的一方往往占据主动，这种主动接触越出乎对方意料，越容易打动人。罗斯福认为，美国需要在更广阔的国际舞台上发挥作用。为了争取与苏联的关系，罗斯福曾亲自打电话到明斯克市总机，转接到伏尔加格勒（斯大林格勒），再转接到莫斯科大会堂，最后转接给斯大林，然后说一声，嗨，约瑟夫吗？我是富兰克林！罗斯福的思维方式是，既然总要有一方率先表示诚意，那么就由自己来打开局面。（案例来源：罗斯福：驾驭人性的管理者. 第一赢销网，2013-09-23.）

2. 管理者的角色期待

（1）管理者的角色期待。

角色期待是指组织中多数成员期望或要求其中某一成员做出的应有的行为方式，即担任某一职位者被期待的行动或特质，其内涵包括信仰、期望、主观的可能性、权利与义务的行使等。

对于任何角色，社会期待有的存在于社会文化习俗中，有的存在于规章制度中，有的存在于法律法规条文中。不同的角色期待相互联系，相互交织。

角色期待的主要功用在于使角色行使者明白其权利与义务，也即角色的学习。角色的学习随着角色的改变而进行，因而角色的学习是无止境的。可以说，人们正是在错综复杂的社会关系中，在不知不觉的角色学习过程中，逐渐把社会的行为规范转化为个人的道德行为。

期望是实现角色的有效手段。但是对于个人来说，角色期待是他人提出的希望，只有当个人领会并按照这种希望去行动时，才能产生一定的期待效果。管理者应正视角色期待的问题，应该努力将对角色的社会期待内化为对自己的主观要求，哪些应该做，哪些必须做，哪些不能做，应该做到心中有数。

（2）管理者要处理好角色的冲突。

管理者也是社会人，同时扮演很多社会角色。在交往中，应学会扮演多种角色，并且灵活地变换角色，只有这样才能在复杂多变的情境中有效地工作。

如果人们对一个角色的期待与要求不一致，或者一个人身兼的几个角色之间要求不一致，就可能使人处于角色冲突之中。优秀的管理者要善于处理好各种角色冲突。

3. 管理者的风格

每个管理者在扮演一定的角色时还应努力塑造并表现出自己的个性特征——风格。这就要求管理者处理好理想角色（社会对某一角色规定的理想规范）、领会角色（管理者个人对角色的理解和行为模式）和实际角色（管理者在特定角色岗位上的实际行为）这三者的关系。在社会认同的前提下，管理者要表现自己的风格。

管理案例　　　　　　　　　　**普京的管理风格**

普京的政治智慧和治国策略众口皆碑。在总统任期内，普京使俄罗斯在军事与政治实力上均得到了相当大的提升，是一位名副其实的"铁腕总统"。普京在俄罗斯国内获得了极高的支持率。

普京的治国智慧和为人行事作风给企业家和管理者在企业经营管理方面带来哪些有益的启迪呢？

一、硬汉形象

从普京的心理定位看，普京有"主人"型心理特征。这类人倾向于团队精神和集体努力，想办法营造一种心理氛围，决定任务的从弃，提出观点和许下承诺并予以保证，克服困难将事情进行到底，让身置其中的人能够从工作中得到快感和满足感。

以上描述反映了普京的一贯作风，即说一不二、坚持到底的硬汉形象。普京上台后，利用恐怖分子在俄罗斯各地活动的机会，发动了第二次车臣战争。一年多的战争造成了俄军在车臣2 700人的阵亡。2002年10月的莫斯科轴承厂文化宫人质事件和2004年9月的别斯兰人质事件，平民蒙受重大伤亡。这些让普京政府在国内外面临巨大的政治压力。但普京始终坚持斗争，置西方的批评于不顾，最终全面平定了车臣叛乱，除掉了俄罗斯的一个心腹大患。

普京平时骑马打猎、开战斗机、进核潜艇等行为都给外界留下了深刻印象。他用箭射中鲸鱼，取下鱼皮样本用于科学研究；在森林火灾时，他亲自驾驶直升机参与灭火；他为一头北极熊戴上卫星追踪项圈。此外，他还曾驾车视察西伯利亚，等等。

延伸到企业家也是如此。若企业家具有硬汉形象，往往能对部下形成感染力，其责任感、坚毅的性格以及精神面貌都能激励部下迎着困难走下去。尤其在创业阶段，企业的成功与否就决定于是否能坚持那么一点点。

二、雷厉风行

普京行事雷厉风行，令出如山。普京刚出任时，俄罗斯有89个政治实体。叶利钦时期，各地"诸侯"自行其是，中央政府的命令执行不下去。普京上台后，着手整顿全国的秩序，把俄罗斯划成7个大区，大区的全权代表均由中央委派。他们都是退休的将军和昔日的克格勃人员，完全听命于普京。在加强这种垂直领导后，普京终于大权在握，逐渐成为一位强势总统。

有一年，一艘俄籍油轮在亚丁湾海疆遭海盗劫持，船上有23名俄罗斯船员和筹备运往中国的8万多吨原油。事件发生后，普京立即派遣正在事发海域邻近的反潜驱逐舰赶往出事地点。翌日清晨，俄特种军直升机突降被劫船只，击毙一名海盗，其余海盗束手就擒，船员、船只和货物脱离险境。整个事件从发生到解决不足24小时。全部行为没有造成军方和船员伤亡。

这样的行事风格类似企业的军事化管理，对董事会形成的决议，雷厉风行地坚决执行。中国有不少企业创业者都是退伍军人，如华为的任正

非。这些企业早期或多或少都带有军事化管理的色彩。美国也有不少企业的CEO是海军陆战队的退伍军官，比如美国最大的快递公司UPS的CEO。

三、亲民展现柔性魅力

普京也是一位亲民总统，民众支持度非常高。自2000年成为俄罗斯总统以来，普京已经形成了每年都会通过电视直播和民众交流的传统。他曾亲自过问老大妈家安装电话的事宜，和莫斯科大学女生喝"交杯酒"，赶赴莫斯科一家医院探望一名病童，而这只为满足10岁孩子的"真实谎言"！

不错，治国要有力度，治乱世更要铁腕。但亲民同样重要，没有民众的支持，政权迟早要倒台。相同的例子还有委内瑞拉的查韦斯总统。面临内部萎靡不振的经济和外部美国的强烈打压，查韦斯靠着广泛的民意支持，特别是中下层贫民阶层的支持，保住了执政党的地位。

一个企业家在给公司内外严厉的硬汉形象、保证公司上下令行禁止之外，也需要展现柔软的一面，以获得公司员工发自内心的支持。这就像带兵打仗，统帅既要有坚决果敢的意志，同时也要有体恤爱兵的关怀。

四、培养忠实接班人和合作伙伴

普京政治生涯中最大的成就之一就是培养了一个忠实可靠的接班人和合作伙伴梅德韦杰夫。作为普京的同乡、学弟及老同事，梅德韦杰夫得到普京的刻意栽培，一直是普京最得力的助手。1999年，他跟随代总统普京搬进克里姆林宫。2003年10月，普京将梅德韦杰夫推上总统办公厅主任职位。当时年仅38岁的梅德韦杰夫成了俄历史上最年轻的总统办公厅主任。

梅德韦杰夫也投桃报李。总统办公厅在俄政治生活中一直发挥着政权"中枢神经"的作用，其权力甚至可以和政府一较高低。梅德韦杰夫在这个职位上兢兢业业，不仅在政治斗争中坚决站在普京一边，还是总统生活中的"左右手"。当普京因宪法限制，在总统任期到期卸任后，梅德韦杰夫提名普京担任俄罗斯总理。

著名的管理学家吉姆·柯林斯曾说，成功的企业不能靠一个成功的CEO，而要靠一个能不断

产生成功 CEO 的公司机制。企业家在不断打拚中应当像普京那样很早就刻意培养忠实可靠的接班人。(案例来源：龚炯. 普京的治国智慧与企业管理 [J]. 经理人，2011 (6).)

2.1.2　管理者的技能要求

1. 管理者应具备的三大技能

管理者要扮演好自己的角色，需要具备一定的技能。根据罗伯特·卡茨的研究，管理者要具备技术技能、人际技能和概念技能。

（1）技术技能。

技术技能就是指管理者从事自己管理范围内的工作所需的技术和方法。例如，办公室管理人员就要熟悉组织中有关的规章、制度以及相关法规，熟悉公文收发程序、公文种类及写作要求等；财务管理者就要熟悉相应的财务制度、记账方法、预算和决算的编制方法等。

技术技能对基层管理者来说极为重要。因为基层管理者大部分时间都是从事训练下属人员或回答下属人员有关具体工作方面的问题，具备技术技能，才能更好地指导下属工作，才能成为受下级成员尊重的有效管理者。技术技能对于基层管理者、中层管理者、高层管理者的重要程度依次下降。

> **小思考**

不听工匠言

《吕氏春秋》中有个故事：宋国大夫高阳要建造一所住宅，买了一堆木料。工匠对他说："木料没干，现在还不能动工。如果在没干的木料上抹泥，过些时候木料会歪曲。用不干的木料盖起来的房，当时看起来挺好，过后一定会倒塌的。"高阳因急于住进新房，反驳说："根据你的道理，房子是倒塌不了的。因为木料和泥巴都一天比一天干，木料越干越硬，泥巴越干越轻，拿越来越硬的木料去承受越来越轻的泥巴，房子怎么会塌呢？"

工匠被他驳的无言以对，只好按他的决定去盖房。房子刚盖好时看上去不错，后来果然倒塌了。

小思考：这个故事对你有何启示？

（2）人际技能。

人际技能是指成功地与组织中各层次的人打交道并与别人沟通的能力，主要包括联络、处理和协调组织内外人际关系的能力，激励和诱导组织内工作人员的积极性和创造性的能力，正确地指导和指挥组织成员开展工作的能力。

人际技能要求管理者首先要了解别人的信念、思考方式、感情、个性以及每个人对自己、对工作、对集体的态度，承认和接受不同的观点和信念，这样才能与别人更好地交换意见。

同时，要求管理者能够敏锐地察觉别人的需要和动机，并判断组织成员的可能行为及其可能后果，以便采取一定措施，使组织成员的个人目标与组织目标最大限度地一致。

人际技能还要求管理者掌握评价奖励员工的一些技术和方法，最大限度地调动员工的积极性和创造性。

人际技能是一种重要技能，对各层次管理者都具有重要的意义。要充分运用人际技能处理好各种关系，包括同反对自己的人处好关系；同时还要既能坚持原则，又能保有灵活性。

管理案例　　　　　　　　盛田昭夫的绝招

1961 年，索尼公司的一个工会要求盛田昭夫只雇佣他们的会员，否则就要组织罢工。当时正值公司在 5 月 2 日即将举行成立 15 周年的庆典，届时首相也将参加。该工会称，如不答应他们的条件，他们的罢工日就选择在那一天。盛田昭夫对此有自己的看法，他说："只雇佣某一工会成员的做法是损害企业权益的行为，别人也完全有权利组织新的工会。有自由才会有民主。"所以他采取了针锋相对、寸步不让的策略。但是，如果真的在庆祝日那天工会宣布罢工，公司会很丢面子。怎么办？

在公司庆祝日那天早上，罢工的人群包围了公司办公大楼，街上站满了这个工会的会员。也有一些工程师组织起自己的工会，打出支持公司的旗号，围在罢工者的外围。大楼已挂好庆祝的条幅，只是池田首相和其他嘉宾迟迟没来。罢工者最初以为公司被迫取消了这次活动，但很快意识到是自己搞错了地方。

原来，公司全体经理包括盛田昭夫都守候在这个大楼里，与工会代表谈判。只是前一天晚上，他们才给 300 名嘉宾包括首相——去了电话，告知庆典改在一里外的王子宾馆举行。结果，首相和嘉宾平平安安地出席了庆祝大会。盛田昭夫当天早晨还在与工会代表谈判，见没有结果，就从公司办公大楼的后门溜出去，赶在庆典活动结束前到达王子宾馆。他走进会场时，大家都向他鼓掌庆贺。

最后，闹事的工会只得放弃了罢工。

（3）概念技能。

概念技能即判断和决策能力，指对事物的洞察、分析、判断、抽象和概括的能力。管理者要能够迅速敏捷地从混乱而复杂的动态情况中判断出各种因素的相互作用，抓住问题的起因和实质，才能作出正确的决策。一个好的管理者不能人云亦云，随波逐流，要有主见，能在关键时候作出正确的决断。

概念技能是对高层管理者的特殊要求。高层领导者将在组织中遇到的问题概念化，这是一个理论升华和文化创造的过程。高层管理者是组织理论和组织文化的主要创造者，需要有较高的概念抽象技能。管理者应看到组织的全貌和整体，了解组织各个部分与环境是如何互动的，了解组织内部各部分是怎样相互作用的，能预见组织的发展趋势和行业未来。

管理案例　　　　　　　　　霍英东的创业故事

在港台的亿万富翁中，霍英东的知名度可以说是最高的。去世前他的个人资产大约有130亿港元，然而，霍英东的出身，也许要算亿万富翁中最苦的一个！他的祖籍是广东，但是从他的祖父开始，全家就离开了陆地，长年居住在舢板上，被人称为"舢板客"，甚至贬称为"水流柴"、"家仔"。1923年，霍英东就出生在舢板上。后来他将自己改名英东，意思是要"英姿勃发于世界的东方"！

霍英东的父母靠着一只小驳船，在香港做驳运生意，也就是从无法靠岸的大货轮上，将货卸上自己的驳船，再运到岸边码头。霍英东7岁那年，在一次风灾中，他的父亲因为翻船被淹死了。仅仅过了50多天，霍家的小船又一次翻在大海里，两个哥哥葬身鱼腹，连尸体都没有找回来！母亲死命抱住一块船板，侥幸被过路的渔船救下。当时霍英东因为在海边找野蚝，不在船上，才躲过了这场灾难。

霍英东找到的第一份工作，是在一艘旧式的渡轮上当加煤工。可是他的身体实在太单薄了，顾得上铲煤就顾不上开炉门，刚上岗就被辞退了。早年的艰辛和挫折，并没有打垮霍英东，他在不断的失败中，取得了经验，积蓄起力量，等待着机会。

一、赚到第一笔大钱

第二次世界大战结束后，霍英东以敏感的眼光捕捉到了一个发财的机会。日本侵略军投降后，留下了很多机器设备，价钱很便宜，稍加修理就可以用，也可以卖出不错的价钱。霍英东很想做这种生意，于是他成了读报迷，专门注意报纸上拍卖日军剩余物资的消息，及时赶到现场，以内行的目光挑选出那些有价值的，大批买进，迅速修好后卖出。由于缺少资金，他难以放手大干。有一次，他看准一批机器，并且在竞买中以1.8

万港元中标。有一个工厂老板也看中了这批货，愿意出4万港元从他手中买下，霍英东净赚了2.2万港元，这是他在那几年中赚到的最大一笔钱了，为他积累了最初的资本。

二、香港的"土地爷"

抗美援朝战争结束后，霍英东预料到，香港航运事业的繁荣必然会带来金融贸易的发展，而这又将促进商业及住宅楼的开发。于是他抢先把经营重点转向了房地产开发。1954年12月，霍英东拿出120万港元，另向银行贷款160万港元，在香港铜锣湾买下了他的第一幢大厦，并创办了"立信建筑置业有限公司"。

开始，他也和别人一样，自己花钱买旧楼，拆了后建成新楼逐层出售。这样当然可以稳妥地赚钱，可是由于资金少，发展就比较慢。一个偶然的事件令霍英东得到了启发，他决定采取房产预售的方法，利用想购房者的定金来盖新房！这一创举使霍英东的房地产生意顿时大大兴隆起来，一举打破了香港房地产生意的最高纪录。当别的建筑商也学着实行这个办法时，霍英东已经赚到了巨大的财富。他当上了香港房地产建筑商会会长，有人把霍英东称为香港的"土地爷"！

三、"海沙大王"

霍英东还有个美称叫"海沙大王"，也来自他在经营上的创新。20世纪60年代，香港实业界人士很少进入淘沙业，因为它需要的劳力多，投资大，而获利相对较少。但霍英东从建筑业的广阔前景预见到淘沙业也必将有大发展，所以大胆地吃起了这只"螃蟹"。香港经济起飞后，高楼大厦如雨后春笋纷纷拔地而起，对建筑材料黄沙的需求量极大。霍英东的淘沙船队因此财源滚滚，成了他的又一株"摇钱树"。（案例来源：最苦的亿万富翁：霍英东的创业故事. 网易财经，2012-04-23.）

---

2. 技能与角色的关系

管理者所处的层次不同，担当的角色不同，对管理技能的要求也不尽相同。一般来说，基层管理者需要更高的技术技能，而高层管理者需要更高的概念技能。

管理案例　　　　　　　　**他为什么得不到提拔**

王师傅是省劳动模范、技术标兵，一直担任车工班班长，十几年了从没挪过窝。眼看他的徒弟有的当了车间主任，还有的当了副厂长，可他就不着急，总是乐哈哈的，一副心满意足的样子。王师傅新来的徒弟小李很为师父抱不平，对师傅说："师傅，你年年完成任务最出色，奖状一个接一个拿，那有啥用？为什么他们就不提拔你？你是不是也应该跑跑关系？"王师傅说："小李，别看当官威风，也不那么好当。我不是没当过，头两年他们让我当车间主任，上下左右的各种关系

要应付，还要做计划、搞检查，忙得要死，工作还没有多大的起色，只好自己不干了。我就是当工人的料，工作干好，睡觉舒坦，比啥都强。"

管理启示：在单位里，工作最出色的人不一定就是提拔最快的人，这是因为基层管理者工作出色可能仅仅是因为他的技术技能过硬。但如果人际技能和概念技能欠缺的话，提拔到高层做管理者就会遇到很多困难。一个想做将军的士兵应该全面发展自己。

技术技能、人际技能和概念技能之间往往是互补的，掌握了一种技能对进一步获得其他技能是有帮助的，但如果管理者仅仅满足于拥有一种技能而不在其他技能的获得上下功夫，会妨碍自己的进步。

管理借鉴

木匠的破门

有一个木匠，造一手好门，他费了好多时间给自己做了一扇门，用料实在，做工精良，又很漂亮。他很喜欢，没事时会盯着门仔细欣赏。

后来，门上的钉子锈了，掉下一块板。木匠找出一枚钉子钉上，门又完好如初。后来又一块板破了，木匠又找出板换上；门栓坏了，木匠换了个门栓；门轴坏了，木匠再换上个木轴……若干年后，这个门虽多次破损，但经过木匠精心修理，仍坚固耐用。木匠对此十分自豪，心想多亏有了这门手艺，不然门坏了还得求人修理，多不方便。

忽然有一天邻居对他说："王木匠，你是木匠，怎么你家的门比别人家的还要破呀？"木匠这才发现，邻居家的门个个样式新颖，质地优良，而唯有自家的门又破又旧，补满了补丁。看木匠纳闷，邻居对他说："有一门手艺很重要，但别让它成为自己的负担。行业上的造诣是一笔财富，但它也像一扇门，能关住自己的创新意识。"

小思考：这个故事对你有何启示？

3. 管理者的魄力

管理者仅有技能是不够的，还要有一定的魄力。魄力是一种大无畏的精

神，表现为当机立断，敢做敢当，坚忍不拔，沉稳豁达等。管理者如果没有什么原则性和魄力，其管理工作就会显得很散乱，没有中心点。

在管理中，制度管人、流程管事是基本的管理常识，完善制度和流程是管理的基础。但是，制度和流程的设计是技术层面的东西，设计好的制度流程必须要不折不扣地去执行，要有人不折不扣地推行、控制和维护，要有人不停地进行强有力的、持续的督导。有时，管理者魄力比任何管理技术更重要。管理者进行管理变革依靠的也是管理者的魄力。

管理案例

佛山一家电子制造企业收购了东莞一家同类型小厂，派出一个管理团队前去接管。在接管的过程中，大家都感到十分狐疑：这家因经营不善被他们收购的小工厂，不论是设备还是工艺，都比他们现在的工厂先进得多。尤为令人不解的是：该企业的制度、流程也都设计得非常完善，实在想不明白这家不缺订单、不缺设备、不缺资金的企业怎么会倒闭。

该企业是一家台资企业，这在大陆也算是外资企业了。通常在人们眼中，外企的管理都是比较规范的，这家企业自然也不例外。一开始就聘请了专业的管理顾问机构为其设计制度和流程，想实施管理技术的快速复制，所以，现在人们看到的这家企业制度流程完善、设计先进就来源于此。

但是，这些完整、规范、科学合理的制度流程仅仅只是一份份的文件，好似一开始就没有发挥过作用。在工厂里，遍地都是无人打扫的垃圾，油漆都还未开始掉的叉车因为少了一个电瓶就被废弃在墙角而无人过问，生产出的废品多过产品一半都不止，产能更是不到同类型企业的三分之一，足够住400人的宿舍现在100多人就住得满满的，员工7点半上班，但8点半还在车间吃早

餐，总经理没人叫的话一般不会在8点前起床。其行为之随意、管理之混乱实在令人咋舌！

原来，该工厂的所有问题都出在这个老总身上。老总自己律己不严，自然无法表率，且心性懦弱，优柔寡断，处事时没有原则，也不去督导下属按照制度流程做事，甚至在价值10多万元的叉车因少个电瓶而被废弃的情况下也依然是不闻不问，直接导致员工的责任心缺乏和制度流程的失效。

相比而言，佛山的这家民营企业虽然起步较低，但几年时间就发展到600多人，而且还在几何倍级地扩张，来自于老板雷厉风行的管理风格和魄力，所以，尽管制度流程不完善，管理方式不够先进，但几乎每件事都能得到彻底的落实，从而也为企业快速发展奠定了基础。

管理启示：管理者有魄力，违章行为就会弱；反之亦然。事实也告诉我们：当种种违章行为展现在管理者面前时，狭路相逢往往是勇者胜，管理者的魄力之重要由此可见一斑。管理者如果缺乏魄力，任何流程都会形同虚设，任何制度都会失效，任何企业也都会因此而失败。

职场忠告

麦当劳打工的管理哲学

为撰写新书《黄金机会：从麦当劳起家的辉煌职业生涯》（Golden Opportunity: Remarkable Careers that Began at McDonald's），麦当劳高管科迪·蒂茨（Cody Teets）邀请了46位成就极高的人士，让他们回忆年轻时在麦当劳工作的

岁月，分享他们的人生经历。这些成功者为现在的年轻人分享了七点非常重要的经验和建议。

1. 对常做之事要娴熟精通，秩序与纪律终有回报。

亚马逊创始人杰夫·贝佐斯还记得 16 岁时学习如何用单手熟练地敲碎鸡蛋。"我最喜欢周六早上上班，"他回忆道，"我会弄个大碗，往里面敲 300 个鸡蛋。"那时形成的这种一丝不苟的态度和大规模运作的倾向，成了贝佐斯日后创业时的标志。

2. 与同事愉快相处，无论他们是谁。

女影星安迪·麦克道威尔回忆说，她当年在南卡罗来纳州工作过的麦当劳餐厅是个"非常优秀的工作环境，洋溢着友情和团队合作精神"。她说，日后在片场奔忙时，这种和谐关系的态度助益良多。

3. 学习如何与公众打交道。

在国会占据一席之地似乎与在麦当劳当收银员风马牛不相及。可俄亥俄州国会女议员玛西娅·福吉认为两者颇有相似之处，做这两份工作时，你都得评估人们的需求，引导他们走完流程，如果有什么方面做错了还得道歉——倘若有人行为不理智，你仍然需要保持耐心。

4. 迅速解决问题，而不制造新问题。

餐厅里有很多可能出错的小事，领导企业或是为公众服务同样如此。迈克·格莱斯（Mike Grice）是一位海军陆战队中校，他自称青少年时代在午餐忙碌时为麦当劳打工的经历，教会他"在压力之下作出有效的决定"。

5. 做管理人员时，少批评，多换岗。

乔治·布什（George W. Bush）总统的幕僚长安德鲁·卡德（Andrew Card）在还是个大学生时，就当上了一家麦当劳餐厅的经理。他很快意识到，不喜欢自己的职务的人难以成功，给他们施压也没什么用。因此，他花了不少时间调整岗位，让唐突无礼的店员改去烤肉，让动作迟钝的汉堡包制作员改炸薯条。"我的工作就是弄清怎样才能帮助每个孩子成功。"他回忆说。

6. 最好的员工不需要多少管理。

尽管纪律严格，麦当劳同样给表现优异的员工更多自主权。何时开始炸下一批薯条？这种简单的决定可以由负责员工个人作出。这些成就突出的人士回忆道，当年获得餐厅运营方面的少许自由有助于他们早早树立信心。

7. 自行培养人才。

不断提拔有能力且刻苦耐劳的员工。作为《今夜秀》（The Tonight Show）主持人的雷诺当年在麦当劳实习时到观察，即使是从"擦地板、切土豆"开始，从最底层开始学习企业运营的员工，都有机会成为高管，麦当劳素以这一点著称。他认为这很了不起。

2.2　管理者的道德和社会责任

安达信曾经是世界五大会计师事务所之一，它在同行业中首创企业竞争力评价体系，率先引入咨询概念，运用商务计算机和数据库。但由于为安然公司做假账的老底被揭出来，这块具有 90 年历史的金字招牌轰然落地。

安然公司是全球最大的能源商之一，在全球 500 强公司中名次长期居于微软和英特尔前面。但进入 20 世纪 90 年代后由于经营不善，财务状况不良，它便采取多种融资手段，把融入资金作为利润计入公司账目，而把债务留在关联公司，造成上市公司利润在 4 年内涨了近 1 倍的假象，以欺骗投资者。到 2001 年年底，安然公司资金链条终于断裂，不得不申请破产保护。

安达信为什么要替安然做假账？这是因为安达信向安然收取的 5 200 万美元的服务费中，有 2 700 万美元是咨询费。如果安达信做出不利于安然的审计报告，咨询方面的合作也会告吹，将使安达信损失一大笔钱。所以安达信不仅为安然做假账，在安然受到调查时，还烧毁了大量的证据，并拒绝出庭作证，引起公众极大的不满。紧接着，美国通讯公司环球电讯濒临倒闭，人们发现这也是安达信审计的有操纵利润嫌疑的公司。于是，公众的不信任使得安达信客户纷纷宣布脱离关系，子公司也纷纷离去。

管理启示：管理的道德沦丧会使企业失去信誉，由强至弱，由盛转衰。

2.2.1　管理者的道德素质规范

1. 管理者的道德素质

管理道德作为一种特殊的职业道德，是从事管理工作的管理者的行为准则与规范的总和，是对管理者提出的道德要求，对管理者自身而言，可以说是管理者的立身之本、行为之基、发展之源；对企业而言，是对企业进行管理价值导向、使企业健康持续发展所需的一种重要资源，是企业提高经济效益、提升综合竞争力的源泉。

职场印象

美国普林斯顿大学教授 W. J. 鲍莫尔经研究列举了企业领导人应具备的 10 个条件：合作精神、决策才能、组织能力、恰当地授权、善于应变、勇于负责、敢于创新、敢冒风险、尊重他人、品德超人。10 个条件中，品德方面的因素超过半数，而且还有"品德超人"这一条，品德的重要性由此可见一斑。

管理工作的特点是通过他人来完成工作，因此管理者通过施加影响力使员工心甘情愿地努力工作便变得十分重要。概括地说，影响力的来源有五个：法定权、奖励权、惩罚权、专长、表率力。其中，前面三个属于权力性影响力，它是同职务相联系的。后两个是非权力影响力，与管理者的品德直接相关。管理者出色的才能和高尚的品德能产生吸引员工的个人魅力，在员工中树立较高的威望，从而激发起员工的工作热情。一般来说，管理者的道德素质包括：

（1）诚实。不故意误导和欺骗他人，也不有意隐瞒或夸大其词。

（2）正直。做自己认为是对的事情，不仅恪守信念，而且为信念而奋斗。

（3）守信。不折不扣地履行诺言，人们总可以信赖他们提供的有关信息。

（4）忠诚。对个人和组织忠诚，即使在困难时期亦如此。不会为自己的利益而泄露机密，如果另谋高就，会提前足够时间通知现行的单位，而且绝不泄露商业秘密给新组织。

（5）公平。具有公正、平等地对待每一个人的责任感，宽容，思想开放。

（6）关心他人。设身处地为他人着想，关心人，帮助人。

（7）尊重人。尊重与决策有关各方的利益、权利，尊重每个人。

（8）追求卓越。时刻都在力图把工作做得更好。

（9）道德领导。知道自己处于领导岗位，总是希望为其他人树立一个正面的道德形象。

（10）承担责任。勇于对自己所作决策的质量，包括伦理质量，承担个人责任。

2. 管理人格

管理人格就是管理者的人格，是管理道德的最高实现，是管理规范在管理者心灵中的内化，表现为管理者的道德心理、道德意志和道德品质的总和。管理人格是管理者道德品质的升华。管理者的管理人格主要包括：自觉的责任意识、真诚的服务意识、清廉为公的追求、主持公正、维护正义、言而有信、行而必果。管理人格能形成强大的辐射力和影响力。

管理案例 **"圣人"纳尔逊·曼德拉**

作为南非的民族斗士，曼德拉因为领导反对种族隔离政策而入狱。白人统治者把他关在荒凉的大西洋小岛罗本岛上27年。当时尽管曼德拉已经高龄，但是白人统治者依然像对待一般的年轻犯人一样对他进行残酷的虐待。

罗本岛位于开普敦西北方向7英里的桌湾。岛上布满岩石，到处都是海豹、蛇及其他动物。曼德拉被关在总集中营的一个"铁皮房"，白天打石头，将从采石场采的大石块碎成石料。有时从冰冷的海水里捞取海带，还做采石灰的工作。他每天早晨排队到采石场，然后被解开脚镣，下到一个很大的石灰石田地，用尖镐和铁锹挖掘石灰石。

因为曼德拉是要犯，专门的看守就有三人。他们对他并不友好，总是寻找各种理由虐待他。

但是，当 1991 年曼德拉当选总统以后，在总统就职典礼上的一个举动震惊了整个世界。

总统就职仪式开始了，曼德拉起身致辞欢迎来宾。他先介绍了来自世界各国的政要，然后他说，他深感荣幸能接待这么多尊贵的客人，但他最高兴的是，当初他被关在罗本岛监狱时，看守他的 3 名前狱方人员也能到场。他邀请他们站起身，以便他能介绍给大家。

曼德拉博大的胸襟和宽容的精神，让那些残酷虐待了他 27 年的人无地自容，也让所有到场的人肃然起敬。看着年迈的曼德拉缓缓站起身来，恭敬地向 3 个他曾经的看守致敬，在场的所有来宾以至整个世界，都静下来了。

后来，曼德拉向朋友们解释说，自己年轻时性子很急，脾气暴躁，正是在狱中学会了控制情绪才活了下来。牢狱岁月给他时间与激励，使他学会了如何处理自己的遭遇和痛苦。他说，感恩与宽容经常是源自痛苦与磨难，必须以极大的毅力来训练。

在漫长的铁窗岁月里，曼德拉常用木炭和蜡笔绘画，画中简单明亮的色彩告诉人们，世界终究会是缤纷的。全世界人民都感受到了他坚韧、睿智、幽默和豁达宽容的人格魅力。（案例来源：曼德拉的宽容和感恩. 百度文库，2012-04-25.）

2.2.2 在管理中注重组织的道德建设

1. 组织中的道德建设

组织中的道德建设始于员工对组织道德规范的认识。要做到这一点，首先要制定恰当的规范，然后进行教育。组织中的道德建设主要落实在正常的管理之中，如果在管理中不对员工进行企业道德规范教育，只把组织活动看做是一种"纯企业行为"，决策时考虑的只是组织自身的利益，而对员工、顾客、供应者、竞争者、政府、社区、公众乃至整个社会等利益相关者的利益考虑甚少，那么在组织的实际管理中就会遇到重重困难，组织也不会有真正的长远发展。

2. 影响组织成员道德素质的因素

组织中的道德建设很重要，它能提升员工意识，规范员工行为，使员工的意识和行为更符合组织发展的要求。要想对组织中的员工进行道德教育和培养，必须要先了解影响其道德素质构成的因素有哪些。在组织中员工的道德素质受多方面因素影响，主要包括个人特征、组织的结构变量、组织环境及组织文化三个方面。

（1）个人特征。

有两个个性变量影响着个人行为和道德水平，即自我强度和控制中心。自我强度用来度量一个人的信念强度，自我强度越高，克制冲动并遵守信念的可能性越大。

控制中心用来度量人们在多大程度上是自己命运的主宰。具有内在控制中心的人认为自己控制自己的命运；具有外在控制中心的人则认为命运由运气和机会决定。后者不大可能对自己的行为负责，只有前者才可能对自己的行为负责，并依赖自己内在的是非标准来指导自己的行为。

管理故事

富翁和乞丐

有两个人去寻找成功的道路，他们必须经过一片森林，在那里他们遇到了蜜蜂群。这些蜜蜂不停地嗡嗡叫，并企图蜇他们。其中，一个人一边抱怨"这个鬼地方"，一边心惊胆战地逃出了森林；另一个人很小心地躲着蜂群，边躲边四处张望，像是在寻找什么。许多年后，一个人成了乞丐，另一个人成了富翁。当两个人偶然又见面的时候，乞丐说上天对他太不公平了，找了一辈子也未找到成功。富翁说，你错了，上天同时给了我们机会，你只看到了蜂群，我却因为蜂群发现了大量的玫瑰和蜂蜜，最终成功了。

温馨提示

不要怨天尤人，想成功就要从今天开始，珍惜每一天，不断提高自己，自己才是自己命运的主宰者。

（2）组织的结构变量。

组织的结构设计对管理者和员工道德行为的产生具有主要作用，很多腐败等不道德的行为发生都是由于权力过大，而组织的结构设计又缺乏制约机制造成的。此外，正式的规章制度，如职务或岗位说明书、明文规定的道德准则对管理者和员工的道德行为都直接产生重要影响。

管理故事

分粥制度

困难的情况下，有7个人组成一个小组共同生活，每个人都是平凡而平等的，没有什么凶险祸害之心，但不免自私自利。他们想用非暴力的方式通过制度来解决每天的吃饭问题：要分食一锅粥，但并没有秤，也没有带刻度的容器。他们试验了几种方法，发挥了聪明才智，经多次博弈形成了日益完善的制度。大体说来有以下几种方法。

方法一：由一个人专门负责分粥。很快大家就发现，这个人为自己分的粥最多。于是又换了一个人，也一样。由此可见，权力导致腐败，绝对的权力导致绝对的腐败。

方法二：大家轮流主持分粥，每人一天。看起来大家平等了，但每个人只有一天不仅能吃饱，还有很多剩余，其余6天饥饿难受。于是，又得出结论：绝对权力导致了资源浪费。

方法三：大家选举一个信得过的人主持分粥。开始这位品德高尚的人还能保持公平，但不久就开始为自己和溜须拍马的人多分。看来，制度不好会让好人逐渐变坏。

方法四：选举一个分粥委员会和一个监督委员会，形成集体决策和监督机制。这样公平是做到了，但每次分粥，委员会都要讨论，监督委员会还要检查，有时还争论不休。等到大家可以吃粥时，粥早就凉了。看来，过于民主也要付出效率的代价。

方法五：每人轮流值日分粥，但是领粥时分粥的人要最后拿。令人惊奇的是，在这个制度下，7 个碗里的粥每次都一样多，像用秤称过一样。原来，分粥的人明白，只要有一碗粥比别的少，那肯定是自己的，所以他必须公平。看来，一个好的制度不一定很复杂，但一定要形成一个内在的制约机制。

（3）组织环境和组织文化。

组织环境和组织文化对管理者的道德行为的影响是很重要的。在一个健康向上、团结互助的环境和组织文化中，管理者和员工会用高的道德标准要求自己；在一个消极、充满勾心斗角和腐败气息的环境和组织文化中，由于破窗理论的作用，管理者和员工可能以亚文化准则作为行动的指南，甚至破罐破摔。

组织文化是理念、习俗、传统方式、组织价值观和意义分享的综合体，是组织成员共同的价值观念和行为准则。组织文化引导每一位员工确立符合规范的行为，是组织在管理实践中形成的一种基本精神和凝聚力，它直接对组织成员的道德水平产生影响。

小思考

破窗理论

美国斯坦福大学的心理学家詹巴斗曾做过一个试验：他找来两辆一模一样的汽车，一辆停在比较杂乱的街区，一辆停在中产阶级社区。他把停在杂乱街区的那辆车的车牌摘掉，顶棚打开，结果一天之内就被人偷走了。而摆在中产阶级社区的那辆车过了一个星期也安然无恙。后来，詹巴斗用锤子把这辆车的玻璃敲了一个洞，结果，仅仅过了几个小时，它就不见了。

后来，政治学家和犯罪学家依托这个实验，提出了"破窗理论"。破窗理论认为：如果有人打破了一座建筑的一扇玻璃，而这扇玻璃又未得到及时维修，别人就可能受到暗示性的纵容去打破更多的玻璃。久而久之，这些破窗就会给人造成一种无序的感觉。

联系实际谈谈你对此的认识。

组织道德水准归根到底取决于管理者的道德水准、他们对组织道德的认识，以及为提高组织道德水准所付出的努力。管理者的行为决定着员工的道德选择，而管理者的行为是否符合道德取决于其道德素质的高低。因而，组织道德建设要求管理者具有较高的道德素质，并模范地遵守企业伦理规范。

管理知识链接

美国学者于 1961 年、1977 年、1984 年作了三项研究。雷蒙德·G. 巴姆哈特（Raymond C. Baumhart）于 1961 年对 1 500 名《哈佛商业评论》的读者（皆为管理者）作了一项调查，要求被调查者对所列五项影响不道德行为的因素根据其影响程度进行排序。这五项因素是：（1）上司的行为；（2）同事的行为；（3）本行业的伦理惯例；（4）正式的组织政策；（5）个人的经济状况。

1977 年，斯蒂夫·布莱纳（Steve Brenner）和伊尔·莫兰德（Earl Molander）调查了 1 200 名《哈佛商业评论》的读者，他们在以上五个因素的基础上补充了一个因素——社会的道德风气。

1984 年，巴里·Z. 普斯纳（Barry Z. Posner）和华伦·H. 舒密特（Warren H. Schmidt）对 1 400 名管理者进行了调查，要求对上述六项因素排序。

在这三项研究中，"上司的行为"均排列第一，即它是影响程度最高的一个因素。从 20 世纪 60 年代初到 80 年代中期，企业内外部环境发生了很大变化，这一结论却始终没变，而且显著地领先于第二个因素，这是很能说明问题的。美国组织行为学者德布拉·L. 尼尔森（Debre L. Nelson）和詹姆斯·奎克（James Quick）认为经营者从五个方面对员工产生影响：通过经营者最关注的问题；通过经营者处理危机的方式；通过经营者的日常行为；通过经营者采取的报酬制度；通过经营者的招聘和解雇实践。

这五个方面最终都是通过经营者的行为反映出来的。经营者公正、无私、正直，员工的道德水准也会随之有所提升，企业风气就好。相反，如果经营者自私自利，那么上梁不正下梁歪，企业就会被搞得乌烟瘴气。

3. 提高组织中成员的道德素质的途径

（1）挑选高道德素质的员工。

组织要把好"入口关"。如果在招聘新员工时不注重道德素质，仅关心其业务素质，把有才无德的人招进公司，就要花很多精力做他的工作，也会对其他人产生不良影响。

管理案例　　福特应聘的故事

福特大学毕业后去一家汽车公司应聘，和他同时应聘的三四个人都比他学历高，当前面几个人面试后，他觉得自己没希望了。

但既来之则安之，他敲门进了董事长的办公室。一进门他发现地上有一张纸，便弯腰捡起来，发现是一张废纸，便顺手扔进了废纸篓，然后来到董事长的办公桌前，说："我是来应聘的福特。"董事长说："很好，很好，福特先生，你已经被我们录用了。"福特惊讶地说："董事长，我觉得前几位都比我好，你怎么把我录用了呢？"

董事长说："福特先生，前面三位的学历确实比你高，而且仪表堂堂，但他们只想对大事负责，而不想对小事负责。我认为一个敢于为小事负责的人，将来自然会为大事负责。所以我录用你。"

福特就这样进了这家公司，后来成了这家公司的总经理，再后来这家公司改名"福特公司"。

管理启示：良好的道德习惯从小事、从现在身边的点点滴滴培养起。

（2）建立道德标准和决策准则。

许多组织都有自己的道德准则。要提升成员的道德素质，首先要确定组织的道德标准和道德原则。常见的道德标准和道德原则有：人本原则、德才兼备原则、公平原则、诚信原则和服务原则。

①人本原则。

人本原则强调"以人为本"，要求组织必须以"为了人"为目的，必须为人力的充分发挥提供必要条件和机会。

②德才兼备原则。

德才兼备原则强调在重用、评价人才的过程中，除了"才"以外还应该有另一重要标准，那就是德。

③公平原则。

公平原则强调在用人的过程中必须公正、平等，消除歧视。

④诚信原则。

诚信原则强调在用人过程中，管理者和被管理者都必须诚实而且守信。

⑤服务原则。

服务原则强调在用人过程中，必须营造留住人才的"企业环境"，健全人才使用制度，使人才最大限度地发挥作用。

同时，组织要有一个科学合理的评价体系，对成员的绩效进行综合评价，否则就可能造成偏听偏信，造成不道德的行为滋生。

值得注意的是，在企业发展处于相对安定的时期，高级管理人员比较容易制定出道德准则，但中下层管理人员处于完成目标的压力下，要他们时时保持一致的道德水平会有困难。

在管理中，组织要积极传达组织价值标准，监控道德准则的遵守情况。如今，许多组织已经设立了专门机构为员工提供道德培训，目的是为了避免不道德行为及不利的舆论，以获取战略优势，使员工和管理者成为组织中有价值的资源。

在管理中遵循道德准则对社会、对企业、对员工都具有重大意义。它有利于提高企业竞争力、凝聚力，树立企业良好形象，促进企业的长远发展；有利于调动员工的积极性，实现员工利益，完善员工的道德人格。

管理案例 　　　　　　　　**晏子治阿**

　　齐景公让晏子治理东阿，3 年后，国内到处能听见诽谤他的话，齐景公就召回晏子，准备罢免他。晏子请求说："请您再让我干 3 年，到时候我保准誉满全国。"齐景公相信晏子的能力，就同意了。3 年后，果然全国称誉晏子的德行，齐景公十分高兴，就再次召回他，准备奖励他。晏子婉言拒绝。

　　齐景公问为什么，晏子说："前 3 年我治理东阿时，修田筑路、严管门客，荒淫的人憎恨我；任贤节俭，严惩盗贼，懒惰的人憎恨我；惩贪罚恶、不避权贵，有钱有势的人憎恨我；对待权贵不卑不亢，尊贵的人憎恨我。这样一来，谣言四起，诽谤遍地，全国上下都是诽谤我的声音。而后 3 年，我一改前嫌，不修筑道路，放纵宽容，不提倡节俭，不惩罚盗贼，亲近的人找我办事，有求必应，对权贵也一改常态，偏袒侍奉，这样一来，原来诽谤我的人都称赞我，因此誉满全国。过去我应受到奖励，而您却要罢我的官；如今我应当得到惩罚，您却要给我奖励，因此受之有愧。"

　　齐景公听了大为愕然。

　　（3）对员工进行道德教育。

　　组织要对其成员进行法制教育和职业道德教育，在管理活动中推行法治与德治、整顿工作秩序、净化工作环境，促使组织活动规范、有序、和谐地运行。应该给员工一个明确的道德规范，告诉他们怎样做是正确的，同时兼进行反面教育，这两者结合，创造良性道德教育的舆论氛围。

　　道德教育必须要务实才有效果。有人说道德和私欲是一对死敌。道德教育并不是要组织成员消除私欲，而是把其私欲向正确的方向引导。

管理故事

母亲如何给孩子分苹果

　　美国一位著名的心理学家为了研究母亲对人一生的影响，在全美挑了 50 位成功人士和 50 名罪犯，分别给他们去信，要他们谈谈母亲对自己的影响。有两封信给他的印象很深，一封来自白宫的一位著名人士，一封来自监狱的犯人。他们都谈到小时候母亲给他们分苹果的事。

　　那个犯人说："小时候，有一天妈妈拿来几个苹果，大小不同。我一眼就看中那个又大又红的，十分想要。这时，妈妈把苹果放在桌上，问我和弟弟：'你们想要哪个？'弟弟抢先说：'我要那个最大最红的。'妈妈一听，瞪了他一眼，说：'好孩子要把好东西让给别人，不能总想着自己。'于是我灵机一动，改口说：'妈妈，我想要那个最小的，把大的留给弟弟吧。'妈妈听了，非常高兴，在我的脸上亲了一下，把大苹果奖励给我。从此我学会了说谎，慢慢地，为了得到自己想要的东西不择手段，去偷、去抢，结果进了监狱。"

　　那位白宫人士说：小时候，有一天，妈妈拿来几个苹果，大小各不同。我和两个弟弟都争着要吃大的，妈妈把那个大的举在手上说：谁都想要最红最大的，现在你们来个比赛，谁赢了就是谁的。她把草坪分成三块，我和弟弟每人一块负责修剪它，看谁修剪的最快最好。结果，我赢到了那个最大的苹果。我非常感谢母亲，她让我明白了一个最简单的道理：要想得到最好的，就必须努力争第一。在我们家里，你想要什么好东西要通过比赛来赢得，这很公平。你想要什么、想要多少，就必须为此付出多少努力和代价，绝不能投机取巧和不劳而获。

2.2.3　组织的社会责任

　　随着社会经济的发展，各类组织在现代社会中扮演着越来越重要的角色，它们对社会的影响已经渗透到了经济、政治、社会生活各个领域。组织的经营管理活动不仅对股东利益产生直接影响，股东以外的其他利益关系主体，如公司产品的供应商、产品的批发商、消费者、地方或国家政府以及普通的社会公众等，也可能会以某种方式受到公司行为的影响，甚至发生直接的利益冲突。

　　例如，公司一旦作出在何处建造工厂、安排何种环保设备、生产何种产品、产品的价格如何、在产品中采取何种安全措施等决议时，就将会对个人、社会和国家产生深远的影响。而固守公司为股东追逐营利的特性，使有些公司滥用自己的经济力量和对社会的影响力，并牺牲社会利益，把应由公司、股东承担的经济成本转嫁给社会来谋取私利，如无视对劳动力资源的保护、污染破坏环境、恶意收购，等等。

　　因此，为避免各类组织滥用经济力量，强化组织的社会责任已经成为广泛的共识。"公司应当承担相应的社会责任，应当加强对公司董事会的约束，使股东利益与社会利益协调起来"这一观念已经被包括美、英、日、欧洲大陆等许多国家和地区的学者所接受，甚至在一些国家的立法中也有了明确的体现。

管理知识链接

　　公司应承担的社会责任的程度与范畴依不同学说有较大差别。目前主要存在四种学说：股东利益最大化的社会责任理论、最低道德要求的社会责任理论、股东以外其他利益主体的利益得以保护的社会责任理论以及良好公民的社会责任理论。

　　股东利益最大化的社会责任理论强调公司的责任就是应为股东利益最大化目标而行为，根本不应当承担什么社会责任。

　　最低道德要求理论仅要求公司避免对别人造成损害，并赔偿所引起的损害。

　　其他利益主体的利益得以保护的理论要求公司考虑所有同公司有利益关系的人的利益，包括股东、雇员、顾客、供应商、债权人和政府。

　　良好公民理论则要求公司如一个良好公民一样助人为乐并解决社会问题。

　　随着经济的不断发展，强调组织承担相应的社会责任是必然趋势之一。组织实现营利性目标与其践行社会责任目标是缺一不可的两个方面。管理者在追求企业利润的同时，还应当承担一定的社会责任，如不污染环境，不歧视顾客，不发表欺骗性广告，参与社区的活动和赞助慈善事业等，这样，能满足越来越多的公众期望，能可靠地获取较多的长期利润，能塑造良好的社会形象，这种观点被称为"社会经济观点",已被越来越多的企业管理者所接受。

管理知识链接

公司社会责任理论最早发端于美国,其理论研究始于 20 世纪 30 年代的经济危机,这次灾难使人们认识到不能仅把营利性作为公司追求的唯一目标,公司对股东以外的其他个人、群体同样负有责任,亦即公司的社会责任。

管理案例 　　　　　　　　**富贵不忘回馈社会**

2004 年雅典奥运会后,获得金牌的中国体育健儿访港。霍英东给来访的金牌选手总计大约 2 800 万港元的重奖。从 1992 年的第 25 届奥运会之后,"霍英东体育基金"就开始拨款奖励在奥运会上夺得奖牌的内地奥运选手和中国香港选手。夺得金牌的选手获得一枚重 1 千克的纯金金牌及 8 万美元奖金;亚军获得 0.5 千克重的金牌和 4 万美元奖金,季军获得 0.25 千克重的金牌和 2 万美元奖金。

霍先生曾经作过这样的解释:"捐赠体育项目,并非仅仅由于我本人喜欢体育运动,而是基于体育运动本身对于国家进步、民族兴盛的重要作用。"他算过一笔账:"国家每年拨予教育的经费达四百多亿元人民币,拨予体育仅十多亿元。当然,相对于 11 亿人口,还远未能说教育经费已经足够,但海外华人、港澳同胞之中,捐资兴学的人士毕竟比襄助体育者多得多。因此我尤其愿意在体育方面,贡献自己一份小小的力量。"这么多年来,霍英东先生向国人所捐赠的巨款中,有五分之一直接捐赠体育项目。

名人名言

☆我将不会也不可能会向悲观低头。向悲观低头就意味着失败和死亡。

——曼德拉

☆勇敢的人并不是感觉不到畏惧的人,而是征服了畏惧的人。

——曼德拉

☆我已经发现了一个秘密,那就是,在登上一座大山之后,你会发现还有更多的山要去攀登。

——曼德拉

☆精明的头脑和善良的心灵往往是个不可思议的组合。

——曼德拉

☆教育是最强有力的武器,你能用它来改变世界。

——曼德拉

☆不善于倾听不同的声音,是管理者最大的疏忽。

——美国女企业家玛丽·凯

☆管理就是沟通、沟通、再沟通。

——杰克·韦尔奇

☆穷人有两个非常典型的心态:永远对机会说"不"和总想一夜暴富。

——美国著名成功学大师拿破仑·希尔

"管理训练营"之模块二

项目一：交流分享

1. 结合管理者应具备的管理技能和素质要求，对自己进行管理潜力的评价和分析。

2. 介绍、分析、评价一个你最欣赏的商界或政界的管理者，并与其他同学交流。

3. 结合本章的主要内容以及自己的专业，尝试写出2～3句管理警句，并不断鞭策与鼓励自己，逐步提升一个优秀的管理者应有的素质与能力。

项目二：管理训练活动1

如何成为成功的管理者的自我规划

训练活动的目的：培养提升管理能力的意识，规划提升管理能力的路径

训练活动的形式：小组活动和个人规划

训练活动的步骤：

(1) 将4～5名彼此熟悉的组织成员组成一组。

(2) 在小组里，依次由每人分析并阐述自己的管理技能构成情况：我想成为什么样的人？我还应发展什么样的技能？

(3) 小组中成员提出建议：小组其他成员针对每个人的自我阐述提出旁观者的看法和建议。

(4) 每人为自己撰写"如何成为成功的管理的自我规划"。

项目三：管理训练活动2

如何营造良好的组织氛围

训练活动的目的：为你所在的小组织打造有利大家成长和发展的好氛围

训练活动的形式：小组讨论

训练活动的步骤：

(1) 构建小组织：小组织可以是一个学生宿舍、一个学生的项目小组、一个班级甚至是一个家庭等不同形式的组织。

(2) 组织30分钟左右的小组讨论：

首先，明确本次活动的目的——为什么要营造良好的组织氛围。

其次，通过讨论，明确什么是针对自己小组织的良好氛围。

最后，通过讨论，确定具体的营造措施（要详细、具体）。

(3) 将本次讨论的结果撰写、打印出来，张贴展示在小组成员都能看到的地方（如宿舍、教室等地方）。

项目四：成长思考1

成人，这个说法意味着什么呢？在零点研究咨询集团董事长袁岳看来，它意味着三个东西——独立的判断与主张，即对事物与自己的行为有带有自己特色的选择能力与判断依据；独立的方向选定，即有自己要做的事情、职业，即使是很小的事情，但有清晰的自我印记；独立的人际关系，在自己的交往与行为中寻找、牵连形成的朋友或者熟人关系，而不是亲友、同学关系中形成的有限并由其他社会机制主导的社会关系。

对于如何成长、真正地成人的话题，袁岳提出了成人"四部曲"。

独立之人

在这个时候很重要的是需要形成不是在家长或者老师控制与管制下的附属人格。

性情中人

知道自己很重要，把自己表达出来更重要。如果不能表现自我，那么就很难有主体感与幸福感。我们有自己不同于其他个体的显然的特性，这就意味着我需要检视我的想法、我的心理特性，我要能够表现我愿意或者想表现的东西，我不需要害怕"大家都"、"人家说"、"社会上都"这样一种从众或者以流行为指向的压力施加形式。

大我之人

我不只为我，我在社会服务、与人合作、帮助他人中见习与体会其他人的需要，尝试设身处地地考虑别人的需要，学会倾听与妥协，学会把自己的意志与别人的意志沟通，这就是"大我"。"大我"可以做生意、做公益、做同事，因为其他会觉得这个人可以共事，可以一起来说事。

引人之人

在一群人中总要有人张罗、拍板、导引、承担。我们或者敢于代表大家，或者有多于大家的知识，或者与大家分享知识，或者为大家拍板而成为大家中的带头大哥或者大姐，这样有其能力之一或者都有的人就成为众人中的"引人之人"。在人群中，引人之人最好是那些自己爱引人，又有积极作为，最后被大家自然承认的人，而不是为领导指定而大家接受起来勉强的人。（材料来源：袁岳. 成人的四个步骤. 第一营销网，2013-10-15.）

小思考：对照文章中的观点，你认为自己是否已经真的成人了呢？

项目五：成长思考2

海尔张瑞敏：人不成熟的五大特征

海尔首席执行官张瑞敏认为，人成熟与否跟年龄没有关系。判断一个人是否成熟，就是看他能否站在对方的角度去看待事物，能否把我的世界变成你的世界。这个社会有很多成年人，还没有脱离行为和思维幼稚的行列，为一点小事情就跟别人争来争去，这就是不成熟的表现。

张瑞敏认为，人不成熟的五大特征是：立即要回报；不自律；被情绪所左右；不愿学习，自以为是，没有归零心态；做事不凭事实靠直觉，不靠信念靠人言。

人不成熟的第一个特征——立即要回报

很多人不懂得只有春天播种，秋天才会收获的道理。做事的时候，刚刚付出一点点，马上就要得到回报。很多人做生意，开始没有什么成绩，就想着要放弃。有的人做了一个月放弃了，有的人三个月放弃了，有的人半年放弃了，有的人一年放弃了……等这些人放弃了，只有最后坚持下来的人成功了，这些放弃的人却仍然认为：我的运气不好而已，没有等到挣钱的时候。放弃是这类人的一种习惯，一种典型失败者的习惯。所以要有长远的眼光，要看得更远一些，眼光是用来看未来的。

在生活中有放弃习惯的人，应该了解到，"成功者永不放弃，放弃者永不成功"。为什么很多人做事容易放弃呢？美国著名成功学大师拿破仑·希尔说过，穷人有两个非常典型的心态：永远对机会说"不"和总想一夜暴富。

即便你把所有机会都放到他的面前，他还会说"不"，你跟他说一个很有前景的生意，他也会毫不犹豫地拒绝你。其实这很正常，假如今天你开饭店很成功，你把你开饭店的成功经验，发自内心地告诉你的亲朋好友，让他们也去开饭店，你能保证他们每个人都能成功吗？绝对不能！即使确实有赚钱的能力，他照样有可能不愿意去干。一夜暴富的心态表现在你跟他说任何生意，他的第一个反应就是"挣不挣钱"，你说"挣钱"，他马上就问第二个问题"容易不容易"，你说"容易"，这时他跟着就问第三个问题"快不快"，你说"快"。然后他才说"好，我做"。你看，他就是这么幼稚。

大家想一想，在这个世界上有没有一种"又挣钱，又容易，又快"的生意或者工作呢？当然没有。即使有也轮不到我们。所以说，在现实生活中，我们一定要懂得付出。因为你是为了追求梦想而付出的，人就是为了希望和梦想活着，如果一个人没有梦想、没有追求的话，那一辈子也就没有什么意义了。

就像一个算命算得非常准的算命先生把你的一生都告诉你了，包括你什么时候毕业，什么时候工作，什么时候结婚，什么时候有孩子，40岁如何，50岁如何，以后你的孩子怎么样，什么时候过世。你再来生活，还有意义吗？是不是一点意义都没有了？所以说，人类是为了希望和梦想而活着的。

在生活中你想获得什么，你就得先付出什么。你想获得时间，你就得先付出时间；你想获得金钱，你得先付出金钱；你想得到爱好，你得先牺牲爱好。

但是，有一点是明确的，你的坚持和辛勤付出，将会得到加倍的回报。就像一粒种子，你把它种下去以后，浇水、施肥、锄草、杀虫，最后你收获的不止几十倍、上百倍的回报。

一定要懂得付出，不要那么急功近利，马上想得到回报，天下没有白吃的午餐，轻轻松松是不可能成功的。

人不成熟的第二个特征——不自律

不自律的主要表现在哪里呢？

首先是不愿改变自己。你要改变自己的思考方式和行为模式。你要改变你的坏习惯。其实，人与人之间能力没有太大的区别，区别在于思考方式和行为模式的不同。同一件事情，你去问成功者和失败者，他们的回答是不一样的，甚至是相反的。我们今天的不成功是因为我们的思考方式不成功。一个好的公式是：当你种植一粒思考的种子，你就会有行动的收获；当你把行动种植下去，你会有习惯的收获；当你把习惯种植下去，你就会有个性的收获；当你再把个性种植下去，就会决定你的命运。

你一定要相信如果有人在一个项目中成功，你就一定会成功。只要不断地行动就会养成习惯，习惯在重复了21天以后就会自然养成。然后坚持不断地去做，就会形成你的个性。

有些人有很多坏习惯，迷恋电视、迷打麻将、爱喝酒、泡舞厅……他们也知道这些习惯不好，但是他们为什么不愿意改变呢？因为很多人宁愿忍受那些不好的生活方式，宁愿坚持这些已经养成的坏习惯，也不愿意忍受暂时的行动带来的痛苦，所以他不愿意改变。

其次表现为热衷于背后议论别人。如果在生活中你喜欢议论别人的话，有一天一定会传回去。中国有一句古话：论人是非者，定是是非人。

最后，消极、抱怨总是伴随着工作和生活。你在生活中喜欢哪些人呢？是那些整天愁眉苦脸、不断抱怨的人，还是那些整天开开心心、大肚能容的人呢？答案不言而喻。如果你在生活中是那些抱怨的、消极的人，你一定要改变你性格中的缺陷。如果你不改变的话，你是很难适应这个社会的，你也是很难和别人合作的。

你要知道，你怎样对待生活，生活也会怎样对待你；你怎样对待别人，别人也会怎样对待你。所以不要消极，不要抱怨，要积极，并且永远积极下去。还是那句话：成功者永不抱怨，抱怨者永不成功。

人不成熟的第三个特征——被情绪所左右

一个人成功与否，受到控制的情绪以及良好的心态尤为重要。

如果你想成功，一定要学会控制自己的情绪和保持良好的心态，与人为善。情绪不好，自然会影响到身体健康。很多时候，情绪是引发大病的元凶。一个人要成功，20%靠智商，80%靠情商，所以你要控制好自己的情绪。人与人之间，不要为了一点小事就暴跳如雷，这是很幼稚的表现，让别人一下就看到底了。

动作明星史泰龙说，过去不等于现在，只是暂时停止成功。任何事情发生，必有目的，必有助于我！你要经常对自己说，这只是我在风雨中磨炼性格的一天。这是一种成功者的心态。那么现实生活中，要养成什么样的心态呢？学会"三不"和"三多"（不批评、不抱怨、不指责；多鼓励、多表扬、多赞美），这样就会成为一个受社会大众欢迎的人。如果想让你的伙伴更加优秀，很简单，永远激励和赞美他们。即使他们的确有毛病，是不是应该给他们建议？在生活中有这样的现象，有的人提建议，对方能够接受，而有的人提建议对方却很生气。提建议的方式很关键，应该用"三明治"的方式——赞美，建议，再赞美。

想一想，你一天赞美了几个人。有的人可能以为赞美就是吹捧，就是拍马屁。赞美和吹捧是有区别的。赞美有四个特点：真诚的、发自内心的、被大众所接受的、无私的。如果你带有很强的目的性去赞美，那就是拍马屁。

总之，当你赞美别人的时候，你要大声说出来；但当你想批评别人的时候，一定要咬住自己的舌头。

人不成熟的第四个特征——不愿学习，自以为是，没有归零心态

其实人和动物之间有很多相似之处，动物的自我保护意识比人更强。但是，人和动物最大的区别在于人会学习和思考。人是要不断学习的，千万不要把你的天赋潜能埋没了。我们要向谁学习呢？不仅要直接向成功人士学习，还要向所有的人学习。

你要永远学习积极正面的东西，不看、不听那些消极、负面的东西。一旦你吸收了那些有毒的思想，它会腐蚀你的心灵和人生。在知识经济时代，学习是通向成功的唯一护照。在这样一个速度、变化、危机的时代，去学习每一个人的优点，"三人行，必有我师也"，只有不断学习才不会被时代抛弃。

人不成熟的第五个特征——做事不凭事实靠直觉，不靠信念靠人言

很多人还没有开始做，就说这个业务太难了，不好做。靠个人直觉，不以事实为依据，不喜欢成功人士教给他的经验。很多时候，去试一试就会发现，很多事情并不是想象中的那么困难。同样，有些人把事情考虑得太简单，往往也不容易成功。这也是典型的靠直觉的例子。去试一试，这才是正确的态度。

我们说相信是起点，坚持是终点。很多人做事不靠信念，喜欢听别人怎么说。对自己所做的事业，没有100%的信心。相信和信念是两个不同的概念，相信是看得见的，信念是看不见的。

信念是人类的一种态度，很多人做事不靠信念，而是要听别人怎么说。你要登上山峰，要问那些爬到山顶的人，不能问没有爬过山的人。相信很多人一定听过"祖孙卖驴"的故事。祖孙二人就是因为听信人言，最后连一根驴毛都没有卖出去。

不靠信念靠人言，这也是不成熟的表现，但是并不是说别人的建议不要去听。我们最终的建议是，要有自己的信念和判断力。其他的人不会关心你的梦想，只有你关心自己的梦想能否成功。所以，自己的信念和判断非常重要。只要你的选择是正确的，永远不要在乎别人怎么说。

以上这些不成熟人士的几个特征，自己去对照，哪一个特征是你具备的，你一定要在最短的时间里改正。只要你相信自己能够战胜自己的不成熟，你就会逐渐成长、成熟起来，就会得到你想要的生活，就会实现时间自由、财务自由、精神自由的人生梦想。（资料来源：海尔张瑞敏：人不成熟的五大特征. 第一赢销网，2012-05-01.）

小思考：张瑞敏的话对你有何启发和感悟？

项目六：管理思考

拉姆·查兰被誉为世界排名第一的管理咨询大师，近年来，几乎每本查兰的书都被引进国内，诸如《转型》、《增长力》、《逆转力》、《CEO 说》、《执行》、《持续增长》、《领导梯队》、《高管路径》等，每一本都激起了不小的波澜。

对于选择向上走的职场人，拉姆·查兰在《领导梯队》中认为，每一次晋升，都需要管理者在以下三方面实现转型。

1. 领导技能：培养胜任新职务所需的新能力，提升领导力；
2. 时间管理：重新配置时间精力资源，决定如何高效工作；
3. 工作理念：更新工作理念和价值观，让工作聚焦重点。

小思考：你如何理解拉姆·查兰的看法？

项目七：案例分析

欧米茄总裁：我的成功没秘诀

1848 年，在瑞士山区一个小镇上，钟表匠路易·勃兰特与拉夏德芬建立了一个小作坊，开始从事手表装嵌工作。1880 年，路易·勃兰特的儿子们将厂房搬迁至人力充足、资源丰富且交通方便的比尔地区。

1894 年，这家公司制造出了精密准确的 19 令（制表业长度单位，1 令相当于 2.256 毫米）机芯怀表，并以"Ω"作标志。这是希腊字母表的最后一个字母，象征完美与成就，后来"Ω"就成了欧米茄手表的标志。从那时开始，欧米茄以其先进的制表技术，开启了制表业先锋的序幕，并逐渐成为世界手表产业著名品牌之一。

现任欧米茄公司全球总裁的欧科华先生是一位非常优秀的管理者。欧科华出生于阳光明媚的中美洲小岛特里尼达，少年时在英国读书，青年时代曾在瑞士纳沙泰尔大学修读经济学。1968 年，22 岁的欧科华进入欧米茄市场营销部，那是他大学毕业后的第一份工作。"那时不像现在有很多商学院，当时的经济学教育也不像今天这么全面，但对我日后的工作仍很有启发。"欧科华在手表业一干就是 40 多年，从未转行离开过。

欧科华在评价自己的职业生涯时谦虚地说，我没什么成功秘诀，对我来说重要的是努力工作，展示你的才能。首先，你要做真实的、本色的自己，没必要改变自己去迎合他人，这当然有利有弊，但这是我的原则。总体上说，我努力让自己成为有凝聚力的人。我认为，公司内部经常发生矛盾冲突不是什么好事，我不喜欢冲突。无论从个人或从职业角度看，闹矛盾都是不好的，是破坏性的负面力量。因此，公司领导者要成为积极因素，这也是我努力的方向。

欧科华认为，在一个成功的团队中，优秀的员工对任何一个公司都是非常重要的，但如果没有杰出的领导者，也不可能有杰出的公司。一把手应该很能干、很有眼光，能为公司未来发展制定正确的方向。在这个团队里，领导者与下属应该能良好地沟通协作，让员工看到工作的价值和自身的前景。只有这样，整个公司才能蓬勃发展。（资料来源：欧米茄总裁欧科华：我的成功没秘诀．第一赢销网，2013-09-16．）

案例分析问题：

1. 为什么说欧科华先生是一位优秀的管理者？

2. 欧科华先生的言行给你什么启发？

项目八：管理游戏1

勇于承担责任

游戏规则：

1. 学员相隔一臂站成几排（视人数而定），选出一个主持者；主持者喊一时，向右转；喊二时，向左转；喊三时，向后转；喊四时，向前跨一步；喊五时，不动。

2. 当有人做错时，做错的人要走出队列、站到大家面前先鞠一躬，举起右手高声说："对不起，我错了!"游戏要做几个回合。

有关讨论：

1. 通过游戏，你发现面对错误时，大多数人会主动承认自己的错误码？

2. 在组织中如何消除这个问题？

项目九：管理游戏2

寻猎游戏

游戏目的：提升团队成员间的协作

时间：由参加的人数及所列项目的多少来决定

形式：5～7人为一组

所需物品：给每一组发一个"寻猎"项目列表

游戏步骤：

1. 将团队成员分为5～7人。

2. 告知每个参与者将一起去参加一个搜寻活动，获胜的小组将受到奖励。

3. 将"寻猎"列表交给各小组，告诉他们利用自己的智慧尽可能多地获得表中所列内容。

4. 设置一个时间限制，如1小时。

5. 当时间到时，命令每个队都集合回来，比较哪一个队的得分高。

有关讨论：

1. 分析获胜队的获胜原因。

2. 在你的小组里是否有人显得比其他人更出色？

3. 有人领导你的小组吗？是谁？为什么他能领导？

项目十：职场提示

初入职场如何与同事相处

刚刚参加工作或者新到一个单位，应该如何与周围的同事相处，这对新走上工作岗位的年轻人来说极为重要。学会与人相处，可以让你少走弯路，尽早成功。

事实上，我们所遇到的人形形色色，倘若你明白对方属于哪种类型的人，见机行事，交流起来就容易多了。哈佛大学公关学教授史密斯·泰格总结了在职场中各种人的类型。

无私好人型

这种人因为他们的确是天底下最善良的人，所以也就往往容易被人忽视，他们不会坏你的事儿，所以你可能也会忽视或者拿他们不当回事。如果那样的话你就错了，其实他们才是你可以真心相处的朋友。

固执己见型

这类人一般观念陈腐，思想老化，但又坚决抵制外来建议和意见，刚愎自用，自以为是。对待这种人，你不妨单刀直入，把他工作和生活中某些错误的做法一一列举出来，再结合眼下需要解决的问题提醒他将会产生什么严重后果。这样一来，他即使当面抗拒你，内心也会开始动摇，怀疑起自己决定的正确性。这时，你趁机摆出自己的观点，动之以情，晓之以理，那么，他接受的可能性就大多了。

傲慢无礼型

这种人一般以自我为中心，自高自大，常摆出一副盛气凌人、唯我独尊的架势，缺乏自知之明。和这种人打交道或共事，你千万不要低三下四，也不要以傲抗傲，你只需长话短说，把需要交代的事情简明交代完就行。

毫无表情型

这种人，就算你很客气地和他打招呼，他也不会作出相应的反应。无表情并不代表他没有喜怒哀乐，对于这种人，你无须生气，只需把你想说的继续往下说，说到关键时刻，他自然会用言语代表表情。

沉默寡言型

这种人一般性格内向，不善交际与言辞，但并不代表他没话说。和他共处，你需要把谈话节奏放慢，多开掘话题。一旦谈到他擅长或感兴趣的事，他马上会"解冻"，滔滔不绝地向你倾诉起来。

自私自利型

这种人一般缺少关爱，心里比较孤独。他永远把自己和自己的利益放在第一位。和这种人相处，你必须从心灵上关注他，让他感受到情感的温暖和可贵。

生活散漫型

这种人缺乏理想和积极上进的心，在生活中比较懒惰，工作上缺乏激情。和这种人相处，你只有用激将法把他的斗志给挖掘出来。

深藏不露型

这种人自我防卫心理特强，生怕你窥视出他内心的秘密，其实，这是一种非常自卑的表现。你想了解他的为人和心理，不妨和他坐在一起多喝几次酒，让他酒后吐真言。

行动迟缓型

这种人一般思维缓慢，反应迟钝。和他做朋友可以，和他共事就不是理想的搭档了。

草率决断型

这种人乍看起来反应敏捷，但缺乏深谋远虑，容易作出错误判断。和他相处最好的办法就是经常给他泼泼冷水，让他保持清醒的头脑，切莫感情用事草率作决定。

过分糊涂型

这种人做事时注意力不集中，记忆力低下，理解能力不够。这种人和行动迟缓者一样，不是理想的共事伙伴。但交朋友，这种人很有人缘，看起来随便、大度。

家庭妇女型

这种人，上班一进办公室就把家里昨天晚上直到今天早上发生的事一五一十地跟办公室里的人讲，张家长李家短的。这种人让你心烦，但千万不要发火，少接他们的话就是了。这样的人，在关键时候不太会说你的坏话，还可能说你的好话，因为他们比较有同情心。

搬弄是非型

这种人与前一种类型的人相比有质的不同。他们可能嘴也不愿闲着，却是到处打听周围人的隐私，并乐于制造、传播一些谣言，企图从中获得些什么。而且，在他们的心中，任何人都不在话下（上司除外），而他们自身却没有什么所长。这种人让你讨厌，但他们并不可怕。所以，你也不必如临大敌，与他们计较。只要他们说的构不成诽谤，又能伤着你什么呢。

欺负新人型

他们对待新到的人，在有相当长的一段时间里会拿你不当回事，指使你做这做那。这种人并非真正的坏人，只要他们做得不过分，你还是忍了，过了一段时间，他们自然会接受你的。你如果没有那么长时间的耐性，你也不妨抓好时机，奋起反击他们一两次。而这种人一般都是欺软怕硬的主儿，只要你反击，十有八九他们会不敢再怎么样你了。

性格古怪型

这种人多半是天生的，有很大的遗传因素在里边，但他们不势利，也不愿与人同流合污。你可能会莫名其妙地与他们"遭遇"冲突，但不要记恨他们。他们一般是事情过去了也就算了，你不要企图去改变人家什么。对这种人，注意不要做过深的交往，也不能对他们有过激的行为和语言。

清狂高傲型

这种人谁也看不起，包括自己的顶头上司。他们处处要显得与众不同，比别人优越。他们上知天文，下知地理，刚刚在报上读到的知识或者奇闻，就会当自己的知识当众卖弄。其实这种人的内心是有着深深的自卑的，他们多半是目光短浅的人，没有见过什么大世面。对这种人，你根本用不着与之计较。

阴毒恶人型

这种人才是你最应该引起注意的人。这种人不多，但几乎每个集体里都会有。而且这种人，不与他一起工作过一定长的时间，是不可能发现他们的阴毒的。他们绝大多数是以其反面出现的。在你刚与之接触时，他们非常热情主动，并会积极地为你解决一些小困难，但你绝对不能走在他们的前边，比如晋级、加薪等。否则的话，他们会立即拉下脸来，与你拼个你死我活。

这种人很难对付，因为他们一般早已以他们的假象取得了上司的信任，你如果没有强大的实力，是万万不能与之争斗的。最好是少招惹他们，与他们办事时，多装糊涂，让他们觉着你没有什么威胁。如果你真想与他们争斗一番的话，你必须越级向更高层领导反映他们的恶行。（资料来源：初入职场如何与同事相处. 人民网，2013-03-18.）

小思考：你将如何提升自己的职场人际能力？

第 3 章

管理决策

犹豫不决固然可以免去一些做错事的可能，但也失去了成功的机会。

——美籍华裔企业家王安博士

引入案例

戴尔的决策问题

曾经在 PC 行业高举创新大旗的戴尔现在的日子并不好过。戴尔必须要面对的一个问题是，现行的生存模式还能坚持多久？

创始公司之初，迈克尔·戴尔就以独特的直销模式，掀起了一场 PC 行业的旋风。然而，在达到一定高度后，戴尔开始陷入到一种"自内而外的傲慢"中，认为自己比任何人都更了解市场，所以放弃了"自外而内"关注企业市场定位的自觉。

也正是因为这样的"傲慢"，戴尔这十年来连续犯下了两个重大失误，从一个富于远见的创新型企业，退化成一个一步差步步差的跟随者。

第一个失误是错过了行业转型革命的最佳时机。这场革命是由比戴尔大"70 岁"的 IBM 引领的，它预言了传统的硬件生产特别是个人电脑业务将没落，去 PC 化以及软件和 IT 服务将成为未来大趋势。

2002 年，IBM 斥资 35 亿美元收购普华永道，标志着它的正式转型。通过这次收购，IBM 建立起了端到端的整体咨询产品线，可以向客户提供全面的解决方案。两年后，IBM 更是大胆地以 12.5 亿美元的售价，将百亿营收规模的 PC 业务出售给了联想，引起业界一片哗然。而后来的事实证明，IBM 不仅摆脱了 PC 业务利润低无可低的泥潭，而且成功占领了未来行业制高点。

而针对 IBM 以收购 IT 服务公司和去 PC 化为标志的大变革，迈克尔·戴尔却仍然相信自己的直销模式会继续无往不利下去，PC 市场没有什么冬天。

作为一个行业巨头的掌门人，在传统 PC 业务中的成功确实已经让他丧失了一定的市场预见力。

此外，戴尔所犯的第二个错，是在以 iPod 为代表的移动娱乐设备、以 iPhone 为代表的智能手机和以 iPad 为代表的平板电脑三大市场中，坚持老套路，自己把硬件厂商另一条突围之路——"苹果化"堵死了。

2001 年 10 月，苹果公司推出了第一款移动娱乐终端 iPod，因其强大的工业设计和人性化的 iTunes 操作系统，引爆了整个行业，抢得了高达 73.4% 的市场份额。

眼羡苹果的戴尔于 2003 年 11 月推出了自己的数码音乐随

身听 Dell DJ。在 PC 市场就不注重研发，迷信于依靠渠道和营销来赢得用户的戴尔，在新产品上也坚持同样的思路。为了与苹果抗衡，戴尔出了一种针对 iPod 的抵用券方案——用户可以把自己手中的 iPod 卖给戴尔公司，获得可在购买 Dell DJ 时使用的 100 美元抵用券。

显然，戴尔的自信忽略了消费者对娱乐产品时尚感的关注。《财富》杂志不客气地评价说："Dell DJ 缺少苹果的创作理念与形象美感。"乔布斯也公开表示，"戴尔只是在抄袭我们的硬件。"

另一方面，僵化的直销模式也让 Dell DJ 模式阻止了消费者在正式购买产品之前试用新产品。在挣扎了三年后，不受市场待见的戴尔不得不宣布停止销售 Dell DJ。

除了数码随身听产品，戴尔还向苹果的 iPad 发起了挑战。2010 年 6 月，被命名为 Streak 的戴尔 5.0 英寸平板"巨兽"面世。和 Dell DJ 一样，固执的戴尔仍然以硬件性能为主打，强调屏幕有多大、性能有多强，然而轻研发重营销的老毛病再一次让戴尔栽了跟头，距离这只平板"巨兽"面世仅仅过了 14 个月，戴尔就宣布将其停售。移动终端是未来整个 IT 硬件市场的未来，折戟于数码随身听和平板电脑的戴尔最后的机会只剩下了智能手机。

根据研究机构的数据，到 2014 年智能手机市场的规模将达到 1 503 亿美元，这是一个诱人的大蛋糕。此外，作为一个与互联网结合越来越紧密的移动终端，它同时又是一个前景广阔的用户流量入口。戴尔于 2010 年 8 月在全球推出了第一款基于安卓系统的手机 Aero，而在早些时候，它还在中国市场推出了一款名为 Mini3i 的试水产品。

也许是在平板电脑上的失败影响到了戴尔，它在智能手机上的投入比较谨慎，在最初两年里只推出了 5 款产品。此时的智能手机市场，早已是让人窒息的红海，而戴尔还在使用早期安卓 1.6 系统和平庸的外观设计，因此，戴尔的智能手机新产品迅速淹没在市场的喧嚣中。2012 年年底，戴尔宣布彻底退出全球智能手机市场，并且在短时间内不再考虑进入。（案例来源：张若夫. 戴尔十年来犯下两个重大失误沦落为跟随者. 环球企业家网，2013-05-16.）

思考题：

1. 决策对于企业而言的重要作用有哪些？
2. 如何规避类似戴尔所出现的这些决策失误？

❖❖❖❖❖❖❖❖❖❖❖❖❖❖❖❖❖❖❖❖❖❖❖

3.1 决策的含义

决策与决策机构自古就有，在中外历史上，很早就出现了一种专门为权贵出主意、献计谋的智囊人物，在我国两千多年的历史中，有过许多关于谋士、军师、谏臣的文字记载。

现代管理中的决策是决策者在占有大量信息和丰富经验的基础上，确定目标，并借助于一定的手段、方法和技巧，对影响决策的诸多因素进行分析研究，从多种可行方案中作出选择和决定的活动。决策贯穿于管理工作的全过程，是管理过程的核心，是执行其他各项管理职能的基础。从这个意义上讲，决策是管理的首要职能。

美国著名的经济学家赫伯特·A. 西蒙在谈到管理的本质时指出，决策是管理的心脏，管理是由一系列决策组成的，管理就是决策。

3.1.1　什么是决策

有人说，决策就是一个人处在岔路口上选择一条通往目的地的道路。关于决策的定义有很多不同的描述。

美国学者亨利·艾伯斯认为，决策有狭义和广义之分。狭义地说，决策是在几种行为方针中作出选择；广义地说，决策还包括在作出选择之前必须进行的一切活动。

管理学教授里基·格里芬在《管理学》中指出，"决策是从两个以上的备选方案中选择一个的过程"。

美国学者詹姆斯·斯通纳、爱德华·弗雷曼、丹尼尔·小吉尔伯特在《管理学教程》中把决策理解为选择一系列的行动去处理某个问题或利用某个机会，它是管理工作中最重要的组成部分。

在实践中，管理决策是管理者为了实现特定的组织目标，在占有大量调研预测资料的基础上，运用科学的理论和方法，充分发挥智慧，系统地分析主客观条件，围绕既定目标拟定各种实施预选方案，从若干个有价值的目标方案、实施方案中选择和实施一个最佳执行方案的一项重要活动。

综上所述，我们可以将决策的定义表述为：决策不仅是指在某一瞬间作出了明确、果断的决定，还包括在做决定之前进行的一系列准备活动，并在决定之后采取具体措施落实决策方案。对这一定义，可作如下理解：

（1）决策的主体是管理者，既可以是单个的管理者，也可以是多个管理者组成的集体或小组。

（2）决策的本质是一个过程，这一过程由多个步骤组成。

（3）决策的目的是解决问题或利用机会，就是说，决策不仅仅是为了解决问题，有时也是为了利用机会。

美国决策理论学派创始人认为，决策的关键是时机和信息，如果没搞清情况，就匆忙决策，很容易导致决策失误。

3.1.2　决策的意义

管理的核心是决策，决策是管理者从事管理工作的基础，是衡量管理者水平高低的重要标志之一，它在管理活动中具有十分重要的地位和作用。决策失误是最大的失误。如何正确认识、把握和利用决策方法有效地提高决策的科学性，是关系到组织未来生存与发展的关键问题。

1. 决策是管理的核心

一切管理工作都是围绕管理目标进行的，而目标的选取要靠决策。没有决策，就没有目标，管理活动就没有目的性，管理就会受挫。所以，决策是管理的核心。

2. 决策是关系到组织生存和发展的大事，贯穿于管理的全过程

首先，计划工作的每一个环节都涉及决策，如目标的确立、预测方法和分析方法的选取、行动方案的选择等都离不开决策；其次，组织、领导、控制等管理职能的发挥也离不开决策，如组织结构形式、领导方式的选取以及如何控制等，都需要通过决策来解决。所以，决策渗透于管理的每个职能之中。

管理案例　　　　　　　　**莫里斯公司的决策**

菲利普·莫里斯公司是世界上规模最大、获利最丰的烟草公司之一，在美国同行中一直处于领先地位。它的主要产品——"万宝路"牌香烟风靡世界，为公司带来滚滚财源。但是进入20世纪50年代以后，公司经营环境发生了急剧变化，医生把吸烟和癌症联系在一起，卫生组织也认为吸烟对人体有害，美国国会也颁布了法令，禁止烟草公司在电视上做广告。这样一来，烟草公司的产品销售面临严重的威胁。莫里斯公司意识到，若想生存下去，就必须设法进入新的市场领域，开展多元化经营。

美国米勒啤酒公司一直生产高级啤酒，产品浓度高，包装也相当考究，其广告宣传的主题是：豪华背景中有一位女士在温文尔雅地细品米勒啤酒。但是，不知什么原因，米勒啤酒销路一直不太好。1959年，莫里斯公司作出一个重要决策：用1.3亿美元收购了米勒公司，并着手对米勒公司的主要产品进行研究和改造。公司投入大量资金进行市场调查，结果发现美国90%以上的啤酒是中下层人士饮用的，喝高级啤酒的人很少，高收入的人更倾向喝XO、香槟之类。

于是，擅长市场开发的莫里斯公司决定对米勒公司的主要产品进行调整，将其定位于大众化饮料，并在啤酒的浓度、包装、价格和广告方面做相应更改。为使大众接受新型淡味啤酒，公司投入大量广告经费，竭力对其新策划的一伙穿工作服的建筑工人在酒吧间痛饮米勒啤酒的广告进行广泛的、高强度的电视宣传。结果，在全国啤酒总销量仅增长3%的情况下，米勒啤酒销量逐年递增，在10年间，市场占有率从行业第七位上升到第二位。

接着，以米勒啤酒为基础，又生产出迎合各种顾客需要的莱特牌啤酒，这使莫里斯公司的销售量和利润大幅增加。

1978年，莫里斯又收购了七喜饮料公司，并把原来含咖啡因的七喜饮料改为无咖啡因的汽水饮料，随后又开发出一种无咖啡因的可乐饮料，并在广告上大肆宣传这种饮料，使其销量飞速上升。莫里斯公司成功地在软饮料行业获得新的利润增长点。

---

3. 决策正确与否关系着组织的存亡

决策规定了组织在未来一定时期内的活动方向和方式，是任何行动发生之前必不可少的一步。它提供了组织中各种资源配置的依据，因而在组织活动尚未开始之前决策就已经在一定程度上决定了组织的活动效率。组织行动的成败得失与

决策是否正确密切相关，一项成功的重大决策可能会使组织转败为胜，而一项错误的决策也可能使组织陷入困境。所以说，决策的正确性、合理性对组织的生存和发展是至关重要的。

管理案例　　　　　　　　　　**炮火硝烟中的可口可乐**

20 世纪 30 年代末，美国的可口可乐已经很有名了，但在欧洲的销量还很有限。正当可口可乐公司准备向欧洲发展的时候，二战爆发了。有人说：这下完了，向欧洲进军的计划泡汤了。

但可口可乐的老板伍德鲁夫可不这么想，他认为说不定战争也是个机会呢。原来伍德鲁夫从前线老同学那里得到一个重要的消息：前线的战士非常喜欢喝可口可乐。于是他像将军一样向他的员工下了一道命令："让每个战士只花 5 分钱就能喝到一瓶可口可乐，不管他在什么地方，也不论这样做对我们公司意味什么。"这个来自企业的

命令通过媒体传播开来，以至美国陆军总部的将军们相信，可以用可口可乐来提高战士们的士气。于是军方向可口可乐公司发出巨额订单，一封从艾森豪威尔将军设在北非盟军司令部发出的电报也送到亚特兰大，要求海军运输舰运送"能够装备 10 个可口可乐装瓶厂的设备"，电报还说，如果军舰因装载用品一时无法运送装瓶设备，那就先送来 300 万瓶可口可乐。

可口可乐一下子就打开了欧洲和太平洋地区的市场。当整个世界从战争中恢复的时候，可口可乐作为世界头号饮料的地位便确定下来。

---

4. 决策的重要性还表现在它存在机会成本

机会成本是指为了得到某种东西而所要放弃另一些东西的最大价值；也可以理解为在面临多方案择一决策时，被舍弃的选项中的最高价值就是本次决策的机会成本。

例如当你通过决策选择了方案 A 而没有选择方案 B，最后发现方案 B 可以给你带来 100 万元的收益，你因为选择了方案 A 而失去了赚 100 万元的机会，那么这就是你选择方案 A 的机会成本；也许选择方案 A 并没有亏本，但只赚了 80 万元，你也会后悔，那么这 100 万元减去 80 万元等于 20 万元就是你的后悔值。为了减少机会成本，也为了使我们少后悔，就要认真对待决策。

3.2　决策的基本过程与影响因素

3.2.1　决策的基本过程

决策是为实现组织特定目标而选择行动方案的过程，这个过程由一系列前后关联又相互独立的步骤组成，这就构成了决策的过程。一般而言，决策的过程包括：诊断问题或发现机遇、明确目标、搜集信息、拟订方案、评估和筛选备选方案、执行方案、评估效果等。

1. 诊断问题或发现机遇

管理者必须密切关注与其责任范围有关的各类信息，包括外部的信息和报告以及组织内的信息，只有这样才能知道哪里存在要解决的问题，哪里存在潜在的

机会。决策者必须知道哪里需要行动，因此决策过程的第一步是诊断问题或发现机遇。

所谓问题就是指实际状况和所想要状况的偏差，大多数决策始于问题的发现。问题并不总是简单的，因为要考虑组织中人的行为。有些时候，问题可能简单明了，只要稍加观察就能识别出来；另一些时候，问题可能植根于个人的过去经验、组织的复杂结构或个人和组织因素的某种混合。因此，管理者必须特别注意要尽可能精确地评估问题。

管理活动中，往往会遇到反复出现的问题或不良现象，若讳疾忌医或拖延了事，积压下来，就必然会造成困难，甚至使组织的运行无法正常进行，严重时还会威胁到组织的生存。所以，对其中出现频率较多的问题，不应回避，而是抓住苗头，及时调查，追根溯源，及时找出解决的途径和办法。

管理故事

有一位老农的农田当中，多年以来横亘着一块大石头。这块石头碰断了老农好几把犁头，还弄坏了他的中耕机。老农对此无可奈何，巨石成了他种田时挥之不去的心病。

一天，在又一把犁头被打坏之后，想起巨石给自己带来的无尽麻烦，老农终于下决心了结这块巨石。于是，他找来撬棍伸进巨石底下，却惊讶地发现，石头埋在地里并没有想象那么深、那么厚，稍使劲就可以把石头撬起来，再用大锤打碎，清出地里。老农脑海里闪过多年被巨石困扰的情景，再想到可以更早些把这桩头疼事处理掉，禁不住一脸的苦笑。

温馨提示

遇到问题应立即弄清根源，有问题更需立即处理，绝不可拖延。

评估问题的精确程度有赖于信息的精确程度，所以管理者要尽力获取精确的、可信赖的信息。低质量的或不精确的信息使时间白白浪费掉，并使管理者无从发现导致某种情况出现的潜在问题。

管理寓言

一座破旧的庙里住着两只蜘蛛，一只在屋檐下，一只在佛龛上。一天，旧庙的屋顶塌掉了，幸运的是，两只蜘蛛没有受伤，他们依然在自己的地盘上忙碌地编织起蜘蛛网。

没过几天，佛龛上的蜘蛛发现自己的网总是被搞破。一只小鸟飞过，一阵小风刮起，都会让它忙着修上半天。它去问屋檐下的蜘蛛："我们的丝没有区别，工作的地方也没有改变。为什么我的网总是会破，而你的却没事呢？"

屋檐下的蜘蛛笑着说："难道你没有发现我们头上的屋檐已经没有了吗？"

管理启示：修网自然很重要，但了解网破的原因更重要。经常会看见忙得团团转的管理者，这些充当救火队员的管理者就像那只忙碌的蜘蛛一样，没有考虑过问题的根源是什么。

大多数重大灾难或事故都有一个较长的潜伏期，在这一时期，有关征兆被错误地理解或不被重视，从而未能及时采取行动，就会导致灾难或事故的发生。需要注意的是，即使管理者拥有精确的信息并正确地解释了它，处于他们控制之外的因素也会对问题的识别产生影响。但是，管理者只要坚持获取高质量的信息并仔细地解释它，就会提高作出正确决策的可能性。

精明敏锐的管理者善于先知先觉地感知环境中存在的新的机会，及时果断地作出决策，抢占先机。

2. 明确目标

任何管理都必须与管理目标结合起来。在所要解决的问题及其责任人明确以后，要确定应当解决到什么程度、预期的结果是什么，也就是要明确决策目标。所谓决策目标是指在一定的环境和条件下，根据预测，对这一问题所希望得到的结果。为了确保决策的有效性，在决策中必须明确决策目标。因为目标是决策的依据。

目标的确定十分重要，同样的问题，由于目标不同，可采用的决策方案也会大不相同。目标的确定要经过调查和研究，掌握系统准确的统计数据和事实，然后进行一定的整理分析，根据对组织总目标及各种目标的综合平衡，结合组织的价值准则和决策者愿意为此付出的努力程度进行确定。

目标应该符合一定的标准。目标应该是可以实现的，而且是由相关的参与人员制定的，并应该通过定期检查进行更新或补充。另外，目标既要考虑到组织是一个整体，同时又要考虑到执行目标时所涉及的行为活动。

目标体现的是组织想要获得的结果，想要的结果的数量和质量都要明确下来，因为目标的这两个方面最终将指导决策者选择合适的行动路线。

目标的衡量方法有很多种，如通常用货币单位来衡量利润或成本目标，用每人时的产出数量来衡量生产率目标，用次品率或废品率、返修率等间接数量指标来衡量质量目标，用一级、二级等等级来划分产品质量。

根据时间的长短，目标分为长期目标、中期目标和短期目标。长期目标通常用来指导组织的战略决策，中期目标通常用来指导组织的战术决策，短期目标通常用来指导组织的业务决策。无论时间长短，目标总指导着随后的决策过程。

管理案例　　　　　　　　**《纽约时报》的印刷决策**

1965 年 11 月，美国整个东北部出现了一次历史上最严重的全面停电事故。在大停电的那天早晨，纽约所有的报纸因停电没能出版，只有《纽约时报》例外，发行了 50 万份。

原来停电时总编当即决定把报纸改在赫德逊河对岸的纽华克印刷，因当时那里还没停电。这本是个英明决策，但美中不足的是，通常发行100万份的报纸只印了一半。本来是有时间印完的，可当《纽约时报》上了印刷机后，总编忽然下令叫停，原来他与三个助手就某一英文单词如何分节发生了争执。这个争执持续了48分钟，这个时间恰好是有限印刷时间的一半。

小思考： 你如何评判该总编这次的决策？

管理启示： 报纸的质量固然重要，但在出现意外停电的情况下，保证发行份数已成为更紧迫的目标，这时再恪守报纸不应有一处文法错误的标准就显得很迂腐、教条了。

3. 分析搜集信息

搜集与决策有关的政治、经济、技术、社会等各方面的情报资料，是进行科学决策的重要依据。情报信息量的大小、正确与否，直接影响到决策的质量。要想在决策上不失误，必须有丰富可靠的情报来源、迅速的情报传递、准确的情报研究，这也是使决策科学化的重要物质技术基础。没有完全、充分的信息，就不可能作出科学的决策。

资料情报必须具有可靠性，要有依据，要具有时间、地点、对象的连续性要求，数字要准确无误，对资料要做系统分析，着重从事实的全部总和和事实的联系中去掌握事实，从事物的发展中全面估计各种对比关系，以保证掌握情报信息的科学性。对一些不确切的问题或疑难问题，要召集专家及有关人员进行集体会诊，以作出定性分析和概率估计。

科学的决策要有科学的预测。做好预测工作，对确定目标和搜集资料两个阶段都是十分必要的。科学决策需要的科学依据包括经济依据、现状依据、预测依据。对事物的过去和现状进行定量、定性分析很重要，但还不够。决策是在今后执行的，分析历史和现状是为了预测未来，没有科学的预测，就没有科学的决策。只有通过科学的预测从而获得决策所必要的未来发展的信息，才能有可靠的科学依据。

管理借鉴

阿斯旺水坝的功与过

规模在世界上也算数一数二的埃及阿斯旺水坝竣工于20世纪70年代初。表面上看，这座水坝给埃及人民带来了廉价的电力，控制了水旱灾害，灌溉了农田。

然而，该水坝破坏了尼罗河流域的生态平衡，造成了一系列的问题：由于尼罗河泥沙中的有机质沉淀水库底部，尼罗河两岸的绿洲失去了肥源，土地日益碱化；由于尼罗河河口供沙不足，河口三角洲向内陆收缩，港口、工厂、国防工事有跌入地中海的危险；由于缺乏来自内地的盐分和有机物，沙丁鱼捕获量减少了1.8万吨；由于大坝阻隔，使尼罗河下游的活水变成"湖泊"，血吸虫和疟蚊繁殖，血吸虫病流行。

阿斯旺水坝的这些负面效果，使人们怀疑修建这座大坝花了那么多钱，是否合算。

4. 拟订方案

决策实际上是对解决问题的种种行动方案进行选择的过程。为解决问题，必须寻找切实可行的各种行动方案。各种行动方案都有其优点和缺陷，决策要求以满意原则来确定方案。

在制定备选方案时，既注意科学性，又要注意有创造性。无论哪一种备选方案，都必须建立在科学的基础上。方案中能够进行数量化和定量分析的，一定要将指标数量化，并运用科学、合理的方法进行定量分析，使各个方案尽可能建立在客观科学的基础上，减少主观性。所拟订的方案应该符合三个标准：

一是要有预见性，即为可能出现的情况拟订对策；

二是要有可行性，即每个方案都是经过努力可以办到的；

三是至少要有两个以上备选方案，这样决策者才能比较从而选出最理想的方案。

在拟订方案时要充分发挥集体的智慧才能，让大家畅所欲言，充分发表自己的意见，然后通过集体充分的讨论。这样制定出来的备选方案往往会更有针对性和创造性。

管理寓言

老鼠的计划

一群老鼠吃尽了猫的苦头。一天夜里，鼠王把所有的老鼠召集在自己的洞里召开紧急会议，想找出一种最好的方法，好使它们在大敌猫到来之前能有个准备。

在许多提议中，它们一致认为最好的方法是系一个铃铛在猫的脖子上，那么在猫到来之前，老鼠们一听到铃声，就可以迅速地躲到洞里。鼠王问道："谁愿意去执行这项计划呢？"鼠群里顿时鸦雀无声。

老鼠们想尽了办法，高薪奖励、颁发荣誉证书等，但无论什么高招，都没有一只老鼠敢去做这件事情。

小思考： 老鼠们的计划有什么问题？

5. 评估和筛选备选方案

评估和筛选备选方案是对已制定的备选方案逐个地进行评价和选择。为此，首先要建立一套有助于指导和检验判断正确性的决策准则。决策准则表明了决策者关心的主要是哪些方面，主要包括目标达成度、成本、可行程度等。

其次根据这些方面来衡量每一个方案，并据此列出各方案满足决策准则的程度和限制因素，即确定每一个方案对于解决问题或实现目标所能达到的程度和所需的代价，及采用这些方案后可能带来的后果。

最后是分析每一个方案的利弊，比较各方案之间的优劣，根据决策者对各决策目标的重视程度和对各种代价的承受程度进行综合评价，结合分析比较结果，提出推荐方案。

在对各方案进行理性分析比较的基础上，决策者最后要从中选择一个满意方案并付诸实施。在决策选择的时候，要注意不要一味地追求最佳方案。由于环境的不断变化和决策者预测能力的局限性，以及备选方案的数量和质量受到不充分信息的影响，可能期望的结果只能是作出一个相对令人满意的决策。

一般而言，在选择最终方案时要遵循三个原则。

（1）决策方案的合理性标准。

即所选的方案必须能在较大程度上实现预定的决策目标。

（2）决策方案的经济性标准。

即所选的方案必须考虑实施该方案所需付出的投入与可能带来的效果的比值，没有哪个理智的决策者愿意花 100 万元解决一个 50 万元效益的问题。

（3）决策方案的全面性标准。

即所选的方案必须能妥善处理好正面效果与负面效果的关系，从长期来看，其正面效果必须大于负面效果。

管理案例　　　　　　　美国政府减少耕地面积的决策

1982 年年初，墨西哥的爱尔基琼火山大爆发。美国政府由此预测到来年全世界农业将歉收，美国将成为唯一能出口粮食给苏联的国家，于是作出了减少耕地面积 1/3 的决定。

农业歉收应该增加耕地面积才对，为什么美国政府反而要减少耕地面积呢？原来当时正是美苏两个超级大国对抗时期，美国政府考虑的是，耕地面积减少了，谷物的价格势必上升，依靠进口的苏联势必要花更多的外汇来换取粮食，这既会使苏联军备投资受到影响，也会使苏与美在交锋中处于被动、让步的地位。

但是，美国政府只考虑到这项决策的正面效果，却没有考虑到负面效果。负面效果就是，苏联可能大量出手黄金，以解决外汇短缺的问题，这将直接造成美国黄金储备的实际价格下降，削弱美国的经济地位。

任何决策都不可能百分之百地实现目标，都不可能没有成本，都不可能没有负面效果，这就要求决策者权衡利弊。只要方案比较接近目标，只要收益多于成本，正面效果大于负面效果，就可以下这个决心，作这个决策。

管理故事

猫、老鼠和鸡

刘基《郁离子》中有一个寓言：有个赵国人忧愁老鼠为害，就到中山国去要猫，中山人给了他一只。

这只猫既善于捉老鼠，又善于吃鸡。一个多月时间，老鼠被捉完了，而他家的鸡也被吃完了。他儿子为这事发愁，对父亲说："为什么不把猫赶走呢？"

父亲答道："我们家的祸害在于老鼠，不在于没有鸡。有了老鼠，它就偷吃我们的食物，咬坏我们的衣裳，穿透我们的墙壁，毁坏我们的农具，我们就要挨冻受饿了，这远比没有鸡的害处更大。没有鸡，只不过不吃鸡就算了，离挨饿受冻还远着呢，为什么要赶走那只猫呢？"

6. 执行方案

方案的执行是决策过程中至关重要的一步。方案再好，不执行落实也白搭。方案的执行落实也是检查决策正确与否的唯一途径。在方案选定以后，管理者就要制订实施方案的具体措施和步骤。实施过程中通常要注意做好以下工作：

（1）制定相应的具体措施，保证方案的正确实施；

（2）确保与方案有关的各种指令能被所有有关人员充分接受和彻底了解；

（3）应用目标管理方法（MBO）把决策目标层层分解，落实到每一个执行单位和个人；

（4）管理者要善于给下级授权，做到责权对等；

（5）设计合理的报酬制度，根据目标完成的情况对相关部门、层次和人员进行奖惩，以充分调动工作积极性；

（6）建立重要的工作报告制度，以便及时了解方案进展情况，及时进行调整。

决策的实施要有广大组织成员的积极参与。为了有效地组织决策实施，决策者应通过各种渠道将决策方案向组织成员通报，争取成员的认同，对成员给予支持和具体的指导，调动成员的积极性。当然最可取的方法是设计出一种决策模式争取所有的成员参与决策、了解决策，以便更好地实施决策。并且在方案实施的过程中还要对新出现的问题进行协调和解决。

小思考

国王的抱负

英国作家毛姆曾讲过一个故事：有个年轻的国王，登位时由于急于公正地统治他的国家，便广征国内智者，命令他们把世界上的智慧搜集整理，以方便他阅读和学习，制定好的政策。

智者们听命后立即出发。30年后回来了，身后的骆驼队背着5 000本大部头的书，交给国王。国王因事务繁忙，无法阅读那么多的书，便命他们把知识浓缩。

15年后，他们又回来了，身后的骆驼只背了500本书，但国王仍嫌太多。几年过去了，这次他们带来的书不超过50本，但国王已经年老体衰，又叫智者将它们浓缩成一本书。

5年后，智者将辛辛苦苦几十年得到的成果奉到国王手里时，国王已奄奄一息，再也没有时间阅读这本书了。

小思考：故事中的国王犯了什么错误？

7. 评估效果

这是决策过程中的最后一个步骤。决策者应该通过信息的反馈来衡量决策的效果。决策是一种事前的设想，一个方案可能涉及较长的时间，在实际的实施过程中，形势，特别是组织的内部环境和外部环境可能发生变化，而初步分析建立在对问题或机会的初步估计上，随着形势的发展，实施决策的条件不可能与设想的条件完全相吻合。因此，管理者要不断对方案进行修改和完善，以适应变化了的形势。

在一些不可控因素的作用下，实施条件和环境与决策方案所依据的条件之间可能会有较大的出入，这时，就需要改变决策方案了。所以，在决策实施过程中，决策者应及时了解、掌握决策实施的各种信息，及时发现各种新问题，并对原来的决策进行必要的修订、补充或完善，使之不断地适应变化了的新形势和条件。

具体来说，职能部门应对各层次、各岗位履行职责情况进行检查和监督，及时掌握执行进度，检查有无偏离目标，及时将信息反馈给决策者。决策者则根据职能部门反馈的信息，及时追踪方案实施情况，对与既定目标发生部分偏离的，应采取有效措施，以确保既定目标的顺利实现；对客观情况发生重大变化，原先目标确实无法实现的，则要重新寻找问题或机会，确定新的目标，重新拟订可行的方案，并进行评估、选择和实施。

一项决策实施之后，对其实施的过程和情况进行总结、回顾既可以明确功过，确定奖惩，还可使自身的决策水平得到进一步的提高。比如，如果一个方案实施后达到了原来的要求，那么这一方案就达到了理想的效果；如果没有达到原来的要求，那么就要分析管理者是否对前一决策形势的认识和分析有错误或是这一方案在执行过程中的方法是否正确，从而决定是对方案本身进行修改还是改变实施的方法。

3.2.2 决策的影响因素

在决策过程中，影响决策的因素是比较多的。一般而言。决策受到环境、决策主体、组织、决策问题本身等多方面因素的共同影响，而且这些因素的影响不是割裂的，而是相互联系的。有些时候，某类因素的影响占主要方面；另一些时候，可能其他类型因素的影响又占主要方面。如国际性金融危机的爆发、国内宏观经济形势发生重大变化，可能带来宏观经济政策的重大调整，从而对企业的决策产生重大的影响。

1. 环境因素

任何组织都是在一定的环境下运行的，所以首先受到环境的影响。环境从两个方面对决策施加影响：

一是环境的特点影响着组织的活动选择。例如，就企业而言，如果市场相对稳定，企业的决策相对简单，大多数决策都可以在过去决策的基础上作出；如果市场环境复杂，变化频繁，那么企业就可能要经常面对许多非程序性的、过去所没有遇到过的问题，甚至需要经常对经营方向和内容进行调整。

又如，处在垄断市场上的企业，通常将经营重点放在内部生产条件的改善、生产规模的扩大以及生产成本的降低上；而处在竞争市场上的企业，需要密切关注竞争对手的动向，不断推出新产品，努力改善营销宣传，建立健全销售网络。

二是对环境的习惯反应模式也影响着组织的活动选择。对于相同的环境，不同的组织可能作出不同的反应。而这种调整组织与环境关系的模式一旦形成，就会趋于稳固，限制着决策者对行动方案的选择。

管理故事

一位农民和他的小孙子到离村几公里远的城镇去赶集。开始时爷爷骑着驴，孙子跟在驴后面走。没走多远，就碰到一位年轻的母亲，她指责爷爷虐待自己的孙子。爷爷不好意思地下来了，让孙子骑驴。

走了 1 公里，他们遇到一位老和尚，老和尚见年轻人骑着驴，而让老人走路，就责怪年轻人不孝顺。孙子马上跳下驴，看着爷爷。最后，两人决定谁也不骑。

这样两人又走了 3 公里，遇到一位学者，学者见两人放着驴不骑，走得气喘吁吁，就嘲笑他们放着驴不骑，自找苦吃。农夫听学者这么一说，就把孙子托上驴，自己也翻身上来了。

两人一起骑着驴走了 2 公里，碰到一位外国人，这位外国人见两人骑一头驴，就指责他们虐待牲口。

2. 决策主体因素

决策主体——决策者是影响决策过程的关键因素。决策者对决策的影响，主要是通过决策者的知识、心理、观念、能力等各种因素产生作用的。

在大多数情况下，组织决策绝不是在一张白纸上进行初始决策，而是对初始决策的完善、调整或者是改革。因此，当前的决策不可能不受过去决策的影响。组织过去的决策是当前决策的起点。

过去决策对目前决策的制约程度，主要由过去决策与现任决策者的关系决定。如果过去的决策是由现任的决策者制定的，由于决策者通常要对自己的选择及其后果负责，也为了保证决策的连续性，因此决策者一般不愿对组织的活动进行重大的调整，而趋向于仍将大部分资源投入到过去未完成的方案执行中。相反，如果现在的主要决策者与组织过去的重大决策没有很深的渊源关系，则会易于接受重大改变。

决策是确定未来活动的方向、内容和行动的目标，由于人们对未来的认识能力有限，目前预测的未来状况与未来的实际情况不可能完全相符，因此任何决策都存在一定的风险。人们对待风险的态度是不同的，有人喜欢冒险，在多种选择中趋向于选择风险大的方案；而另一些人则不太愿意冒险，在多种选择中趋向于选择风险小的方案。因此决策者的风险偏好对决策的选择会产生直接的影响。

职场忠告

有效管理的精髓在于优秀的决策机制。但不幸的是，决策力通常被看作是一种类似于勇气的性格特质。有些人就是能够果断扣动扳机，而另一些人似乎总是犹豫不决，做不到这一点。

一些学者希望通过深入研究，找到影响管理者决策的心理和社会因素。美国学者希思俩兄弟在他们的著作《决策：如何在生活和工作中更好抉择》（Decisions: How to Make Better Choices in Life and Work）中深入探讨了决策领域的最新研究成果。

他们发现表现得坚决果断本身就是一种选择。决策力是一种行为方式，而不是一种遗传特征。它使我们能够作出勇敢而自信的选择，这不是因为我们知道自己一定正确，而是因为尝试并失败要好过拖延和后悔。

希思兄弟指出了阻碍有效决策的四大因素：第一是视野狭隘，这限制了人们纳入考虑的选择范围；第二是证实倾向，人们倾向于寻找能够支撑自己现有想法的证据；第三是短期情绪，它将随着时间逐渐消退；第四是过度自信。

希思兄弟提出了名为"WRAP"的四阶段流程，依次针对解决阻碍决策的四大障碍。其具体内容是：我们必须"拓宽自己的选择空间"，避免非此即彼的简单决策。我们应当"把自己的假想放到现实中检验"，以确保我们的决策是建立在事实而非偏见的基础上。我们还应"在决策之前减少情绪干扰"，或者在面临重大决策时，要留出一段时间来考虑，而不能让自己被当下的情绪所左右。最后我们必须做好"出错的准备"，因为有很大可能我们确实会犯错。

希思兄弟指出，糟糕的决策机制随处可见。以招聘面试为例。当前的通行做法不是让候选人尝试执行招聘方希望他们入职后履行的具体任务，而是让候选人坐在一间屋子里，通过提问来判断他们是否具备履行职责的能力。

希思兄弟发现，人们还经常过于仓促地作出决定。正确的做法应该是，在作出决策并贯彻执行之前进行一些小试验，以检验自己的想法是否正确。假如我们能够意识到自身决策所受到的各种影响，我们就能更好地掌控它们。例如，绝大多数人倾向于高估自身的才干和能力。诸如此类的心理倾向妨碍我们作出正确决定。研究和实践表明，决策权的下放是一种很有力的管理方法。应让公司上下更多的人参与到决策过程中来。

研究同时指出，相对于免费得到的意见，人们更倾向于听从付费以后得到的建议，不论这些观点本身的质量如何。为了获得建议而付费的行为使我们变得更加容易轻信，这一事实被要价高昂的咨询师们加以利用。

希思兄弟针对决策偏差提出的解决方案是淡化个人色彩，使决策过程客观化。我们必须注意控制自己的情绪，通过不断采纳他人建议来调整自己看问题的视角，丰富选择空间，并且从当事另一方的角度看问题。我们需要探寻自己信息偏倚和心理偏见的根源。我们还必须不断思考一个决策是否能被重构以实现我们的目标。（资料来源：菲利普·德尔夫. 决策力并非与生就俱来的. CEO 中文网，2013-04-16.）

3. 组织因素

作为组织的决策，都会受到组织自身的影响和制约。组织对决策的影响，主要是通过组织文化来制约组织及其成员的行为及行为方式，并通过组织文化来影响人们改变态度而发生作用的。在偏向保守、怀旧的组织中，人们总是根据过去的标准来判断现在的决策，总是担心在变化中会失去什么，从而对将要发生的变化产生怀疑、抵御的心理与行为；而在具有开拓和创新气氛的组织中，人们总是以发展的眼光来分析决策的合理性，总是希望在可能产生的变化中得到什么，因此渴望变化、欢迎变化、支持变化。由此可见，欢迎变化的组织文化有利于新决策的实施，而抵御变化的组织文化则可能给新决策带来种种阻抗。

此外，因为任何决策都是对过去在某种程度上的否定，任何决策的实施都会给组织带来某种程度的变化，因此，组织成员对这种可能产生的变化会怀有抵御或欢迎两种截然不同的态度，这种不同的态度会直接影响组织的决策。

所以，建立一种有利于变化与发展的组织文化是有效实施新决策的重要保证。另外，组织的信息化程度和组织对环境的应变模式对决策也有影响。

4. 决策问题本身的因素

决策问题本身的紧迫性及问题的重要性对决策都有一定的影响。时间本身就是决策的重要组成部分,同时又是限制决策的重要因素。

美国学者威廉·R.金和大卫·I.克里兰把决策划分为时间敏感型决策和知识敏感型决策。其中知识敏感型决策着重于未来,而不是现在;着重于机会的运用,而不是避开威胁。所以决策时,在时间上相对宽裕,并不一定要求在某一日期以前完成。知识敏感型决策是重要的决策问题,对知识的运用非常重要,因此需要宽限的时间来作出决策。而所谓时间敏感型决策是指那些必须迅速而且尽量准确地作出的决策,这种决策对速度的要求超过对质量的要求。相对于知识敏感型决策,时间敏感型决策对时间的要求比较严格,这类决策的执行效果主要取决于速度,管理者应该充分认识到时间对决策的影响作用,并充分利用有限的时间作出尽可能正确的决策。

3.3 决策的类型

决策根据它所要决策的问题的性质和内容,可以分成许多不同的类型。管理者在决策前,首先要了解所要解决问题的特征,以便按不同的决策类型,采取不同的决策方法。

3.3.1 按决策者分类

按决策者的不同,可将决策分为个体决策与群体决策、官员决策与专家决策。

1. 个人决策与群体决策

个人决策是决策权限集中于个人的决策,受个人知识、经验、心理、能力、价值观等个人因素的影响较大,决策过程带有强烈的个性色彩。通常,个人决策的质量和效果低于群体决策,但个人决策一般比群体决策的速度要快。

群体决策是决策权由集体共同掌握的决策,是民主参与管理或全员参与制度的体现。在群体决策中,参与者的互动既可能导致优势互补,也可能导致弱势叠加。群体决策的优点主要体现在:由于是集思广益,所以能提高决策质量;同时由于是集体参与决策,所以增加了组织成员对决策的接受性。群体决策的主要缺点是决策的效率相对较低,决策所用的时间较长。艾柯卡曾说,"等委员会讨论后决定射击,野鸡已经飞走了。"

个人决策与群体决策的优劣是相对而言的,不是绝对的。所以具体使用时,应根据实际情况和条件,决定到底是适合采用个人决策还是群体决策。

管理案例　　　　　　　**通用电气的全员决策**

美国通用电气公司是一家集团公司，1981年，杰克·韦尔奇接任总裁后，认为公司管理得太多，领导得太少。他指出，"工人们对自己的工作比老板清楚得多，经理们最好不要横加干涉。"

为此，他实行了"全员决策制度"，使那些平时没有机会交流的职工、中层管理人员都能出席决策讨论会，参与决策。

"全员决策制度"的开展，打击了公司中官僚主义的弊端，减少了烦琐的程序，使通用电气公司在环境不景气的情况下取得巨大进展，韦尔奇也被誉为全美最优秀的管理者之一。

管理案例

一家老式制造企业的经营状况仅够勉强维持，工人们对自己的工作感到毫无乐趣。当新任管理层安装了一台弹珠游戏机以提升士气时，雇员们纷纷暗中偷笑。

新任管理层随后决定采取一项大胆举措：放弃自身的决策权，并引入"决策者流程"的机制。

按照该流程，当一个问题出现时，领导人必须首先决定将由谁来作出决策。所选的"决策者"必须是熟悉该问题并且了解其背景的人。如果问题与某个制造环节有关，那么决策者就应是每天与该环节打交道的人，而非某位从不下到生产车间的高高在上的经理。

接下来，被选中的决策者必须征求其他人的意见，以确保所作决策能够得到事实证据以及多种视角的支持。最终，决策者必须作出决定。

这套流程的实施过程可以说得上是惊心动魄。经理们一想到将要失去控制权就感到害怕，而突然被赋予了如此重大的责任则让员工们感到头晕目眩。但随着时间的推移，这一机制使员工形成了更强的主人翁意识，更愿意与人分享知识，并最终提高了决策的质量。

管理案例　　　　　　　**"让班组去做主"**

前进通用机械厂金属加工车间主任史涛听了管理课程，对群体决策很感兴趣。他把车间第二工程段的 25 名职工找来开会，说工程段新购置了自动化程度高的设备，老的生产定额已经过时，大家讨论一下，看新的定额是多少才合适。布置完了后，他就回办公室，说让班组自己去做主。一个小时后，讨论结果出来了，你猜怎么着？大家一致认为，原来的定额太高，新定额应该降低 10％。这下让史涛傻了眼。

管理启示：群体决策并不是在任何情况下，对任何问题都适用。采用个人决策还是群体决策应根据具体情况而定。在有些情况下，对有些问题的决策将两者结合起来可能会更好些。

2. 官员决策与专家决策

官员决策指重大决定主要由行政领导做出；而专家决策指决策时会依据有关专家的判断来选择最终决策方案。

有一种人，古代称谋士、军师，现代称专家、智囊，他们是科学决策所不能缺少的。由于决策涉及的问题越来越复杂，所以很多决策要听取专家的意见，否则会造成严重的后果。

管理案例   **三门峡大坝的失误**

黄河三门峡大坝工程于 1957 年 4 月正式开工。建这个大坝的目标有两个：一是发电；二是挡沙。当时为要不要建这个大坝在理论界很有争议，清华大学水利教授黄万里一直持反对意见，认为三门峡大坝建成后，黄河潼关以上流域会被淤积，并不断向上游发展，到时候不但不能发电，还要淹没大片土地。

但由于这个工程最先是地方官员提出的，又受到当时国家领导人的肯定，所以黄的建议没有被采纳。结果是，该工程发电量没有达到设计要求，挡沙的目标不但没有达到，而且使位于大坝上游的渭河河床不断提高。渭河成了一条地上悬河，洪水不断泛滥，造成关中平原 50 多万亩农田盐碱化，在航运、生态环境等方面也有很多损失。2003 年渭河洪峰最高流量 3 700 立方米/秒，只相当于三五年一遇的洪水，却造成 50 年不遇的洪灾。小水酿大灾，这是当初决策者所没有想到的。

3.3.2 按决策的重要性分类

按决策的重要性，可将决策分为战略决策、战术决策和业务决策。

1. 战略决策

战略决策是指关系到组织的生存发展的全局性、长远性问题的决策。例如，企业的经营目标、方针、企业重组、组织机构的调整、新产品的开发等的决策。

这类决策对于组织的发展具有重要的意义，一般涉及的时间较长，范围较宽。由于所要解决的问题大多比较抽象、复杂并且常常是以前没有遇到过的，风险性较大，管理者常常要借助于自己的经验、直觉和创造力进行判断。战略决策一般由高层管理者作出。战略决策要求抓住问题的关键，而不是注重细枝末节或面面俱到地解决问题。

管理案例

从某个角度来看，马云是中国互联网行业中战略眼光最好，同时也最善于行军布阵的领导者。在他带领下，阿里巴巴没有错过中国电子商务领域的任何一次大机会，无论是 B2B、C2C、B2C，抑或是未来的 C2B，阿里巴巴均处在行业最前列。

2. 战术决策

战术决策又称管理决策，这类决策是为了实现战略决策而作出的带有局部性的具体决策，它直接关系着为实现战略决策所需资源的合理组织和利用。其所面临的大多是实施方案的选择、资源的分配、实际业绩的评估等方面的问题，比较具体，带有局部性且灵活性较大。这些问题大多可以定量，可以进行系统分析。例如，企业生产计划和销售计划的确定、职工招聘与工资水平、机器设备的更新、新产品设计方案的选择、新产品的定价等。

但当组织处于动态环境中时，由于预测困难，有时也较多地依赖于管理者的经验判断。因此，这类决策大多由中层管理者作出。

3. 业务决策

业务决策又叫执行性决策，是指在日常业务活动中为了提高生产效率和工作效率所作的决策，具有琐碎性、短期性与日常性等特点。它是针对短期目标，考虑当前条件而作出的决定，大部分属于影响范围较小的常规性、技术性的决策，如生产任务的日常安排、工作定额的制定等，一般由基层管理者作出。

这类决策所要解决的问题常常是明确的，决策者知道要达到的目标和可以利用的资源，知道有哪些途径，也知道可能的结果，一般可以采用分析工具来帮助抉择。它往往与作业控制相结合来进行。

组织中不同层次的管理者所承担的决策任务是各不相同的。基层管理者主要从事业务决策，中层管理者主要从事管理决策，高层管理者主要从事战略决策。高层管理者经常通过战略决策来引导管理决策和业务决策，中层管理者在作出管理决策时，经常要对战略决策有深入的了解，同时他们也指导和帮助基层管理者进行业务决策。

3.3.3　按决策影响时间的长短分类

按决策影响时间的长短，可将决策分为中长期决策和短期决策。

1. 中长期决策

中长期决策是指有关组织今后发展方向的长远性、全局性的重大决策，一般是 5 年或更长时间。它多属于战略决策，如投资方向选择、人力资源开发、组织规模的确定等。这种决策需要一定数量的投资，具有实现时间长和风险较大的特点。

2. 短期决策

短期决策是指为实现组织长期战略目标而采取的短期策略手段。一般是一年以内。它多属于短期战术决策或业务决策，如企业日常营销决策、物资储备决策、生产中的劳动力调配和资金分配等。

3.3.4　按决策是否具有重复性分类

按决策是否具有重复性，可将决策分为程序化决策和非程序化决策。

1. 程序化决策

程序化决策也称常规决策、例行决策或重复性决策。它是指日常管理工作中那些例行的、按照一定的频率或间隔重复进行的决策，即那些经常发生的能按规定的程序和标准进行的决策，多指对例行公事所作的决策，多属于业务决策。

由于这类问题经常重复出现，因而可以把决策过程标准化、程序化，可通过惯例、标准工作程序和业务常规予以解决。如企业中财务和统计报表的定期编制与分析退货的处理、请假的批准等。程序化决策可节约决策者的时间和精力，以便把更多的时间和精力投入到其他更重要的活动中去。

2. 非程序化决策

非程序化决策又称为例外决策。它是指在管理过程中那些偶然发生、无先例可循的、非常规性的问题。这种决策缺乏准确可靠的统计数据和资料，决策者难以照章行事，在很大程度上依赖于决策者的知识、经验、洞察力和创造性思维。一般说来，高层管理者所作的决策多属于非程序化决策。例如，重大的投资问题、组织变革问题、开发新产品的问题等。

随着管理者地位的提高，其所面临的非程序化决策的数量和重要性都逐步提高，面临的不确定性增大，决策难度加大，进行非程序化决策的能力变得越来越重要，进行决策所需的时间也会相对延长。许多组织都设法提高决策者的非程序化决策能力，同时尽量使非程序化决策向程序化决策方向转化。

3.3.5 按决策条件的可控程度分类

按决策条件（或称自然状态，指决策面临的未来环境和条件）的可控程度，可将决策分为确定型决策、风险型决策和不确定型决策。

1. 确定型决策

确定型决策面临的是一种比较确定的自然状态。在这类决策中，决策面对的问题的相关因素是确定的，可选方案的预期结果是相对明确的。即决策者明确知道自然状态的发生，每个方案只有一个确定的结果，最终选择哪个方案取决于对各个方案结果的直接比较，因而方案之间的比较和择优是不难做到的。解决确定型决策问题的方法有盈亏平衡法、线性规划等。

2. 风险型决策

风险型决策也称为随机性决策，是指决策问题涉及的条件中有些是随机因素。在这类决策中，各种备选方案都存在着两种以上的自然状态，决策者不能肯定哪种自然状态会发生，但能知道有多少种自然状态以及每种自然状态发生的概率。

对于这种决策，决策者无法肯定判断未来的情况，无论选择哪个方案都有一定的风险。这是企业经营中大量碰到的决策问题。例如建设新工厂的投资决策、新产品开发决策、企业兼并决策等。

3. 不确定型决策

不确定型决策是指各备选方案可能出现的后果是未知的，即决策者可能不知道有多少种自然状态，而且不知道每种自然状态发生的概率，不能肯定每个方案的执行后果，只能凭个人的直觉、经验判断进行决策。

由于不确定型决策不能预测未来自然状态出现的概率，因而不确定因素更多，决策风险更大。

3.3.6　按决策目标分类

按照决策目标，可将决策分为单目标决策和多目标决策、理性决策和非理性决策。

1. 单目标决策和多目标决策

人们做事总是有一定的目标的。作出的决策只需满足一个目标，这叫单目标决策。在管理活动中，单目标决策并不多见。

大多时候，决策不仅有一个目标，而是有多个目标，这就是多目标决策。例如家庭要买汽车，就需要考虑价格、性能、舒适度、耐用性、操作便利、省油、维修方便等目标。在购车经费有限的情况下，这么多的目标很难在某一品牌的车型之中完全实现，所以买车人需要妥善处理多目标的冲突问题。很多时候，为了实现某一主要目标，必须要牺牲次要目标。

管理决策大多情况下面对的都是多目标决策，因此，管理者必须清楚地知晓什么是主要目标，什么是可以牺牲的次要目标。

2. 理性决策和非理性决策

理性决策是管理者完全着眼于组织所要实现的目标而进行的决策。

非理性决策是管理者凭个人喜好或一时感情冲动所作的决策。成功的决策一般都是理性决策，理性决策关系到企业经营的好坏，正所谓"小不忍则乱大谋"。因此有管理者为自己设定的座右铭是：激动时不作任何决策。

管理故事

懊悔的老板

某公司老板巡视仓库时，看见一个工人坐在地上看漫画。这个老板最讨厌工人偷懒了，没好气地问："你一天赚多少钱？"工人轻松地说："2 000 元。"老板掏出 2 000 元给工人，说："拿了钱给我滚。"事后，老板批评仓库主任没教育好自己的下属，仓库主任说："他不是公司的人，是来送货的。"

老板听了，既尴尬又懊悔。

管理案例　　　　　　　　　**刘邦为什么改口**

刘邦和项羽争霸时，一次项羽将刘邦围了起来，刘邦急令韩信相救。韩信刚夺下齐地，便派　人去见刘邦请封自己做假齐王。刘邦听了这个消息，破口大骂："我被项羽围困在这里，日夜盼你来援救，你倒想自立为王了。"张良在旁听了，就暗地里踢了下刘邦的脚。这一来，刘邦觉醒了，大声骂道："大丈夫立了功就做真王，为什么要做假的呢？"很快，刘邦就派张良去封韩信为齐王，把他的军队调去打楚国。

后来刘邦得了天下后，把韩信杀了，真可谓"鸟尽弓藏"。不过，如果当时刘邦就怪罪韩信，那么就可能没有他当皇帝的那一天了。

小思考： 为什么乌合之众的刘邦最后战胜了不可一世的项羽？

3.3.7 按决策准则分类

按决策准则，可将决策分为最优决策与满意决策、风险型决策与保守型决策。

1. 最优决策与满意决策

采用最优的决策，意味着决策者必须在给定约束条件下，选出一个能产生最优后果（如利润最大、成本最小或其他目标最好）的行动方案，以求一次性地从根本上解决问题。但最优化是一种理想化的追求，因为决策是对未来作出的决定，而未来有很多环境因素是在动态发展和变化之中的，管理者在决策时很难对这些发展和变化全部准确掌握，因此，在现实中很少能得到最优决策。

在大多数情况下，管理者只能采用满意决策准则，即只要求将既定目标实现到足够好、令人满意就行。打个比方：让你在一包针中选一枚最尖的针，那很麻烦，通常我们只从中选一枚比较尖锐的、能穿透衣服的就可以了，这就是满意决策。满意决策准则是重要的决策准则。

管理故事

苏格拉底弟子的选择

古希腊哲学大师苏格拉底的三个弟子求教老师：怎么才能成功呢？苏格拉底没有直接回答，却让他们去走麦田埂，只许前进，且仅给一次机会，要求是：选择一颗最好最大的麦穗。

第一个弟子没走几步就看见一颗又大又好的麦穗，高兴地摘下来。但他继续前进时，发现前面又有许多麦穗比他摘的那颗大，但他没有机会了，只得遗憾地走完了全程。

第二个弟子正好相反，每当要摘时，总是自我提醒：后面可能还有更好的。他一直走到终点才发现自己失去了很多机会。

第三个弟子的做法是，当他走过全程的 1/3 时，将麦穗分为大、中、小三类；再走过 1/3 时，验证分类是否准确；在剩下的 1/3 里，他较早地选择了属于大类中的一颗美丽的麦穗。虽然这颗麦穗不一定是麦田里最大的，但肯定是令人满意的。

小思考： 这个故事有什么启示？

2. 风险型决策与保守型决策

决策不能只看收益有多大，还要看风险有多大。面对风险，决策者的表现是不同的。

风险型决策，也叫激进型决策，是对先前决策的目标、手段有突破性改变和创新性作为的决策。它要求决策者敢于变革，勇于进取。

保守型决策是对先前决策或维护保持或进行微调的决策。它要求决策者保持稳定，渐进变革。

原则上讲，风险型决策与保守型决策无所谓孰优孰劣。决策者既要有决策的谋略、魄力与勇气，不可优柔寡断、丧失战机，但又不能草率决定、盲目行动。

小思考

最后一壶水

有一个探险者在沙漠里行走，水越来越少，他必须有计划地使用这些水。他抬头望天，烈日高照，四周都是滚烫的沙子。他舔了舔因缺水而干裂的嘴唇，一丝绝望油然而生。他只剩一壶水了，而这壶水仅能维持他三天的生命。他必须尽快找到水源。

当他精疲力竭的时候，终于在一堵残破的石墙后，发现了一口压力井。他兴奋极了，奔过去压水，却一无所获。他失望透顶，正要离开，却发现断墙上写着一行字：先倒一壶水进去，才能打上水来。他恍然大悟：压力井是要先倒水进去才能抽上水来的呀。

可是他只剩下这一壶水了，倒进去如果压不上水怎么办？他实在不愿作这样的选择：必须拿生命作为赌注。犹豫再三，他还是照墙上写的做了，将仅剩的一壶水倒进井里后，开始吃力地压，一会儿，果然压出汩汩的流水。

要是你，你会不会把这唯一的一壶水倒进去呢？

此外，按照决策者在管理系统中所处的层级不同，可以分为高层决策、中层决策和基层决策；根据决策思维的方法不同，可以分为直觉决策、经验决策和推理决策，等等。

3.4　决策的基本方法

根据决策所采用的分析方法，决策方法可分为定性决策方法、定量决策方法、定性和定量相结合的决策方法。

3.4.1　定性决策方法

定性决策方法又称主观决策法，是建立在心理学、社会学、创造学等社会科学基础上的一种凭借个人经验，充分发挥人的创造力对问题进行分析、作出决策的方法。

在决策时，对一些难以量化或难以做精确数量分析的决策，如企业战略目标的确定、人事任免、企业形象设计等决策，可根据管理者和专家经验、知识、判断能力及胆略，通过定性判断，寻求解决问题的最佳方案。该方法简单易行、经济方便，在日常生活中大量采用。

定性决策法主要有波士顿矩阵、德尔菲法、头脑风暴法等。

1. 波士顿矩阵法

波士顿矩阵法，又称经营单位组合分析法，由美国波士顿咨询公司首创。波士顿矩阵法是对企业或企业某一部门的活动方向进行选择的决策方法，属于定性决策方法。

多元化经营（多种经营方向、多种经营产品）的企业在确定主攻方向的时候，可以用波士顿矩阵来帮助决策。

管理案例　　　　　　　**招生计划会上的风波**

某大学召开系主任会议，讨论下学年各个专业的招生计划。因为招生多少直接关系到老师的奖金，所以大家都希望本系能多招点学生，但上面给的指标有限，所以竞争十分激烈。这时学生处张处长发言了，大家静下来。只见他走到黑板前，画了一张图：

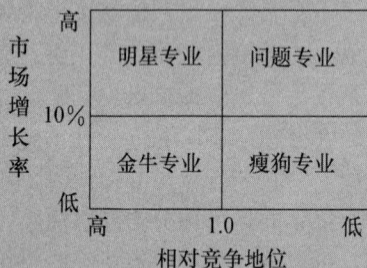

张处长说："这张图叫波士顿矩阵，用它可以帮助我们分析哪些专业该扩招，哪些专业该减少招生。"接着，他根据人才市场的调查，对各专业毕业生最近两年的就业率做了统计，将增长率高于10%的归为一类，低于10%的归为一类。然后他又统计了其他高校各专业毕业生的平均就业率，用本校就业率与其进行比较，高于平均就业率的归为一类。

这样，他把本校各个专业分成了明星专业、金牛专业、问题专业和瘦狗专业四类。说到瘦狗专业的时候，很多人都笑了，张处长说，"这只是个比喻，希望不要介意。对于属于金牛类的专业，如，中文、数学等专业，我们的师资力量较强，但人才市场要求不多，所以保持原来招生人数就可以了；对于明星专业，如英语，我们师资力量强，而且人才市场需求也旺，所以应该扩招；对于有些专业，如国际贸易，电子商务，因为新办，所以问题较多，但人才市场需求旺，应该扩招，但必须同时引进这方面的人才，加强师资队伍建设；对于有些专业，如历史、地理，我们的相对竞争地位不强，人才市场增长率又低，尽管用瘦狗来形容不太恰当，但我还是建议停止招生。"

张处长说完后坐了下来。会场上半天没人发言，但外语系、经管系的系主任显得十分高兴；而政史系主任则十分沮丧，想发言又不知怎么说好。

波士顿矩阵法利用矩阵图形来帮助决策，在决策矩阵中，以产品的相对竞争地位为横轴、市场增长率为纵轴划分的决策空间，即决策时要综合考虑该经营活动或该经营单位在市场上的相对竞争地位和业务增长情况。

相对竞争地位往往体现在企业的市场占有率上，它决定了企业获取现金的能力和速度。因为较高的市场占有率可以为企业带来较高的销售量和销售利润，从而给企业带来较多的现金流量。

而业务增长率对经营活动方向的选择有两方面的影响：一是它有利于市场占有率的扩大；二是它决定着投资机会的大小。

根据上述两个标准——相对竞争地位和业务增长率，可把企业的经营活动或经营单位分成四大类，企业应根据各类经营活动或经营单位的特征，选择合适的活动方向。

（1）"金牛"经营活动或经营单位。

"金牛"经营活动或经营单位的特征是市场占有率较高，而业务增长率较低。较高的市场占有率为企业带来较多的利润和现金，而较低的业务增长率则需要较少的投资。"金牛"经营活动或经营单位所产生的大量现金可以满足企业的经营需要。

（2）"明星"经营活动或经营单位。

"明星"经营活动或经营单位的特征是市场占有率和业务增长率都较高，因而所需要和所产生的现金都很多。"明星"代表着最高利润增长率和最佳投资机会，因此企业应投入必要的资金，增加它的生产规模。

（3）"问题"经营活动或经营单位。

"问题"经营活动或经营单位也叫"幼童"经营活动或经营单位，其特征是业务增长率较高，而目前的市场占有率较低，这可能是企业刚刚开发的很有前途的领域。由于高增长速度需要大量投资；而较低的市场占有率只能提供少量的现金，企业面临的选择是投入必要的资金，以提高市场份额，扩大销售量，使其转变为"明星"。如果认为刚刚开发的领域不能转变成"明星"，则应及时放弃该领域。

（4）"瘦狗"经营活动或经营单位。

"瘦狗"经营活动或经营单位的特征是市场份额和业务增长率都较低。由于市场份额和销售量都较低，甚至出现负增长，"瘦狗"经营活动或经营单位只能带来较少的现金和利润，而维持生产能力和竞争地位所需的资金甚至可能超过其所提供的现金，从而可能成为资金的陷阱。因此，对这种不景气的经营活动或经营单位，企业应采取收缩或放弃的战略。

波士顿矩阵法的决策步骤通常如下：

（1）把企业分成不同的经营单位；

（2）计算各个经营单位的市场占有率和业务增长率；

（3）根据其在企业中占有资产的比例来衡量各个经营单位的相对规模；

（4）绘制企业的经营单位组合图；

（5）根据每个经营单位在图中的位置，确定应选择的活动方向。

波士顿矩阵法以"企业的目标是追求增长和利润"这一假设为前提。对拥有多个经营活动或经营单位的企业来说，它可以将获利较多而潜在增长率不高的经营活动或经营单位所产生的利润，投向那些增长率和潜在获利能力都较高的经营单位，从而使资金在企业内部得到有效利用。

2. 德尔菲法

这种方法也称为专家意见法或函询调查法，是在决策时，为了保证公正和客观常采用的一种方法。这种方法首先选定有关专家，将意见咨询表分发给他们，让他们提意见，然后将意见汇总整理，将初步结论再发送给专家分析判断，通过多次反复求得一致的结论。所以使用德尔菲法要经过几轮调查。

德尔菲法是由美国兰德公司命名并首先使用的。它是对传统专家会议法的改进和发展。它采用匿名通信或反复征求意见的形式，使专家们在互不知晓、彼此隔离的情况下交换意见，这些意见经技术处理后会得出预测的结果。

管理案例　　　　兰德咨询公司的一次成功决策

美国著名的兰德咨询公司在 20 世纪 50 年代接受美国空军委托，针对一个课题作出判断。这个课题的题目是："如果苏联对美国发动核袭击，其袭击目标会在什么地点？后果如何？"（因为该课题系为绝密，故以古希腊阿波罗神殿所在地"德尔菲"来命名）该公司决策时，发现使用数学模型很难准确计算出结果，于是改用专家估计的方法，依靠其独创的行为集结法，成功地综合了众多专家的智慧和直觉判断。

此后，这种定性决策技术就被称为"德尔菲法"，广泛地应用于复杂问题的决策过程中。

运用德尔菲法的关键有三点：

（1）选择好专家。这主要取决于决策所涉及的问题或机会的性质。

（2）决定适当的专家人数。一般 10～50 人较好。

（3）拟订好意见征询表。它的质量直接关系到决策的有效性。

使用德尔菲法时，首先需要设计意见征询表。意见征询表必须符合以下标准：

（1）问题含义明确，以免应答者对问题产生不同的理解，出现答非所问的情况。

（2）问题具有独立性，对一个问题的回答不应以对另一个问题的问题为条件。

（3）回答问题的方法要统一，否则就难以对预测的结果作出比较。

德尔菲法的流程如下：

第一轮：把意见征询表寄给专家小组的成员，请他们填写意见。预测小组收回调查表后，进行初步的统计和计算，发现具有共识性的意见和看法。

第二轮：将第一轮得到的相对比较集中的意见再反馈给每位专家，要求他们以此为参考，重新填写意见。如果某人作出的第二轮预测仍与多数人的意见不符，则要求他陈述理由，说明为什么他的意见不同于大多数人的意见。预测工作小组收到调查表后，要根据新的数据重新进行统计和计算。

第三轮：将第二轮统计结果及有些专家的陈述理由告之每位专家，请他们在这个基础上进行新的预测。

一般来讲，经过三轮或四轮调查后，专家意见将会比较集中，这时就可以把最后调查所得到的结果作为专家小组的意见。

管理案例　　　　　　　　　　**小王的烦恼**

小王正在读硕士研究生，快毕业了，还没有在学术刊物上发表过一篇论文，十分着急，因为根据规定，没有发表过论文是不能拿到学位的。这天，他拿着写好的论文来到他的导师张教授的办公室，想请张教授推荐到学报上发表。小王想，张教授很有名，有他的推荐谁还不给面子。

张教授看了他的论文，说这一稿修改的不错，可以定稿了。他答应推荐，但能否刊登则很难说。因为学部最近进行用稿制度的改革，实行德尔菲法，每篇稿子都要至少两名专家进行匿名审稿。导师不能审自己学生的稿，审稿专家也不知道稿子作者是谁，因为送审稿件在作者姓名这一块开

了"天窗"——删掉了作者姓名。作者也不知道哪几位专家审他的稿，专家也不知道审同一稿的还有谁，编辑部有纪律不能向外透露。审稿专家看了稿之后将自己的意见填在一个表格上交给编辑部，如果大家意见一致了就可确定是用还不用；如果意见不一致，还要将这些意见归纳后再反馈给各位专家，让他们有机会修改自己的意见。有些文章比较重要，有不同意见还要反复几次才能确定。

经过一番解释，小王原来舒展的眉头又紧蹙在一起：要想发一篇文章可真不容易呀。

---

3. 头脑风暴法

头脑风暴法又称畅谈会法，是一种针对组织内某一个问题，在完全不受约束的条件下，由一群人通过相互启发、开动脑筋、畅所欲言地发表个人意见，充分发挥个人和群体的创造性，集思广益，而后进行决策的方法。

这是一种比较常用的集体决策方法，便于发表创造性意见，因此主要用于收集新设想。

决策小组一般由 5～9 人组成，在讨论过程中，鼓励参加者提出各种建议，并禁止对他人想法进行批评，以便各种创新方案不断地被提出。实践证明，这确实是激发人们创造性思维的一种行之有效的方法，经常用于决策的方案设计阶段，以获得广泛的、具有创新的新设想。

在制定备选方案时还要充分考虑到各方面的制约因素，比如政府法律、传统道德观念、管理者本身权力和能力以及技术条件、经济因素等方面的限制。

管理知识链接

头脑风暴法的创始人英国心理学家奥斯本（A. F. Osborn）为该决策方法的实施提出了四项原则。

（1）对别人的建议不做任何评价。将相互讨论限制在最低限度内。

（2）建议越多越好，在这个阶段，参与者不要考虑自己建议的质量，想到什么就应该说出来。

（3）鼓励每个人独立思考。广开思路，想法越新颖、越奇异越好。

（4）可以补充和完善已有的建议，以使它更具说服力。

头脑风暴法的目的在于创造一种畅所欲言、自由思考的氛围，诱发创造性思维的共振和连锁反应，产生更多的创造性思维。

3.4.2 定量决策方法

定量决策法是利用比较完备的历史资料，运用数学模型和计量方法来进行决策，如企业生产决策、组织的财务决策、企业投资决策等。

较复杂的定量决策问题需要运用运筹学方法借助计算机解决，通过采用线性规划、非线性规划、统筹法、库存论等建立数学模型求得最优方案。

目前，许多企业研究开发计算机软件，将程序化、决策化的过程让计算机程序解决。一般的定量决策方法采用简单计算法就可以解决。

根据决策的备选方案、自然状态、后果，将定量决策分为确定型决策方法、风险型决策方法和不确定型决策方法。

1. 确定型决策的方法

确定型决策是指存在着两种或两种以上的可供选择的方案，而且每种方案的只产生一个确定结果的决策。因此，最优行动方案常常是收益最大的方案。确定型决策方法很多，如盈亏平衡分析法、差量分析法、线性规划方法等。这里介绍盈亏平衡分析法和差量分析法。

（1）盈亏平衡分析法。

盈亏平衡分析法又称量本利分析法或保本点分析法。它是产量－成本－利润分析法的简称，依据与决策方案相关的产品产（销）量、成本与盈利之间的相互关系，来分析决策方案对企业经营盈亏所产生的影响，从而评价和选择方案。盈亏平衡分析法如图 3-1 所示。

盈亏平衡分析法借助单位产品贡献毛收益额，找出保本点产量。保本点又称盈亏平衡点，当生产任务大于盈亏平衡点时，就可以获得利润；当生产任务小于盈亏平衡点时，生产亏损。

通过盈亏平衡分析法，企业可以找出企业或其产品的盈亏平衡点，由此判断企业或产品是处在亏损区还是盈利区，然后作出不同的选择。

盈亏平衡分析法的基本原理如下：

①企业的产品从成本的角度看，可划分为固定成本和变动成本两类。

②虽然固定成本与产量的关系是不变的，但摊入单位产品成本中的固定成本却是随着产量的变化而变化的，即产量增大，摊入单位产品成本的固定费用减

小；产量减少，摊入单位产品成本中的固定费用增加。

③变动成本是随产量变化而呈正比例变化的，产品成本中的原材料费、燃料动力费、计件工资等，均属于变动费用。

④一般而言，企业的产品销售收入与产品销售量成正比关系。

⑤销售收入线和总成本线有一个交点，在交点上，销售收入与总成本相等，即此点利润为零，所以将此点称为盈亏平衡点，或称保本点。

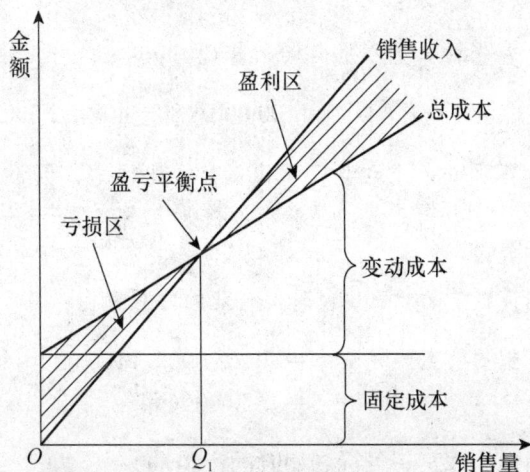

图 3-1　盈亏平衡分析法图示

设总成本为 Y，固定成本为 F，变动成本为 V，单位产品变动成本为 C_v，销售量为 Q，销售收入为 S，单位产品价格为 P，利润为 I，那么，则：

$$Y = F + V = F + C_v \cdot Q$$
$$S = P \cdot Q$$

根据利润公式可知：利润＝收入－成本，则：

$$I = S - Y$$
$$I = PQ - (F + C_v Q)$$

得到量本利关系式为：

$$Q = \frac{F + I}{P - C}$$

当利润为零时，就得到盈亏平衡公式：

$$Q_0 = \frac{F}{P - C_T}$$

当企业销售量＞Q_0 时，企业有盈利；

当企业销售量＜Q_0 时，企业则亏损。

运用盈亏平衡分析法可以从以下方面进行企业的经营决策。

①判明销量一定时的盈亏情况。

例 3-1： 某工业企业欲新建一条生产线生产一种新产品，年固定成本需 10 万元，单位产品变动成本为 40 元，产品单价预计为 80 元。该产品市场需求量很大，企业生产多少就可以销售多少，但该生产线的设计能力较低，仅为年产 2 000 台。若按此方案建新生产线，企业是盈利还是亏损？方案是否可取？请决策。

解： 首先计算盈亏平衡点产量 Q_0。

$$Q_0 = F/(P-CV) = 100\ 000/(80-40) = 2\ 500(台)$$

由计算可知，企业生产 2 500 台才能保本，因设计生产能力只有 2 000 台/年，小于盈亏平衡产量，显然，如按此方案建生产线，企业是要亏损的，所以此方案不可取。

达到设计能力 2 000 台时，企业的亏损额为：

$$销售收入-总成本 = 80 \times 2\ 000-(100\ 000+40 \times 2\ 000)$$
$$= -20\ 000(元)$$

②确定实现某一目标利润时的产销量。

例 3-2： 一企业生产某产品，年固定成本为 20 万元，单位变动成本为 30 元，单位产品价格为 50 元，企业欲实现年利润 5 万元，试计算该产品应达到的产量。

解：

$$Q = \frac{I+F}{P-C_T} = \frac{50\ 000+200\ 000}{50-30} = 12\ 500(件)$$

经计算，企业欲实现 5 万元的目标利润，需生产该产品 12 500 件。

③确定实现目标利润时的最低单价，进行定价决策。

在销售量和成本已经确定的条件下，应用量本利分析法，可以求得实现某目标利润下的最低产品单价。

例 3-3： 一企业通过市场调查和预测，一年可销售某产品 8 000 件，生产该产品年固定费用为 10 000 元，单位产品变动费用 10 元，企业欲实现年利润 10 000 元，试决策该产品的最低销售单价。

解：

$$P = C_T Q + \frac{F+I}{Q} = \frac{10 \times 8\ 000+10\ 000+10\ 000}{8\ 000} = 12.5(元)$$

经计算可知，该企业要实现年利润 10 000 元时，产品最低销售单价应确定为 12.5 元。

管理案例　　　　　　　是否接受外商的订货

某电子玩具公司推出一种新产品，年生产能力为 9 万件，产销固定成本为 210 万元，每件产品所花的人工费、材料费、电费等费用为 50 元。该厂在全国订货会上已有 7 万件的订单，每件价格为 80 元。

最近有一外商要求用比较低的价格订一批货，如果价格为 60 元他就订 1 万件，价格是 50 元他就订 2 万件，价格再高，他一件也不要。是否应接受外商订货呢？有人说，别人都是 80 元，凭什

么给他 60 元？还要 50 元呢，哼！

公司经理算了一笔账：该产品盈亏平衡的产销量为 2 100 000/(80－50)＝70 000（件），而全国订货会上的订单已有 7 万件，说明已达到盈亏平衡点，再有订货只要高于单位变动成本 50 元，就有盈利。所以，他决定接受这位外商的订货，价格 60 元，数量 1 万件，这样每件可赚 10 元，总共可赚 10 万元。

此外运用盈亏平衡分析法还可以用来判明企业的经营安全状态等。

（2）差量分析法。

差量分析是进行短期决策的一种常用方法，它是在充分了解各决策方案收入与不同成本之间存在差异的基础上，进行方案选优的一种决策方法。

差量分析法计算中有两个基本概念：固定成本和变动成本。

固定成本是指在一定的生产规模下，成本总额中不随产量变动的那一部分成本。如折旧费、管理人员工资、办公费及其他一般性开支等。这部分成本因为不管产量增加与否总是要支出的，所以，在差量成本中可视为无关的成本，在计算成本的差量中可不予考虑。

变动成本是指在成本总额中随产品产量变化而成比例变动的成本，如原料和主要材料、基本生产工人工资等。在采用差量分析法进行决策时，主要是考虑这部分成本之间的差额。

例 3-4： 某企业生产能力有余，订货量不足；单位产品销售价格为 48 元；单位产品的完全成本为 42 元（其中单位产品变动成本为 33 元）。买方愿意订货的价格是 39 元/件，订量为 6 000 件，而且生产该产品的工艺有特殊要求，需添置 2 400 元的专用工具。企业能否接受此项订货？

解： 从完全成本看，企业接受订货将会遭受损失，其损失金额如下：

损失金额＝6 000×(42－39)＋2 400＝20 400(元)

但是，仔细分析，接受订货还是有利的。因为固定成本不管产量增加与否都是要支付的，这笔费用在订货中可不必考虑，只要考虑用户所出定价高于本企业生产所需的变动成本加上需添置专用工具的费用就可以了。

本例题若接受该项订货，（在不考虑固定成本的情况下）其收益为：

收入＝6 000×39＝234 000(元)

成本＝6 000×33＋2 400＝200 400(元)

收益＝234 000－200 400＝33 600(元)

通过差量分析法表明，企业接受此项订货可多盈利 33 600 元，所以，在生产能力有余的情况下，应该接受此项订货。

如果有若干个方案，则可以通过差量分析法将各方案的收益都计算出来，然后选优。

2. 风险型决策方法

风险型决策又称概率型决策或随机型决策，指决策方案的未来自然状态有若干种，但每种自然状态发生的概率可以作出客观的估计。

之所以说是风险型决策，是因为它并没有 100% 的把握，正所谓"天有不测风云"。如天气预报，根据历史资料和近期观测，可以判断某种天气，如下雨，在未来两天内出现的概率是多少，这就是一种风险型决策。

风险型决策中，每一个行动方案因对应有各种不同的自然状态，所以无论选定哪一个行动方案，其结果都是不确定的。

风险型决策选择最佳方案的方法是，计算各个行动方案的期望效益值，并比较它们的期望效益值，最后确定期望效益值最大的方案为最佳方案。它主要用于远期目标的战略决策或随机因素较多的非程序化决策，如技术改造、新产品研制和投资决策等。

风险型决策的方法很多，如表格法、矩阵决策法和决策树法等。这里主要介绍决策树法。

管理案例　　　　　　　经理碰到的难题

小赵刚被任命为经理助理，经理最近碰到一个难题，就是公司为投产某种新产品拟订了两个方案：一个是建一座规模较大的厂，需投资 30 万元；另一个是建一个规模较小的厂，需投资 20 万元。究竟是建大厂好，还是建小厂好，经理拿不定主意，让小赵提提意见。

小赵经过调查，对这种新产品的销量和损益值作了估计：这种新产品销路好的概率是 0.7，销路不好的概率是 0.3。

在建大厂的方案下，如果销路好，生产这种产品能带来 100 万元的收益；但如果销路差，则要亏损 20 万元。

在建小厂的方案下，如果销路好，收益能达 40 万元；而如果销路不好，只有 30 万元的收益。根据这些资料，小赵画了一个决策树：

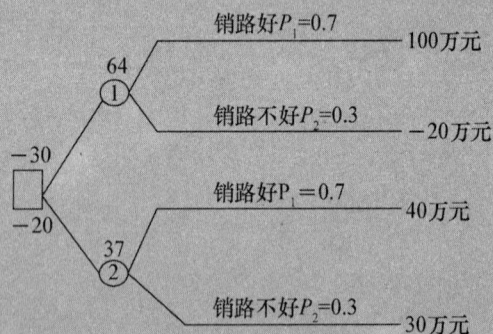

其中，方框表示决策点，圆圈为结点，由决策点到结点的线为方案枝，表示几种备选方案；圆圈内的数字表示方案的编号，"1"是建大厂方案，"2"是建小厂方案。结点右边伸出来的线叫概率枝，概率枝右边的数字是该状态下的方案执行所带来的损益值。

画好决策树，小赵通过计算给这棵"树"上又增加了一些"果实"。结点上方的数字 64、37 分别表示两个方案的期望收益值。它们是这样计算出来的：第一方案的期望收益＝100×0.7＋（－20）×0.3＝64（万元）；第二方案的期望收益＝40×0.7＋30×0.3＝37（万元）。

两个方案的预期净收益，是用期望收益值减去当初的投资得到的，分别是 34 万元和 17 万元。两者相比较，第 1 方案（建大厂）的预期净收益大于第 2 方案（建小厂）的预期净收益，所以小赵向经理建议，应该选择建大厂的方案。没选中的方案枝上划两撇，表示被剪去了。

经理看了小赵画的决策树，并听了他的讲解后，频频点头，说还是年轻人的脑子好使。

例 3-5：某公司产品供不应求，需增加产量，拟订了三种可行方案：一是新建一大厂，需投资 360 万元；二是新建一小厂，需投资 180 万元；三是先建小厂，先投资 180 万元，试看 3 年，若前 3 年产品畅销则再扩建，扩建需追加投资 200 万元，其收益与新建大厂相同。三者的使用期均为 10 年，并假定前 3 年畅销，后 7 年也畅销；前三年滞销，后 7 年也滞销。各方案的损益值及自然状态的概率如表所示。问：公司如何决策才能获得最大的经济效益？

决策方案资料表：

自然状态 各方案的损益	方案及收益（万元/年）				概率
	小厂	大厂	先小后大		
			前三年	后三年	
畅销	60	140	60	140	0.7
滞销	30	－35	30	－35	0.3

解：（1）画决策树

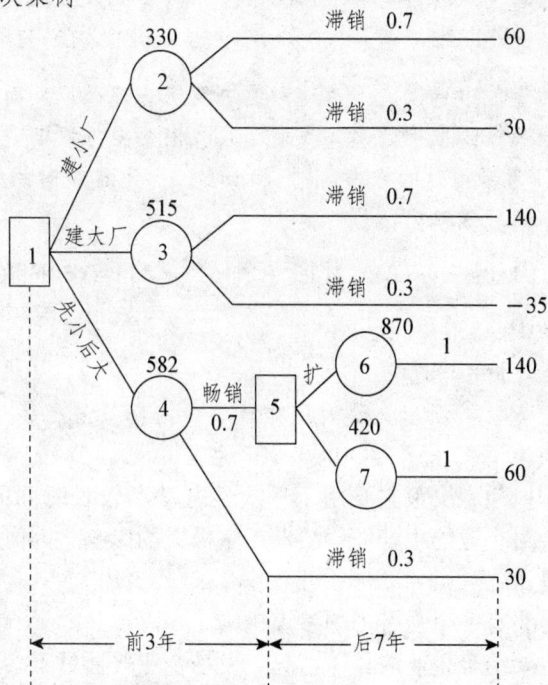

（2）计算各点期望值

点②：$[(60×0.7)+(30×0.3)]×10-180=330$（万元）

点③：$[(140×0.7)+(-35×0.3)]×10-360=515$（万元）

点⑥：$140×7×1-200=780$（万元）

点⑦：$60×7×1=420$（万元）

点④：$0.7×(3×60+780)+0.3×30×10-180=582$（万元）

通过上述计算可知：建大厂比建小厂好，但先小后大比不进行实验而直接建大厂更好，故应选先小后大的方案为决策方案。

（3）方案的灵敏度分析

在风险型决策中，概率值与期望值的准确性，对决策的影响是很大的。但是，对于一次性行动的决策，尤其是时间较长的决策，由于客观状态的概率及损益值难以准确估算，而且在决策过程中，客观情况经常变化，因而这些数据也将随之变化，所以，必须分析概率与损益值的变化对决策的影响程度，这种分析就叫方案的灵敏度分析。

进行灵敏度分析的方法是将概率值、损益值在可能产生误差的范围内变化几次，看各次期望值误差大小。若它们稍加变动，期望值便变动很大，原先的最优方案为另一方案所替代，则该数据就称为敏感性数据，该方案称为不稳定方案；否则，就是稳定方案。

从上图中知道，当产品畅销时的概率为 0.7、滞销的概率为 0.3 时，建大厂的经济效益比建小厂好；但是，若畅销的概率由 0.7 变为 0.5，而滞销的概率由 0.3 转为 0.5 时，情况又如何呢？

建大厂期望值=$[(140×0.5)+(-35×0.5)]×10-360=165$（万元）

建小厂期望值=$(60×0.5+30×0.5)×10-180=270$（万元）

从期望值中可以看到，这时的决策应是建小厂，而不是建大厂。为了找出这个敏感性数据的准确数字，我们必须找出两个方案期望值相等时的转折概率。

设 P 为畅销时的概率，则 $(1-P)$ 就为滞销时的概率，若两方案的期望值相等时，则其概率为：

$$[140P+(-35)×(1-P)]×10-360=[60P+30×(1-P)]×10-180$$

则　$1450P=830$

求得，$P=0.57$

即当 $P=0.57$ 时，建大厂和建小厂的期望值相等；当 $P>0.57$ 时，以建大厂为好；当 $P<0.57$ 时，以建小厂为宜。

由于风险型决策主要用于一次性行动和较长时间的战略决策，决策执行之后，将会对企业的生产经营活动产生极大的影响，因而进行风险型决策时，必须注意的是：

（1）要有一个强有力的参谋机构。

（2）要结合企业的具体情况，发动企业普通员工参与决策。

（3）最好将定量决策与定性决策很好地结合起来，以提高决策的准确性。

3. 非确定型决策方法

非确定型决策是指对方案实施可能会出现的自然状态或者所带来的后果不能作出预计的情况下所作的决策。它主要是凭决策者的主观意志和经验来作决策。

由于自然状态的概率不知，不同的决策者，根据其对风险的不同态度，主观给出不同自然状态发生的概率，因此对同一个问题可能有完全不同的方案选择。

与不但知道未来有多少种后果，而且还知道各种后果出现的概率的风险型决策相比，非确定决策所面临的不确定性更大。这样的决策相当难，有时只能凭决策者的学识、智慧、胆略甚至是运气来作出。

对于非确定型决策，无论是否知道方案后果，决策时都必须预先设定某种决策准则，依此才能对各方案进行比较。不同的决策者由于其个性和风险偏好不同，使用的决策准则可能会不同。一个好的决策者，常常会从不同的角度、用不同的准则来考虑问题。非确定型决策常见的决策准则如下。

（1）大中取大法。

大中取大法也叫乐观决策法，它是在各方案都处于最好结局的情况下，从中选择收益值最大的方案为最优方案，这是一种比较冒险的决策方法。

（2）小中取大法。

小中取大法也叫悲观决策法，这是从最坏的客观状态出发，从各方案的最小收益值中选取其中的最大收益值的方案作为最优方案。如果是损失值，则取损失最小的方案为最优方案。

（3）乐观系数法。

由于小中取大法过于保守，无进取精神，而大中求大法又过于冒险，风险太大，因此，人们便采取了一个折中的办法，在计算各方案的估计值时引入一个"乐观系数" α，对各方案中的最小收益值和最大收益值进行加权，求出各方案的期望值，然后以期望值最大的方案为最好方案。乐观系数的大小，由决策者根据具体情况而定。不同类型的决策者，会作出不同的选择。

采用乐观系数法作决策时，计算期望值的公式为：

$$E_i = \alpha \cdot Q_{max} + (1-\alpha) \cdot Q_{min}$$

其中，E_i——第 i 方案的期望收益值；

$\quad\quad Q_{max}$——第 i 方案的最大收益值；

$\quad\quad Q_{min}$——第 i 方案的最小收益值；

$\quad\quad \alpha$——乐观系数（$0 < \alpha < 1$）

$\quad\quad (1-\alpha)$——悲观系数

（4）后悔值最小法。

后悔值最小法也叫机会损失最小值决策法。所谓后悔值是指当某种自然状态出现时，决策者由于从若干方案中选优时没有采取能获得最大收益的方案，而采取了其他方案,以致在收益上产生了某种损失,这种损失就叫后悔值。

用这种方法来作决策,首先要求出各方案在不同情况下的后悔值,然后找出各方案的最大后悔值,从中选取后悔值最小的方案作为最优方案。

管理案例　　　　　　　　　**阿尔法公司的决策**

阿尔法公司是一家船舶制造公司,和贝塔公司的竞争十分激烈。这一天,阿尔法公司召开董事会,讨论与贝塔公司的竞争策略问题。为了开好这个会,有关部门做了一些准备工作,提出四套备选方案,每套方案都针对贝塔公司的三种不同反击策略估算出了预期的收益值。

会议整整开了一天还没有结果,原因是与会者分成好几派,公说公有理,婆说婆有理,谁也说服不了谁。他们首先在选择方案的准则上就发生了分歧。

一派属于乐观派,认为形势对阿尔法公司十分有利,主张选择那个最好状态下能带来最大收益的方案;一派属于悲观派,认为形势十分严峻,不容乐观,为保险起见,主张将各方案的最小收益值进行比较,从中选出最大的那个方案;第三派属于折中派,认为既不要将未来想的太好,也不要太坏,主张取折中方案;还有一派则是后悔派,认为过去很多决策都有失误,这次一定要慎重,再不要让人后悔了。最后董事长查尔斯说话了:"既然大家意见不统一,谁也说服不了谁,那就都按自己的准则选出一个方案来,咱们比较一下再作决定。今天会就开到这里,明天接着开。"

第二天,各派都将自己选择的方案提了出来。乐观派、折中派和后悔派都选的是方案4,只有悲观派选的是方案3。悲观派一看自己成了少数,急了,要求大家都把决策的过程详细地写出来,于是就有了下面的表格:

B可能的反映 / A方案	B1	B2	B3	乐观派(X)	悲观派(Y)	折中派 0.4X+0.6Y	后悔值 24-B1	后悔值 21-B2	后悔值 28-B3	最大后悔值
1	13	14	11	14	11	12.2	11	7	17	17
2	9	15	18	18	9	12.6	15	6	10	15
3	24	21	15	24	15	18.6	0	0	13	13
4	18	14	28	28	14	19.6	6	7	0	7
最大收益值或最小后悔值				28 选4	15 选3	19.6 选4				7 选4

乐观派解释说,他们是将每个方案在贝塔公司三种可能的反击策略下的预期收益相比较(即横向比较),找出最大的,然后在每个方案的最大收益值中进行比较(即纵向比较),再取最大值(即"大中取大"或"好中求好"),其所在的方案就是要选的方案,所以方案4最佳。

悲观派解释说,他们是先从行的比较中找最小的,然后再从中找出的那一列中选出最大的(即"小中取大"或"坏中求好"),所以选中了第3方案。

折中派说,他们首先确定乐观系数为0.4,悲观系数为0.6,然后用它们分别乘以乐观派的最大值和悲观派的最小值,其和就是每个方案的预期收益值,最后再选取其中最大的。折中派还说,他们选乐观系数和悲观系数时,已经倾向于悲观派了,可根据这个准则选的方案仍和乐观派一致,这就没办法了。

后悔派最后解释说,他们先计算出各方案在贝塔公司不同反击策略下的后悔值,然后从每个方案的后悔值找出最大的进行比较,从中找出最小的，也就是要让最大后悔值最小化。

悲观派的人问：什么是后悔值？后悔派说，比如在贝塔公司采取第一种策略时，我公司四个方案的预期收益分别为 13、9、24、18，可见此时第三方案最好，因为它的收益最大，为 24，其他方案与它的差就是它们的后悔值。后悔派的人还说，他们之所以选择方案 4，是因为在各个方案的最大后悔值中，第四个方案的最小，也就是，它能让我们最不后悔。

董事长最后说，大家说的都有道理，现在对这 4 个方案进行表决，同意第 4 个方案的举手，"好了，8 比 3，我们就选方案 4 吧。"

名人名言

☆做企业是赢在细节，输在格局。做任何事都一样。

——马云

☆我们永远要知道，在生态体系里，打败我们的，不是别人，是我们顽固的思想。不是对手灭了你，而是你自己灭了自己。

——马云

☆决策是管理的心脏，管理是由一系列决策组成的，管理就是决策。

——美国著名管理学家赫伯特·A. 西蒙

☆一个成功的决策，等于 90% 的信息加上 10% 的直觉。

——美国企业家 S. M. 沃尔森

☆抓住时机并快速决策是现代企业成功的关键。

——美国斯坦福大学教授艾森哈特

☆不论是要赢得财富，还是要赢得人生，优秀的人在竞技中想的不是输了我会怎样，而是要成为胜利者我应该做什么。

——洛克菲勒

☆培养年轻人主要是考虑把事业做大. 我用的方法就是让他们参与管理。

——柳传志

"管理训练营" 之模块三

项目一：交流分享

1. 回顾一下，你曾经作过的比较大的决策是什么？现在你如何评价那次决策？

2. 决策能力与信息的收集、分析能力以及逻辑判断能力有关，如何进一步提升自己的这方面能力，你有什么具体的规划和措施吗？

3. 决策能力与一个人的经验和阅历也有关，你准备如何提升自己的经验和阅历？

4. 结合本章主要内容以及自己的专业，尝试写出 2~3 句管理警句，并不断鞭策与鼓励自己，逐步提升自己将来作为一个优秀的管理者应有的决策能力。

项目二：情景讨论

群体决策的逆向选择

某研究所有一个对外合作项目，需要派人到国外工作。根据专业需要，所领导要求所里的某研究室选派一名优秀的技术人员出国工作，并把人选条件向该室主任做了交代。

因为大家都想去国外工作，室主任不敢自己做主，就召集全室人员开会，要求大家按人选条件用无记名投票方式推选。投票结果是全室每人一票。室主任赶紧向所领导汇报。

所领导指示室主任再搞一次记名投票，并规定不许投自己的票。这次投票结果是选票相对集中了，可惜是集中在一个能力和表现较差的人身上。哎，这次投票又无效了。

案例分析：请讨论，如果你是室主任，你怎么办？

项目三：案例分析

克莱斯勒公司的决策

艾柯卡是一个传奇性的人物，他身上体现了典型的"美国梦"。艾柯卡是一个意大利移民的儿子，他从小就认识到学习是成功的必由之路，他进入了利海大学读本科，然后进入普林斯顿学院攻读机械学硕士学位。

1946年，艾柯卡以一个见习工的身份进入了福特汽车公司工作。由于艾柯卡才智过人，先后成功地经营了野马、玛维瑞克、宾特和菲斯塔等新车型，从而平步青云。1977年，他出任福特汽车公司总裁。

艾柯卡离开福特公司之后，选择了克莱斯勒公司。艾柯卡的这一选择也使他在汽车工业史上留下了不可磨灭的一笔：他不但拯救了克莱斯勒公司，保证了20万人的就业，而且使这家美国第三大汽车公司成为真正的强手。

1978年12月，李·艾柯卡成了濒临倒闭的克莱斯勒公司的总裁。当时，克莱斯勒公司在外国汽车强有力的挑战下一败涂地。艾柯卡上任之后，立即削减价格、训练员工、改善企业形象。但在当时，许多人对克莱斯勒公司，甚至对整个美国汽车工业失去了信心。

克莱斯勒汽车公司一向是美国三大汽车公司中最弱的一个。尽管克莱斯勒也是一家大公司，但与福特和通用相比，它规模较小、资金较少而且人才也较匮乏。20世纪70年代以来，克莱斯勒公司一直因经营不善而亏损。在80年代初期，克莱斯勒公司遭遇到了前所未有的困难：公司销售量急剧下降，迫使公司削减研究开发费用，进而导致汽车样式老化和质量下降。这又反过来进一步造成了销量的锐减。例如，克莱斯勒公司的微型车"俄内尔"和"阿斯潘"在1976年才面世，但一上市就出现无数质量问题。许多克莱斯勒的忠实用户伤心透顶转而购买别的公司的产品。

1978年，克莱斯勒汽车公司亏损2.5亿美元。1979年油价暴涨，克莱斯勒公司处境更为艰难，总计亏损 10 亿美元。公司的前途看来是凶多吉少。

李·艾柯卡就任之后，立即向联邦政府申请 12 亿美元的贷款。他声称，如果政府听任克莱斯勒垮掉，那些遍及密西根、俄亥俄、印第安纳和其他 5 个州的工人及配件供应商将会失业。最后，国会批准了 15 亿美元贷款。

但是克莱斯勒公司的麻烦还远远未结束，1980 年的销售状况更糟，总计亏损竟达 17 亿美元。当时的内外环境都极为不利：经济衰退，利率高涨，汽车销售不畅，而克莱斯勒公司寄予厚望的 K 型车又惨遭失败。

1980 年 9 月，克莱斯勒汽车公司满怀希望地推出了 K 型车。K 型车是一种前轮驱动的微型车，与通用汽车公司的 X 型车相比，K 型车更为舒适也更省油。克莱斯勒公司希望在 1980 年 10 月和 11 月售出 7 万辆 K 型车，在整个 1981 年售出 49 万辆。然而，现实是残酷的，在 10 月、11 月中仅售出 34 273 辆型车，远远落后于福特和通用的微型车。

K 型车的失败对艾柯卡不啻一个巨大的打击，然而，他的麻烦还没完；他预计在 1980 年中售出 39.4 万辆新车，但到 11 月底，仅售出 222 814 辆。而且，艾柯卡重返豪华车市场的计划也面临严峻挑战，尽管广告做得铺天盖地，豪华车的销量还不到预计销量的一半。

艾柯卡采取的一个大胆措施就是大幅降价，与此同时，他决心大幅度削减费用，这项计划包括以下 4 个方面：

蓝领工人工资一律冻结；

库存 90 天以上的车一律降价 5%；

削减 5.75 亿美元的产品开发投资；

请求债权人将 5.72 亿美元的债务转化为股权，从而节省 1 亿美元的利息支出。

1980 年年底，克莱斯勒汽车公司处境糟透了，销量不断下降，亏损也达到了前所未有的程度。在当时，克莱斯勒汽车公司有几个选择：

——关闭大型和中型车生产线，只生产市场需求旺盛的微型车。

——卖掉大量的分支部门以弥补亏损，如：零部件厂、军用车辆坦克厂、电子部门以及克莱斯勒金融公司等。

——减少汽车的品牌，只生产一种牌子的汽车，简化生产线，集中力量搞销售。

——生产更为高档的汽车，高价卖出以获取利润（德国的宝马车采用的就是这一战略）。

——与另一家汽车制造商合并，如德国大众汽车公司。这可为克莱斯勒汽车公司提供急需的资金和新式的生产线。但不幸的是，克莱斯勒汽车公司自身状况确实太差，恐怕没人愿意与它合并。

——破产是克莱斯勒汽车公司最后的选择。根据破产法规定，申请破产的企业可以在法院保护下继续营业，直到找出一个解决债务危机的方法。但是，艾柯卡并不想申请破产。因为一旦申请破产，克莱斯勒公司将会名誉扫地，这很快就会导致整个公司的崩溃。

以上的诸多选择均被克莱斯勒管理层——否决。出售分支机构，仅保留可盈利产业的决定也被否决了。因为克莱斯勒的经营者们认为，如果克莱斯勒想与通用、福特竞争，就必须保留一个完整的体系。

但是，在1982年年初，克莱斯勒公司不得不以3.5亿美元的价格将生产M-1坦克的克莱斯勒防务公司出售了，以应急需。

艾柯卡还是决定保存完整的克莱斯勒生产线。这段时期，克莱斯勒公司可以说处在风雨飘摇之中。一位分析家说："李·艾柯卡其实并没有选择，他的目标就是要让亨利·福特看一看他能够拯救克莱斯勒。"

事实证明，艾柯卡拯救了克莱斯勒，K型车最后取得了巨大成功。

克莱斯勒的根本问题在于长期资金不足，而60和70年代初的兼并更加重了这一危机。实际上，克莱斯勒的兼并都是不成功的，它所兼并的企业也大多在70年代末赔本卖掉。

克莱斯勒一方面缺乏资金，另一方面又缺乏创造性。与福特和通用相比，克莱斯勒生产的汽车样式陈旧，缺乏个性，因而售价总也提不上去。同时，克莱斯勒还拿不出更多的钱来开发新产品。例如，1981年，通用汽车公司用了80亿美元更新设备、修建工厂，克莱斯勒的资产更新费用还不到通用的六分之一。

克莱斯勒的灾难早在1970年就埋下了祸根。那时，林·汤塞德是克莱斯勒的总裁，他决定不建新工厂和生产线。对一个缺乏资金的企业来说，这个决定有道理，但缺乏远见。

1970年，微型车只占了美国汽车市场的3%，汤塞德认为应当大力发展有利可图的大型车，投入了2.5亿美元的资金进行大型车换型。但仅仅几个月之后，阿拉伯国家实行石油禁运，耗油量巨大的豪华型车顿时滞销，而此时克莱斯勒又没有生产微型车的生产线，于是1974—1975年，销量大幅下滑，用于研究开发的资金也大大削减。

汤塞德的继任者约翰·里加图在1975年间又作了一个削减公司实力的决定。由于政府颁布了更严密的卡车刹车及噪声控制标准，里加图认为卡车的生产成本将上升。再加上资金捉襟见肘，所以他决定出售利润很高的重型卡车业务，转而全力生产轻型车。

从克莱斯勒公司的决策失误中，我们可以发现克莱斯勒的决策往往是缺乏远见的：推迟建设新厂，只重视利润高的产品，削减研究开发费用，追求单件产品利润最大化等。

而后在80年代中期，艾柯卡又被令人羡慕的王牌产品——K型车带来的巨大成功搞得迷失了方向。他没有把宝贵的资金投入到开发新产品和更新厂房设备上，而是将数十亿美无投入到不明智的产业多样化和购并企业之中。这几项将令克莱斯勒公司再度倒下。值得庆幸的是，艾柯卡悬崖勒马，及时回头了。

随着时间的推移，K 型车过时了、落伍了。不幸的是，克莱斯勒公司并没有及时认识到这一点，几乎再次葬送自己的前途。可以说，这个教训是十分深刻的。（资料来源：乔迪. 兰德决策——机遇预测与商业决策［M］. 成都：天地出版社，1998.）

案例分析问题：案例中克莱斯勒公司在决策中存在哪些问题？

项目四：管理游戏

航空公司的经营决策

游戏的目的：了解决策中的博弈

游戏规则和步骤：

1. 将参加者分成 5～6 个组，每个组将分别代表一家航空公司在市场经营。

2. 市场经营的规则是：所有航空公司的利润率都维持在 9%。如果有三家以下的公司采取降价策略，降价的公司由于薄利多销，利润率可达 12%，而没有采取降价策略的公司利润率则为 6%；如果有三家和三家以上的公司同时降价，则所有公司的利润都只有 6%。

3. 每个小组的代表被叫到小房间里，向他们交代上述游戏规则。并告诉小组代表，你们需要初步达成协商。初步协商之后小组代表回到小组，并将情况向小组汇报。

4. 小组经过五分钟讨论之后，需要作出最终的决策：降还是不降？并将决定写在纸条上，同时交给主持人。

5. 主持人公布结果。

相关讨论：分析为什么会出现这样的结果。

项目五：职场提示

甩掉职场拖延症

我们每天都有当天要做的事情。今天的事是新鲜的，与昨天的不同，而明天还有明天的事。下面是应对职场拖延症的 4 个高效好习惯。

1. 给自己一个看得见的奖励

今天的事，应该在今天做完，千万不要拖延到明天。在拖延中你所耗去的时间和精力足够让你把那件事做好，拖延是事业成功的大敌。

喜欢拖延的人总是有很多借口：工作无聊、辛苦、环境不好、老板的计划不合理，等等。其实这些没有什么不能克服。

你可以给自己鞭策，也可以给自己奖励，比如坚持一个星期没有拖延，就请自己吃上一顿最爱吃的美食，作为继续坚持下去的动力！

2. 提醒自己团队合作要高于个人意识

作为一名员工，在任何时候都不应该自作聪明地设计工作进程，期望工作期限可以按照自己的计划或期待而后延。

在团队中有时候工作不仅仅是一个人的事，更多时候需要配合别人，或寻求别人的支持，一味地希望别人配合自己的工作习惯，很容易导致整个团队效率低下。

所以当拖延症泛滥时，提醒一下自己团队合作意识要高于个人意识，用心中勤奋的天使战胜懒惰的魔鬼!

3. 谨记工作的最后期限

成功人士都会谨记工作期限，他们非常清楚，在所有老板心目中，最理想的是"今日事，今日毕"。而这一要求，是保持恒久竞争力不可或缺的因素。一个总是能及时甚至提前完成工作的员工永远都会获得老板的欣赏。

一定要记得工作完成的最后期限，无论如何尽量在这个时间点以前克服所有的困难，把工作搞定。其实这样也有利于制定细致的动作流程，按照规划一步步实践。这样工作起来要比没头苍蝇一样胡乱作战要有效率得多!

4. 记住：老板永远不会等你

在商业环境节奏越来越快的今天，大至企业，小至员工，要想立于不败之地，就必须奉行"把工作完成在昨天"的工作理念。

大部分老板都是心急的人，为了生存，他们恨不得把一分钟分成八份来用。所以，要老板多花时间等你的工作结果，比浪费金钱更让他心疼。

没有哪个老板能够长期容忍办事拖拉的员工。你要想在职场中一路顺风，最实际的办法就是让手中的工作及时消化。对老板交代的工作，在第一时间内进行处理，争取让工作早日完成，让老板放心。

当然，等工作完成了，就更不能愚蠢地等待老板开口问你"什么时候能做完那件事"的时候才把工作成果奉上，这样你在老板心目中就会被烙上"做事不主动"的烙印。

最后，当老板向你提出了苛刻的工作期限时，不要反驳和抱怨。将心比心，如果你是老板，一定也会希望员工能像自己一样，将公司当成自己的事业，更加努力、勤奋、积极主动，好让工作在最短的时间内完成。如果你渴望成功，那么就以老板苛刻的工作期限为基础，主动给自己再制定一个更加苛刻的工作期限吧。（资料来源：4个高效好习惯 克服职场拖延症. 经理人网，2013-09-09.）

小思考：对照自己的实际情况，分析一下自己是否也有拖延症的状况，准备怎么改呢?

第4章

计 划

计划工作是一座桥梁，它把我们所处的此岸和我们要去的彼岸连接起来，以克服这一天堑。

——管理学家哈罗德·孔茨

学习目标

1. **知识学习目标**
- 理解计划的含义
- 理解计划的意义
- 理解计划的特点
- 了解定量分析法

2. **能力实训目标**
- 掌握计划工作的主要内容
- 掌握计划的类型
- 掌握计划工作的步骤
- 掌握目标管理法
- 掌握滚动计划法
- 掌握甘特图

引入案例

宗庆后的三大战略"内伤"

在中国第一批创业的民营企业家阵营中，宗庆后无疑是强大的，然而，在他连续三年成为福布斯中国首富后，娃哈哈于2012年突然陷入了负增长的怪圈。强大的娃哈哈为什么会突然出现疲态？

内伤一：产品矩阵缺失

产品是企业的生存之魂。娃哈哈庞大的产品线有150多种产品，就是靠着这众多产品，娃哈哈才得以从几十亿元的产销规模，快速放大到几百亿元。但是娃哈哈的产品系列里鲜有明星产品，能实现100亿元以上规模的单体产品，仅有营养快线一款。

这说明娃哈哈的产品矩阵存在严重缺失。娃哈哈缺少能引领企业实现产销规模突破的核心产品，也就是说，娃哈哈缺少能放大企业营销量级的黄金档产品。

产品矩阵的缺失，是宗庆后经营战略上的最大内伤，不仅导致娃哈哈大而不强，也成为娃哈哈2012年营业收入出现负增长的最直接原因。这种状况如果持续下去，有可能导致娃哈哈今后出现更多变数。

内伤二：多元化误区

宗庆后的多元化初探，始于2002年，介入的领域是与企业资源毫不相干的童装生产。娃哈哈童装已经十年了，如今的年销售额不过2亿多元，距离宗庆后当年期望的10亿元销售规模相距甚远，也没有为宗庆后的多元化试水提供任何可借鉴的商业价值。

进入2012年，宗庆后大手笔主导娃哈哈的不相关产业多元化，开始介入商业零售业，在杭州一个高档社区开出了第一家"娃欧欧洲精品商场"。但从目前娃欧商场冷冷清清的经营状况可见，宗庆后本次多元化选择的方向似乎并不光明。把欧洲二流的所谓"精品"引入国内，究竟有多少商业价值可以放大？这些二流"精品"在中国，能形成多大的市场销售规模？这些简单的数据，在没有搞清楚之前就去做，显然不是宗庆后以往的风格。

其实在宗庆后熟悉的水产品行业，积极拓展与娃哈哈相关的产品序列多元化是有许多很好的机会的，但宗庆后没有去主动出击，而是选择跟进，这不能不说是失策。

在企业发展战略的选择上，宗庆后一直依靠产品打天下，从来没有运用过兼并收购战略，壮大企业相关产品单元。这一点，在国内企业界极为少见。近几年"北冰洋"等国产饮料品牌相继回归，这对曾经打民族牌成功推出非常可乐的宗庆后来说，应该是一个很好的机会。可叹的是，宗庆后对此无动于衷。

内伤三：产业架构单薄

宗庆后靠产品线拉长，成就了娃哈哈，但也给娃哈哈留下了难以弥补的致命伤。从产业架构上对他的企业进行观察，可以发现强大的娃哈哈只是一个由产品堆积起来的企业，而不是一个拥有完整产业架构的企业。

娃哈哈似乎已经认识到了这一点，从当前市场消费认知状况不错的"格瓦斯"和"启力"来看，娃哈哈已经在注重强势多元新产品的培育。希望娃哈哈能继续前行。（案例来源：曹世中. 宗庆后的三大战略"内伤"[J]. 经理人，2013（11）.）

思考题：

1. 案例中娃哈哈的战略规划出现了什么问题？
2. 战略规划对企业发展有何影响？

◆◇◆◇◆◇◆◇◆◇◆◇◆◇◆◇◆◇◆◇◆◇◆◇◆

4.1 计划工作的意义和分类

4.1.1 计划的含义

计划过程是组织决策的落实过程，决策是计划的前提，计划是决策的逻辑延续。

通常所说的运筹、策划，其实就是计划，"多算胜，少算不胜"是《孙子兵法》的战术。从管理者的角度看，"算"指的就是计划行为，其内容包括两大方面，一是规定组织在未来一段时间内所要实现的组织目标；二是制订实现这些目标的途径，即计划方案。

任何组织都有其存在的目的，目标的设定就是为了界定和说明这种目的。计划是目标实现的蓝图，具体明确了实现目标所需的资源组合、时间进度、任务和其他举措。如果说目标是要明确未来要达到的状态，那么计划就是明确现在的手段。

计划的定义有很多种，狭义的计划工作仅指制订计划；广义的计划工作包括制订计划、执行计划和检查计划的执行情况三个紧密相连的环节，也就是说，根据实际情况，通过科学预测、权衡主客观条件，提出在未来一定时间内要达到的目的，以及实现目的的途径、措施等。

综上所述，计划的定义可以表述为：计划是管理工作的一项重要的职能，是对组织在未来一段时间内的目标和实现目标的途径的策划与安排。

这个定义说明了计划通常具有两方面含义：一方面体现为计划决定组织的目

标；另一方面，计划又规定了实现目标的手段。

计划将组织在一定时期内的活动任务分解给组织的每个部门、环节和个人，从而不仅为这些部门、环节和个人在该时期的工作提供了具体的依据，而且为决策目标的实现提供了保证。

计划与决策既有区别又互相联系。计划与决策相互区别，因为这两项工作解决的问题不同，决策是关于组织活动方向和方案的选择；而计划则是对组织内部不同部门和成员在一定时期内具体任务的安排。计划和决策又是相互联系的，决策是计划的前提，计划是决策的逻辑延续，在实际工作中，计划与决策相互渗透，有时候甚至是不可分割地交织在一起。

4.1.2 计划的意义

计划是一项重要的管理工作，是关于未来行动的蓝图，它为组织指出了通向未来目标的明确道路。计划的最终成果是对未来发展的行动方针作出预测和安排，尽管各项管理职能都必须考虑组织的未来，但都不像计划那样以谋划未来为主要任务。

有了计划工作这座桥，模糊不清的未来变得清晰实在。虽然管理者几乎不可能准确无误地预知未来，虽然有许多不可控的因素可能会干扰计划的执行结果，但是计划仍然是必需的，因为计划工作能使组织最充分地利用有利时机，扬长避短，使风险降到最低。

计划是管理的首要职能，是管理其他职能的行动依据。在管理过程中，人们把计划列为第一位，即计划、组织、领导和控制。人们认为计划是火车头，而组织、领导和控制活动为一列牵引着的火车车厢。因为计划工作指出方向，减少变化带来的影响，尽可能避免重复、遗漏和浪费，并制定标准以利于控制。因此，有效的计划是一切组织和管理者成功的秘诀。

管理故事

运筹帷幄

汉高祖刘邦打败了楚霸王项羽，当了皇帝。论功行赏的时候，把张良评为头功，元帅韩信听了，很不高兴，认为天下是自己带领士兵浴血奋战、一刀一枪打下来的，他张良坐在帐子里，怎么就拿了头功？

刘邦听到了，说了一句著名的话："运筹帷幄之中，决胜千里之外。"意思是说，正是因为张良在大帐里出谋划策，你韩信才能在千里之外取胜。

韩信想了想没话说了。

有人认为，计划不如变化，所以订计划没有用。这就错了。其实，正是因为情况会变化，才需要通过计划预测这种变化，早做准备。人们常说，凡事"预则立，不预则废"，"人无远虑，必有近忧"都说明计划的重要性。对于计划的意义和重要性可以归纳为以下四点。

1. 为组织发展和管理活动提供方向

计划为管理工作提供了基础，是管理者行动的依据。通过清楚地确定目标和如何实现这些目标，可为未来的行动提供一幅路线图，从而减少未来活动中的不确定性和模糊性。

2. 通过计划能预测企业生存环境的变化

计划通过预计变化来降低不确定性。为了制订合理的计划，管理者必须不断关注组织外部环境的动态变化，预测未来环境的变化趋势，这就迫使管理者习惯于在决策时考虑多种不可控因素的影响，并采取措施加以预防。因此计划工作的开展是为了预测各种变化和风险，并对它们做出最为有效的反应，而不是为了消除变化。

3. 合理配置资源，使组织运行更有效率

计划还能协调各部门的工作，使组织运行更有效率，更容易控制。任何一个组织的资源都是有限的，计划就是要将组织有限的资源在空间和时间上作出合理地配置与安排，即达到资源配置和使用的最优化。

计划工作说明并确定了组织中每一部门应做什么，为什么要做这些事，应在什么时候去做。目的和手段都很明确，通过计划对管理活动的各个方面进行周密的安排，综合平衡，减少了重复和浪费活动，并协调各项活动，使之与其他有关活动相配合。

由于目标、任务、责任明确，可使计划得以较快和较顺利地实施，并提高经营效率。

4. 为管理控制提供标准

计划尤其是中短期计划总是通过具体的计划指标来体现的，正是这些具体的计划指标使管理者能将实际的业绩和目标进行对照，有利于对计划进行监督和检查，及时纠正偏差、进行控制。通过计划明确组织行为的目标，规定实施目标的措施和步骤，来保证组织活动的有序性。计划是组织行动的标准，所以说没有计划也就无所谓控制。

管理案例　　　　　　　**哈默具有远见的计划**

哈默在 20 世纪 30 年代初从苏联回到美国，预见到罗斯福会上台，禁酒令会被解除，市场上对酒的需求量将空前激增，而由于多年禁酒，美国市场上缺少特制的白橡木酒桶。哈默想到苏联有大量的优质桶板可以出口，价格便宜，于是制订了建立酒桶加工厂的计划。根据计划，他从苏联订购了几船桶板，抓紧生产酒桶。果然，罗斯福上了台，禁酒令被废除，各地酒厂仓促上马，急需酒桶，哈默的酒桶就成了抢手货。

几年后，二战爆发，未了保证粮食供应，美国政府不准用谷物酿酒。当时股市上酿酒行业股票的股息是烈性威士忌，每股一桶，而威士忌是用谷物酿造的。哈默预见到此酒马上会成为珍品，于是又有了新的计划。他用每股 90 美元的价格购进 5 500 股，并得到了作为股息的 5 500 桶酒。不久，果然市场上威士忌短缺，买酒的人在他的店门前排起长长的队伍。

当 5 500 桶酒卖得还剩下 3 000 桶时，一位化学工程师建议哈默在威士忌中掺入 20% 的廉价土豆烧酒，不仅数量可以增加，口味还不错，而当时土豆生产过剩，很多土豆都丢在地里没人收获。哈默便修改计划，用非常便宜的价格买进了一家因不让用谷物酿酒而倒闭的酒厂以及土豆，转而生产土豆烧酒，并把它掺在威士忌里卖。这种混

合酒仍然很受欢迎，买酒的人仍排成了长队，因为奇货可居，每人每次限购 2 瓶。

后来二战结束，美国政府放开谷物，混合酒失宠了，有人预测哈默的计划该泡汤了，但哈默又一次显示了其卓越的预测能力。他认为二战虽然结束，但美国经济不可能很快恢复，谷物开放的时间不会太久，于是坚持自己的计划不动摇，继续生产混合酒，土豆烧酒的生产一天也没有停。果然，美国谷物放开政策昙花一现，混合酒又成为酒类市场上的宠儿。

案例分析问题：

1. 你认为，哈默的计划为什么总能成功？主要原因是什么？

2. 如何才能有较好的预见能力？

4.1.3　计划的特点

1. 阶段性和渐变性

做任何事都有阶段性。如果没有阶段性，没有渐进性，从前一个阶段到后一个阶段就可能门槛太高，跨不过去。既有阶段性又有渐进性，才能保证我们一步一个台阶、平稳地实现组织的目标。

管理案例　　　　　　林肯解放奴隶的渐进计划

林肯在没有担任美国总统之前就是反对奴隶制的，有一次，他看到十几个奴隶被铁链拴在一起，感到十分痛心和不平，发誓有朝一日要彻底埋葬奴隶制度。

1861 年，林肯担任了美国总统，当时有人敦促林肯马上实行解放奴隶的计划，但林肯清醒地看到南部种植园奴隶主集团的势力还十分强大，北部领导集团与士兵、人民内部又对此看法不一，因此没有贸然行事。

他说："一个人在前面走得太快而使全国跟不上，是没有好处的。"过了一年，即 1862 年 3 月，林肯才签署了一项法案，结束了哥伦比亚特区黑

人奴隶制度，联邦政府以每个奴隶不高于 200 美元的价格把他们买过来，然后给予自由。

同年 7 月，林肯又签署了一项"没收法"，宣布凡是被证明有叛国或叛变罪的人所拥有的奴隶都予以解放。9 月，《初步解放宣言》公开发表。

1863 年 1 月 1 日，《解放宣言》即《最高解放宣言》公布，宣布从这一天起，奴隶"永远获得自由"。后来，林肯在一封信中说："我生来就是反对奴隶制的，如果都不算错的话，那么天下就没有错事可言了……我没有一天不是这样想、这样感觉的。我不认为我控制了事态的发展，应该坦率地承认是事态的发展控制了我。"

2. 系统性和倾斜性

计划的系统性是说由于组织的各部分、行动的各环节是有机地联系在一起

的，所以制订计划应从整体出发，不能头痛医头、脚痛医脚。

计划的倾斜性，指资源是有限的，所以资源的使用要有重点地倾向于重要的项目和部门。

管理借鉴

日本战后的倾斜计划

战后的日本一片废墟，工农业生产遭受惨重损失，到处都是失业、饥饿和犯罪，到处都需要挽救、振兴和发展。百废待兴，各个行业都需要发展，而国家财力又有限，怎么办呢？

著名经济学家有泽广巳教授认为，在各种困难中，原煤缺乏至关重要。原煤缺乏，直接影响到钢铁、化工、造船、金属加工等基础工业部门的生产，造成了经济上的停滞和失业人口的增加。

因此，有泽广巳提出著名的"倾斜理论"，要求"集中地倾注于我们手中唯一能够自己处置的基础素材原煤的生产上，形成以煤为中心的临时经济……有计划地使经济倾向于一个方面，尽快地提高基干产业部门的生产，以之为杠杆创造出提高生产水平的契机。"

1946年年底，吉田政府根据这个建议，首先从煤开始，实行生产3000万吨的"倾斜生产计划"，集中资金、劳力和其他生产措施，甚至进口的原油也用于原煤生产，然后把所增加的煤炭用于钢铁等生产。果然，到1948年年末，原煤产量上升到3477万吨，比1947年的3000万吨增长19.6%；普通钢产量达到123万吨，比上年增长116.3%；发电量达到361.1亿度，比上年增长19.6%。从此，机械工业"转危为安"，迅速得到恢复。

可见，没有"倾斜计划"的成功，日本经济很难从战后混乱中挣脱出来，进而得到恢复和发展。

3. 创新性和求实性

计划总是针对需要解决的新问题和可能发生的新变化及出现的新机会而制订的，形势在不断变化，计划不能固守原来的条条框框，它必须是一个创造性的管理过程。成功的计划依赖于创新，即计划要有创新性。

管理案例　　　　　　　　艾哈德的货币改革计划

1948年6月联邦德国的货币改革计划，是一个被人们称为一夜之间改变了德国命运的计划。这个计划的制订者和推行者是联邦德国当时的经济部长，后来任总理的艾哈德博士。

西方世界从20世纪30年代经济大危机后，特别是美国总统罗斯福推行"新政"以后，几乎所有政治家和经济学家都把"充分就业"当作政府调节的目标。艾哈德则反其道而行之：政府不管就业而是全力对付通货膨胀，通过货币改革稳定币值，使竞争得以有效地展开。

艾哈德说，生产者的自由竞争、消费者的自由选购，以及个性的自由发展等原则，比任何形式的国家指导和国家管制，更能保证经济与社会进步。而创造出这种自由竞争环境的前提，是币值稳定，没有通货膨胀，人民对自己口袋里的钱有信心，愿意好好干活去赚它。

但是，艾哈德的改革货币、放开价格计划一开始就遭到强大势力的反对。不但普通公民对此强烈不满，就连当时德国占领区的美英军政官员也恐慌。他们质问艾哈德："为什么在到处缺粮的时候竟敢放松配给制？"艾哈德回答说，不是放松配给制，而是取消配给制，唯一配给的是马克，谁想要马克，谁就去好好干活。

当时舆论界几乎全体反对艾哈德的创新计划，议会讲坛上反对党提出抗议，群众游行队伍中喊出"绞死艾哈德"的口号，攻击纷至沓来。但是艾哈德对自己的计划深信不疑，对一切反对都不退让。他一面坚持，一面说服，终于挺了过来。

历史证明艾哈德是正确的，改革后的一年，虽然失业人数暂时有上升，但很快就开始下降。更重要的是使人们知道只有好好劳动才能获得货币，才能有饭吃，从而促进了生产的发展和价格的稳定。

创新必须实事求是，和求实性结合起来。计划是为了完成某项工作或达到某个目的而制订的，计划的求实性就是要求计划必须有可行性，不务实、不可行的计划是失败的计划。

管理故事

马谡的教条主义

《三国演义》中有个故事叫"诸葛亮挥泪斩马谡"，说的是司马懿大军压境，诸葛亮派参军马谡和上将王平统领二万五千精兵去守街亭。到了街亭，看了地形，王平主张在五路口安营扎寨，而马谡却认为应该在一个四面都不相连的山上扎寨，并笑话王平："你真是个没有见识的人，难道不知道兵法上说的'凭高视下，势如破竹'吗？"王平说："这山是条绝路，如果敌军断了水道，不就全完了吗？"马谡听了气愤地说："你不要再胡言乱语了，孙子兵法上明明写到'置之死地而后生'，若魏军断了水道，士兵们岂不拼命死战？"

马谡不听劝阻，领大队人马上山驻守，只留给王平五千人马在山下驻扎。结果，司马懿大军来到后，果真把马谡围在山上，断了他的水道。士兵吃不上饭，喝不上水，不战自乱。王平领军拼命救援马谡，终因兵力太少，寡不敌众。

最后，马谡只带了几个残兵突围，街亭失守。

4. 连续性和权变性

计划应有连续性，不能换个领导就换一个计划，否则既会失信于人，造成思想混乱，同时也会前功尽弃，造成资源浪费。

管理案例　　　　　　　　　**卡特时紧时松的政策**

卡特是靠向选民许下实现经济繁荣、平衡预算、满足他们各种要求的诺言才入主白宫成为美国总统的，但他没有决心执行一种控制通货膨胀和鼓励经济持续增长的前后一贯的政策。

联邦财政政策左右摇摆，货币政策时紧时松。政府忽而侧重于刺激生产，忽而又转向平抑价格。指挥不当，措施落后于客观形式的要求，导致1980年上半年美国的经济衰退。政策缺乏连续性，使得经济上步履维艰，通货膨胀率高达两位数字，这是竞选中卡特被逐出白宫的重要原因。

计划的连续性并不是说计划绝对不能变。当环境不同时，计划也应该有所不同，这是计划的权变性。计划的连续性指计划的总目标不变，但实现目标的进程可以因情况的变化随时改变。

计划要随环境的变化而随时调整，主要原因在于：计划不可能面面俱到，环境和情况在不断变化，总有一些问题是不可能预见到的。所以管理者要定期检查计划，如果情况已经发生变化，就要调整计划或重新制订计划，使计划执行过程具有应变能力，以达到预期的目标。

4.1.4 计划工作的主要内容

聪明的管理者在制订一项计划的时候，经常会记得这样一件事——确定一个日程安排表。计划使人们的思想具体化，体现出人们期望做什么、什么时候做好、谁去做什么事，以及如何做等内容。

计划是管理者合理利用资源、协调和组织各方面的力量以实现组织目标的重要手段。它在管理的各项工作中具有极为重要的作用。

尽管不同的组织所制订的具体计划的内容不尽相同，但计划必须清楚地确定和描述下述内容：做什么？为什么做？何时做？何地做？谁去做？怎么做？即"5W1H"。

W（What）："做什么"是计划工作首先要回答的问题。作为一个组织的决策人或决策集体，必须高瞻远瞩地分析市场行情、市场动态、发展趋势、行业发展、主攻目标、客户群体的消费心理及变化趋势、国家宏观的有关政策以及本组织在同行业中综合实力所处的位置，切实做到知己知彼。只有"做什么"选择得准确，把握住了机会，才会具备事业成功的基础。

W（Why）："为什么做"就是解决组织中全体成员的认识问题，要对组织的工作目标、战略意图进行可行性论证，把全体成员的思想认识统一到组织的目标、战略意图上来。"为什么做"起到统一意志、鼓舞士气的作用。

W（When）："何时做"就是要规定计划中各项工作开始及完成的进度和时间，以便有效控制和对财力、物力进行平衡。"何时做"要求组织的决策层有超前的眼光，准确把握市场未来的发展趋势，调动、调配组织的一切资源。

W（Where）："何地做"就是规定计划的实施地点和场所，了解计划实施的环境条件和限制因素，以便合理安排计划实施的空间组织和布局。确定"何地做"往往受到诸多因素的制约，并且，这些因素往往利弊相连。

W（Who）："谁去做"是指计划不仅要明确规定目标、任务、地点和进度，而且还要规定由哪些部门、哪些人员负责。

H（How）："怎样做"就是制订实现计划的措施以及相应的政策和规则，对资源进行合理分配，对人力、生产能力进行平衡。"怎样做"与前面讲的"谁去做"是计划工作中相对容易确定的因素，应尽力把它做好。

实际上，一个完整的计划还应包括控制和考核。也就是告诉实施计划的部门或人员做成什么样子，达到什么目标，有什么行为规则等。好的计划能为组织的发展壮大奠定基础。

4.2　计划的类型

按照不同的标准，可将计划划分为不同的类型。认识计划的多样性，有利于充分发挥计划的职能，制订有效的计划。

4.2.1　按计划的范围分类

根据计划涉及时间的长短和范围大小的综合程度，可以将计划分为战略计划和战术计划。

1. 战略计划

战略计划是指应用于整体组织的，为组织未来较长时期（通常为5年以上）设立总体目标和寻求组织在环境中的地位的计划，是关于组织总体目标和战略方案的计划。从作用和影响上来看，战略计划的实施是组织活动能力的形成与创造过程。

战略计划是由高层管理者负责制订的具有长远性、全局性的指导性计划，它描述了组织在未来一段时间内总的战略构想和总的发展目标，以及实施的途径，决定了在相当长的时间内组织资源的运动方向，涉及组织的方方面面，并将在较长时间内发挥其指导作用。

战略计划显著的特点是长期性与整体性。长期性是指战略计划涉及未来较长时期；整体性是指战略计划是基于组织整体而制订的，强调组织整体的协调。战略计划是战术计划的依据。

管理故事

诸葛亮的战略

刘备、关羽、张飞桃园三结义时就发誓要"上报国家，下安黎庶"。他们作战英勇，斩黄巾、战吕布、救孔融、袭曹操，可总是"落魄不偶"，没有战绩。为什么？就是因为没有战略上的打算，一会儿去北平投靠公孙瓒，一会儿去徐州投靠陶谦，一会儿去平原投靠袁绍，一会儿又去荆州投靠刘表，明天怎样，将来如何，心里没底。

后来刘备听说了诸葛亮，"诸葛孔明者，卧龙也"，于是三顾茅庐，去请诸葛亮。诸葛亮给刘备分析了天下大势，制订了一个战略计划："占据荆、益二州，安抚益州西部诸戎、南部夷越，整顿内政，外与孙权结好，等候北方有变故，荆州军就攻南阳、洛阳，而主力益州军则出兵秦川一带，人心归附，天下可以渐定。"这就是历史上著名的"隆中对"。自此以后，刘备扭转了被动局面，最后三分天下有其一。

2. 战术计划

战术计划是在战略计划指导下制订的，是战略计划的落实。战术计划是指规定总体目标如何实现的细节计划，其需要解决的是组织的具体部门或职能在未来各个较短时期内的行动方案，是关于组织活动具体如何运作的计划。

战术计划是由中层管理者制订的，它将战略计划中具有广泛性的目标和政策，转变为确定的目标和政策，并且规定达到各种目标的确切时间。战术计划中的目标和政策比战略计划具体、详细，并具有相互协调的作用。

此外，战略计划是以问题为中心的，而战术计划是以时间为中心的。一般情况下，战术计划按年度分别拟订。

管理故事

平津战役的战术

平津战役是我国解放战争时期的三大战役之一。当时，辽沈战役刚刚结束，盘踞在北平、天津一带的60多万国民党军队为人民解放军的胜利所震惊，其总司令傅作义准备收缩兵力，从海上南逃，或者西窜绥远。

解放军为了歼灭而不是打跑他们，定了16条战术计划：对张家口、新保安是围而不打，对北平、天津、通州的守敌是隔而不围……根据这个战术计划，截断了敌军南逃北窜的通路，先后按步骤攻克了新保安、张家口，解放了天津，解放军于1949年1月31日顺利进入北平。

在这一战役中，除塘沽国民党守军5万多人由海上逃跑外，共歼灭和改编国民党军队52万余人，解放军轻松地取得了平津战役的胜利。

4.2.2 按计划使用的重复性分类

按计划使用的重复性，可分为单一用途计划和常用计划。

1. 单一用途计划

单一用途计划，也称专用计划，指专用于某一特定的任务，或只用来指导某一特定行动而制订的综合性计划，在这项特定的行动或任务完成后，该项单一用途计划也就中止了，不再在其他任务或活动中重复使用。它的主要形式包括规划、项目和预算。

规划俗称工作计划，是针对某一时期活动而制订的综合性计划，它指明组织如何用一定资源通过一定的工作活动来实现特定的目标。如新学期工作计划。

项目也叫项目计划，是针对组织的特定项目而制订的一项专用性很强的计划，它通常是工作计划的一部分。产品开发计划、生产线引进计划、职工俱乐部建设计划等都是项目计划。

预算是用数字预期结果的计划，如财务预算、投资预算等。

2. 常用计划

常用计划也称常效计划，是可以多次反复使用的计划。常用计划是保证组织正常运行的基础，它由保证组织正常运行的一系列的政策、程序和规则组成。

政策是组织成员作出决策或处理问题时应遵循的行动方针，如企业的招聘制度、工资奖励制度、考勤制度、财务制度等。

程序是标准操作方法，它规定了一个具体问题应该按照怎样的顺序来进行处理，如工程批准程序。

规则是执行程序中的每一个步骤工作时所应遵循的原则和规章，"如教室内禁止吸烟"就是一条规则。

管理案例 **学校引进人才的常用计划**

很多学校、科研机构都有引进人才的常用计划，为了引进人才，这些单位都制定了相应的优惠政策，如教授给予住房补贴15万元、20万元，安家费10万元，安排配偶工作，科研启动费5万～10万元；副教授……这些优惠政策通过媒体等渠道公布出去。

为了配合这些政策，这些单位还有引进人才的一套程序：首先，应聘者将简历和证书复印件寄到该单位的人事部；人事部根据其专业将这些材料分送各下属相关系部门、科室主管领导，由他们具体通知所需应聘者来面试；其次，各系部将拟录用的人员报告该单位的人事部，由人事部负责的人再找应聘者谈话，双方谈妥条件，签订有关协议；最后，人事部门分批将拟录用人员名单上报院长办公室，最后定夺，并向已确定录用的人员发出通知。

这些单位在引进人才的政策和程序中都有相应规则，如引进人才必须是学科建设、专业建设和课题建设急需人才；引进人才必须具备承担该项工作必需的能力和资格，如在职称、学历、年龄和教学、科研等方面都有具体要求。

常用计划的政策、程序和规则对于组织而言有着非常重要的作用，它关乎组织能否正常运行、运行的效率、组织氛围和组织文化、员工工作效率以及状态，甚至关系到组织活动成败，关乎组织核心竞争力和发展，因此必须非常认真地加以对待。

管理故事

10 秒钟的惊险镜头

很久以前，德国一家电视台征集"10秒钟的惊险镜头"，其中获得一等奖的是一个名叫"卧倒"的镜头，这个10秒钟的镜头让所有看到的德国人足足肃静了 10 分钟。

镜头是这样的：在一个小火车站，一个扳道工走向自己的岗位，为一列徐徐而来的火车扳道岔。这时，相反的方向也有一列火车呼啸而来。他若不及时扳动道岔，两列火车必然相撞，后果不堪设想。

这时，他无意中回头一看，发现自己的儿子正在铁轨上玩耍，呼啸而来的火车就在那条轨道上。抢救儿子或避免灾难——他可以选择的时间太少了。就在那一刻，他威严地冲着儿子大喊"卧倒"，同时冲上去板动道岔。

一眨眼的工夫，徐徐而来的火车进了预定的轨道，而另一列火车也呼啸而过。呼啸而过的火车上的旅客丝毫也不知道，他们的生命差点发生了意外。他们更不知道，一个生命就卧倒在身下轨道的中间，火车从他身上走过而毫发无伤。

镜头播出后，许多好事的记者进行了进一步采访，得知扳道工除了遵守规则这一优点外，再也没有特别之处，是一个极普通的人。最令人不可思议的是，他的儿子是一个弱智儿童，他和父亲玩打仗游戏，"卧倒"是他唯一能听懂并做得最出色的动作。父子俩对规则的遵守让他们在这次近在咫尺的灾难面前挽救了自己和他人。

政策、程序和规则不是一成不变的，一项好的政策、程序和规则，是在实践中反复博弈、不断修改的结果。

管理故事

撑竿跳的游戏规则

1904 年，在美国圣路易举行的奥运会撑竿跳比赛时，发生了意外。一名日本选手从容不迫地慢慢走进沙坑，把手中的撑杆用力插入沙中，然后顺着杆子爬到最高处，越过横杆跳下来。在场的所有人都看得目瞪口呆。裁判十分为难，不知道该不该记他的成绩，因为他并没有违反比赛规则，只不过是投机取巧罢了。最后，裁判组经过讨论，还是取消了他的成绩。

在日本选手据理力争时，裁判补充了撑竿跳高的比赛规则，要求运动员必须要有一段助跑过程。日本选手听罢，在第二次试跳中有了助跑动作，但跑到沙坑边又故伎重演，顺着杆子爬到了最高处，然后越过横杆跳下来，并再次取得了最好的成绩。

这让裁判组更加难堪，不得不再次举行紧急会议，最后规定：撑竿跳比赛必须要有助跑，并且不能交替使用双手动作。这项规则被明确下来，一直沿用至今。

4.2.3 按计划的期限分类

按计划的期限可将计划分为短期、中期和长期计划。一般来说，1 年以内的计划被称为短期计划；2～5 年的计划被称为中期计划；5 年以上的计划被称为长期计划。当然这一划分标准并不是绝对的。

1. 长期计划

长期计划描述了组织在较长时期的发展方向和方针，规定了组织长期发展的蓝图。长期计划主要回答两方面的问题；一是组织的长远目标和发展方向是什么；二是怎样去实现本组织的长远目标。

以企业为例，长期计划是企业的长远经营目标、经营方针、经营策略等，它是企业长期发展的纲领性计划。它一般包括企业产品的发展方向、企业的发展规模、工艺技术的发展趋势和将来要达到的水平、主要经济技术指标，此外还包括科学研究方向、职工培训和教育、生活福利、公共关系等。

长期计划已经被许多大组织所采用，而且正在引起普遍的重视。究其原因，一是环境因素的变化驱使组织制订长期计划。环境的变化有连续变化和间断变化之分，在短期内连续变化占主导地位，这种变化容易预测；而在长时期内，不连续性增加，预测起来就很困难。二是计划技术的发展进步。一些类似线性规划、计划评审技术等新的科学方法不断出现，为解决计划中的复杂问题提供了有效的帮助。而统计资料的不断增加也使计划制订者逐渐从臆测中摆脱出来，计划的准确性大大提高。另外，计算机的应用也为处理大量复杂的资料创造了有利的条件。

2. 中期计划

中期计划的时间为 2～5 年。它来自组织的长期计划，并按照长期计划的执行情况和预测的具体条件变化进行编制。

中期计划与长期计划的内容基本一致，但更为详细和具体，具有衔接长期计划和短期计划的作用。

长期计划以问题为中心，而中期计划以时间为中心，包括各年的计划，每一年度都有明确的目标。中期计划往往依照组织的各种职能进行制订，并注重各计划之间的综合平衡，使比较松散的长期计划有了比较严密的内容，从而保证了计划的连续性和稳定性。所以说，中期计划赋予长期计划具体内容，又为短期计划指明了方向。

3. 短期计划

短期计划一般指一年或一年以下时间范围的计划，它比中期计划更为详细具体，能够满足具体实施的需要。短期计划具体地规定了组织的各个部门在目前一年以内的时间内，应该从事何种活动、从事该种活动应达到何种要求，从而为各组织成员在近期内的行动提供依据。

以企业为例，短期计划包括利润、销售量、生产量、品种和质量等多种目标，此外还包括生产率提高幅度、成本降低率等具体的绩效目标。

短期计划可以是综合性的，也可以是单一目标的。短期计划由于对各种活动有非常详细的说明或规定，在执行当中选择的范围很小，因此有效地执行计划成为最重要的要求。此外，短期计划往往涉及的是环境的连续变化，各因素较为确定，容易预测，也容易评价。

4.2.4 按制订计划的组织层次分类

按制订计划的组织层次可将计划分为高层管理计划、中层管理计划和基层管理计划。

高层管理计划是由组织中的高层管理者制订的，一般以整个组织为目标，着眼于组织整体的长远安排，一般属于战略计划；

中层管理计划是由中层管理者制订的，一般着眼于组织中各部门的定位及相互关系的确定，既可能包含各部门的分目标等战略性的内容，也可能有各部门的工作方案等作业性的内容。

基层管理计划是由基层管理者制订的，着眼于每个岗位、每个员工及每个工作时间单位的工作安排，包含作业性的内容。

4.2.5 按计划约束力的大小分类

按计划约束力的大小，可以分为指令性计划和指导性计划。

1. 指令性计划

指令性计划是由上级主管部门下达的具有行政约束力的计划。指令性计划一经下达，各级计划执行单位必须遵照执行，而且要尽一切努力完成，没有讨价还价的余地。能否保质保量地完成指令性计划是衡量一个组织管理好坏的重要标准之一。

2. 指导性计划

指导性计划是上级主管部门只规定一些一般的方针或下达的具有参考作用的计划。它指出重点但不把管理者限定在具体的目标或是特定的行动方案上。这种计划下达之后，执行单位不一定要完全遵照执行，可以考虑自己单位的实际情况，决定是否按指导性计划工作。这是一种间接的计划方法，具有较大的灵活性。

例如，一个增加利润的具体计划，可能具体规定在未来 6 个月中成本要降低4%，销售额要增加 6%。而指导性计划也许只提出未来的 6 个月中计划使利润增加 5%～10%。

4.2.6 按组织的职能空间分类

按组织的职能空间可将计划分为销售计划、生产计划、财务计划、人事计划、新产品开发计划、后勤保障计划等。这些职能计划通常是由组织的职能部门编制和执行的。

将计划按职能进行分类，有助于人们更加精确地确定主要作业领域之间相互依赖关系和相互影响关系，有助于估计某个职能部门的计划执行过程中可能出现的变化，及其对全部计划的影响，并有助于将有限的资源更合理地在各职能部门间进行分配。

在实际管理活动中，多种计划形式是交织在一起的，没有明确界限，因此在实际管理活动中要灵活运用。

4.3　计划工作的步骤和注意事项

4.3.1　计划工作的步骤

虽然各类组织编制的计划内容差别很大，但科学地编制计划所遵循的步骤却具有普遍性。其步骤一般包括：估量机会、确定目标、明确与计划有关的各种条件、制定战略或行动方案、评价备选方案并选择最终方案、落实人选并明确责任、制定进度表、分配资源、制定应变措施、编制预算。

1. 估量机会

留意外界环境中和组织内的机会是编制计划的真正起点，管理者应该考虑将来可能出现的机会，并对这些机会进行全面了解，还应了解组织的长、短处及组织的期望。这些都是确定切合实际的组织目标所必须考虑的问题。

在对外部环境分析中，明确组织是处在高梯度地区还是中梯度地区、低梯度地区也是十分重要的。因为创新活动，包括新产品、新技术、新的管理方法都发源于高梯度地区，然后随着时间推移逐步由高梯度地区向中梯度地区、低梯度地区转移。

在对内部条件的分析中，明确企业的产品处在生命循环周期的哪个阶段是十分重要的，因为工业产品和生物一样，在发展过程中必然经历创新、发展、成熟、衰退四个阶段。

例如，作为企业，应了解市场上的各种因素、竞争状况及顾客的需要、企业自身的强弱项等。计划工作的第一步就是通过对外部环境和内部条件的分析，明确组织所处地位及其所能扮演的角色。

管理案例　　　　　　　　**普通桑塔纳的衰老**

2002 年，普通桑塔纳轿车正处在被取代的地位。上海大众销售公司的总经理表示：卖了 17 年，普桑已完成了其历史使命（在中国原始积累的使命）。问题是市场与其让别人抢去，不如让给自己的兄弟。大众的系列产品——桑塔纳 2000、帕萨特、POLO 相继上市，分享普桑的市场。

汽车业在西方国家正在成为一个夕阳产业，不少厂商的轿车项目已变成微利或亏本，只能依靠大卡车、载重车以及商用车来创造利润。于是中国市场被看重，德国大众最先把 POLO 轿车同期拿到中国来卖，甚至早于日本，普桑见证了大众在中国的原始积累。

最终，普桑及时从中国一、二线城市撤离，将其销售重点转移到了中国西部，在中国中西部一些中小城市，普桑仍旧持续了很长时间的辉煌。

管理知识链接

所谓 SWOT 分析，是对组织内外部环境因素进行分析，从而发现组织外部的机会和威胁，以及组织内部的优势、劣势。

SWOT 分析法是由旧金山大学的管理学教授于 20 世纪 80 年代初提出来的，SWOT 四个英文字母分别代表：优势（Strength）、劣势（Weakness）、机会（Opportunity）和威胁（Threat）。

2. 确定目标

在明确了组织所处地位和能够扮演的角色以后，就应该确定组织的目标。组织目标是计划工作的核心，有了正确的目标，为组织及其所属的下级单位确定计划工作的目标，并且要确定为达到这一目标，需要做哪些工作，重点在哪里，如何运用战略、政策、程序、规则及预算等，组织发展才有方向。

目标的选择是一个严谨而科学的过程，必须经过反复研究、论证之后确定，不可草率行事，一些关键性指标必须有科学的论据作为依靠。这个目标应该是实事求是的，既不能太高，也不能太低。目标的确定必须有较高的确定性。在条件不完全具备时，或可变因素把握不准时，宁可降低目标要求，也不要铤而走险。

计划中的目标应该具体可衡量，并且简明扼要。每一项计划最好只针对一个目标。因为一项计划如果设立的目标过多，行动时就可能会发生不知如何决定优先次序或协调达成各目标的情形。

小思考

绳子不宜太长

大清早，小东和父亲牵着牛下了河滩，远远地，父亲钉下了木橛，把牛缰绳往上一拴，就忙别的去了。牛似乎总是对缰绳以外地方的草感兴趣，但缰绳太短了，尽管牛很用力，但总是够不着。小东一口气奔回家，又找了一截绳子，接了上去，缰绳果然长了很多。但牛并没有认真吃几口，便又昂头扯着缰绳奔向了更远的地方。

父亲来了以后，见小东把缰绳放得那么长，便告诉小东：你千万记住，绳子放长了，它就不会好好吃了。父亲把接上去的一截绳子去掉，果然，那牛挣扎过几次后，见没有希望，便埋下头吃起来。小东和父亲牵它回去时，它已经吃得溜圆了。

这个故事对你有何启发？

职场忠告

在任何一个阶段，目标的绳子都不宜太长。即便环境留下很大的发展空间，计划也不能过高，一步步来，分解目标，逐步完成。

3. 明确与计划有关的各种条件

计划是为了指导行动，现实生活中各种不可能的条件不能作为计划的基础。因此，在明确目标以后，要积极与各方沟通，收集各方面的信息，明确计划的前提以及对该计划的各种限制条件。

按照组织的内外环境，可以将计划工作的前提条件分为外部前提条件和内部前提条件；还可以按可控程度，将计划工作前提条件分为不可控的、部分可控的和可控的三种前提条件。

外部前提条件多为不可控的和部分可控的，而内部前提条件大多是可控的。不可控的前提条件越多，不肯定性越大，就越需要通过预测工作确定其发生的概率和影响程度的大小。

4. 制定战略或行动方案

确定目标、明确前提条件后，就要从现实出发分析实现目标所需解决的问题或需要开展的工作。在制定行动方案时，应反复考虑和评价各种方法和程序，因为一个好的计划，不仅应该程序、方法清楚可行，而且需要的人力和资金等各种资源支出越少越好。这需要集思广益，开拓思路，发挥创造性。但是方案不是越多越好。

5. 评价备选方案并选择最终方案

按照前提和目标来权衡各种因素，比较各个方案的利弊，对各个方案进行评价。评价备选方案，取决于评价者所采用的标准及评价者对各个标准所赋予的权数。在多数情况下，存在很多备选方案，而且有很多有待考虑的可变因素和限制条件，这会使得评价比较困难。

有时候，方案选择的结果往往可能是多于一个的方案，这时候就要决定首先采取哪个方案，并将其余的方案进行细化和完善，作为后备方案。

6. 落实人选并明确责任

要落实每项工作由谁负责、由谁执行，由谁协调、由谁检查。同时，要明确规定工作标准和检验标准，制定相应的奖惩措施，使计划中的每一项工作落实到部门和个人，并有清楚的标准和切实的保障措施。

7. 制定进度表

活动的客观持续时间是指在正常情况下完成一项工作所需的最少时间。在一般情况下，工作计划时间不能少于客观持续时间。实际工作时间的多少还受工作所需资源的供应情况的影响，如果所需资源能从市场上随时获得，则工作计划时间为客观持续时间加上一个余量；如果所需资源的获得需要经过一段时间，则计划时间也要在客观实现持续时间上再加一个获得资源所需的时间。

此外，同样的工作，如不计成本，则可通过采用先进的技术、增加人力等缩短工作时间；资金不足，会影响工作进展。所以，在一定条件下，计划时间与工作成本成反比。

8. 分配资源

要想实现目标，就要使用各种资源，而资源总是有限的，因此，如何合理地分配资源就成了计划工作的一件大事。同样的资源，合理分配就能出效率，否则就会造成浪费。资源分配主要涉及需要哪些资源、各需要多少及何时需要等问题。

一项计划所需要的资源及资源多少可根据该项计划所涉及的工作要求确定，不同的工作需要不同性质和数量不等的资源。根据各项工作对资源的需求、工作的轻重缓急和组织可供资源的多少就可确定资源分配给哪些工作和各分配多少。每一项工作所需资源何时投入、各投入多少，则取决于该项工作的行动路线和进度表。

在配置资源时，计划工作人员要注意不能留有缺口，但要留一定的余地，即必须保证工作所需的各项资源，并且要视环境的不确定程度留有一定的余量，以保证计划的顺利实施。

管理借鉴

田忌赛马

田忌赛马的故事很多人都知道：齐威王经常要大将田忌与他赛马，赛马的规则是这样的：每次双方各出三匹马，一对一地比赛三场，每一场的输方要赔1000斤铜给赢方。齐威王的三匹马和田忌的三匹马按实力都可以分为上、中、下三等，但齐威王的上、中、下三匹马分别比田忌的上、中、下三匹马更胜一筹。因为总是同等的马进行比赛，所以田忌每次都是连输三场，连输3000斤铜。

后来田忌的谋士孙膑给田忌出了个主意：让田忌对他的资源进行重新分配，不要用自己的上马去对抗齐威王的上马，而是对抗他的中马；田忌的中马不要对抗齐威王的中马，而是对抗他的下马；田忌的下马不要去对抗齐威王的下马，而是对抗他的上马。这样，虽然田忌会输一场，却会赢两场，二胜一负，最后的胜利还是田忌的。田忌按孙膑的主意重新分配了资源，果然取得了胜利，赢了齐威王1000斤铜。

9. 制定应变措施

制订计划时，最好事先备妥替代方案或制订2~3个计划。因为在一个组织中，计划必须经过各方面的审议才能获得批准，制订多个计划有助于早日获得各方面的认可。而且，尽管在制订计划时是按未来最有可能发生的情境制定的，但未来的不确定性始终存在，为了应对未来可能的其他变化，保证在任何情况下都不会失控，就有必要在按最有可能的情况制订正式计划的同时，按最坏情况制订应急计划。

值得注意的是，应急计划可以是一个完整的应对最可能发生的最坏情况的计划，也可以只是简单说明一旦出现最坏情况该如何做。

10. 编制预算

计划工作的最后一步是把计划转化为预算，使之数字化。预算实质上是资源的分配计划。预算工作做得好，可以成为汇总和综合平衡各类计划的一种工具，也可以成为衡量计划完成进度的重要标准。

管理案例　　　　　尼日利亚的建设计划

为了赶上西方国家的现代化程度，尼日利亚从 1975 年开始推行"第三次国家建设计划"。根据这个计划，有关部门订购了约 1 600 万吨水泥，用于建设新的公路、机场和高楼大厦。

不久，欧洲各国船队都满载各种建筑材料而来。可是计划制订者未考虑当地码头的日吞吐量，结果滞留在拉各斯港外的水泥船，要花数年才可能卸完。

4.3.2　计划工作的注意事项

在计划的过程还要注意以下两点。

1. 以组织宗旨作为协调各种计划方案的依据

在计划中要注意各种计划方案的协调。组织宗旨是指组织的经营理念，它是对组织生存的目的和使命的规定。

组织宗旨包括两个方面的内容：

一是经营理念，即组织的价值观、信念和指导原则。例如：是利润至上还是兼顾社会责任，这就是个经营理念的问题。

二是经营范围，即组织究竟从事的是什么事业，如：是专搞一业还是多元化经营。

组织宗旨是计划调整的总指挥棒。组织宗旨发生变化时，具体计划也要以此为依据进行调整。

管理案例　　　　　《花花公子》的成功

克里斯蒂的父亲在 20 世纪 50 年代创办了《花花公子》杂志，以宣传男人的生活方式为内容。1998 年，克里斯蒂担任了首席执行官，她的宗旨是重塑公司形象，以适应趋向保守的生活态

度和对男人、女人角色看法的变化。

克里斯蒂的计划是什么？建立成年人的迪士尼乐园。计划集中于三个领域：杂志、产品特许权和海外市场。在杂志方面，她采用了更富思考

性的男人的生活观点，如：如何与女性交往。在　　公子》的国外特许权。在中国，《花花公子》的特
产品特许权方面，她撤回了一些俗气的产品的特　　许商开了20家专卖店。
许权协议，试图进入顾客的高雅环境。在海外市　　　　克里斯蒂的计划赢得了丰厚的回报，《花花公
场方面，她在捷克、匈牙利、波兰引入了《花花　　子》的净收入增长了一倍多。

2. 注意理清楚各计划方案间的关系

在组织中各类计划处于不同的层级，地位和作用也不尽相同，它们彼此之间
既有很大区别，又互相依赖，互为关联。组织必须要理清楚它们之间的关系，这
对于组织中各类计划的顺利进行至关重要。

计划工作的安排主要涉及组织宗旨、远景目标、战略方案以及支持它们的具
体目标和战术方案，它们的关系如图 4-1 所示。

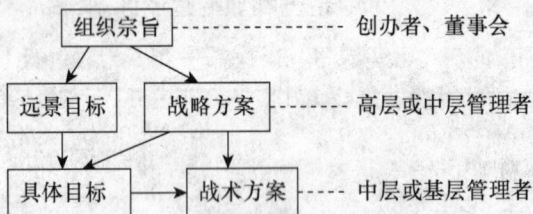

图 4-1　组织中各类计划的关系图

管理故事

小胖的减肥计划

小胖、小丫、二妞和靓妹子在大学住在一个宿舍，她们一上完课回到宿舍就
嘻嘻哈哈，叽叽喳喳，说个没完，也乐个没完。小胖原来想当个演员，可是因为
胖，便打消了这个念头。

这天下课回来，她为记不住各个计划方案之间的关系而犯愁。小丫说："这
还不好记？比方说，当个好演员是你的组织宗旨，那有个好体型就是你的远景目
标了。"

二妞马上接上说："对，那你的战略方案就是减肥。""那具体目标呢？"小胖
问。靓妹子回答："还不容易，是节食、锻炼。有了这个目标，你就应该像我一
样，少吃甜点，每天中午去游泳。你看我，大家都叫我靓妹子，就是每天坚持这
个战术方案的结果。"说完把头高高一扬。小丫和二妞说："看把你臭美的。"

小胖频频点头，不知是因为终于搞清了各计划方案间的关系，还是要开始她
的减肥计划。

4.4　常用的计划方法

计划制订的效率高低和质量好坏在很大程度上取决于所采用的计划方法。这

里简要介绍四种常用的有效方法：目标管理法（MBO）、滚动计划法、运筹学方法和网络计划技术。

4.4.1 目标管理法

1. 目标管理的含义

目标管理（Management by Objectives，MBO）源于美国管理专家德鲁克，他在 1954 年出版的《管理的实践》一书中，首先提出了"目标管理和自我控制的主张"，认为"企业的目的和任务必须转化为目标。企业如果无总目标及与总目标相一致的分目标，来指导职工的生产和管理活动，则企业规模越大，人员越多，发生内耗和浪费的可能性越大"。

所谓目标管理就是指组织的最高领导层根据组织面临的形势和社会需要，制订出一定时期内组织经营活动所要达到的总目标，然后层层落实，要求下属各部门主管人员以至每个员工根据上级制定的目标和保证措施，形成一个目标体系，并把目标完成的情况作为各部门或个人考核的依据。简而言之，目标管理是让组织的主管人员和员工亲自参加目标的制订，在工作中实行"自我控制"，并努力完成工作目标的一种管理制度或方法。

在目标管理中，由下级与上司共同决定具体的绩效目标，企业的各级主管必须通过这些目标对下级进行领导，并且定期检查完成目标进展情况。奖励或处罚则根据目标的完成情况来确定。

该方法用可观察、可测量的工作结果作为衡量员工工作绩效的标准，以制定的目标作为对员工考评的依据，从而使员工个人的努力目标与组织目标保持一致，减少管理者将精力放到与组织目标无关的工作上的可能性。

德鲁克关于目标管理的主张在企业界和管理学界产生了极大的影响，对形成和推广目标管理起了巨大的推动作用。目前在我国各类组织中所采用的绩效管理、绩效考核、承诺管理等都属于目标管理的应用。

管理寓言

两熊赛蜜

黑熊和棕熊喜食蜂蜜，都以养蜂为生。它们各有一个蜂箱，养着同样多的蜜蜂。有一天，它们决定比赛看谁的蜜蜂产的蜜多。

黑熊想，蜜的产量取决于蜜蜂每天对花的"访问量"。于是它买来了一套昂贵的测量蜜蜂访问量的绩效管理系统。在它看来，蜜蜂所接触的花的数量就是其工作量。每过完一个季度，黑熊就公布每只蜜蜂的工作量；同时，黑熊还设立了奖项，奖励访问量最高的蜜蜂。但它从不告诉蜜蜂们它是在与棕熊比赛，它只是让它的蜜蜂比赛访问量。

棕熊与黑熊想得不一样。它认为蜜蜂能产多少蜜，关键在于它们每天采回多少花蜜——花蜜越多，酿的蜂蜜也越多。于是它直截了当地告诉众蜜蜂：它在和黑熊比赛看谁产的蜜多。它花了不多的钱买了一套绩效管理系统，测量每只蜜蜂每天采回花蜜的数量和整个蜂箱每天酿出蜂蜜的数量，并把测量结果张榜公布。它也设立了一套奖励制度，重奖当月采花蜜最多的蜜蜂。如果一个月的蜜蜂总产量高于上个月，那么所有蜜蜂都受到不同程度的奖励。

一年过去了，两只熊查看比赛结果，黑熊的蜂蜜不及棕熊的一半。

黑熊的评估体系很精确，但它评估的绩效与最终的绩效并不直接相关。黑熊的蜜蜂为尽可能提高访问量，都不采太多的花蜜，因为采的花蜜越多，飞起来就越慢，每天的访问量就越少。另外，黑熊本来是为了让蜜蜂搜集更多的信息才让它们竞争，但由于奖励范围太小，为搜集更多信息的竞争变成了相互封锁信息。蜜蜂之间竞争的压力太大，一只蜜蜂即使获得了很有价值的信息，比如某个地方有一片巨大的槐树林，它也不愿将此信息与其他蜜蜂分享。

而棕熊的蜜蜂则不一样，因为它不限于奖励一只蜜蜂，为了采集到更多的花蜜，蜜蜂相互合作，嗅觉灵敏、飞得快的蜜蜂负责打探哪儿的花最多最好，然后回来告诉力气大的蜜蜂一齐到那儿去采集花蜜，剩下的蜜蜂负责贮存采集回的花蜜，将其酿成蜂蜜。虽然采集花蜜多的能得到最多的奖励，但其他蜜蜂也能捞到部分好处。

小思考：为什么棕熊赢得了比赛？

2. 目标管理的特点

（1）目标管理强调参与管理。

目标的实现者同时也是目标的制定者，即由上级与下级在一起共同确定目标。首先确定出总目标，然后对总目标进行分解，逐级展开，通过上下级协商，制定出企业各部门直至每个员工的目标，用总目标指导分目标，用分目标保证总目标，形成一个"目标—手段"链。

（2）强调"自我控制"。

目标管理的主旨在于用"自我控制的管理"代替"压制性的管理"，它使管理人员能够控制自己的成绩。这种自我控制可以成为更强烈的动力，推动他们尽自己最大的力量把工作做好。

（3）促使下放权力。

集权和分权的矛盾是组织的基本矛盾之一，唯恐失去控制是阻碍大胆授权的主要原因之一。推行目标管理有助于协调这一对矛盾，促使权力下放；有助于在保持有效控制的前提下，使工作氛围更加融洽。

目标管理强调发挥各类人员的创造性和积极性。每个人都要积极参与目标的制定和实施。领导者应允许下级根据企业的总目标设立自己参与制定的目标，以满足"自我成就"的要求。

（4）注重成果第一的方针。

实行目标管理后，有了一套完善的目标考核体系，实现了目标与考核标准一体化，即按员工实现目标的程度和实际贡献大小如实地评价一个人，实施考核，由此决定升降奖惩和工资的高低。

目标管理法属于结果导向型的考评方法之一，以实际产出为基础，考评的重点是员工工作的成效和劳动的结果。

目标管理还力求组织目标与个人目标更密切地结合在一起，以增强员工在工作中的满足感。这对于调动员工的积极性、增强组织的凝聚力起到了很好的作用。

(5) 通过目标进行管理。

目标管理的对象包括从领导者到员工的所有人员，大家都要被"目标"所管理。MBO 不是用目标来控制，而是用它们来激励员工。

(6) 组织内各部分目标要彼此协同。

任何分目标都不能离开企业总目标自行其是。在企业规模扩大和分成新的部门时，不同部门有可能片面追求各自部门的目标，而这些目标未必有助于实现组织的总目标。企业内各部分目标必须相互协调，实现综合平衡的结果。

管理案例　　　　　　　　**新筑路桥公司的目标管理**

新筑路桥公司是一个中型民营企业。在实行目标管理之前，公司领导总感到职工的积极性没有最大限度地发挥出来，上下级之间关系也比较紧张，管理很不顺畅。

为从根本上扭转这种被动的管理局面，从管理中要效益，公司领导班子达成共识，从"十一五"计划第一年（2006 年）开始在公司实行目标管理。

1. 目标确定

新筑路桥公司根据公司"十一五"计划的总体要求确定了公司的总目标。总目标包含以下 4 个方面，并尽量用定量指标表达。每个方面的目标又分期望目标和必保目标两种。

(1) 总产值目标。总产值必保目标为 50 000 万元，期望目标为 60 000 万元。

(2) 市场目标。其中销售指标的期望目标为年增 20%～40%，必保目标为年增 15%；市场占有率指标的期望目标为 38%，必保目标为 34%。

(3) 公司发展目标。销售收入必保目标为 52 000 万元，期望目标为 60 000 万元，且年增 20%～40%。资产总额为 9 265 万元，且年增 20%～30%。必保目标为开发 5 个新系列的路桥产品，期望目标为开发 6 个新产品系列。职工人数年增长 3%，且实行全员培训，职工培训合格率必保目标为 85%，期望目标为 98%。

(4) 公司利益和效益目标。净利润必保目标为 5 500 万元，期望目标为 6 800 万元；销售利润率必保目标为 17.6%，期望目标为 18.5%；劳动生产率必保目标为年增 85%，期望目标为年增 105%；成本降低率必保目标为递减 5%，期望目标为 6%；合格品率必保目标为 96%，期望目标为 98%；物质消耗率必保目标为年下降 7%，期望目标为 8%；一级品占全部合格品比重的必保目标为 50%，期望目标为 60%。

2. 目标分解

对于总目标的每一个指标，新筑路桥公司都按纵横两个系统从上至下层层分解。以公司实现成本降低率必保目标递减 5% 为例，对其进行分解。为确保 2006 年实现成本降低率的必保目标，经过分析，将成本分解为原材料成本、工时成本、废品损失和管理费用 4 个第三层次的目标。然后继续分解下去，共细分成 105 项具体目标，涉及降低物质消耗、提高劳动生产率、保证和提高产品质量以及管理部门节约高效的具体要求。最后按归口分级原则落实到责任单位和责任人。

3. 执行目标

新筑路桥公司按照目标管理的要求，让各目标执行者"自主管理"，使其能在"自我控制"下充分发挥积极性和潜能。新筑路桥公司领导层强调要做到以下几点：

（1）对于大多数公司所属的部门和岗位进行充分的放权，提高其自主管理和自我控制的水平。对于极少数部门和岗位，上级领导仍应实施一定的监督权，以确保这些关键部门和岗位的目标得

以实现。

（2）公司建立和健全了自身的管理信息系统。创造了执行目标所需的信息交流条件，使得上下级和平级之间的不同单位、部门、人员都能在执行各自目标时得到信息的支持。

（3）公司各级领导人员并不是对下属及成员完全放任不管。他们的职责主要表现在以下方面：一是为下属创造良好的工作环境；二是为下级部门和下属人员做好必要的指导和协调工作；三是遇到例外事项时，要主动到下属中去协商研究解决，而不是简单下指令。（资料来源：王德中. 管理学［M］. 成都：西南财经大学出版社，2008.）

案例分析问题：

（1）新筑路桥公司为什么要推行目标管理？推行目标管理有哪些作用？

（2）从管理角度分析，新筑路桥公司的目标管理有何特色？

3. 目标管理的过程

（1）制定目标。

制定目标包括确定组织的总体目标和各部门的分目标。

总体目标是组织在未来从事活动要达到的状况和水平，其实现有赖于全体成员的共同努力。

为了协调这些成员在不同时空的努力，各个部门的全体成员都要建立与组织目标相结合的分目标责任制。这样就形成了一个以组织总体目标为中心的一贯到底的目标体系。

在制定每个部门和成员的目标时，上级要向下级提出自己的方针和目标，下级要根据上级的方针和目标制定自己的方案，在此基础上进行协商，最后由上级综合考虑后作出决定。

（2）明确组织的作用。

应当尽量做到每个目标和子目标都有一个明确负责人。例如，在制定一种新产品投入的目标时，研究、销售和生产等部门的主管人员必须仔细地协调他们的工作，通常设立一名产品主管人员来统一协调各种职能。

（3）执行目标。

有了目标，组织成员便会明确努力的方向。组织中各部门及其成员在完成目标时必须从事一定的活动，活动中又必须利用一定的资源。为了保证他们有条件组织目标活动的展开，组织必须授予他们相应的权力，以使他们产生强烈的责任心，使之有能力调动和利用必要的资源，从而能充分发挥他们的判断能力和创造能力，使目标执行活动有效地进行。

（4）成果评价。

成果评价既包括上级对下级的评价，也包括下级对上级、横向关系部门相互之间以及各层次自我的评价。上下级之间的相互评价有利于信息、意见的沟通，从而有利于组织活动的控制。横向关系部门相互之间的评价，有利于保证不同环节的活动协调进行；而各层次组织成员的自我评价，则有利于促进他们的自我激励、自我控制以及自我完善。

成果评价既是实行奖惩的依据也是沟通的机会，同时还是自我控制和自我激励的手段。

（5）实行奖惩。

组织对不同成员的奖惩是以上述各种评价的综合结果为依据的。奖惩可以是物质的，也可以是精神。公平合理的奖惩有利于维持和调动组织成员的工作热情和积极性；奖惩有失公正，则会影响这些成员行为的改善。

（6）制定新目标并开始新一轮的目标管理循环。

成果评价与成员行为奖惩既是对某一阶段组织活动效果以及组织成员贡献的总结，也为下一阶段的工作提供参考和借鉴。在此基础上，为组织成员及其各个层次、部门的活动制定新的目标并组织实施，便展开了目标管理的新一轮循环。

在理想的情况下，目标管理的过程始于组织的最高层，并且有最高层领导的支持，给组织以指导。但是目标设置开始于最高层并不是必须的。它可以从分公司一级开始，也可以在某职能部门一级或甚至更低层开始。

例如，某一公司的目标管理首先开始在分公司建立，随后逐级建立到分公司管理的最低层，形成一个互相联系、互相支持的目标网络。在分公司经理的领导和指导下，无论在获利性、成本降低、改善经营等方面都取得了成功。不久，其他一些分公司和企业总经理也产生了兴趣并力图履行类似的目标管理计划。

4. 目标管理的优缺点

（1）优点。

目标管理的优点主要有以下五点：

一是目标管理是比较科学和有效的管理方法，目标管理使员工可以充分了解自己的工作内容、效果、进度、相应的奖惩，提高员工对组织的认同，使组织发展目标和个人发展目标一致，这往往会带来良好的绩效，起到立竿见影的效果。如销售额的增加、成本的降低、利润的增加。

二是由于目标管理的过程是员工共同参与的过程，因此，员工工作积极性大为提高，增强了责任心和事业心；加强了上下级的沟通，上下级关系更融洽。目标管理实现了"三全"——全员参与、全员保证和全员管理，由压制人的管理变成以自我控制为主的管理，显著地提高了管理成效。

三是目标管理有助于改进组织结构和职责分工。目标管理要求尽可能把完成一项组织目标的成果和责任划归一个职位或部门。由于组织目标的成果和责任力图划归一个职位或部门，容易发现授权不足与职责不清等缺陷。目标管理是促进分权管理、使组织具有弹性的最好办法。

四是目标管理表现出良好的整体性。组成一个完整目标体系之后，将企业的所有任务和目标联成一个有机的整体，自上而下，目标层层分解；自下而上，目标层层保证。

五是目标管理使各项活动的目的性很明确，目标管理法的评价标准直接反映员工的工作内容，结果易于观测，所以很少出现评价失误，也适合对员工提供建议，进行反馈和辅导。

（2）缺点。

目标管理法的缺点是没有在不同部门、不同员工之间设立统一目标，因此难以对员工和不同部门之间的工作绩效横向比较，不能为以后的晋升决策提供依据。

此外，许多岗位工作难以使目标定量化和具体化。一个组织的目标好定，作业的目标也好定，但是真正让每一个管理人员和员工都定量化目标，有时是很困难的。

目标管理是依据乐观的人性假设——Y理论和"自我实现人假设"，把组织中的成员都当作是有事业心和上进心的，而现实并不完全这样。因此实施目标管理法的重要前提条件之一就是要对组织的员工和团队进行充分培训，提升他们的思想意识和工作能力。目标管理法更适用于具有良好的组织氛围和企业文化的组织。

4.4.2 滚动计划法

情况变化了，计划应及时作出调整。滚动计划法是目前普遍采用的计划方法，是一种将短期计划、中期计划和长期计划有机地结合起来，根据近期计划的执行情况和环境变化情况，定期修订未来计划并逐期向前推移的方法。

在编制计划时，一般难以对未来一个时期多种影响计划实现的因素作出准确的预测，因而制订出来的计划往往不能完全符合未来的实际而需进行调整。滚动计划法就是一种连续、灵活、有弹性地根据一定时期计划执行情况，通过定期的调整，依次将计划时期顺延，再确定计划的内容的编制方法。

滚动计划法的具体做法是：在制订计划时，同时制订未来若干期的计划，但计划内容采用近细远粗的办法，即近期计划尽可能地详尽，远期计划的内容则较粗；在计划期的第一阶段结束时，根据该阶段计划执行情况和内外部环境变化情况，对原计划进行修订，并将整个计划向前滚动一个阶段；以后根据同样的原则逐期滚动。运用滚动计划法滚动计划期可长可短，年度计划按季滚动；中、长期计划则按年滚动。

图4-2是一个滚动计划法的例子：该组织根据滚动计划法"近细远粗"的原则先制订本期五年计划，然后根据实际完成情况对下一期五年计划进行修改和充实，如图所示。

本期五年计划				
2013年	2014年	2015年	2016年	2017年
具体	较细		较粗	

本年实际完成

计划与实际差距

计划修正因素		
差异分析	条件变化	调整方针

下期五年计划				
2014	2015	2016	2017	2018
具体	较细		较粗	

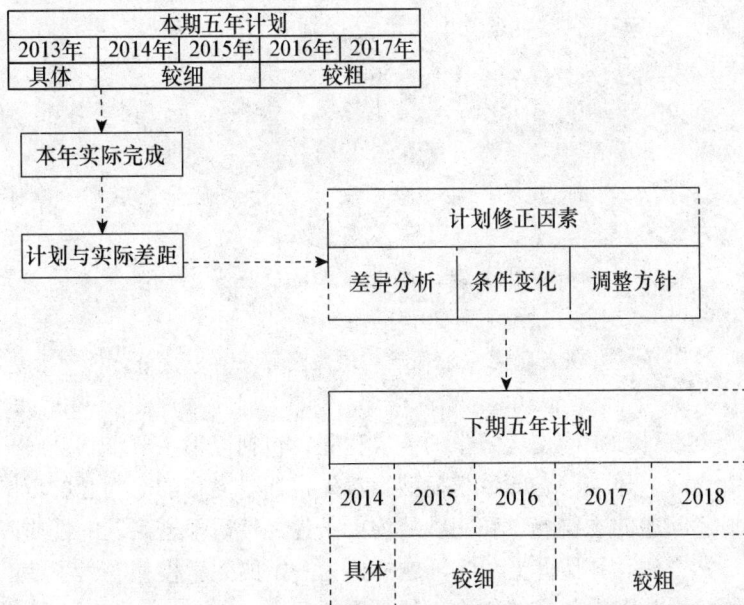

图 4-2 以五年为滚动期的滚动计划法示意图

滚动计划法适用于任务类型的计划,其优点是:

(1) 可以使制订出来的工作计划更加符合实际。由于滚动计划法相对缩短了计划时期,加大了对未来估计的准确性,从而提高了近期计划的质量。

(2) 使长期计划、中期计划与短期计划相互衔接,短期计划内部各阶段相互衔接,保证能根据环境的变化时及时进行调整,并使各短期计划基本保持一致。

(3) 大大增加了计划的弹性,从而提高了组织的应变能力。

4.4.3 定量分析法

计划要预测,定量分析能提高预测的准确性;同时,计划要执行,定量分析能提高计划的可操作性。

最常见的定量分析方法之一就是运筹学法,它是"管理科学"理论的基础。二战后,运筹学等定量研究方法在企业管理中得到推广应用,使计划、决策的水平大大提高。

就内容讲,运筹学是一种分析的、实验的和定量的科学方法,用于研究在物质条件(人、财、物)已定的情况下,为了达到一定的目的,如何统筹兼顾整个活动所有环节的关系,为选择一个最好的方案提供数量上的依据,以便能为最经济、最有效地使用人、财、物作出综合性的合理安排,取得最好的效果。

管理故事

泡茶的学问

数学家华罗庚教授在介绍什么是数学方法的时候,从泡茶的学问说起。他说："想泡壶茶喝，当时的情况是：没有开水，开水壶要洗，茶壶、茶杯也要洗，火已经生了，茶叶也有了，怎么办？"

办法一：洗好开水壶，灌上凉水，放在火上，在等待水开的时候，洗茶壶、洗茶杯、拿茶叶，等水开了，泡茶喝。

办法二：先做好一切准备工作，洗开水壶、洗茶杯、拿茶叶，一切准备就绪，灌水烧水，坐等水开了泡茶喝。

办法三：洗净开水壶，灌上凉水，放在火上，坐等水开，开了之后急急忙忙找茶叶，洗茶壶、洗茶杯，泡茶喝。

哪一种办法省时间？谁都能一眼看出第一种办法好，因为后两种办法都窝了工。

在计划中应用运筹学的一般程序，包括以下主要步骤：

（1）建立问题的数学模型。首先根据研究目的对问题的范围进行界定，确定描述问题的主要变量和问题的约束条件，然后根据问题的性质确定采用哪一类运筹学方法，并按此方法将问题描述为一定的数学模型。为了使问题简化和突出主要的影响因素，需要做出各种必要的假定。

（2）规定一个目标函数，作为各种可能的行动方案进行比较的尺度。

（3）确定模型中各参量的具体数值。

（4）求解模型，找出使目标函数达到最大值或最小值的最优解。通常，即使是求一个很简单的管理问题模型的最优解，也要通过编制计算机程序上机运算。

4.4.4 甘特图法

甘特图又叫横道图、条状图（Bar chart），是一个完整地用条形图来表示活动或项目的进度、活动顺序与持续时间的方法。

甘特图基本是线条图，横轴表示时间，纵轴表示活动（项目），线条表示在整个期间计划和实际的活动完成情况。它直观地表明任务计划在什么时候进行，及实际进展与计划要求的对比。

由于甘特图形象简单，在简单、短期的项目中，得到了广泛的运用，是一种简便的计划与控制工具。

以上是常用的计划方法。此外，在进行计划时还要深思熟虑，在这个过程中，一定要抓住本质问题，不要被表面现象所迷惑，也不要受思维定式的束缚。这在作项目计划时非常重要。

管理故事

提"不合理建议"的王永志

1964年，大学刚毕业的王永志怀着满腔报国热情，走进戈壁深处的火箭发射基地，参加设计我国第一种近程火箭的任务。试验发射时，火箭射程不够，专家们都在考虑再给火箭的肚子里多添加点推进剂，无奈火箭的燃料箱贮量有限，再也加不进去了。

正当专家们绞尽脑汁想办法时，一个高个子年轻人站起来说："火箭发射时推进剂温度高，密度就要变小，发动机的节流特性也要随之变化。经过计算，要是从火箭体内泄出 600 千克燃料，这枚火箭就会命中目标。"

在场的专家们几乎不敢相信自己的耳朵，有人不客气地反问："本来火箭射程就不够，你还要往外泄？"于是再也没人理这个"不合理的建议"了。

王永志不甘心放弃自己的见解，去找了坐镇酒泉发射场的技术总指挥钱学森。王永志的逆向思维和不畏权威的学术勇气令钱学森眼前一亮，他把总设计师叫来，指着王永志对他说："这个年轻人的意见对，就按他的办。"果然，火箭泄出一些推进剂后，射程远了，连打三发，发发命中目标。

王永志在 30 年后被任命为我国载人航天工程总设计师，2003 年获国家最高科学技术奖。

管理案例　　　　　　　　　**大厦的电梯**

一位大厦的经理聘请了一个咨询服务小组，对他们说，他的职员由于等电梯时间过长，有怨言，希望他们能解决这个问题，他认为这是由于电梯升降速度太慢造成的。

如果咨询小组按这位经理的思路寻找办法，一是加快电梯升降速度，这会有安全问题；二是错开职员上下班时间，这会引起职员不满；三是增加一部电梯，这会增加成本。但是，咨询小组的专家认为问题的症结是职员们由于等电梯时间过长产生厌烦情绪，而不是电梯升降过慢。

因此他们围绕员工厌烦做文章，建议给每层电梯口安一面镜子，这样一来，人们在等电梯的时候能够对着镜子稍作打扮，可以消除厌烦情绪。经理采用了咨询专家的建议，花钱既少，职员的抱怨也减少了。

小思考：这个案例说明了什么？

名人名言

☆最优秀的管理者应该是这样一种人——一方面具有慧眼识英才的洞察力，选出最适宜的人选作为他的得力助手；另一方面具有十足的自制力，一旦放手让他人去做，绝不贸然干涉。

——西奥多·罗斯福

☆企业基业长青源于企业领导人的"高瞻远瞩"。

——吉姆·柯林斯

☆目标管理是一个全面的管理系统，它用系统的方法使许多关键管理活动结合起来，并且有意识地瞄准，有效地和高效地实现组织目标和个人目标。

——孔茨

☆作出规划。今天所做的事情是为了我们有更好的明天。未来属于那些在今天作出艰难决策的人们。

——伊顿公司

☆一个企业不是由它的名字、章程和公司条例来定义的，而是由它的任务来定义的。企业只有具备了明确的任务和目的，才可能制定明确和现实的企业目标。

——彼得·德鲁克

☆制定正确的战略固然重要，但更重要的是战略的执行。

——联想集团总裁兼 CEO 杨元庆

☆战略越精炼，就越容易被彻底地执行。

——花旗银行董事长约翰·里德

☆三流的点子加一流的执行力，永远比一流的点子加三流的执行力更好。

——日本软银公司董事长孙正义

"管理训练营"之模块四

项目一：交流分享

1. 结合本章内容，分析自己的计划能力，总结自己在计划方面的经验或不足。

2. 找一个成功的管理名人，分析其个人和事业的发展规划路径，并撰写心得体会。

3. 结合本章主要内容以及自己的专业，尝试写出 2～3 句管理警句，并不断鞭策与鼓励自己，逐步提升自己将来作为一个优秀的管理者应有的计划能力。

项目二：案例分析

乔森家具公司的 5 年目标

乔森家具公司是乔森先生在 20 世纪中期创建的，开始时主要经营卧室和会客室家具，取得了相当大的成功。随着规模的扩大，自 20 世纪 70 年代开始，公司又进一步经营餐桌和儿童家具。

1975 年，乔森退休，他的儿子约翰继承父业，不断拓展卧室家具业务，扩大市场占有率，使得公司产品深受顾客欢迎。到 1985 年，公司卧室家具方面的销售量比 1975 年增长了近两倍。但公司在餐桌和儿童家具的经营方面一直不得法，面临着严重的困难。

乔森家具公司自创建之日起便规定，每年 12 月份召开一次公司中、高层管理人员会议，研究讨论战略和有关的政策。

1985 年年底，公司召开了每年一次的例会。会议由董事长兼总经理约翰先生主持。约翰先生在会上首先指出了公司存在的员工思想懒散、生产效率不高的问题，并对此进行了严厉的批评，要求迅速扭转这种局面。

与此同时，他还为公司制定了今后 5 年的发展目标。具体包括：(1) 卧室和会客室家具销售量增加 20%；(2) 餐桌和儿童家具销售量增长 100%；(3) 总生产费用降低 10%；(4) 减少补缺职工人数 3%；(5) 建立一条庭院金属桌椅生产线，争取 5 年内达到年销售额 500 万美元。这些目标主要是想增加公司收入，降低成本，获取更大的利润。

但公司副总经理托马斯跟随乔森先生工作多年，了解约翰董事长制定这些目标的真实意图。尽管约翰开始承接父业时，对家具经营还颇感兴趣。但后来，他的兴趣开始转移，试图经营房地产业。为此，他努力寻找机会想以一个好价钱将公司卖掉。为了能提高公司的声望和价值，他准备在近几年狠抓一下经营，改善公司的效益。

托马斯意识到自己历来与约翰董事长的意见不一致，因此在会议上没有发表什么意见。会议很快就结束了，大部分与会者都带着反应冷淡的表情离开了会场。托马斯有些垂头丧气，但他仍想会后找董事长就公司发展目标问题谈谈自己的看法。

案例分析问题：

1. 这次例会为什么不成功？

2. 乔森家具公司的战略发展规划有什么隐藏的问题吗？

项目三：管理游戏

时间管理

游戏规则和程序：

1. 每人拿出同样大小的一张长条纸用笔将它分成 10 份，每一份代表生命中的 10 年，分别写上"10"、"20"的字样。最左边的空余部分写上"生"字，最右边空余部分写上"死"字。

2. 接着主持人问问题，请参与者按要求去做：

第一个问题：请问你现在的年龄是多少？（把相应的部分从前面撕去，过去的生命再也不会回来了，请撕得干净些！）

第二个问题：请问你想活到多少岁？（假如你不想活到 100 岁的话，就把后面的撕掉。）

第三个问题：请问你想多少岁退休？（请把相应的退休以后的部分从后面撕下来，不要撕碎，放在桌子上，就剩下这么长了，这是你可以用来工作的时间。）

第四个问题：请问一天 24 小时你会如何分配？

一般人通常是睡觉 8 个小时，占了三分之一；吃饭、休息、聊天、看电视、游戏又占了三分之一；其实真正工作有生产力的约 8 个小时，只占三分之一。所以请把剩下的折成三等份，并把三分之二撕下来，放在桌子上。

第五个问题：比比看。

请用左手拿剩下的三分之一，用右手把退休那一段和刚才撕下的三分之二加在一起，并请思考一下，你要用左手的三分之一工作赚钱，提供自己右手上的吃喝玩乐及退休后的生活。

第六个问题：想一想，你要赚多少钱、存多少钱才能养活自己上述的日子，这不包括给子女和父母的。

第七个问题：请问你会如何看待你的未来？

有关讨论：这个游戏，你按要求做完了吗？有什么感想？

项目四：职场规划

并非所有的企业高管都拥有先天的优势条件。实际上，有不少知名的首席执行官都是从底层起步的。施乐公司（Xerox）董事长兼首席执行官厄休拉·伯恩斯（Ursula Burns）就是如此。

厄休拉·伯恩斯在纽约市下东区的贫民窟长大，最终成为领导一家财富 500 强企业的首位非洲裔美国女性。她对变革深有体会："如果你不改变，你就完蛋了。"

伯恩斯从小由母亲抚养长大，她在童年时期得到了这样的教导：努力工作、坚决果断和灵活性是获得成功的关键。作为天主教高中的一名优秀学生，让伯恩斯感到惊讶的是，她的指导顾问提供给她的职业选择寥寥无几：只有护士、教师或修女。在那个时候，伯恩斯就知道，她必须创造自己的命运，于是选择化学工程（最终改为机械工程）作为她的大学专业。

在晋升为企业高管前，她从施乐公司的底层起步，开始是一位实习生。然而，有几位经理人立刻注意到了她的才能。一位经理是高级主管韦兰·希克斯（Wayland Hicks），为她提供了行政助理的职位。尽管担任助理职位并不完全符合她的设想，因为她此前在哥伦比亚大学（Columbia University）获得了机械工程硕士学位，然而伯恩斯想起了母亲对她的教导——你所处的环境并不能决定你的命运——于是她接受了这份工作。

这份工作对伯恩斯来说大有裨益（最终也给施乐公司带来了好处）！让她从公司最受尊敬的一位高管那里学习业务和领导技能。1999 年，她被任命为负责全球制造业务的副总裁，并在 2009 年担任施乐公司董事长兼首席执行官。

厄休拉·伯恩斯给我们的职场启示是：始终保持灵活性，让自己适应变革；让自己学会适应，你以前从未遇到的新机遇就会出现在你面前。

小思考：

1. 你是如何考虑自己的职业生涯的？
2. 你将为自己的职业生涯发展做哪些准备？

第 5 章

组　织

建立组织结构的目的是建立起一种能使人们实现组织目标而在一起最佳地工作、履行职责的正式体制。

——哈罗德·孔茨

学习目标

1. 知识学习目标

- 掌握组织的含义和作用
- 了解组织的特点
- 了解组织的类型
- 理解组织中的职权关系
- 理解组织的层级化
- 掌握扁平型组织
- 理解组织部门化的含义和形式

2. 能力实训目标

- 掌握职务设计及其应用
- 掌握组织设计的具体步骤
- 掌握组织的结构类型及其应用
- 提升自我的组织协调能力

引入案例

马云赛马：大公司"小"运营

马云应对大公司病的策略就是不断分拆。在这种框架下，谁将担任阿里巴巴集团 CEO 反而是不那么重要的问题了。

谁敢于在公司大规模重组后不到半年就再次大动干戈？马云敢。2013 年年初，马云宣布对阿里巴巴集团进行"组织、文化变革"，将刚刚组建不久的 7 大事业群进一步拆分成 25 个事业部。5 天之后他又进一步宣布：2013 年 5 月 10 日起他将不再担任阿里巴巴集团 CEO 一职。

这是争强好胜的马云组织的一场赛马，也是一场带着多重任务的选拔赛：既要选拔出各大事业部的领头人，还要找到阿里的接班人，更要赛出独特的平台竞争力。

"把大公司拆成小公司运营，我们给市场、给竞争者更多挑战我们的机会，同样是给我们自己机会。"在关于组织变革的电子邮件中，马云写道，"我们希望阿里人一起努力把每一个事业部变成小而美、对生态发展有重大作用和价值的群体。"

马云要解决的问题，其实也是所有功成名就的互联网大公司所面临的难题：如何面对新出现的挑战，并在规模和灵活之间找到平衡？

他要面对的挑战，其实就是哈佛商学院教授克莱顿·克里斯坦森所说的"创新者的窘境"：在面对破坏性创新的时候，几乎所有的大公司都束手无策，直至被这种创新毁灭。之所以会出现这种情况，就是因为大公司无法克服组织上的缺陷，无法调动更多的资源应对那些初看并不起眼的破坏性创新。

如何应对破坏性创新？克里斯坦森给出的解决方案是从大组织中分拆出独立运营的小组织。马云就是实践者。此时的阿里已经成为中国电子商务领域的老大，但也开始面临更多的挑战，马云的应对之策就是不断分拆。

他意识到网上支付是个大难题，于是在 2004 年年底成立了支付宝并从淘宝中独立出来；2008 年面对来势汹汹的京东商城等竞争对手，淘宝又分出专门的淘宝商城（现在更名为天猫）；2011 年淘宝还进一步分拆出了一淘（购物搜索）和聚划算（团购）。

历次分拆当中，淘宝成了新业务的孵化器。而在最近的这次组织变革之后，新组织架构中已看不到淘宝的身影，因为淘宝已被彻底分拆成了更多的事业部。新组建的航旅、无线、旺旺和客户端、音乐、本地生活等事业部，其实也代表了阿里下一步在电子商务领域的努力方向：马云不仅仅满足于阿里成为实物和PC电子商务的王者，还希望阿里成为无线、虚拟物品、O2O、本地化生活等细分电子商务领域的领头羊。

马云给了高管们每人一匹赛马，至于马到底能跑多远，就要看"骑士"们各自的技艺了。分拆的好处是显而易见的：团队规模更小，更容易交流，也更聚焦于核心产品和业务。如果分拆业务能够独立上市，也能够给业务骨干们带来更大的物质利益。

2008年天猫从淘宝分拆出来之后，很快就在B2C领域站稳了脚跟，发展了6万多家商户。2013年"双十一"购物节，天猫的交易额达到了350多亿元。此外，马云还通过支付宝、阿里金融、阿里云等分拆出来的公司，进一步深入到了金融和大数据等更广阔的新领域。

但是，如果没有搭建好技术和运营的基础平台，没有在企业的核心价值观和企业文化上达成真正的共识，所谓的分拆就会变成各个事业部自行其是，就像一盘散沙，无法形成合力。例如，盛大集团将各大业务分拆成了独立的子公司，却没有收到很好的效果。

为了避免这种现象的出现，阿里努力打通淘宝和阿里巴巴B2B之间的技术平台，做到真正的用户共享。在这次组织变革完成之后，仍然担任阿里董事局主席的马云也给自己布置了几件最重要的事情，分别是战略决策、组织文化、人才培养、公益事业。

"你看今天，把淘宝解散了，淘宝反而增长得更快，发展得更加舒服。我们又出了三丰（姜鹏）、张勇、吴泳铭，一大批人，雨后春笋般在公司出来。三丰一个人的业务就抵过了当时老陆（陆兆禧）在淘宝管的业务，这样人才就起来了。"马云曾如此说。他最注重的当然还是高管人才的培养。

在阿里内部，每位高管都需要培养自己的继任人，这样才能够算是合格的管理者。马云还专门在年轻的管理者中开设培训班，培养第三代乃至更年轻的接班人。

目前，"骑士"的选拔工作还没有完成，阿里旗下的25家事业部仍然由集团战略管理执行委员会的9位高管分管。不过，这显然并不是最终状态。未来，每个事业部显然还会选拔出各自的负责人，而他们将是更年轻的阿里人。

经过此次组织变革之后，25家事业部将会享有更充分的决策权，同时也会被压上更沉重的担子。集团CEO将更多权力下放给事业部的年轻人，给他们更大的发挥空间，而自己的主要职责则变成给前方提供资源和做好监督管理。

（案例来源：马云赛马：大公司"小"运营. 第一赢销网，2013-02-18.）

思考题：

1. 近年来阿里巴巴集团的组织结构做出了怎样的变化？
2. 你如何评价阿里巴巴集团的组织结构的这种变化？

5.1　组织的含义和意义

　　组织是人类社会的普遍现象，在人类发展生产基础上形成的协作劳动和共同生活过程中，人们一直以组织作为集体力量的凝聚方式。当人们由于个人能力的局限而无法达到自己的目的时，就需要协作，这说明了组织存在的必要性。

管理故事

摩西携民逃荒

　　《圣经》里有这样一则故事：摩洛哥大旱，居民们为了活命，就跟着一个叫摩西的人去欧洲逃荒。一路上也是"扶老携幼"、"将男带女"，每天只走 10 来里路。人们大小事情都找摩西解决，搞得摩西狼狈不堪。

　　他的老丈人看着不忍，给他出了主意，让他从每 10 个人中选一个能干的当"小头儿"，"小头儿"们再选精明的当"大头儿"，"大头儿"们再选更精明的人当"更大的头儿"，这些更大的头则由摩西指挥。居民有事，逐级处理或上报；摩西有令，逐级下达和执行。

　　这样一来，居民们就成了有秩序的队伍，行进速度就会加快，摩西也有工夫考虑大事了。摩西听了老丈人的建议，对居民们进行了组织，果然行进速度加快了，到达了目的地。

　　管理启示：摩西携民逃荒之所以能成功，关键在于运用了组织职能。

　　人类社会实际上就是由一个个组织构成的，组织是社会存在的基本形式。在社会生活的各个领域、各个层次和各个方面，广泛存在着不同的组织，一切社会成员都生活和活动在不同的组织之中，都是特定组织的成员。从这个意义上可以说，组织是现代社会的基本特征。

5.1.1　组织的含义

　　管理人员一旦确定了组织的基本目标和方向，并制订了实施计划和步骤之后，就必须设计和维持一种结构，这种结构能把各类人员按不同的管理目的、职能和区域系统地组成一个能够协调活动的、有成效的整体，这就是组织的职能。组织是管理的重要职能。

　　关于组织的定义有很多。从静态方面看，组织是一种单位实体，泛指各种各样的社会组织或事业单位，这些单位实体都是按照管理目标和任务的要求，对管理要素和管理环节进行配置和协调的有机整体。例如工厂、学校、商店、慈善机构、政府机构等。

　　从动态方面看，组织是按照管理目标和任务的要求，对管理要素和管理环节进行配置和协调的过程。这主要是把组织作为一项重要的管理职能来看待。组织这项管理职能的目的是建立一种能产生有效的分工合作关系的结构。

从一般意义而言，可以将组织定义为：组织是指在一定环境下，为实现共同的目标，在分工与协作的基础上，按照特定原则通过组织设计，使得相关资源有机组合，并以特定结构运行的有机整体。这里包含以下几层含义：

（1）组织是由人群构成的有形的实体，如企业。在这一群体内，组织按照一定的分工与协作原则划分权责关系，以确定组织成员与项目活动之间的关系。

（2）有共同的目标。目标是组织存在的理由，也是维持组织凝聚力的纽带。无论哪一类组织，都必须围绕既定目标进行资源配置活动，以是否能达到目标为衡量组织绩效的标准。

（3）一定的职权关系与责任制度。这是组织职能特有的内容，是由分工与协作原则决定的，是达成组织目标的重要保证。

管理知识链接

由于立足点不同，关于组织有许多精彩纷呈的定义。其中，最有代表性的有三个：

一是结构论。认为"组织是为了达到某些特定目标经由分工与合作及不同层次的权力和责任制度，而构成的人的集合"。

二是行为论。认为"组织是两人或两个以上有意识地加以协调的活动或效力系统"。

三是系统论。认为"组织是开放的社会系统，具有许多相互影响、共同工作的子系统，当一个子系统发生变化时，必然影响其他子系统和整个系统的工作"。

结构论是由古典管理学派提出的，它更适用于组织的初创期；行为论是社会系统学派提出的，它强调组织采用的协调与协作，更适用于组织的运行分析；系统论是由系统学派提出的，这种定义把组织内的部门和成员看成是有机联系、相互作用的子系统，它更适合于组织变革时使用。

组织是管理的第二职能。石墨和钻石都是由碳原子构成的，但它们的价值却无法比。细胞中的染色体都大同小异，但是一旦排错了位置，就会引起病变，可见组织的结构是十分重要的。为了建立一个合理、高效的组织结构，就必须很好地开展组织工作。

小思考

刘备携民渡江

刘备在樊城的时候，曹操分兵八路来攻打，刘备自知抵挡不住，便想逃跑，但又不忍心丢下百姓。当时因刘备爱民如子，百姓都要跟着他。

于是刘备只好带领百姓一同向襄阳撤退。同行的军民 10 万余人，大小车辆数千，挑担背包者不计其数，扶老携幼、拖儿带女者更是多得不得了，浩浩荡荡，熙熙攘攘，每天才走 10 来里路。

到了渡江的时候更是乱乱纷纷，你推我搡，两岸哭声不绝。很快，曹兵就追上来，刘备险些送了性命。

小思考：刘备的这次撤离出现这种状况的原因是什么？

5.1.2 组织的作用

1. 首先是通过组织实现分工协作，提高劳动生产率

由于个人能力的局限性而无法达到目的时，通过组织功能的作用，形成组织形式，将分散的个体聚合成集体，彼此分工、协作，高效率效果地共同完成任务，这是组织的基本功能之一。

管理案例　　　　　　做针的学问

18 世纪，英国的经济学家亚当·斯密曾用制针业的例子来说明分工协作能提高劳动生产率的道理。

没有分工协作时，一个工人既要把钢丝截成段，又要把一头磨尖，还要把另一头穿眼，不断转换工作和工具，耽误时间，所以一天只能生产 20 枚针。把工人组织起来实行分工协作后，有人专门把钢丝截成段，有人专门把一头磨尖，还有人专门给另一头穿眼，效率大大提高，平均每人每天可以生产 4 800 枚针。

亚当·斯密认为分工的好处主要有以下三点：第一，增加了每一个专业工人的熟练灵活程度；第二，节省了从一种工作转移到另一种工作的损失的时间；第三，发明了许多便于工作和节省劳动的机器，使一个人能做许多人的工作。

---

2. 通过组织把力量整合起来，实现组织力量的放大功能

组织有一种聚合放大的效应。组织通过利用一定的制度和文化，通过进一步的职权关系与责任制度的设置，通过对个体力量的有效整合，达到一种放大效应，产生出比简单聚合更大的力量，即能实现 $1+1>2$ 的功效。

管理案例　　　　法国骑兵与马木留克骑兵

在欧洲历史上，拿破仑的法国骑兵曾经同马木留克交战。马木留克骑兵各个彪悍凶猛，骑术出色，一对一的较量，法国骑兵不是对手。但交战的结果，却是人数较少、骑术逊色的法国骑兵打败了人数较多、骑术出色的马木留克骑兵。为什么呢？

拿破仑曾得意地评论说："两个马木留克兵，绝对能打赢三个法国兵；100 个法国兵与 100 个马木留克兵势均力敌；300 个法国兵大体能战胜 300 个马木留克兵；而 1 000 个法国兵则一定能打败 1 500 个马木留克兵。"

结果真如拿破仑所言。你知道其中的原因是什么吗？

管理启示：这是因为法国军队组织严密，结构合理，所以能起到 $1+1>2$ 的功效；而马木留克兵的组织比较松弛，结构不合理，结果是 $1+1<2$。所以组织有起到整合力量的作用。

3. 有助于实现组织的统一指挥

从更大的范围来说，只有组织起来，才能使不同系统实现统一指挥，从而避免各自为政、彼此削弱。

当组织发展到很大规模，人员众多，分支机构也众多时，这种统一指挥、协调的作用尤为需要。规模庞大的奥运会、世博会等活动的成功举办，就与其中的组织协调工作密不可分。

在危急时刻，组织作用更是重要，如地震、火灾中很大的伤亡是由于缺乏正确的组织指挥。

管理故事

诺曼底战役

1944年6月6日凌晨，在法国的诺曼底，欧洲盟军为了开辟消灭德国法西斯的第二战场，发动了著名的诺曼底登陆战役。这次战役动员了来自美国、英国、法国和加拿大等国的287万名军人、15 000余架各式飞机、6 000多艘各类舰艇，全部集合在英国，到时候一起出动。如果没有组织，这么大的战役是没法发动的。

该战役中，不论是海军、陆军还是空军，都由欧洲盟军最高指挥部统一指挥，打破了国与国之间的界限，也打破了三军司令各自为政的惯例。这也是取得这次战役胜利的重要保证。没有统一指挥，别说这么大的战役，就是比这小得多的战役，要想取得胜利也是十分困难的。

5.1.3 组织的特点

1. 目标的一致性

组织是特定社会群体为了实现特定的共同目标而组合起来的，因此，共同的目标是组织的基础和第一要素。组织的共同目标使得组织目标具有一致性的特点，这种一致性主要体现在：

（1）目标价值的一致性。

在同一组织中，有多种目标价值取向。对于同一组织的多种目标价值来说，在多种目标价值取向中必有支配性的主导价值取向，而其他价值取向则服从于主导价值取向并与其保持统一。

（2）层级目标的一致性。

按照层级，组织的目标可以划分为组织的整体目标、部门目标和个人目标，尽管这些目标在具体内容方面有差异性，但是，相对于组织的整体目标来说，它们却具有统一性。

（3）阶段目标的一致性。

按照实现时间的不同，组织的目标可以划分为近期目标和中长期目标。一般来说，近期目标是中长期目标的实现途径，必须保持与中长期目标的本质一致性。

2. 原则的统一性

组织原则是组织构建和运行的基本规范和规则的总和，它既是组织目标和价值的规范性体现，又是组织形成和活动的基本依据和规则标准。

组织原则包括：关于组织活动的价值规范；组织构建的原则；组织结构中职位、职权和人员配置原则；组织活动和运行的原则等。在一个组织中，各种原则构成了统一的有机整体，这些组织原则之间具有统一配合性。

3. 资源的有机结合性

为了实现组织目标，组织必须动员和组合相应的组织资源。因此，现实的组织是各种组织资源要素的组合。

组织资源要素包括人、财、物、权利、信息、价值和规范等。组织以实现目标所要求的职位设定为中心，使这些资源在组织职位上实现有机结合和合理分布，从而形成资源要素集合的力量，汇总为组织的整体力量，协同实现组织的目标。

4. 活动的协作性

从活动的角度看，组织本质上是人们之间的相互协作关系。组织之所以产生和有效发挥作用，是因为人在生产和社会活动中个体能力的不足，因此，必须通过相互协作和帮助来完成个人所不能完成的任务。

人们通过组织形式的相互协作和共同活动，会形成大于参与组织和协作的单个成员的力量的整合力量，实现组织的目的。组织的协作性，体现为组织中职位角色的明确规定性和相互协调性，体现为组织成员在实际活动中的合作性和配合性，还体现为组织的整体功能。

5. 结构的系统性

组织结构具有系统性，这种系统性主要体现在：组织的结构由各系统构成，这些系统包括组织的职位系统、运行系统、文化系统、关系系统等。这些系统自身构成了完整系统，同时，又与其他系统形成有机联系，构成了组织结构的总体系统。

组织结构的系统具有确定的边界。组织整体与组织外部系统之间，有着组织与非组织的边界。在组织内部，各系统之间也有其边界。组织的边界可能是显现的，也可能是隐性的。组织结构的系统化，使得组织的整体系统功能大于各部分系统的功能之和。

5.1.4 组织的类型

人们可以根据不同的标准对组织进行分类。组织的类型主要有下面三种。

1. 按组织的形态分类

在管理学中，管理学者布劳和斯科特较早根据组织目标对组织形态进行分类。按照这一标准，他们把组织划分为四类：

(1) 工商组织，包括工业企业、银行、商会等组织；

(2) 服务组织，包括医院、学校、社会机构等组织；

(3) 公益组织，包括政府、研究组织、消防队等组织；

(4) 互益组织，包括政党、宗教、工会、俱乐部等组织。

2. 按组织目标的公共性分类

在现代社会中，根据组织目标的公共性，人们把组织划分为公共组织和非公共组织。

(1) 公共组织。

公共组织是以实现公共利益为目标的组织，它一般拥有公共权力或者经过公共权力的授权，负有公共责任，以提供公共服务，包括以管理公共事务、供给公共产品为基本职能。政府是典型的公共组织。

除此之外，以特定的公共利益为目标，提供公共服务的非营利性的非政府组织，也是现代社会公共组织的重要组成部分。

(2) 非公共组织。

非公共组织一般不以公共利益为组织的目标，在市场经济条件下，作为市场主体的企业是典型的非公共组织，以营利为目的的社会中介组织也属于非公共组织。

另外，在政治生活中，服务于非公共利益的特定利益集团属于非公共组织；在社会生活中，基于特定的宗教信仰而形成的宗教组织，基于特定的生活兴趣而形成的组织，一般也属于非公共组织。

3. 根据组织形成的自发性程度分类

根据这一标准，可以把组织划分为正式组织和非正式组织。

(1) 正式组织。

正式组织是具有明确要达到的目的，并且经过认真的筹划和设计，具有明确而具体的规范、规则和制度的组织，其领导是任命或选举的。一般来说，它带有明确的管理者的意图和价值取向。正式组织一般具有如下特点：

①具有专业分工。按照组织总体目标及其分解目标和组织工作的特性，正式组织具有明确的内部专业化分工，并按照这些分工设置相应工作职位，配置资源。

②具有明确的层级关系。根据分工的要求，正式组织按照层级关系设计，配置人员，由此形成了组织人员之间的层级关系。

③具有法定的权威。正式组织是经过法定权力配置和职位授权的结构，因此，正式组织的管理活动具有合法权威性，以保证管理组织意志的贯彻和信息的

沟通。这种权威性对于组织成员具有强制性的约束力。

④具有统一的制度性规范。正式组织一般制定统一的制度、规范和规则，以支撑组织的结构，保证组织的秩序，维持组织的正常运行，实现组织的目标和任务。

⑤组织形态相对稳定。在正式规划和建立的组织中，组织秩序和结构功能相对稳定，其制度规范和规则程序也相对稳定，因此，正式组织具有相对稳定的内部环境。

（2）非正式组织。

在正式组织中存在很多非正式组织，非正式组织是指未经正式筹划，组织成员为了满足特定心理或情感需要，而在其实际活动和共同相处的过程中自发和自然形成的团体。它是一种个人关系和社会关系的网络，具有自发性、内聚性和不稳定性。

非正式组织的作用主要体现在可以为成员提供在正式组织中难以得到的心理上的满足，创造一种和谐、融洽的人际关系，提高员工的合作精神。非正式组织一般具有以下特点：

①非正式组织的形成是基于特定的需要。形成非正式组织的组织成员的心理和情感需要是多种多样的，其中包括组织成员的情感交流、社会交往、获得社会承认和尊重的需要，包括组织成员在遭受挫折或者威胁时，维护自己的权利和权益的需要，等等。一般来说，组织成员形成非正式组织的心理需要，都是正式组织所不能满足的。

②非正式组织不一定有明确的组织目标。与正式组织具有明确的组织目标不同，有些非正式组织只是基于组织成员的心理需要而形成的，因此非正式组织不一定都有明确的组织目标。

③非正式组织是组织成员自发形成的。非正式组织是组织成员在实际工作接触和相处中自然和自发形成的，而不是组织的管理者按照特定目的人为构建的。

④非正式组织没有明确或者成文的制度和规则。一方面，非正式组织形成于组织成员的多种心理需要，产生于组织成员的自发行为；另一方面，非正式组织的形式和成员是经常变动的。因此，非正式组织的形成和实际存在并没有一定之规，没有正式组织那样的明确成文的制度性规定。

非正式组织一般具有三种基本形式：

①水平型非正式组织，一般由地位大致相同，同属一个工作单元或者组织的成员构成，这是非正式组织的常见形式。

②垂直型非正式组织，由一个工作单元或者组织内不同层次和职级的人员组成。垂直集团形成的重要原因是组织成员之间具有特殊的利益或者心理需要。

③混合型非正式组织，由组织不同工作单元、不同地位和职级的成员交叉构成。在非正式组织中，混合集体往往呈现出复杂多样的特点。

非正式组织对于正式组织的作用具有两面性：

①正面的功能。

非正式组织可以增强组织成员对于特定组织的归属感，从而形成有利于组织稳定和目标实现的凝聚力；

它可以协调组织成员之间的关系，弥补组织成员之间由于能力和职位而形成的差异，调节他们之间的矛盾和纠纷，形成有利于组织成员协作的关系和氛围；

它有利于组织成员的相互沟通，尤其有利于不同层次和职级的成员之间的沟通，不仅使得组织的管理者获得组织成员工作和心理的真实状况和信息，还有利于形成和谐的管理者与被管理者的关系，从而有利于管理目标的实现；

它可以在一定程度上调节组织成员的精神状态，提供组织成员宣泄其心理紧张、不安、焦虑的途径，从而有利于组织成员工作积极性的发挥，它可以为管理者在执行特殊任务时提供制度外的途径。

②负面作用。

非正式组织也具有负面作用。如果非正式组织的目标和正式组织目标发生冲突，也会对正式组织工作产生影响，会阻碍正式组织目标的实现；非正式组织以心理需要和情感为联系纽带，有时候非正式组织中的成员所传递的一些不良情绪和思想会破坏正式组织的制度和规则，甚至会妨碍组织的稳定和团结，成为束缚个人发展的障碍和分裂组织的不安定因素，妨碍管理者意志的贯彻和实际管理活动的进行。

小思考

你是新上任的班长。你班上有几个人组成小团体，整天在一起，上课不好好听讲，扰乱秩序，班干部如果管他们，他们就集体起哄，或用拳头相威胁。这就是所谓的非正式组织。对此你将怎么办呢？

组织还有其他的分类形式，例如，按管理事项及其复杂程度可分为综合性组织和专门性组织；按管理功能和职责可分为权力组织、执行组织和监督组织；按权力配置方式可分为集权组织和分权组织。

5.2 组织中的职权关系

职权即权力，它是指为了实现组织目标而拥有的开展活动或指挥他人行动的权力。在组织中存在多种职权关系。

5.2.1 集权与分权

在管理中，始终存在着集权与分权的矛盾。集权是指决策权在组织系统中较高层次的一定程度的集中。分权是指决策权在组织系统中较低层次的一定程度的分散（下放）。组织采用分权的形式把生产管理决策权下放到下属组织，可以发挥低层组织的主动性和创造性，使最高领导集中精力考虑少数关系全局利益和重大问题的决策。

集权和分权是一组相对的概念，不存在哪个绝对好或者不好。我们主要研究的不是应该集权还是分权，而是哪些权力宜于集中，哪些宜于分散；在什么情况下集权的成分可以多一些，在什么情况下又应适当分权。一般而言，分权管理更适用于规模较大、产品品种多、市场变化快、地区分布较分散的产业，或员工素质水平较高的组织。

管理案例　　　　　　　　　　**松下幸之助的集权和分权**

松下幸之助1894年生在日本和歌山县的一个农民家庭，9岁辍学，17岁进入一家电灯公司，24岁创办了松下电器制造厂。

有一天，他阅读了一本美国汽车大王亨利·福特的传记，深受启发。在福特经营理念的深刻影响下，松下幸之助对公司内部管理组织进行了重大改革，实行分权组织制度：以每一种产品的生产部门为独立单位，赋予各独立单位生产经营自主权。这就是后来在世界企业界普遍采用的"事业部制"。其后30年的努力与发展，松下公司开始了飞跃，跻身于世界最大公司排行榜的第74位。

1961年，67岁的松下幸之助将总经理职位让给了自己的女婿松下正治，开始半退休生活。

但没过几年，家电市场竞争日益激烈，公司的外部环境条件吃紧，松下幸之助及时收权，重新实行集权制，并宣布以董事长的名义兼任营业部长，亲自打理一切有关业务。松下幸之助携手其他家电企业共渡难关。

在外部环境得到缓解后，松下幸之助又重新放权，重新实行分权制——事业部制，调动了企业各个层面经理人的积极性。

案例分析问题： 案例中，松下公司经过了几次集权、分权的变化？

管理案例　　　　　　　　　　**立石公司的"生产者体制"**

立石电机公司是日本最大的控制器制造企业，它生产的可编程控制器被广泛运用在各行各业，成为工业自动化的核心产品。立石一真是其创始人。

1948年，立石一真把自己的企业改组为立石电气制造公司，全力制造限流器。后来立石到美国考察，被美国生产的自动化程度所震惊，回来便对企业进行重大改革，提出了著名的"生产者体制"。

他说，未来的电气产品更新换代的速度越来越快，企业应该从过去的"面向生产"转为"面向市场"。以前总公司集权管理的"决策者体制"显然不能有效地适应市场变化。只有将权力下放给对客户要求敏感的生产销售第一线，实行"生产者体制"的分权管理方式，才能紧跟市场，立于不败之地。

有人担忧："将权力都下放了，那不就没有规矩了吗？"立石说："任何规矩都是人制定的，规矩不能将人束缚了。"

实行"生产者体制"后，立石将生产权、人事权下放给各厂厂长和子公司经理，由他们根据市场变化，开发技术投入新产品，招募新的专业人员。体制的改革促进了生产管理的高效。立石公司连续推出令人眼花缭乱的新产品，到1967年，公司年产值创下8年增长10倍的纪录。

但是，好景不长。1973年全球石油危机爆发，日本经济遭到重创。立石公司由于摊子过多、涉足领域过广，首尾不相连，1975—1976年连续出现了亏损。

这时，76岁的立石一真又做出了一件令人震惊的变革：放弃"生产者体制"，精简管理层次，重新收回下放的权力，由总公司进行宏观调控，并在产品发展方向上做了重大调整，减少"多元"，提高产品的专业性。此举非常奏效，立石公司迅速走出低谷。

管理启示： 集权还是分权，哪部分集权，哪部分分权，因情景而变。

5.2.2　制度分权和授权

分权可以通过两个途径来实现：制度分权和授权。制度分权，是在组织设计时，考虑到组织规模和组织活动的特征，在工作分析从而职务和部门设计的基础上，根据各管理岗位工作任务的要求，规定必要的职责和权限。

而授权则是担任一定管理职务的领导者在实际工作中，为充分利用专门人才的知识和技能，或出现新增业务的情况下，将部分解决问题、处理新增业务的权力委任给某个或某些下属。

制度分权和授权的区别表现为：

（1）制度分权取决于组织结构的要求，而授权取决于下属的工作能力。

（2）制度分权是一条组织工作原则，而授权则属于领导艺术。

（3）制度分权具有稳定性，而授权则具有随机性。

现代管理者要敢于授权、善于授权，提高组织效率。授权的好处很多：

（1）减轻上级工作负担。通过授权，授权者将庞大的组织目标轻松地分解到不同人身上，同时将责任分给更多的人共同承担，使管理者更有精力做"大事"。

（2）利于发挥下属的专长，培养人才。授权使被授权者增加了被信任感和被认同感，有利于改善上下级的关系；并从而增加其自主性和责任感，提高了其工作的能动性，增强了其自我管理能力，获得了更快的个人成长。

管理借鉴

诸葛亮可谓是一代英杰，赤壁之战等广为世人传诵之作，莫不显示其超人智慧和勇气。然而他却日理万机，事事躬亲，乃至"自校簿书"，终因操劳过度而英年早逝，留给后人诸多感慨。诸葛亮虽然为蜀汉"鞠躬尽瘁，死而后已"，但蜀汉仍最先灭亡。这与诸葛亮的不善授权不无关系。

试想如果诸葛亮将众多琐碎之事合理授权于下属处理，而只专心致力于军机大事、治国之方，"运筹帷幄，决胜千里"，又岂能劳累而亡，导致刘备白帝城托孤成空，阿斗将伟业毁于一旦？

从诸葛亮身上，我们可以将阻碍授权的认知因素归纳为：对下属不信任、害怕削弱自己的职权、害怕失去荣誉、过高估计自己的重要性，等等。

温馨提示

一份尊重和爱心，常会产生意想不到的善果，所以不妨用心看待这个世界，用心去尊重每一个人及自己，你将会发现，自己及周遭的人都有着无穷的潜力。

5.2.3　直线职权和参谋职权

1. 直线职权

直线权力是组织中上级指挥下级工作的权力，表现为上下级之间的命令权力关系。直线权力是管理者所拥有的特殊权力，它与等级链相联系。在组织等级链上的管理者一般都拥有直线权力，他们一方面接受上级指挥，另一方面有指挥下级的权力。

2. 参谋职权

随着组织的日益扩大与复杂，直线管理者可能越来越难以有足够的时间、精力与知识，来有效地完成其职责，因此组织设立专门的参谋人员来协助直线管理者管理和决策，以减轻其负担。

参谋权力是组织成员所拥有的向管理者提供咨询或建议的权力，属于参谋性质，是参谋部门，如采购、会计、人事、设备维修、质量管理、安全检查等部门所拥有的职权。参谋职权分为建议权、强制协商权、共同制定权、职能职权等。

管理实践

东山煤矿的瓦斯爆炸事故

东山煤矿是一座大型煤矿，昨天发生了瓦斯爆炸事故，市长、矿长都亲临现场组织抢救工作，但还是死了三个人。市里组织了事故调查组，调查事故发生原因。他们发现，这个煤矿设备先进，制度健全，还有专门的安全检查员，为什么还会发生这样的事故呢？于是把安全检查员叫来问话。安全检查员老王在煤矿工作已经 10 年了，有丰富的煤矿安全知识。

他说："昨天，我到井下做例行检查，发现瓦斯浓度超标，要求井下作业工人立即停止生产，撤回地面。但班长老李不同意，他说没有矿长的命令不能停工，否则会被撤职。我只好回到井上去找矿长，可矿长去局里开会，电话又打不通。等我找到他时，事故就发生了。"

调查组又找幸存的工人和矿长核实这件事，最后认定，矿长没有赋予安全检查员职能职权，是造成这次事故的主要原因，要负主要责任。

管理启示：对某些特定岗位参谋部门可以给予一定范围内的命令权，即"职能职权"。

3. 直线职权和参谋职权的关系

直线权力是命令和指挥的权力，参谋权力是协助和建议的权力，参谋的职责是建议而不是指挥，他们的建议只有当被管理者所采纳后并通过等级链向下发布指示时才有效。

由此可见，直线权力与参谋权力之间的关系是"参谋建议，直线指挥"的关系。

5.2.4　两个重要的组织原则

1. 指挥链原则

该原则要求指挥命令和汇报请示都必须沿着一条明确而不间断的路线逐级传

递。上级不能越级发号施令（但可越级检查），下级也不能越级请示汇报（但可越级告状和建议），这样才能保证指挥统一。

2. 统一指挥原则

该原则是比指挥链原则更高一层次的组织原则，指组织中，每个下属应当而且只能向一个上级主管直接汇报工作。

管理案例　　　　　　　　**护士长的辞职报告**

一天，产科护士长黛安娜给医院院长戴维斯博士打来电话，要求立即做出一次新的人事安排。从黛安娜的急切声音中，院长感觉到一定发生了什么事，因此要她立即来到办公室来，5 分钟后，黛安娜递给院长一封辞职信。

"戴维斯博士，我再也干不下去了。"她开始申述："我在产科当护士已经 4 个月了，我已经干不下去了。我有两三个上司，每个人都有不同的要求，都要优化处理。要知道，我只是一个凡人，我已经尽了最大努力适应这种工作，但看起来不可能。"戴维斯让黛安娜不要激动，坐下来慢慢说。

"昨天早上 7:45，我来的办公室就发现桌上留了张纸条，是杰克逊（医院的主任护士）给我的。她告诉我，她上午 10 点钟需要一份床位利用情况报告，供她下午在向董事会作汇报时用。我知道，

这样一份报告至少要花一个半小时才能写出来。30 分钟后，乔伊斯（黛安娜的直接主管，基层护士监督员）走进来问我为什么我的两位护士不在班上，我告诉她雷诺兹医生（外科医生）从我这要走了她们，说急诊外科手术正缺人手，需要借用一下。我告诉她，我也反对过，但雷诺兹医生说来不及了，只能这么办。你猜，乔伊斯说什么？她叫我立即让这些护士回到产科部，她还说，一个小时以后她会回来检查，看我是否把事情办好了。我跟你说，戴维斯博士，如果这样的事只是偶然发生，我可以忍受，但它每天都要发生好几次，我怎能忍受得了呢？"

戴维斯认真听着，陷入了沉思。他终于明白了黛安娜为什么要辞职。

小思考：看了案例，你明白黛安娜为什么要辞职吗？

5.3 组织的层级化和部门化

5.3.1 组织的层级化

1. 组织的层级化

组织的层级化指组织在纵向结构设计中需要确定层级数目和有效的管理幅度。管理层次是指组织内纵向管理系统所划分的等级数；管理幅度是一位管理人员直接指挥和监管的下属人数。

2. 管理幅度和管理层次数目的关系

一般情况下，管理层次受到组织规模和管理幅度的影响。在组织规模一定的条件下，管理幅度的大小与管理层次数目的多少成反比例关系：主管所能直接控制的下属越多，管理层次就越少；相反，管理幅度越少，则管理层次增加。在组

织内高层管理者管理幅度一般要小些，基层管理者的管理幅度则要大些。根据管理层次和管理幅度的不同，可将组织分为高耸型组织和扁平型组织。

3. 高耸型组织和扁平型组织

（1）高耸型组织。

高耸型组织又称锥型结构，是指管理层次较多而管理幅度较小的组织结构形态。其优点是：由于管理的层级比较多，管理幅度比较小，每一管理层级上的主管都能对下属进行及时的指导和控制；此外，层级之间的关系也比较紧密，这有利于工作任务的衔接。

其缺点是：过多的管理层级往往会影响信息的传递速度，因而信息的失真度可能比较大，这会增加高层主管与基层之间的沟通和协调成本，增加管理成本和管理工作的复杂性。

（2）扁平型组织。

扁平化组织结构的优点是：上级采用授权，有利于培养下属员工，并使下属有较大的自主性、积极性和满足感，有利于发挥下属员工的积极性和创造性；同时由于管理层次少，因而节约管理费用，组织灵活，信息的沟通和传递速度比较快，决策速度快。扁平化组织结构的缺点是：管理幅度宽，主管人员负担重，易出现决策失误。

扁平型组织缩短了信息传递渠道，可提高信息传递速度与组织活动效率，能够较好地适应信息化时代的要求。扁平型组织要求管理者和下属具有较高的素质和能力；要求组织对下属实施充分的培训，使各层组织、部门、个人的目标明确；在组织中要有充分的授权机制和良好的沟通联系渠道。

现代的企业都已趋向将组织的结构变得更加扁平化。

管理案例　　　　　　　　艾科卡的扁平化组织整顿

美国著名企业家艾科卡初到克莱斯勒汽车公司时，发现公司部门很多，人浮于事，管理混乱，作风散漫。上班时间经理人员不时手端咖啡杯，打开总裁办公室的门，走进来审出去；女秘书花很多时间打私人电话。公司总共有副总裁35名，但每一个人都没有自己明确的职责。公司没有真正的管理机构，组织松散，缺乏人际对话和沟通，如主管设计部门的与主管生产部门的同事接触甚少，人人都各自为政。

艾科卡总结出公司存在问题的根本：机构臃肿，层次太多，权责不明。他开始进行改革。在3年多时间里，精简部门，减少管理层，解聘了35位副总裁中的33位。

艾科卡为了解决人浮于事的问题，解雇了几千名员工，白领蓝领一视同仁。1980年4月，他又辞退了7 000名白领职员，每年因此节省2亿美元开支。在此之前几个月，他还解雇了8 600名员工。仅此两项，每年就可降低费用支出数亿美元。裁减遍及公司各层次，包括高层次经理人员和普通蓝领工人。

艾科卡的整顿使公司减少了管理层，使结构朝扁平化过渡，提高了办事效率，公司面貌焕然一新。1983年公司的经营纯利润达到9.2亿美元，为历史最好水平。

5.3.2　组织的部门化

1. 组织部门化的含义

组织的部门化是指组织在结构设计中要根据工作需要划分部门，并根据组织分权化的程度规定各部门的权责以及相互之间的合作关系，以形成一个既有分工又有合作的有机整体。

2. 部门化的基本形式

（1）职能部门化。

职能部门化是根据业务活动的相似性来设立管理部门。按职能部门化一般将企业划分为开发、生产、营销及财务、人事等部门。

（2）产品部门化。

如果主要产品的数量足够大，不同产品的用户或潜在用户足够多，那么组织就应该考虑根据产品来设立管理部门，划分管理单位，把同一产品的生产或销售工作集中在相同的部门进行组织。

（3）区域部门化。

区域部门化是根据地理因素来设立管理部门。根据地理位置或区域的不同设立管理部门，可以更好地针对各地区的劳动者和消费者的行为特点来组织生产和经营活动。

管理案例　　　　　　　　普来克斯公司的部门化

美国普来克斯公司在将职能结构划分成事业部结构时，发现无论是按产品划分部门还是按地区设立部门都不能改善公司的经营状况。后来，他们不得不将积压下来的肥皂、洗涤剂等产品塞进超级市场和杂货店。

经过一番调查研究后，该公司发现两类营销渠道的推销方法并不一样，于是就按营销渠道设立了超级市场事业部和杂货店事业部，这种结构促进了经营业务的发展。

管理案例　　　　　　　　立石电机公司的组织机构

立石电机公司是风险型企业，为了保证整个公司在市场上的竞争力，首先企业内部要有竞争。为此，公司实行事业部制的管理组织，全公司根据产品划分为 7 个战略事业部，有电机产品部、金融电脑设备事业部等。这些战略事业部再分成22 个事业部，每个事业部如同一个小的风险型企业，或者说企业内的企业。这样一来，增强了彼此之间的竞争，整个企业在市场上的竞争力也大大增强了。

但是，经过一段时间，这种组织结构暴露出横向联系较差的缺点。为了消除这种弊病，立石电机公司采取了新的组织划分。

根据企业的生产经营活动，在技术开发、销售、生产、物流和回收这 5 种职能环节上，分别设立促进小组，与各事业部横向交叉，这样，就消除了企业管理出现的弊病，使企业的管理更加完善，加强了企业内部各部门间的协作关系。

3. 部门化的组织整合协调手段

组织划分为不同部门后，各部门关系需要整合和协调。部门化的组织整合或协调手段有很多：

其一，可以通过组织等级链的直接监督来整合协调不同部门的工作。例如，一个码头有装货和卸货两个部门，经常为争设备、场地闹矛盾，那就在它们上面设个调度室。

其二，可以通过规划工作过程的标准化程序来整合协调不同部门的工作。例如，在上例中可以规定先卸后装，也能协调。

此外，各部门间通过彼此的直接接触与及时沟通的相互调整，也能达到协调的目的。

小思考

小敏的裤子

有一天，舅舅给小敏买了一条裤子，小敏很高兴，可穿上一试，长了一点，于是她请奶奶帮忙把裤子剪短一些。奶奶说，她今天手上的活太多，让她去找妈妈。小敏又去找妈妈，可妈妈也说没空，晚上同邻居约好要打麻将，让她去找姐姐。小敏去找姐姐，但姐姐恰好晚上要同男朋友约会，马上就要走了。

小敏想，长就长一点吧，明天可以把裤子挽起来穿，于是就睡觉了。奶奶忙完手上活后，想起孙女的裤子，就把裤子剪短了一些；妈妈打完麻将回来，想起女儿的事，也把裤子剪短了一点；姐姐约会完想起妹妹的事，又把裤子剪短了一点。小敏第二天早晨起来一穿裤子，发现太短了，大哭起来："叫我怎么穿出去呀。"

这个故事反映了一个什么问题？

5.4　组织设计与职务设计

5.4.1　组织设计的概念

组织设计是组织工作最重要、最核心的一个环节，它着眼于建立一种有效的组织结构框架，对组织成员的分工协作关系做出正式的规范和安排，提供组织结构系统图和编制职务说明书。组织设计搞不好，组织效率难以提高，各部门之间还会产生矛盾。

管理案例　　　　　　　**凯迪公司的矛盾**

凯迪公司是上海一家中型企业，主要业务是　东开发区和市区各设有一个业务中心。
为企业用户设计和制作商品目录手册。公司在浦　　　浦东中心设有采购部和目录部，采购部负责接受用户订货,并选购制作商品目录的材料;目录部负责设计用户定制的商品目录。

市中心有凯迪公司总部和制造部,制造部负责制造商品目录。刘利是凯迪公司负责业务经营的主管,他经常听设计人员抱怨自己受采购员约束太大,从而无法实现艺术上的创新与完美。

于是刘利决定在市区中心再设个市场部,专门负责分析市场需求和挖掘市场潜力,并向采购员提出建议。

市场部成立后,刘利听到了很多不同意见。

采购员和设计人员强烈反映说,新成立的市场部不仅多余,而且干涉了他们的工作;而市场部的人员则认为,采购员和设计员墨守成规,缺乏远见。

刘利虽然做了大量说服工作,并先后调换了有关人员,但效果仍不理想。他很纳闷:问题究竟出在什么地方?

看来,凯迪公司的问题不是出在员工素质差,而是组织设计不合理。

5.4.2 组织设计的具体步骤

1. 确立组织目标

组织目标是进行组织设计的基本出发点。任何组织都是实现某一目标的工具,因此,管理组织设计的第一步就是要在综合分析组织外部环境和内部条件的基础上,合理确定组织的总目标及各种具体的派生目标。有什么样的目标,就有什么样的组织机构为之服务。

管理案例 福特公司与通用公司不同的组织设计

福特汽车公司与通用汽车公司虽然都是制造汽车的公司,却有着完全不同的组织结构,这是因为两家公司有着完全不同的经营目标。

20世纪初,汽车只是富人的专有玩具,虽然很有趣,但是价格昂贵,大众买不起。

1903年,福特汽车公司成立。福特的目标非常明确,就是为大众制造汽车,制造工人们都买得起的汽车。福特的目标决定了战略,其战略又决定了公司结构、规模和范围。要让大家都买得起,那就必须是一种规模经济,规模越大,成本才会越低。

福特在参观芝加哥一家肉品包装厂时受到了启发,建立了流水装配线,通过装配线把汽车部件传送到每位工人面前,工人们只装配事先指定的零部件。流水装配线的建立,让福特公司拥有了明显的效率优势。1914年,福特公司的13 000名工人生产的汽车超过26万辆,相当于其他所有汽车制造商的总产量,而工人数量仅为其1/5。于是,成本控制到了最低,价格也降下来了。到了

1921年,福特汽车的销量占据了整个市场份额的55%,而通用汽车仅占11%。这种生产方式决定了福特汽车公司也是典型的命令和支配型的组织结构,每个环节都由最高层决定,由福特本人发布命令,实行集中组织、垂直管理。

在20世纪20年代初,通用汽车公司的总裁是斯隆。斯隆明白,通用汽车公司无法与福特汽车的低成本车展开竞争。不过,如果将自己的雪佛莱汽车定位为不只是普通的交通工具,情况又会怎样呢?

通过增加标准配置,如发动机启动装置,虽然价格高了,但为消费者提供了"超值"产品,仍会有人买。所以,通用汽车公司决定根据人们经济状况的不同,提供"满足各类钱袋、各种要求"的汽车,产品多样化、消费者分层化就是斯隆为通用汽车公司制定的新战略。

为了实现这个战略,需要在公司机构设计上进行大幅度改进。一方面,要生产可以满足不同消费者需要的汽车,管理就不能过于集中;另一

方面，要让汽车价格能为人接受，让各种汽车有共同的配件就显得非常重要，因此管理也不能过于分散。

所以，新的组织结构应该处于像福特公司那样的高度集中与通用公司过于松散的结构之间的状态。斯隆将整个公司分解，每个分公司负责某些特定的消费群，让有关产品和营销的决策更加敏锐。他又设计了强大的专业办公中心，以协调各分公司之间的关系。

因为通用公司的这种结构更贴近市场，适应性更强，所以销售额大幅增长。到 1940 年，通用汽车公司的市场份额达到了 45%，而福特汽车公司则下跌到了 16%。事实证明，斯隆的组织设计取得了成功。

案例问题分析：案例中的同一行业的两家公司为什么采用完全不同的组织设计？

2. 职务设计与分析

职务设计是在明确实现目标所必需的活动并对目标活动逐步分解的基础上，设计和确定组织内从事具体管理工作所需的职务类别和数量，分析担任每个职务的人员应负的责任和应具备的素质要求。

3. 部门划分

根据组织资源和环境条件对实现目标必须进行的活动进行分组。考虑哪些活动应该分开。根据各个职务所从事的工作内容的性质以及职务间的相互关系，依照一定的原则，可以将各个职务组合成称为"部门"的管理单位。总的原则是"贡献相似原则"，即贡献相同或相似的活动合在一起，由一个单位或部门来承担。例如前面案例中凯迪公司的采购部、市场部贡献相似，却被分成两个部门，所以会有矛盾。

组织活动的特点、环境和条件不同，划分部门所依据的标准也不同。同一组织在不同时期划分部门的标准也可能不断调整。

有些活动看似贡献相同，其实不同，不能合起来，比如公、检、法就不能合署办公。因为公、检、法如果合署办公，彼此会失去监督；只有互相监督，才能保证法律的公证。再如，会计、出纳不能合；会计和审计也不能合。

4. 确定联成一体组织结构

即通过明确规定各单位、各部门之间的相互关系，以及它们之间的信息沟通和相互协调方面的原则和方法，把各组织实体上下左右联结起来，形成一个能够协调运作、有效地实现组织目标的管理组织体系。

5. 根据工作和人员相称的原则为各职位配备合适的人员

根据工作和人员相称的原则为各职位配备合适的人员，并通过任务的分析确定每个职务所拥有的职责与权限。避免"因人设岗"、"有职无权"。决策权应尽量下放到接近活动现场，以适应复杂多变的环境。

6. 制定保证组织良好运行的规章制度

为了保证组织的良好运行和组织目标的实现，还要制定规范和约束员工行为的各种规章制度。

7. 组织设计的变革

当组织运行中发现了不完善的地方，或环境变化引起企业目标修正时，原有的组织设计也应修改，以提高组织适应性和高效性。

管理案例　　　　　　　　　　　**杜邦公司的组织变革**

美国杜邦公司是世界上最大的化学公司，建立至今已有 200 年历史了，这中间其组织结构经历了几次大的变革。

第一时期是个人决策制。杜邦公司是 1802 年由杜邦的儿子们建立起来的，一直实行个人决策式经营。到了亨利时代，公司许多细微决定都由亨利亲自作出，所有支票都得由他签，契约都由他订。这种组织设计起初是成功的，因为当时公司规模不大，产品比较单一，市场变化也不复杂。但随着时代的发展，这种模式就不行了，亨利死后，公司濒临倒闭。

第二时期是集团式经营。在公司危机之时无人敢接重任，杜邦家族准备把公司出卖给别人。这时三位堂兄弟出来力挽危局，买下了公司。三位堂兄弟不仅具有管理大企业的经验，而且具有管理铁路、钢铁、电气和机械行业的知识。他们抛弃了"亨利将军"那种单枪匹马的管理方式，精心设计了集团式经营的组织结构，其主要特点是建立"执行委员会"，隶属最高决策机构董事会。公司在管理职能分工的基础上，还建立了制造、销售、采购、运输等职能部门。在这个集团式经营体制下，权力高度集中，实行统一指挥和专业分工的原则，所以秩序井然，职责清楚，效率大大提高。

20 世纪初，杜邦公司生产的五种炸药占全国总产量的 2/3，无烟军用炸药占 100%。第一次世界大战中，协约国军队 40% 的炸药来自杜邦公司。公司的资产在 1918 年增加到 3 亿美元。

第三时期是造就市场的多分部体制。杜邦公司在一战中的大幅度扩展和多元化经营，使组织结构遇到了管理问题，出现了亏损。这使人们认识到，过去的组织结构缺乏弹性，不能适应市场的变化。

杜邦公司经过周密的分析，创造了一种多分部的组织结构。这个结构就是在执行委员会下，除了设立由董事长领导的财务和咨询两个总部外，还按各产品种类设立分部，而不是采用通常的会计、供应、销售等职能处。各分部都是独立核算单位，这不仅使各分部能够适应市场需求灵活经营，也能使公司最高领导层摆脱日常经营事务，把精力集中到考虑全局性问题上。因此，杜邦公司很快成了一个具有高效能的集团，使它在 40 年代后控制了所有重要的化学工业新产品，并参与了第一颗原子弹和以后的氢弹的生产。

第四时期是"三架马车式"体制。20 世纪 60 年代初，杜邦公司接二连三地遇到难题，过去许多产品的专利权纷纷期满，在市场上受到日益增多的竞争者的挑战，以至蒙受巨大损失。

1962 年公司的第十任总经理科普兰上任，制定了新战略，并调整了公司原组织机构。他在杜邦公司史无前例地将总经理职位让给了非杜邦家庭的马克，财务委员会议长也由别人担任，自己专任董事长一职，从而形成了一个"三架马车式"体制。60 年代后杜邦公司取得的成功，不能说与新的组织结构和体制无关。

5.4.3　职务设计

职务设计指将若干个工作任务组织起来构成一项完整的职务。职务设计因任务组合的方式不同而各异，形成多种职务设计方案。

1. 职务专业化

职务专业化设法将各职务工作设计得简单、细小、易做。就像福特汽车公司的装配线，工人只需完成某一指定的任务，如在车门上打孔安装把手，或像卓别林《摩登时代》中的拧螺丝工只负责拧螺丝的工作。

职务专业化的优点是使得工作专业化分工十分精细，每个岗位上的工作简单且具有重复性，有利于提高人员的熟练程度和工作效率；其缺点是工作内容及范围过于窄小，容易使员工感到单调乏味。

管理故事

为什么做多了还贵

一个欧洲观光团来到非洲一个叫亚美尼亚的原始部落。部落里有一位老者，穿着白袍盘腿安静地在一棵菩提树下做草帽。草帽非常精致，吸引了一位法国商人。他想：要是将这些草帽运到法国，巴黎的女人戴着它，将是多么风情时尚啊。想到这里，商人激动地问："这些草帽多少钱一顶？"

"10 块钱。"老者微笑着回答。"天啊，这么便宜，这会让我发大财的。"商人欣喜若狂。他问："如果我买 10 万顶这样的草帽，你打算每一件优惠多少？""那样的话，就得要 20 元一件。""什么？"商人简直不敢相信自己的耳朵，他几乎大喊着："为什么？"

"为什么？"老人也生气了，"做 10 万顶一模一样的草帽，我都烦死了。"

2. 职务扩大化

职务扩大化是为了减少职务过于专业化所造成的令人乏味单调的感受，扩大员工的工作内容，或者实行职务轮换。它使得员工的工作变得多样化，也有意思多了。

管理案例 **汽车行业的第二次革命**

汽车行业的第一次革命就是福特汽车公司的职务专业化设计。汽车生产的第二次革命是在日本而不是在美国发生。

日本丰田公司在 20 世纪 60 年代开创了精细生产管理，工人组成小规模团队，在移动的生产线旁操作，对汽车装配的部分工序负责，比如，安装汽车转换器和送电系统。每个团队成员要求了解团队中所有的任务，每个团队不仅负责汽车的装配，同时也负责寻找提高质量、降低成本的办法。

这种职务扩大化的职务设计方式使得日本汽车公司在 1980 年占领了国际汽车市场。

3. 职务丰富论

它与职务扩大化的横向扩展不同，是纵向向上充实和丰富工作的内容，也即从增加员工对工作自主性和责任心的角度，使员工体验到工作的内在意义、挑战性和成就感。

管理案例

韩国精密机械株式会社（公司）实行了一种独特的管理制度，就是让职工轮流当一日厂长管理厂务。

一日厂长和真正的厂长一样，拥有处理公务的权力。当一日厂长对工人有批评意见时，要详细记录在工作日记上，并让各部门的员工收阅。

各部门、各车间的主管，得依据批评意见随时修正自己的工作。

这个工厂实行"一日厂长日"后，大部分干过厂长的职工对工厂的向心力增强，工厂管理成效显著，开展第一年就节约生产成本 300 多万美元。

5.5　组织的结构类型

建立组织的根本目的是为了有效实现组织的目标，提高工作效率。在一个拥有数百、上千乃至几万人的大型现代社会组织中，由于时间和精力的限制，主管人员不可能直接地、面对面地安排和指导每个成员的工作，而需要委托他人分担管理工作。为了保证这些工作的顺利进行，就需要设计组织的机构和结构，确定管理职务的类型和组合方法，规定工作任务和相互关系。

管理案例　　　　　　　　**联想的组织结构选择**

在科技、社会日新月异的今天，企业要想生存和发展，就必须根据内外环境的变化，及时调整组织结构，绝不能因循守旧，故步自封。

在短短十几年时间里，联想的组织结构变了好几茬，从"大船结构"到"舰队模式"，从众多的事业部到整合为六大子公司，从北京联想、香港联想分而治之到统一平台……联想几乎每年都

在变。

经过几次"折腾"，联想已经摆脱了大多数民营企业小作坊式的经营模式，形成了大集团、正规化、协同作战的现代企业管理模式。

通过组织结构的调整，联想集团不断打破阻碍自己发展的"瓶颈"，从而不断走向成熟。

就像人类由骨骼确定体形一样，组织是由结构来决定其形状的。所谓组织结构就是组织中正式确定的，使组织任务得以分解、组合与协调的职权框架体系，即横向的部门联系与纵向的层次关系。

组织结构描述了组织的框架体系。组织结构的必要性和重要性是随着组织活动内容的复杂性和参与活动的人员数量的增加而不断提高的。同时，组织结构本身也不会一成不变。现实中的组织结构是复杂的，其类型可分为直线型、直线职能型、事业部制、矩阵型、控股型、网络型、学习型等。

每一种类型的组织结构都有一定的适用范围，都是相对于一定的条件而言的；当条件发生变化时，就会逐渐失去其合理性。因此，离开具体条件，是无法

明确判断哪种组织结构最好的。但是，相对于某一组织特定的条件来说，必定有一种更有利于提高管理效率的最佳的组织结构。

5.5.1 直线型组织结构

直线型是工业发展初期形成的一种最简单的组织结构形式，是属于垂直一体化的组织结构形式，其特点是，组织中各种职务按垂直系统直线排列，各级主管人员对所属下属拥有直接的一切职权，一个下属单位只接受一个上级领导者的指令。直线型组织结构如图 5-1 所示。

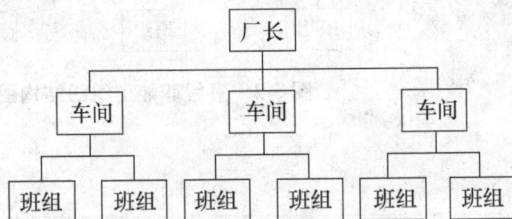

图 5-1　直线型组织结构图

直线型组织结构的优点是：结构简单，权责分明，指挥与命令统一，沟通简捷，决策迅速。

直线型组织结构的缺点是：没有专业管理分工，要求主管人员通晓多种知识技能、亲自处理各种业务。在组织规模扩大、业务复杂等情况下，必然使主管人员因个人知识及能力有限而感到难于应付，顾此失彼。此外，各部门之间的协调较少。

直线型这种组织结构适用于产品单一、工艺技术比较简单、业务规模较小的企业。工业化初期的企业多采用直线型组织结构。

5.5.2 直线职能型组织结构

直线职能型组织结构是综合了直线型和职能型两种类型的组织结构特点而形成的组织结构形式。其特点是在组织中设置了两套系统，一套是按命令统一原则组织的直线指挥系统，另一套是按专业化原则组织的职能系统。

职能管理人员是直线指挥人员的参谋，只能对下级机构进行业务指导，而不能进行直接指挥和命令。这样就保证了整个组织的统一指挥和管理，避免了多头指挥和无人负责的现象。直线职能型组织结构如图 5-2 所示。

直线职能型组织结构的优点是：领导集中、职责清楚、工作效率高、整个组织具有较高的稳定性。

直线职能型组织结构的缺点是：各职能单位自成体系，缺乏信息的横向沟通，工作容易重复；职能单位之间可能出现矛盾和不协调，产生内耗，影响组织效率，且这种组织结构不利于培养能力全面的管理人才。

直线职能型这种组织结构形式适用于环境变化及业务活动并不复杂的中小型企业。

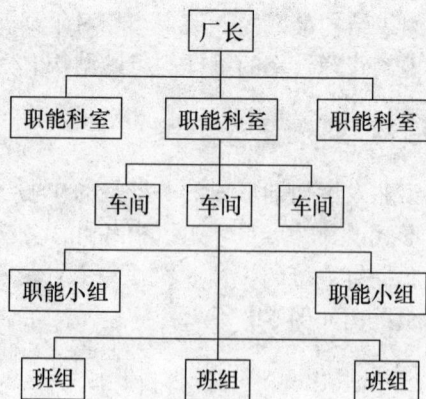

图 5-2　直线职能型组织结构图

管理知识链接

不实用的职能型组织结构

在直线职能型组织结构出现之前，还有一种组织结构形式——职能型。职能型是 19 世纪 80 年代初期，由美国的管理学家泰罗首先提出来的，并在米德瓦尔钢铁公司以职能工长制的形式加以试行。1908 年泰罗在出版的《工场管理》一书中对此做了介绍。

职能型组织结构的特点是，在组织中设置一些职能部门，分管组织的某些职能管理业务，各职能部门在自己的业务范围内，有权向下级单位发布命令和指示。

职能型组织结构的优点是可以解决主管负责人对专业指挥的困难，充分发挥职能部门的专业管理作用和利用专业管理人员的专长。

但职能型组织结构的缺点十分突出，最大的问题就是各个职能部门都拥有指挥权，因而容易形成多头领导，妨碍了集中统一领导，不能实行统一指挥，不利于责任制的建立，有碍于工作效率的提高。因此未被广泛采用。

5.5.3　事业部制组织结构

事业部制组织结构也叫作分部制组织结构，或分权制组织结构，这是大型企业所采用的典型组织形态。它是一种在直线职能型基础上演变而成的现代企业组织结构。事业部制组织结构是在产品部门化基础上建立起来的分权组织，它强调集中决策，分散经营。

所谓事业部制组织结构就是一个企业内遵循"集中决策，分散经营"的总原则，实行集中决策指导下的分散经营，即政策制定集权化、业务营运分权化，对于具有独立的产品和市场、独立责任和利益的部门实行分权管理的一种组织形态。

　　采用事业部制组织结构的企业的最高管理层是企业的最高决策机构，它的主要职责是研究和制定公司的总目标、总方针、总计划以及各项政策。各事业部在不违背总目标、总方针和公司政策的前提下，可自行处理其经营活动。

管理案例

　　1921年，被称为"现代组织之父"的美国通用汽车公司总裁斯隆为了提高公司的竞争力进行了组织机构的改革，提出了"集中政策，分散管理"的事业部制。这是一次管理体制的伟大变革，是组织机构内决策与执行的专门化的纵向分工。分工同时意味着分权，因此，这又是一次集权与分权的组织革命，其实质是经营权与管理权的分开。公司的最高层，董事会或总经理负责企业大政方针的经营决策，而计划、组织、财务、销售等日常管理工作则由各事业部负责。

　　这种新的管理体制使通用汽车公司超过当时最大的福特汽车公司而跃居汽车工业之首。事业部制这种组织结构也被称为"斯隆模型"。

　　事业部制是分级管理、分级核算、自负盈亏的一种形式，公司按地区或按产品类别分成若干个事业部，从产品的设计、原料采购、成本核算、产品制造，一直到产品销售，均由事业部及所属工厂负责，实行单独核算，独立经营。公司总部只保留人事决策、预算控制和监督大权，并通过利润等指标对事业部进行控制，见图5-3。

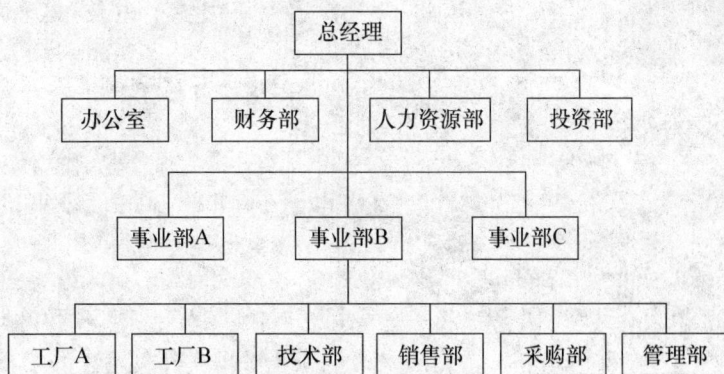

图5-3　事业部制组织结构图

　　事业部制结构的主要特点如下：

　　（1）将企业组织按产品、地区划分部门，设立事业部。

　　（2）重大决策权集中于总公司，各事业部实行独立经营、自负盈亏、单独核算，是一种高度自治的分权化组织。

　　（3）每个事业部都是上一级公司经营目标下单独的"利润中心"，承担完成各自经营目标的全面责任。

　　事业部制的优点：

　　（1）公司总部与各事业部的权责明确。有助于战略管理与日常管理的分工与结合，也更能发挥各事业部的积极性。

（2）针对产品制造、市场营销的专业化优势更强。有利于产品和服务业绩的发展。

（3）有利于培养高级管理人才。事业部经理必须对本事业部产品或服务的经营负全面责任，在经营管理中得到全面充分的锻炼。

事业部制的缺点：

（1）管理费用高昂。由于部门设置重叠，导致管理人员增加、管理费用提高，例如每个事业部都需要设置市场营销部门，而不是集中设置。

（2）削弱组织内部横向联系和协作关系。提高部门独立性也意味着增加了组织最高管理部门对各事业部的管理难度，容易出现组织内部横向联系和协作缺失的倾向。

事业部制结构一般适于经营规模大、产品品种多而差异性较大，或者市场变化快、需求较复杂，因而对适应性要求较高的企业。一般大型跨国企业多采用此种组织结构。

管理案例　　　　　　　美的集团的事业部制结构

美的集团最初是由 23 人筹集相当于 600 美元的资金创办的街道小厂，实行的是直线式管理，经理既抓销售又抓生产。在乡镇企业早期，这种直线式管理曾经发挥过"船小掉头快"的优势。

但在企业规模扩大的情况下，如果生产仍由总部统一管理，五大类 1 000 多种产品由总部统一销售，势必造成产品生产与销售脱节。因此，1996—1997 年，美的在发展中一度遭遇困难，经营业绩大幅度滑坡。1990—1994 年，美的空调销售排名始终排在第三，到 1996 年则落至第7 位。

在这种情况下，老总何享健看到了问题的症结所在，选择了按产品大类划分的事业部制，将部分权力下放，调动了各个事业部的积极性。

事业部制的改造成效于 1998 年开始显现出来，这一年，美的空调产销增长 80%，电扇高居全球销量冠军宝座，电饭煲稳坐行业头把交椅，电机成为行业领头军，小家电（饮水机、微波炉、洗碗机等）亦名列行业前茅。

2000 年，美的进一步全面推进事业部制公司化及事业部管理下的二级子公司运作模式，进一步完善现代企业制度，当年销售额突破了 12 亿美元。

案例问题分析：

（1）1996—1997 年美的出现的困难主要是什么原因造成的？

（2）通过案例，你认为直线型、事业部制分别适合在企业的何种情况下运用？

5.5.4　矩阵型组织结构

职能型结构和事业部制结构在纵横两个方面的结合，就产生了矩阵型组织结构。

矩阵制又称规划矩阵结构或规划目标结构，是一种把按职能划分的部门和按产品（或项目）划分的小组相结合所产生的组织结构形式。它由纵横两套管理系统组成，一套是纵向的职能系统，一套是为完成各项任务而组成的横向项目系统。

　　横向系统的组织，一般是产品、工程项目或服务项目组成的专门项目小组或委员会，并设立项目小组的总负责人，全面负责项目方案的综合工作。

　　纵向系统的组织是在职能部门经理领导下的各职能科室。参加项目小组的有关成员，一般要接受两方面的领导，即在执行日常工作任务时接受本部门的垂直领导，在执行具体规划任务时接受项目负责人的领导。任务完成后，成员就回到原单位。矩阵型组织结构如图 5-4 所示。

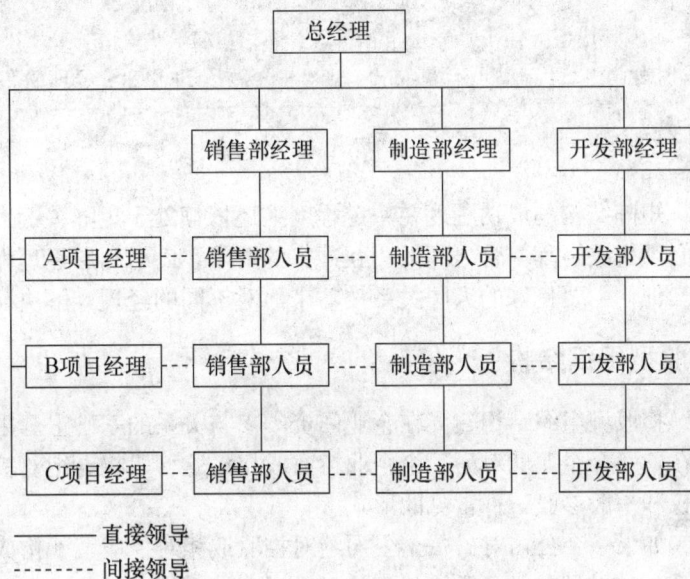

━━━━ 直接领导
------- 间接领导

图 5-4　矩阵型组织结构图

矩阵型组织结构的特点：

　　（1）它和垂直一体化的组织结构不同，是一种纵横交错、具有双重指挥链的组织结构。在矩阵型结构组织中，员工受到职能部门和项目部门的双重领导。

　　（2）矩阵结构改善和提升了组织横向联系和信息共享的方式，便于集中各种专门的知识和技能，加速完成某一特定项目。

　　（3）它在事业部的基础上吸收了职能型结构纵向的职能专业化优势，在横向的每个事业部中都加入纵向的各个职能部门坐标，从而形成一种职能部门化和项目部门化相互交织的矩阵。

　　（4）可随项目的开始和结束而组成和撤销项目组，增加了组织的机动性和灵活性。

管理案例　　　　　　　　**ABB 公司和矩阵型结构**

　　矩阵型结构最有代表性的公司是世界电器巨人 ABB 公司。ABB 公司在全球拥有 25 万名员工，在每一个国家都采取矩阵型结构，将公司按区域和业务维度划分。这样既保证了公司产品的本土化特点，又保证了规模效应和技术的领先性。

ABB本土的经理负责自行开发新产品、开发市场与政府公关，而业务经理负责全球的产品战略决策。

根据这样的结构，ABB在全球范围内成立合资企业，每个合资企业规模都很小（ABB在全球有1 200个合资企业），但大约1 100个合资公司的总经理都同时既向区域经理汇报，也向全球业务经理汇报。

通过这样的管理，ABB仍然作为一个有整体战略的公司，成为世界电气巨人。通过矩阵型结构，ABB有效地将全球化战略和本土化产品相结合，将跨国公司的规模优势和小公司的灵活、低成本优势相结合，具有明显的优越性。

但是，由于矩阵型组织结构是对统一指挥原则的有意反叛，双重管理需要的沟通难度也可想而知。ABB大部分管理文件的内容重点都放在描述区域经理和业务经理的职责和相互关系上，并通过不断地培训使经理们明白他们的角色。

矩阵结构的成功程度在一定程度上还依赖处于矩阵关键点的员工的能力。他们必须解决矩阵主管之间的相互冲突的要求，面对高层经理作出令双方满意的决策。他们需要良好的人际关系技巧来面对不同的经理，解决冲突。

5.5.5 控股型组织结构

控股型组织结构建立在企业间资本参与关系的基础上。由于资本参与关系的存在，一个企业就对另一个企业持有股权。这种股权有绝对控制股权、相对控制股权和一般参股三种常见的形式。

如果一个公司对另一个公司绝对控股或相对控股，就构成母公司和子公司的关系；如果是一般参股，就是关联公司。

母公司、子公司、关联公司都是独立法人，要自负盈亏。母公司对子公司，或子公司对关联公司的经营业务都不能进行直接的管理和控制。

管理案例　　　　　埃克森公司的控股型结构

埃克森公司是世界最大的跨国石油公司之一，在1999年美国《财富》排名榜中居第8位，在石油公司中居第1位。为了促进石油的销售业务，在新泽西标准石油公司成立不到6年时间，它就在英国建立了一个子公司——英美石油公司，其销售业务扩展到南亚和远东地区。

根据公司管理和发展的需要，埃克森公司还设立了一些分公司和子公司。分公司和子公司的区别在于，分公司由公司总部直接管理，不是独立的法人，虽然独立核算，但不自负盈亏。子公司由总公司控股，派代表进入子公司董事会、监事会，实行间接管理。子公司是独立法人，独立核算，自负盈亏。不论是分公司还是子公司，都为实现公司的总目标工作。

案例分析问题： 分公司和子公司的区别和联系是什么？

5.5.6 网络型组织结构

随着组织内外经营环境的发展变化，特别是市场竞争的加剧，企业的组织结构不断推陈出新，出现了网络型等许多新型的组织结构。这些新型组织结构的基本特点是强调快速、灵活和适应变化的能力。网络型组织结构就是当今最典型、最具影响力的新型企业组织结构。

采用网络型结构的组织通过创设一个关系的网络，与独立的制造商、销售代理商及其他机构达成协议，形成一种基于契约关系的新型组织结构形式，使网络中的各个组织都按照契约要求执行相应的生产经营功能。网络型组织结构如图5-5 所示。

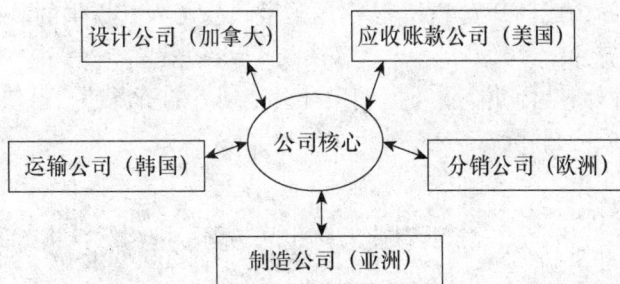

图 5-5　网络型组织结构图

由于网络型组织的大部分活动都是外包、外协的，因此，公司的管理机构就是一个精干的经理班子，负责监管公司内部开展的活动，同时协调和控制与外部协作机构之间的关系。

网络型结构是一种很精干的中心机构，以契约关系的建立和维持为基础，依靠外部机构进行制造、销售或其他重要业务经营活动。被联结在这一结构中的两个或两个以上的单位之间并没有正式的所有关系和行政隶属关系，但通过相对松散的契约纽带，透过一种互惠互利、相互协作、相互信任和支持的机制来进行密切的合作。

在网络结构中，作为核心的中心组织，其主要工作是创建网络，与许多独立的设计者、制造商、代理商保持联系，将组织的大部分职能外包给这些外部组织，而中心组织的高层管理者则可以集中精力做最擅长的事，协调、控制各种外部关系。

网络结构的优点是：

（1）这是最经济、最精干的一种组织结构。因为它需要的管理者极少，且不需要大批的参谋和管理人员。一个网络组织结构可能只有两三层。

（2）减轻了企业管理和运营的难度，使企业可以集中精力做最擅长的事。

网络结构使企业缩小内部生产经营活动的范围，将大部分职能外包给这些外部组织，使组织结构变得简单，运营管理更加容易。

（3）使组织具有全球性的竞争能力。

网络组织即使规模很小，也可以是全球性的。网络组织可以在世界范围内获得资源，从而实现最优的品质和价格，并在全球范围内提供其产品和服务。

（4）这种组织更具有灵活性。由于网络中的组织都变得"身小轻盈"，组织可以不断地改变自身以适应新的产品和市场机会。

网络组织结构的唯一缺点是缺乏实际控制。经理不控制全部操作，而必须依靠合同、合作、谈判和电子信息来运转一切。由于必要的服务不在直接的管理控制之下，所以具有一定的不确定性。

网络型结构是小型组织的一种可行的选择，也是大型企业在联结集团松散单位时通常采用的组织结构形式。例如，IBM公司20世纪80年代初在不到一年的时间内成功开发PC，依靠的是微软公司为其提供的软件和英特尔公司为其提供的芯片。

网络结构使企业可以利用社会上现有的资源使自己快速发展壮大起来，目前已经成为国际流行的一种组织结构。

管理案例　　　　　　　　　　**浙江专业化产业区的网络型组织结构**

近年来，我国网络型组织结构形式发展十分迅速，很多地方，尤其是东南沿海地区已经形成了一些以网络型组织结构为基础的专业化产业区。以我国专业化产业区最为发达的浙江省为例，2001年全省专业化产业区总产值达5 993亿元，占全省工业总产值的49%，涉及175个行业、23.7万个企业和380.1万个就业岗位。其中年产值超亿元的产业区达519个，并有52个产业区的产品国内市场占有率达30%以上。

以具有典型意义的温州打火机产业区为例。在该产业区内，有打火机生产企业500多家，没有一个企业是成规模、可以自己生产全部零部件进行整机生产和销售的，都是通过整机装配或销售形成的一个个网络型组织结构。

就是因为没有大企业的打压，小企业才有了生存的空间，从而可以"八仙过海、各显其能"。

小有小的好处，产权清晰，利益直接，从而能激发其工作热情。也正因为小，不能包打天下，只有分工合作才能完成，从设计、生产到销售的全过程，才能形成价值链。企业小虽然不具有内部规模经济，但价值链的形成使整个产业区具有了外部规模经济，从而使产品成本大大降低。

与国内同档同类产品相比，温州打火机的出口价格1～2欧元，而欧洲同类打火机至少要10欧元，多则十几欧元。有了价格优势就有了市场，就能进行大规模生产。2001年温州共生产金属外壳打火机约6亿只，产值20亿元，分别占据了我国和世界市场的90%和70%。

案例问题分析：

(1) 这种网络型结构的优点是什么？

(2) 设想你今后如果创业，你新创业的公司会采用这种形式的组织结构吗？

5.5.7　学习型组织结构

所谓学习型组织，是以共同愿景为基础，以团队学习为根本特征，对顾客负责的组织系统。

学习型组织把学习的重要性提到了前所未有的地位，它强调的是组织的自我变革能力和对环境的适应能力。这是因为在以知识化为重要特征的当今社会，消费者全球化，技术突飞猛进，竞争对手日益增多，组织环境呈现出空前的复杂性和不确定性，因此创新能力成了企业持续发展的最重要的动力，而学习、获取、创新知识无疑是企业提高创新能力的最重要途径。

正如彼得·圣吉所说的那样，唯一持久的竞争优势，就是具备比你的竞争对手学习得更快的能力。

管理知识链接

怎样才能成为学习型组织

学习型组织，是美国学者彼得·圣吉（Peter M. Senge）在《第五项修炼》（The Fifth Discipline）一书中提出的。彼得·圣吉认为，企业的管理者和全体员工都必须经过五个方面的修炼：自我超越、改善心智模式、建立共同愿景、团队学习、系统思考。

名人名言

☆组织的目的在于让平凡的人做不平凡的事。

——彼得·德鲁克

☆公司内部越能建立共识，就越不需要管理的行政层级，即使有，也可加以缩小。

——美国密西根大学商学院教授普哈拉

☆人才是利润最高的商品，能够经营好人才的企业是最终的大赢家。

——联想集团总裁柳传志

☆管得少就是管得好。

——杰克·韦尔奇

"管理训练营"之模块五

项目一：交流分享

1. 对于大学生，所谓的组织能力实际上就是一种协调能力。那么，怎么提高自己的组织能力呢？主要有两条，一条是学会为人处世的能力，一条是统筹全局的能力。结合这两条，你准备怎样提升自己的组织能力？

2. 在实践中锻炼自己的组织能力很有效，比如参与组织一些公益活动、担任班委学生会干部、组建学生社团等。你准备怎样通过实践锻炼自己的组织能力？

3. 结合本章主要内容以及自己的专业，尝试写出2～3句管理警句，并不断鞭策与鼓励自己，逐步提升自己将来作为一个优秀的管理者应有的组织能力。

项目二：案例分析
虚拟经营的典型代表——耐克公司

耐克作为国际知名品牌，风行全球，几乎成为青年人的偶像。但是许多人并不知道，耐克公司作为全球最大的运动鞋厂商，却没有直接生产过一双鞋。

耐克的成功全靠具有现代商业意识的总裁菲尔·耐克的精心策划、奋力开拓，并选择了适当灵活的生产外包方式。

耐克公司把所有人才、物力、财力资源集中起来，全部投入到产品设计和市场营销这两大部门中去，全力培植公司强大的产品设计和市场营销能力，最终，产品设计和品牌营销成了耐克公司的两件强有力的竞争武器。

菲尔·耐克原本是一个小商贩，经营日本运动鞋。由于生意惨淡，善于思考的耐克分析了自己小店生意不好的原因，发现自己贩卖的运动鞋没有什么特色，因此不受消费者喜欢，于是，他开始思考如何突破。

后来，菲尔·耐克得悉威廉·德尔曼教授利用凹凸铁板压烤过橡胶制成运动鞋的消息后，立即花钱买入这种鞋的专利，开创耐克事业。由于这种带有凹凸图案鞋底的运动鞋比平滑橡胶板鞋更富有弹性，穿起来很舒服，走起路来倍感轻松，很快受到了人们的欢迎。

创业初期，由于菲尔·耐克准确预测到弹性好又能防潮运动鞋的市场前景，耐克鞋凭借独特的设计、新颖的造型迅速在美国打开了市场。随着公司的壮大，菲尔·耐克把眼光投向了国际市场。

但是耐克鞋价格较高，如果依靠出口进入其他国家市场，本身的高价位再加上各国尤其是发展中国家的高关税，是很难被这些国家的顾客所接受的。

如何解决这一难题呢？耐克公司采用了生产外包战略。

首先在爱尔兰选择适合外包的生产企业生产耐克球鞋，从而进入了欧洲市场并以此躲过高关税，又在日本的工厂中选择外包工厂，将耐克球鞋打入了日本市场。

耐克公司不投资建设生产基地，不装配生产线，而是把生产加工任务全都外包给其他公司，这样就节约了大量的人工费用、生产基建投资、设备购置费用和管理费用。耐克公司集中公司的资源，专攻附加值高的设计和营销，然后到世界各地，把设计好的样品和图纸交给劳动力成本较低国家的企业，最后验收产品，贴上"耐克"商标，销售到每个喜欢耐克的人手中。

随着各地区生产成本和劳动力成本的变化，耐克公司的生产合作对象从日本、西欧转移到了韩国、中国台湾，后来又转移到了中国大陆、印度、越南、缅甸等东南亚劳动力价格更加低廉的发展中国家和地区。耐克的发展史就是一部通过外包的形式，借助他人力量，从而使企业发展出现呈几何数递增的效果的历史。

由于耐克公司在生产上采取外包方式，使本部避免了很多生产问题的拖累，使公司能集中精力关注自己的核心优势，能够快速收集市场信息，及时将它反映在产品设计上，然后快速由世界各地的签约厂商生产出来以满足用户需求，从而使耐克公司在引导新潮流、掌握市场趋势等方面占有优势。这就是它的核心竞争优势。

世界上很多工厂都在为耐克打工，这些生产运动鞋的工厂虽然只能得到较低的加工费，但成为耐克的合作厂，就意味着有稳定的利润来源。而这些运动鞋贴上耐克的商标后，要卖上超过加工成本数十倍的价格。

这就是网络化组织结构的优势，网络中的组织各取所需，并实现双赢。耐克的成功给了许多企业以启示——善借外部力量发展自己无疑是一条百试不爽的成功之路。（资料来源：朱国春. 成功企业的 16 种思维 [M]. 北京：中国市场出版社，2007.）

案例分析问题：

1. 耐克公司采用了什么组织结构形式？
2. 这种组织结构形式与耐克发展的关系如何？

项目三：案例分析
谷歌如何管理世界上最聪明的工程师

工程师一直是谷歌内部的重要力量，在这些工程师的眼中，他们并不需要管理者，因为那样会增加官僚作风、遏制他们的创新，甚至还会让他们偏离"真正的工作"。谷歌在 2002 年时曾取消了工程师管理者的职位，尝试扁平化组织。事实上，这种做法并没有奏效，而且还导致了一些细小的个人问题也反馈到了首席执行官等高层领导。

最终，在经历了一项长达多年的名为"氧气项目（Project Oxygen）"的研究之后，谷歌发现，好的管理者的确会起到巨大作用。"氧气项目"主要是利用现有面试、调查和行为评论等方式来评估重要的管理行为及其影响。

谷歌认为，最优秀的管理者应当具有以下 8 种特质：

1. 是一个好的指导者；
2. 能够赋予工作团队权力，而不是事无巨细地参与各种微观管理；
3. 关注团队成员的成功和个人生活状况；
4. 富有生产力，并以结果为导向；
5. 是一个好的交流者，可以倾听他人的意见，并与他人共享信息；
6. 帮助员工在事业上取得进步；
7. 具有清晰的眼光，并能够为团队制定明确的战略；
8. 具有重要的技能，能够帮助他（她）本人为团队提供意见。

在一个充满工程师的公司里，上述第二个特质可能最为重要。那些曾经质疑管理层效率和习惯于从事分散性目标任务的员工并不希望被牢牢管死。

谷歌还将上述 8 条特质作为考量工程师经理人的最佳准则，并用这些特质来考量、建议和培训经理人的具体行为。因此，工程师经理不仅要避免微观管理，而且还需要平衡自由和意见，并给工程师提供可行的建议，给他们分配可以拓展的任务，明确信任他们的汇报，同时还要用高水平的人来鼓励他们。

以下就是谷歌员工对管理层的相关评述：

1. 关于避免微观管理："他不需要对我事无巨细地管理，而且要有逻辑性，能够倾听别人的意见。他必须懂得尊重别人。"
2. 关于平衡自由与意见："他鼓励人们提出意见，但也要知道何时才能干预，并提出成功的建议。"

3. 关于信任："他需要培育一种有责任的文化氛围，而不要忽略我们会享受工作的事实。他应当知道他在管理一个人才队伍，而且也要能够与我们分享他信任我们这一事实。"

尽管工程师不喜欢别人过多地干预他们的工作，但如果有管理者能够密切关注他们的职业发展时，他们也会很愿意。特别是在谷歌这样的公司，经理人必须花费大量的时间来描述如何才能在晋升之外更好地发展自己的业务，例如获取参与更大项目的机遇等。

案例分析问题：

1. 扁平化组织结构的优缺点是什么？

2. 你如何看待谷歌在组织设计中的工程师经理人设置？

项目四：组织能力训练游戏 1

众志成城

目标：让学生体会团队合作的重要性

时间：30～40 分钟

活动材料：报纸数张

活动步骤：

1. 先将全班分成几组，每组约十人（可男女分组进行）。

2. 活动主持人分别在不同的角落（依组数而定）地上铺一张全开的报纸，请各组成员均进入报纸上，无论用任何方式都可以，就是不可以脚踏报纸之外。

3. 各组完成后，导师请各组将报纸对折后，再请各组成员进入报纸上。各组若有成员被挤出报纸外，则该组被淘汰，不得参加下一回合。

4. 进行至淘汰到最后一组时结束。

5. 组织成员讨论刚才的过程。

有关讨论：

1. 如何才能在这项游戏中玩到最后？

2. 团队合作在这里起到了哪些作用？

项目五：组织能力训练游戏 2

拍手游戏

适合人数：40 人以下

游戏时间：20 分钟

游戏类型：团队、教练技术、倾听

游戏步骤：

1. 首先将学员分成 3～4 组，所有学员在游戏过程中都必须闭上眼睛。

2. 由第一组开始，第一组全部学员开始拍手，通过倾听使第一组拍手的节奏逐步一致。

3. 第一组的拍手节奏保持一致后，第二组全部学员开始拍手，第二组必须在第一组两次拍手之间拍两下，直到第二组的拍手节奏一致。

4. 第二组的拍手节奏保持一致后，第三组全部学员开始拍手，第三组拍手必须在第一组两次拍手之间拍四下，直到第三组的拍手节奏一致。

5. 以此类推，第四组拍 6 下……

有关讨论：如果要想使所有的节奏保持一致，需要团队具备什么条件才可以实现？

第 6 章

领　导

　　一个首席执行官的任务，就是一只手抓一把种子，另一只手拿一杯水和化肥，让这些种子生根发芽，茁壮成长，让你周围的人不断地成长、发展，不断地创新，而不是控制你身边的人。

——杰克·韦尔奇

学习目标

1. 知识学习目标
- 掌握领导的本质
- 掌握领导与管理者的区别
- 掌握领导的权力来源
- 掌握领导的相关理论
- 掌握主要的激励理论
- 熟悉领导方法与艺术

2. 能力实训目标
- 掌握领导的工作内容
- 掌握不同领导方式适用情景
- 掌握领导权力运用的技巧
- 熟练运用主要的激励方法

引入案例

郭鹤年和他的"香格里拉"

在一部英国人写的小说《消失的地平线》里,"香格里拉"被描绘成一块永恒、和平、宁静的圣土。在亚洲世界,它还有另一个主要功绩——成就了一个酒店帝国的品牌,也成就了酒店业的巨子郭鹤年。当他87岁高龄之时,荣获2012年中国经济年度人物终生成就奖,那么他有怎样的传奇经历与人生经验值得我们分享呢?

一、与北京的第一次亲密接触

郭鹤年,马来西亚华裔,庞大商业帝国嘉里集团的老板。其商业版图渗透至世界各地,经营业务从粮油糖业到金融、酒店、商贸和船运等。在郭鹤年还是20多岁的小伙子的时候,他从父辈手中接过产业,以粮油业开始了未来商业帝国的原始积累。将所有的鸡蛋全部放在一个篮子里,这的确很冒险。但正如他后来所说的,做生意的人一定要有一种胆量。"每一种生意都有危险,但假如一有危险,你就走开,那就永远是穷人了。"最鼎盛的时期,他控制了国际市场上每年食糖贸易总量的1/20,因此被冠以"亚洲糖王"的称号。

二、改革开放最积极的回应者

1. 试水旅游业

20世纪70年代中期,郭鹤年将商业重心转移到了香港。香港是中国内地的桥头堡。之后,他把触角伸向了旅游业,杭州、桂林、敦煌、张家界的秀丽风景及得天独厚的优势,成就了他的"香格里拉"。第一家香格里拉酒店在新加坡诞生,且一鸣惊人,连创佳绩,成为新加坡盈利最高的酒店之一。随后,郭鹤年相继在马来西亚、泰国、香港、斐济、韩国、菲律宾等国家和地区兴建了香格里拉酒店。到20世纪80年代中期,香格里拉已经发展成为一个初具规模的大型酒店集团。同时他还收购了香港英文报《南华早报》,入主香港无线电视,成为举足轻重的传媒大亨。

2. 打造长安街地标性建筑

在郭鹤年的内地布局中,北京成为了第二站。1985年,北京最核心的长安街即将迎来它的剧变。他决定与外经贸部投资建设中国国际贸易中心,打造一个地标性建筑。郭鹤年此举被认为是当时外资在中国产业界所推行的最大的投资计划,备受瞩目。当然,在那个年代,如此大规模地投资中国,让许多人为他捏一把冷汗。但很快,中国遇上了1989年的那场政治风波。

西方世界制裁中国，外商们纷纷抛弃了中国市场。而郭鹤年不仅不撤资，相反还增加了项目和投资。他向中方合作者许下承诺："我一定不撤，一定要把国贸建好，而且要经营好。"

三、在商言德的儒商境界

庞大的中国市场也给予了郭鹤年丰厚的回报。目前，香格里拉酒店在全球开业已达72家，其中，在中国就有34家；全球在建的有45家，其中28家在中国。未来，全球一半的香格里拉酒店将散布于中国的旅游和商务繁华城市。与此同时，做粮油起家的郭氏家族也将目光盯紧了国内的粮油市场。1991年，郭氏在内地投资的第一家油厂南海油脂企业正式落成。郭家确信，几十年后，中国一定是世界上最富有的国家之一。中国拥有最庞大的人口，也拥有一个同样庞大的粮食市场，他们认为，应该在中国建立世界上最先进、最大规模的工厂。事实上，他们也一直朝着这个目标努力。在短短的20年后，郭氏家族终于成就了中国粮油市场上的一个巨无霸。益海嘉里集团在全国的40多个地方建了170多家工厂，年营业额达100多亿美元。仅以食用油为例，"金龙鱼"、"香满园"、"元宝"、"胡姬花"等16个品牌均为丰益国际旗下的食用油品牌，占据了中国相当部分的食用油市场。

在郭鹤年60多年的商业生涯中，支持他的家族产业不断发展壮大的是长期信奉孔孟之道，"做生意也要尽量靠道德的路线，才能够有存在一两百年的希望"。当年那些与他一起卖米，而且比他做得更大但手段太狠的米商现在已经完全在市场上消失了。他相信人人都有好运气。当然，运气不可能是一切，"肯定90%以上要靠自己的勤奋和智慧"。他勉励年轻人，世界上只要一天有太阳、有氧气、有人类，永远都有生意的机会。"但是时代变了，你要跟着时代变，不能到了22世纪你还是21世纪的头脑。"他这样总结自己的成功之道：得到相当的教育，能读、能听、能算；多交朋友，但要学会分好的朋友和不好的朋友；私生活形成很好的规律，早睡、早起，每天要比竞争者多干几个小时。（案例来源：郭芳.郭鹤年的香格里拉 [J].中国经济周刊，2011（39）.）

思考题：

1. 你认为郭鹤年的事业之所以做大做强的原因是什么？
2. 从他的身上有哪些值得你学习的企业家品格与精神？

❖—❖—❖—❖—❖—❖—❖—❖—❖—❖—❖—❖—❖—❖—❖—❖

6.1 领导的本质和内容

6.1.1 领导的含义

领导一词通常有两种含义：

一是作为名词，指领导人、领导者，即组织中的首领。大到一个国家的领导人，小到一个企业的班组长，根据职位的不同，组织中可有多个领导者。

二是作为动词，指一项管理职能，即领导者通过影响被领导者，使其努力实现组织的既定目标。

一个组织的领导者犹如一个交响乐队的指挥，他能影响乐队中的每一个成员，并把他们的才能充分发挥出来，在他的指挥和统帅下，整个乐队协调配合，从而能奏出和谐自然、优美动听的乐章。

6.1.2 领导的本质

领导的本质包括以下四个方面的含义：

其一，领导是一种社会现象。领导的基本要素是领导者、被领导者、客观环境和一定的目标，这些要素及其运动过程都属于社会范畴。

其二，领导的实质是领导行为。它是指为了实现一定的目标，领导者与被领导者、环境、目标之间的相互作用，是向组织目标推进的动态行为过程。

其三，领导是一种影响力。这种影响力是相互的，即领导者对被领导者施加影响，反过来，领导者也受被领导者言行的影响。

其四，领导行为需要权力和指挥手段。实施领导是运用权力进行指挥的过程。但是一些优秀的领导者可以靠感召力、模范行为、品德等个人的魅力实施领导。

管理故事

会议室的紧急电话

1976 年，美国《纽约邮报》刚被报业大亨默多克收购。新老板上任，小记者艾伦生怕自己被炒了鱿鱼。可这时，艾伦的妻子就要临产，他不知该不该请假去照顾妻子。那天上午，艾伦接到通知，默多克要来给大家开会。

会议开始了，默多克站在台上，讲起自己的办报经历和对报纸前景的展望，艾伦看起来听得很认真，但其实如坐针毡，只想快点知道妻子的情况。这时，会议室传来急促的电话声，大家齐刷刷地盯着墙角的应急电话。默多克无奈地停下来，示意离话机最近的人去接一下。

"医院打来的，说是找艾伦有急事！"那人说完，艾伦紧张地起身，对着台上的默多克解释道："怕是我妻子要生了，实在对不起……"默多克微笑着点点头，示意艾伦赶快去接，然后又压低嗓门对其他人说："既然是他家里的事，我们还是暂时回避吧。"说完便带头往外走。

意想不到的一幕发生了，100 多位同事依次退出了会议室，直到艾伦接完电话才回来。默多克重新站上讲台，对艾伦说："谢谢你为我创造了更多时间，让我可以把报纸的未来想得更清楚。"他用最简短的话结束了会议，然后走近艾伦说："现在你可以去照顾你的妻子了。"30 年后，艾伦也当上了报社总编辑。提及往事，默多克说："优秀的人都善于团结人，而最能征服人心的力量，恰恰是对他人发自内心的尊重。"（资料来源：张书宁. 会议室的紧急电话［J］. 环球人物，2013（06）.）

温馨提示

领导的本质就是，通过人与人之间的相互作用，使被领导者能够心甘情愿地追随他前行，自觉自愿地把自己的才智奉献给组织。

6.1.3　领导者与管理者的关系

领导是管理的一个职能，组织中的领导行为属于管理活动的范畴，但领导者与管理者有着明显的不同。

（1）管理者产生于正式组织当中，有正式的职位和权力；而领导既可以存在于正式组织当中，也可以存在于非正式组织当中。如黑人领袖马丁·路德·金，他只是一个普通的牧师，没有正式的职位和官衔，但由于其对美国黑人人权和自由的追求和非凡的人格魅力，从而成为美国著名的黑人民权领袖。

（2）管理者开展工作主要依靠的是职位权力，与下属之间更多的是工作关系，扮演的是监督者的角色；而领导者的工作依靠的是个人权力（包括个人影响力、专长权及模范作用），优秀的领导者不是高高在上进行命令与指挥，而是置身于群体之间，引导、激励下属为实现组织的目标而努力，其与下属是朋友与队友的关系，更多扮演的是教练的角色。

（3）管理者的管理对象包括人、财、物等多种要素。管理者的工作手段主要是计划、决策、组织和控制等。领导者的工作对象是人，其工作主要是设置目标、指明活动方向、人事安排、开拓局面、创造态势、给人以憧憬与希望等。

因此，好的管理者不一定是一个好的领导者，一个好的领导也未必是个有效的管理者。

温馨提示

管理者把事情做好，领导者做正确的事。
　　　　　　　　　　　　　　——著名管理学家沃伦·本尼斯和伯特·内纽斯

职场忠告

俞敏洪：跟一个怎样的领导才不会倒霉

"年轻人进入职场，都希望先拿高薪，再认真工作，心里想的是我工资待遇不够，凭什么努力工作。但实际上最后真正在职场取胜的，是那些不计较个人得失辛勤工作、持续不懈努力的人。"俞敏洪告诉刚入职场的年轻人，不要太计较一开始的薪酬，因为老板和员工的思维有差异，员工希望先得到报酬再工作，老板却喜欢那些拼命工作不计报酬的人，然后就会重用这样的人。

俞敏洪认为，刚入职场的年轻人应该关注的是你跟的老板是不是公平、重视人才。"你再努力，创造再多的成就，还是不被公平对待，还是得不到承认，就只有一个办法，就是炒老板的鱿鱼。遇到这样的老板，不尊重人才，跟了会一起倒霉的。"（资料来源：俞敏洪. 俞敏洪：跟一个怎样的领导才不会倒霉. 中国企业家网，2013-06-27.）

小思考：你认同俞敏洪的观点吗？为什么？

6.1.4 领导的工作内容

领导作为一种人际间相互交往与作用的过程，由以下几个方面的工作构成。

（1）巧用权力。在一个组织中，一个人可能根据他工作的职位权力的合法性采取强制手段指挥命令他人做事，这只是职位权威。而优秀的领导者更多的是以个人权力即自身的才能、魄力与威望来影响和促进他人工作，而且有较好的工作业绩与效果。

（2）激励下属。领导者要取得下属的追随与服从，首先必须了解下属的愿望与需求，并帮助其实现。管理者越能够最大限度地激发下属的潜能，就越可能成为有效的领导者。

管理故事

你给员工打气了吗?

一个男孩问迪士尼创办人华特："你画米老鼠吗?"

"不，我不画。"华特说。

"那么你负责想所有的笑话和点子吗?"男孩接着问。

"不，我也不做这些。"华特回答。

男孩追问，"先生，你到底都做些什么啊?"华特笑了笑回答："有时我把自己当作一只小蜜蜂，从片厂一角飞到另一角，搜集花粉，给每个人打打气，我猜，这就是我的工作。"

（3）善用沟通。沟通是领导者工作的主要活动内容。通过沟通了解实情，通过沟通传达指令与工作使命。是否善用沟通是衡量领导者工作水准的主要尺度与标准。

（4）组建团队。组织目标的达成需要团队，而优秀的领导懂得如何组建自己的团队。团队建设不仅要结构合理，人尽其才，而且要激发成员努力实现组织目标的使命感。

管理故事

唐僧团队

唐僧师徒性格迥异，却历经百险，团结一致，坚定地朝目标前进，终于求取真经，可以说唐僧团队是经典的团队组合。唐僧团队主要包含四种角色：德者、能者、智者、劳者。他们分工明确：德者领导团队，能者攻克难关，智者出谋划策，劳者执行有力。

德者居上。唐僧无疑就是团队里面的领导人和核心，他目标明确、品德高尚，负责传达上级命令，督促下属工作，对下属的表现作出评判和考核。

能者居前。孙悟空能力无边、个性率直、想法多端、行动灵活，可谓是团队内的优秀人才。

智者在侧。八戒不仅有不俗的战斗力，而且他在团队中最重要的作用就是协调各方，为整个团队的工作氛围带来活力与快乐。

劳者居下。沙僧能力一般，但忠心耿耿、工作踏实、任劳任怨、心思缜密，并且有良好的团队合作精神。这种角色虽然不会有大作为，但是团队运行也离不开他。（资料来源：区竹菁. 唐僧团队的成功秘诀. 世界经理人网站，2013-05-23.）

6.2 领导的权力

领导者要使被领导者心甘情愿追随自己为实现组织目标献力，必然要以某种方式影响被领导者的态度与行为。权力是领导者对他人施加影响的基础，换言之，领导的影响力是由权力派生出来的。

6.2.1 权力的含义

所谓权力，是指一个人对他人态度和行为的影响力。影响力人皆有之，但强度各不相同，并且一个人的影响力也会随着交往对象、交往环境等因素的变化而发生变化。领导者的权力就是领导者有效地影响或改变被领导者的态度或行为的能力。

6.2.2 权力的类型

领导者实施领导行为，首先必须拥有必要的权力。权力是影响他人行为的一种潜在能力，是领导的基础和核心。领导者如果不具备与其职位相称的一定权力，就无法通过自身活动去影响别人，也就无法实施其责任和使命。在一个组织中权力可以按其来源不同分为两大类：职权与个人权力。

1. 职权

职权就是来自职位的权力，是由管理者在组织中所处的地位决定的，并由法律、制度明文规定，属于正式权力。这种权力会随职务的变动而变动。主要包括：

（1）法定权。它来自一个组织或团体正式授予领导者的法定地位。这是一个组织内各级领导职位所具有的正式的权力。每一级的领导者都必须拥有一定的法定权，才能维护某一职位的权威性。但法定权不一定都是由领导者本人来实施，往往可以通过组织内的政策和规章制度来实施。

（2）强制权。这是一种对下属在精神上或物质上进行威胁强迫的权力，是一种惩罚性的权力。强制权可使下属意识到，违反纪律和规章制度就会受到惩罚。为了保证组织工作的顺利开展，领导者拥有这项权力是必要的，但不能滥用，否则容易导致专制的独裁者。

现代领导科学认为，强制权的运用是十分有限的。如果领导者把它看做是唯一的权力，是一种十分危险的错误倾向。

（3）奖励权。它是强制权的对立物。它使下属认识到，完成一定的任务，会带来一定的奖励。这种奖励不仅包括物质奖励还包括精神奖励。正确使用这种权力，有利于进一步调动并维持下属的积极性。

`管理故事`

士为"赞赏"者死

韩国某大型公司的一名清洁工，本来是一个最被人忽视、最被人看不起的角色，但就是这样一个人，却在一天晚上公司保险箱被窃时，与小偷进行了殊死搏斗。事后，有人为他请功并问他的动机时，答案却出人意料。他说，当公司的总经理从他身旁经过时，总会不时地赞美他："你扫的地真干净。"

这也正合了中国的一句老话"士为知己者死"。美国著名女企业家玛丽凯曾说过："世界上有两件东西比金钱和性更为人们所需——认可与赞美。"金钱在调动下属的积极性方面不是万能的，而赞美却恰好可以弥补它的不足。因为生活中的每一个人，都有较强的自尊心和荣誉感。你对他们真诚的表扬与赞同，就是对他价值的最好承认和重视。而能真诚赞美下属的领导，能使员工们的心灵需求得到满足，并能激发他们潜在的才能。

打动人最好的方式就是真诚的欣赏和善意的赞许。

小思考：你常常赞赏别人吗？你习惯用什么方法赞赏别人？

职位权力具有如下特性：

（1）强制性。其好处在于效率高；缺点是易造成下属的对权力的抗拒。

（2）职务性。权力的大小与职务的高低对等，既不能滥用职权，也不能不负责任。

（3）潜在性。是指权力要用在关键时刻。

2. 个人权力及其特性

个人权力，是指由于个人所具有的特殊技能、专业知识、品质、性格和社会经历、背景等个人因素而产生的对他人的影响力。这种权力不随职位的消失而消失，而且对人的影响是发自内心的、长远的。主要包括：

（1）感召权。这种权力是因为领导者具有良好的品质、高尚的道德、优良的作风、广博的知识等，因而受到下属的称赞和佩服而具有的。它实际上依靠领导者个人的魅力来影响下属，是建立在下属发自内心的认可基础上的。

（2）专长权。它是由于领导者具有专门的知识和特殊的技能，或者是才智超群，而赢得同事和下属的好感和钦佩，从而具有的权力。如律师、医生、大学教授、工程师等具有良好的专业技能而对他人有很大的影响力。

（3）参考权。由于与某领导或某权威有特殊的关系，因此具有与普通人不同的影响力。如总经理的秘书、董事长的太太等。

个人权力的特性主要有：

（1）非强制性。即领导者并不用强制性要求下级做事，而是下级自觉自愿去做。

（2）间接性。领导者不是直接去命令，而是用自己的言行潜移默化地去影响下属。

小思考

老子《道德经》："大方无隅，大器晚成，大音希声，大象无形。"

对此，你怎么理解？请说说职权与个人权力有何区别。

6.2.3 领导者的素质

领导者不仅要科学地运用权力，还应具备较高的素养以支持权力的有效运用。领导者的素质是指一个领导者应具备的各种条件在质量上的综合。不同行业、不同的领导层次、不同的社会实践对领导者素质的要求不同。我国学者提出四个方面内容：品质、知识、能力和身体。

1. 品质素质

领导者作为一个组织或团体的"象征"、员工效仿的"楷模"，其领导作用的大小，并不完全取决于职位的高低，而在很大程度上取决于自己在品质方面的形象。品质是一个综合的概念，一般包括以下几方面内容。

（1）政治品质。作为一个领导者必须有明确的政治方向、坚定的政治信念，全心全意为人民服务，以大局为重，正确处理国家、集体和个人的关系。

（2）道德情操。领导者要有高尚的品格，遵纪守法、廉洁奉公、文明礼貌、谦虚谨慎、为人善良、待人真诚、富有同情心。

（3）思想作风。工作以身作则、言行一致，严于律己、宽以待人，有强烈的事业心、责任感和创业精神。

（4）心理素质。良好的心理素质主要表现在：

①坚强的意志。即做事坚毅果敢，追求目标坚持不懈，勇于探索和创新。

②宽广的胸怀。工作中豁达大度、热情开朗、情绪稳定、遇事果断。

③自信通达。具有坚韧的毅力、百折不挠的精神，勇于面对各种困难与挑战。

巴菲特的成功

世界头号投资大师巴菲特，从小是一个内向而敏感的孩子，无论是读书成绩还是在生活中的表现，他都与一般孩子毫无区别。许多人都嘲笑他行动思维缓慢，但他将这一弱点转化为自己最大的优点——耐心。同时他还发现自己对数字有天生的敏感，并对其充满了兴趣。在 27 岁之前，巴菲特尝试过无数的工作，最终结合自己的优点——耐心且对数字的敏感，将自己的职业发展转向了成为一名卓越的投资家。

巴菲特的成功与培养良好的生活与投资习惯，养成独立思考的思维方式，做事胆大心细，有足够的耐心，凡事都要亲自调查分析，养成反思失败的习惯有密切的关系。

小思考： 借鉴巴菲特的成功，你如何找到适合自己个性的职业定位？

2. 知识素质

知识丰富的领导者不仅可以提高领导能力，而且还容易与人接近，博得人们的信任，从而提高影响力。现代领导者应具有的知识结构主要包括以下几个方面。

（1）专业知识。现代社会倡导专家型领导。各级领导者必须精通业务，掌握所从事专业的全面知识，使自己成为主管的单位、部门或行业的专家。

（2）管理知识。领导者不仅要掌握管理学、领导学的一般原理和方法，而且要熟悉本行业、本部门或本单位特殊的规律和方法；不仅要懂得现代管理组织的一般结构与功能，而且要熟悉自己主管的组织的特殊结构和功能；不仅要懂得各种传统的管理理论和方法，而且要掌握现代管理理论的新发展、各种现代管理技术的新发明；不仅要懂得对财、物及信息的管理，更要懂得对人才的识别、任用、培养等方面的管理。

（3）相关知识。领导者不仅要成为专家，还要成为通才，掌握与专业知识和管理知识相关的知识。吸收新知识，而且知识要有一定的广度和深度，使其掌握具有时间概念的 T 型知识结构，即测定知识的指标要有深度、广度和时间度。

3. 能力素质

领导者要完成职责，除了具有其他必要因素外，能力是关键因素。领导者处于一定职位，必须具有与其职务相称的能力素质，才能完成其领导职责，并不断开创新的局面。

（1）较强的分析、判断和概括能力。领导者能在纷繁复杂的事务中，透过现象看清本质，抓住主要矛盾，把握问题的症结，并能预测事物的发展趋势，作出敏锐的反应，运用逻辑思维，进行有效的归纳、概括，找出解决问题的办法。

（2）不断探索和创新的能力。这既是一种高层次的思维活动能力，又是一种多层次的实践创造能力。它要求领导者对新事物敏感，富有想象力，思路开阔不因循守旧、墨守成规，善于发现新问题，善于提出新设想、新方案，勇于探索、创新，并激励下属在工作中不断创新。

（3）统驭能力。领导者的统驭能力一般是指领导活动中的决策、组织、协调、指挥和控制等一系列驾驭全局的能力。

（4）社会交往和沟通能力。社会交往是领导者开展工作必不可少的一项活动。社交能力是多种能力的综力，如表达能力、反应能力及逻辑思维能力等。

（5）知人善任能力。用人是领导的重要职责。用人之先，在于识人。领导者要有识人的慧眼、用人的气魄，善于发现人才，培养、提拔和使用人才，用其所长，委以适当工作，并且敢于启用新人。

4. 身体素质

包括体力素质和脑力素质。领导者无论是面对变幻莫测的市场，运筹帷幄，还是深入生产一线攻克各种难关，都需要有健康的体魄、充沛的精力和敏捷的思维。领导者要保持健康的身体，需要有良好的心态及规律的生活，才能应对繁杂工作的要求。

管理寓言

百兽之王

在动物举行的舞会上，一只猴子做了精彩的表演，跳得很棒，百兽十分赞赏，干脆推举猴子为王。狐狸十分嫉妒，要设计害它。一天它看见猎人设下的带诱饵的捕肉器，把猴子领到那里说，"我找到了上好的鲜肉，想献给大王，您去拿吧。"猴子一拿肉，立刻触动了机关，被困在捕肉器里。猴子大骂狐狸黑了心肠，用陷阱来害自己。狐狸却说，"猴子像你这样没有见识，缺乏领导素质，也配做百兽之王吗？真是笑话。"

小思考：你从这则故事中得到什么启发？你认为培养领导者素质的途径有哪些？

6.3 领导理论

领导是一门科学，更是一门艺术。不同的领导者有不同的领导方式，不同的领导情景会产生不同的领导效能。如何提高领导效能是领导理论研究的出发点。按时间与逻辑顺序，领导理论可以分为三大类，即领导特性理论、领导行为理论和领导情境理论。

6.3.1 领导特性理论

领导特性理论亦称领导个人品质理论，它是研究领导者的个人特性对领导成败的影响。研究的出发点是根据领导效果的好坏，找出好的领导人与差的领导人在个人品质上的差异，由此确定优秀的领导人应具备哪些品质和特性。特质理论将领导的特质归纳为：

身体特质（如外貌、身高、健康状况等）、背景特质（如教育、经历、社会地位、社会关系等）、智力特质（如判断能力、语言能力智商等）、性格特质（如热情、开朗、自信、机敏等）、工作相关特质（如进取心、责任心、忍耐性、创造性等）以及社交特质（如合作性、人际技巧、声望、老练等）。

不同的研究者对领导者应具备的特性说法不一。最具代表性的是美国普林斯顿大学包莫尔（W. T. Baumol）提出的企业领导者应具备的 10 个条件：

(1) 合作精神。即愿意与他人一起工作，能赢得人们的合作，对人不是压服而是感动和说服。

(2) 决策能力。即依据事实进行决策，具有高瞻远瞩的能力。

(3) 组织能力。即能发掘下属的才能，善于组织人、财、物。

(4) 精于授权。即既能大权独揽，又能小权分散。

(5) 善于应变。即机动灵活，善于进取，不墨守成规。

(6) 敢于创新。即对新环境、新事物和新观念有敏锐的感受能力。

(7) 敢于负责。即对上级、下级、同事及用户抱有高度责任心。

(8) 敢担风险。即敢于承担决策带来的风险，有创造新局面的信心和雄心。

(9) 尊重他人。即重视和采纳别人的意见，不盛气凌人。

(10) 品德高尚。即品德为社会人士及员工所敬佩。

温馨提示

领导特性理论有一定的合理性，但对领导行为与现象的解释是不完善的，表现在：其一，对有效领导应具备的特质认识不一致甚至冲突；其二，认为领导是先天的，忽视了领导的能力与学习；其三，忽视了被领导者及其他情景对领导效能的影响。

职场忠告

创业修炼

创新工场董事长兼首席执行官李开复，在微信上分享了自己对创业者需具备哪些能力的看法与观点。

在李开复看来，一个好的创业者需要具备十项能力：(1) 强烈的欲望；(2) 超乎想象的忍耐力；(3) 开阔的眼界；(4) 善于把握趋势又通人情事理；(5) 敏锐的商业嗅觉，即商业敏感性；(6) 拓展人脉；(7) 谋略；(8) 胆量；(9) 与他人分享的愿望；(10) 自我反省的能力。

如果你想创业或正在创业的路上，别忘了对照以上十点加以"修炼"，相信就离成功不远了。（资料来源：李开复. 李开复：创业者需要具备的十项能力. 中国企业家网，2013-06-21.）

"汽车狂人"李书福

2010 年 3 月 28 日，吉利汽车在瑞典哥德堡与福特汽车正式签约，以 18 亿美元成功收购沃尔沃汽车 100% 的股权，这宗并购案成为中国汽车业迄今最大的海外并购案。李书福一句"我爱你"为并购案的成功画龙点睛。"农村青年"吉利汽车成功迎娶"北欧公主"沃尔沃汽车，成为万众瞩目的焦点。

一、率真与执著的个性

2010 年，两个半球上演了极具戏剧性的一幕：一边，中国汽车产销量跃升世界首位；一边，世界最大汽车制造商通用汽车轰然倒下，福特变卖家当谋求自救。李书福从中国南方湿热的台州飞到寒冷的斯德哥尔摩，这个从台州走出的民营造车第一人，作出了一个令世界意想不到的决定。熟悉李书福的人对他的印象曾经是"语不惊人死不休"。也正因为如此，他才被人冠以"狂人"的标签。当初仅靠 120 元白手起家，之后在冰箱行业赚到第一桶金，也曾奔赴海南地产热潮却赔了几千万元的李书福，最终缔造了他的"汽车王国"。

创业初期，李书福用廉价轿车打开了国内市场，并提出了"造老百姓买得起的好车"的理想。当把价格定在 3 万～4 万元的吉利豪情车推向市场受到百姓欢迎时，吉利也被扣上了"廉价低端"的帽子。李书福造的汽车，不仅价格低、排量小，甚至有人戏谑道："开吉利车要有一不怕苦、二不怕死的精神。"

"轿车是什么？不就是四个轮子、一个方向盘、一个发动机、一个车壳，里面两个沙发吗？"正是凭着这股无畏的劲头，李书福开始了他的梦想。凭借前期的积累和兄弟的支持，1995 年，22 岁的李书福拿着 1 亿元的资金开始了他的汽车梦想。

区区 1 亿元较之汽车产业绝对是杯水车薪。20 世纪 90 年代，汽车行业还没有向民营企业开放，李书福为了造车，先办摩托车厂后又筹建"吉利豪情汽车工业园区"，最后合资成立吉利汽车制造有限公司，一步一步向制造轿车的梦想靠近。回想李书福步入汽车业的历程，从押上身家造摩托，到"无证驾驶"搞轿车，他用自己的执著实现了常人无法想象的事情。他的"疯狂言论"也让普通人感到吃惊甚至无法理解："要像卖白菜一样卖汽车"、"让中国的汽车走向世界，而不是让全世界的汽车跑遍全中国"、"通用、福特迟早要关门"……但这些"疯狂言论"也恰恰反映出李书福身上最宝贵的品质：冒险与执著。这种冒险与执著的性格，在吉利的不断壮大中得到了很好的印证。

二、适时的战略转型

2004 年，新的《汽车工业产业政策》出台，新政策首次提出品牌战略，鼓励开发具有自主知识产权的产品，为汽车工业自主发展明确导向，并对创造更好的消费和使用环境提出了指导性意见。也许就是从那时起，李书福萌生了改造吉利的念头。李书福又一次凭借超前意识，用吉利的转型做赌注，避免了在经济危机中"关门"的危机。

三、不断追寻的汽车梦想

在中国汽车界，李书福无疑是最具争议性的人物，他的每一个决策都能将其推进舆论的中心，但每一次李书福都能从容而坚定地面对。吉利成功并购沃尔沃，许多人总喜欢用"蛇吞象"来形容。李书福私下也坦言："收购沃尔沃，确实需要冒极大风险，但是如果不收购，以吉利在中国汽车业界的品牌积累和市场份额，五到十年后恐怕就不会再有吉利。"但他同时认为，"蛇永远也吞不了象，吉利之所以能够成功参与国际并购，是因为它的背后有一条'东方巨龙'，是中国改革开放的政策和现代化建设的伟大成就给了吉利这样的历史机遇。"可以说，从特立独行颇受非议到积极谋变得到认可，李书福屡次疯狂冒险最终，以体制外的民企争取在汽车行业获得了一席之地，并赢得了世界对于"中国制造"的尊敬，特别是昔日对吉利质疑的人的尊重。（资料来源：蓝朝晖. 李书福：一个汽车狂人的世界梦想. 北京商报，2012-10-23.）

思考题：你认为李书福身上体现出企业家的哪些特质？有何值得你学习的地方？

6.3.2 领导行为理论

领导者的领导才能与领导艺术都是以领导方式为基础的，领导者的个性特质难以说明其与领导有效性之间的联系，所以，后期的研究重点从内在特质转移到外在行为上来，即何种领导方式、何种领导行为最为有效。这就是领导行为理论。

1. 领导行为三分理论

该理论研究领导方式的类型及不同领导方式对员工的影响，以期寻求良好的领导方式。这一理论的创始人是美国社会心理学家勒温。他认为，仅有良好的领导素质还不足以保证领导者的工作效率，要进行有效的领导，领导者必须要充分利用自身素质，同时必须选择恰当的领导方式。从领导者对权力的运用角度，把领导方式分为专权型、民主型和放任型。

（1）专权型领导方式。它是指领导者个人决定一切，然后命令下属执行，要求下属绝对服从，并认为决策是领导者个人的事，其他人不能参与。表现出独断专行，不考虑别人意见，缺乏有效沟通，下级奉命行事，主要依靠行政命令、纪律约束、训斥和惩罚等手段进行领导。

（2）民主型领导方式。它是指领导者发动下属讨论，共同商量，集思广益，然后决策，上下级关系融洽，合作一致地开展工作。具体表现在：所有的政策在领导者的鼓励和协调下由群体讨论决定，给下属工作创造较大的自由空间，有较多的选择性和灵活性，主要用非职位权力进行管理。

（3）放任型领导方式。它是指领导者很少运用职权，给下属以极大的自由度，下属可以随心所欲。领导职责仅仅是为下属提供信息并与组织外部环境联系，以利于下属工作。

温馨提示

命令式领导的方式是照我说的做；榜样式领导是像我这样做；愿景式领导是跟我一起做；关系式领导说你们商量着做；民主式领导则问你想怎样做；教练式领导最特别，有你有我，是我教你做。

小思考： 你认为哪种领导方式最好，为什么？

2. 领导行为四分图理论

该理论又称为二元理论或"俄亥俄四分图"理论。早在 1945 年，美国俄亥俄州立大学的研究人员以斯托格狄尔和沙特尔两位教授为首，就领导行为进行了深入的调查研究，最后把领导行为归纳为两大类。一类为"抓组织"或称"主动结构型"，这种行为是以工作为中心，强调的是组织的需要。领导者主要抓组织设计，明确各部门职责和关系，通过制订任务、确定工作目标和工作程序来引导和控制下属的行为。另一类为"关心人"或称"体贴型"。这种行为以人际关系为中心，关心和强调职工个人的需要，尊重下属意见，注意建立同事之间、上下级之间的互相信任的良好气氛。研究表明，两种领导行为在一个领导者身上有时一致，有时不一致，单一的领导行为不能产生高效率的领导。这两个因素可以任意组合，结果产生 4 种领导行为，如图 6-1 所示，即领导行为四分图。

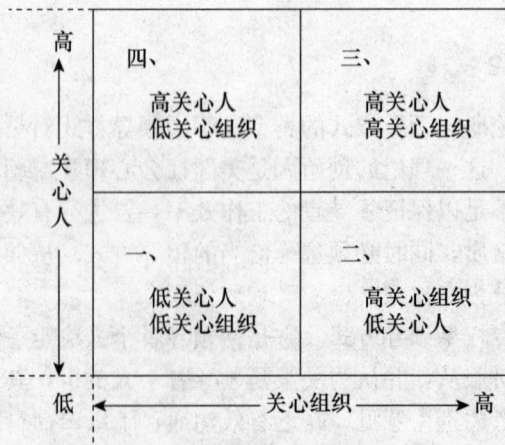

图 6-1　领导行为四分图

一是低工作低关系，工作效率低，群众满意度差；
二是高工作低关系，工作效率较高，群众满意度差；

三是高关系低工作，工作效率较低，群众满意度高；

四是高关系高工作，工作效率高，群众满意度也高。

这项研究为以后许多类似的研究奠定了基础，如管理方格理论就是以此为基础发展起来的。

大同市长的风范

大同市民热衷于谈论现任市长耿彦波的种种事迹：这个市长，每天早上五六点，天才破亮，就从家里出门了，不带随从，一个人步行来到工地，检查工程质量。马路上的清洁工和路边的小摊主，经常是一天中最早见到市长的人。他的早餐时常是路边摊买的一个烧饼，边吃边走。深夜一点，还有人看到他在工地上，煮方便面充饥。无休止地检查工地，让他脚上穿的那双皮鞋总是蒙着厚厚的尘土，一些市民说，"他那双鞋可比我的脏多了！"工作没有完成，即使发高烧了他也不休息，用凉水洗把脸继续检查工地、开会。双休日对他来说形同虚设。周末他经常骑着自行车独自私访，有时远至离市区十多千米的云冈石窟，那里正在打造云冈大景区。

他很少在办公室里安坐，他的办公地点通常在工地或者街道上，随时开现场会，发现问题当场解决。市长带着各部门几十号人马走在街头，已成了大同一景。大同人说，"如今见市长比见局长容易"。他很严厉。大小干部挨他骂是常事，而且骂得狠。最厉害的时候甚至还动手——看到工程不过关，他会用矿泉水瓶往施工人员身上拍去；他能一把摸出沙子和水泥的比例是否得当，如果质量不行，他会一把抓住对方胸口，把水泥摔将过去。

他有很多绰号，有市民称许他为"耿菩萨"，也有人说他是"耿疯子"；而因为大规模拆迁和修建庙宇，他又被讽刺为"耿拆拆"、"耿一指"、"耿指倒"、"耿庙"，争议不绝。不过对于大同人来说，有一点可以肯定：这样敢作敢为的市长在大同历史上非常罕见，"史上最牛市长"之类的风评充斥坊间。（资料来源：舒泰峰，王瑶. 造城市长耿彦波 [J]. 瞭望东方周刊，2009.）

思考题：大同市市长是一种什么样的领导行为？你赞同这样的行为吗？为什么？

3. 管理方格理论

该理论是由美国的行为科学家罗伯特·布莱克和简·莫顿在领导行为四分图理论基础上提出来的，倡导用方格图表示和研究领导方式。他们认为，在领导工作中，往往出现一些极端的方式，或者以生产为中心，或者以人为中心，或者以X理论为依据而强调加强监督，或者以Y理论为依据而强调相信人。为避免趋于极端的领导方式，他们于1964年出版《管理方格》一书，就领导方式问题，提出了管理方格图，如图6-2所示。

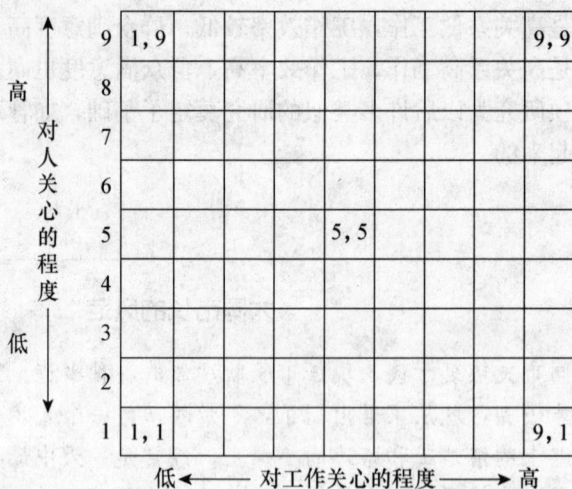

图 6-2 管理方格图

纵轴表示对人的关心，自下而上，关心的程度由低而高；横轴表示对生产的关心，自左而右，关心的程度由低而高。图中共有 81 个小方格，代表着 81 种"对生产的关心"和"对人的关心"这两个基本因素以不同的比例相结合的领导方式。图 6-2 中（1，1）表示关心程度最低，（9，9）表示关心程度最高。其中，有以下几种基本领导方式类型：

（1）（1，1）为贫乏型管理。即对生产和对人的关心程度都很低。这种领导者实质上已经放弃了他的职责，是一种很少见的极端情况。

（2）（1，9）为一团和气的管理。即特别关心职工，重视同下属的关系，但对生产漠不关心。有这种行为的领导者认为良好的人际关系是第一位的，只要职工精神愉快，生产效率自然会高。

（3）（9，1）为任务型管理。即领导对生产任务的关心程度极高，努力创造和安排最佳的工作条件，把个人因素的干扰减少到最低限度，以提高工作效率；但对人漠不关心，下属的积极性、创造性得不到充分发挥。

（4）（9，9）为理想型管理。即对生产和人都极为关心，生产效率高，任务完成得好，职工关系和谐、士气旺盛，职工个人目标和组织目标协调一致，全体成员齐心协力。

（5）（5，5）为中间型管理。即领导对生产和对人都有一定程度的关心，既不偏重人，也不偏重事，保持工作效率与满足人的需要两者的平衡。领导者安于现状，缺乏进取精神。

管理故事

子贱放权

孔子的学生子贱有一次奉命担任某地方的官吏。到任以后，他并不是忙于政务，而是时常探亲自娱，不管政事，可是他所管辖的地方却治理得井井有条，民兴业旺。这使那位卸任的官吏百思不得其解，因为他每天即使起早摸黑，从早忙到晚，也没有把地方治好。于是他请教子贱："为什么你能治理得这么好？"子贱回答说："你只靠自己的力量去进行，所以十分辛苦；而我却是借助别人的力量来完成任务。"

　　小思考：有人认为，领导力具有两面性，既有爬行动物的一面，也有哺乳动物的一面。要想成为出色的领导者，你就必须兼具爬行动物的强硬和哺乳动物的温情。你赞同这种观点吗？为什么？

4. 领导行为连续统一体理论

　　美国的行为科学家罗伯特·坦南鲍姆和沃伦·施密特 1958 年在《怎样选择一种领导模式》一文中，提出了领导行为连续统一体理论。他们认为，从专权型领导方式到放任型领导方式之间还有许多种领导方式，其中典型的领导方式有以下 7 种，如图 6-3 所示。

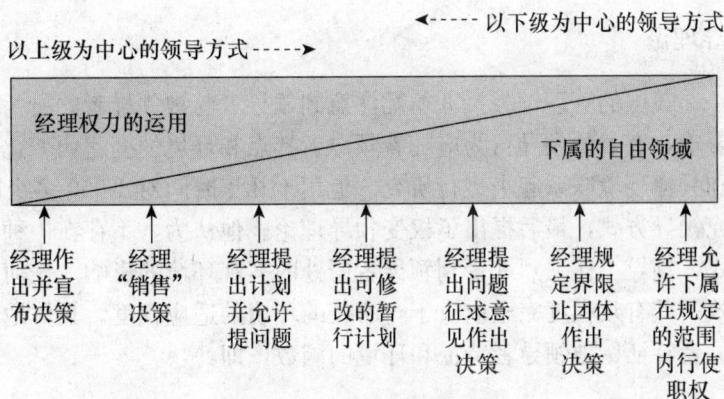

图6-3　领导行为连续统一体理论

　　（1）领导作出并宣布决策。领导者确认一个问题，从各种可行的方案中选择一个，然后向下属宣布，以便执行。下属无权参与决策，只能无条件接受并不折不扣地执行。

　　（2）领导向下属说明并推行决策。在这种方式中，决策仍然由领导者作出，但不是简单地宣布决策，而是要说服下属接受决策，并很好地执行决策。

　　（3）领导作出决策并允许下属提问。领导作出决策，并允许下属在局部问题上提出问题，这样，下属能更好地了解领导的意图和计划，明确决策的意义和影响。

　　（4）领导提出决策草案并征求意见。领导提出一个暂时的方案，然后让下属讨论，广泛听取意见后，再完善决策方案，决策权仍在领导者手中。

　　（5）领导提出问题，征求意见再作决策。在这种方式中，领导提出要解决的问题，然后让下属广开言论，把大家提出的各种方案进行综合，从中选择一个比较满意的方案。

（6）领导规定问题范围，让下属决策。领导把决策权交给下属，只是向下属解释需要解决的问题，如何解决由下属集体讨论决定。

（7）领导允许下属在一定范围内自由决策。在这种方式中，下属有极大的自由，领导只对界限作出了规定。

温馨提示

成功的领导者不一定是专权型的，也不一定是放任型的，领导者应根据实际情况，考虑各种因素后选择恰当的领导方式。

6.3.3 领导情境理论

领导特性理论和领导行为理论的研究表明，领导有效与否不仅与领导者的品质和行为有关，而且与所处的环境有关。领导情境理论回答的正是不同的领导行为在怎样的环境下实施才有效。

1. 权变领导理论

美国的管理学教授菲德勒注意到领导者与被领导者的行为与环境之间的相互影响，有效的领导行为应随着领导者特点和环境的变化而变化，于是把领导方式和具体环境联系起来进行研究。他用十几年时间对 1 000 多个团体做了调查，研究领导方式，最后提出了权变领导理论。他认为，不存在一种"普适"的领导方式，领导工作强烈地受到领导者所处的客观环境的影响。任何领导行为均可能有效，其有效程度完全取决于与所处的环境的适应程度。具体地说，领导方式是领导者特征、被领导者特征和环境的函数，即：

$$S = f(L F E)$$

式中，S 为领导方式，L 为领导者特征，F 为被领导者特征，E 为环境。

领导者的特征主要是指领导者的个人品质、价值观和工作经历等。如果一个领导者的决断能力强，且信奉 X 理论，他很可能采取专权型领导方式。被领导者的特征主要是指被领导者的个人品质、工作能力、价值观等。如果下属的独立性较强，工作能力高，宜采用民主或放任的领导方式。

环境主要是指工作特性、组织特征、社会状况、文化影响、心理因素等。工作具有创新性还是重复性，组织规章制度是否严格，社会时尚是倾向服从还是推崇个人能力等，对领导方式都会产生重大影响。

管理知识链接

变色龙的启示

学过生物课的人知道，有一种叫避役的爬行动物，体长也就 25 厘米左右，但它的本事不小，舌头能从嘴内伸出来好几厘米长，便于捕捉昆虫；更有一个绝招，它能随时伸缩身体，改变皮肤的颜色，使身体的颜色和周围的环境（如树木花草等）的颜色保持一致，以达到隐蔽自己的目的。避役的善于变色使它获得了"变色龙"的称号。

人类是最善于学习和创造的高级动物。变色龙的本事使不少军事家和材料科学家羡慕不已，都想学学变色龙的本领，看看它是怎样练就这身变色功夫的。后来发现它的真皮内有多种色素细胞，通过伸缩身体而使表皮色素细胞发生变化，就变化出多种颜色。变色龙随需而变的特性是否给我们理解权变管理理论提供了借鉴呢？

领导者能力强，被领导者积极性高，环境条件好，加上恰当的领导方式，领导效率和目标实现程度就高；反之，则不然。为此，要达到一定目标，就必须使三者处于高度协调、密切配合、互相促进的良好状态。

菲德勒将领导环境具体分为 3 个方面，即职位权力、任务结构和上下级关系。

职位权力是指领导者处在领导职位上所具有的权力；任务结构是指任务的明确程度和下属对任务的负责程度，如果任务明确，下属责任心强，则领导环境就好，反之则差；上下级关系是指群众和下属乐于追随的程度，如果下级尊重上级，追随上级，则上下级关系就好，领导环境就好，反之则差。

管理借鉴

孙子兵法的权变思想

孙子兵法"谋攻篇"：十则围之，五则攻之，倍则战之，敌则能分之，少则能守之，不若则能避之。故小敌之坚，大敌之擒也。

说的是面对不同的情况和敌我力量的对比，采取不同的战略战术。

在孙子兵法"九变篇"中，孙子的权变思想更是展露无遗，他提出："凡用兵之法，将受命于君，合军聚众，圮地无舍，衢地交合，绝地无留，围地则谋，死地则战。涂有所不由，军有所不击，城有所不攻，地有所不争，君命有所不受。故将通于九变之地利者，知用兵矣。"

他认为将帅能够精通以上各种机变的运用，根据不同的战场情况采取不同的军事策略，即是真正懂得用兵了。

小思考：结合上面的例子，你如何理解权变领导理论？在你的身边包括领导、老师、班干部有这种领导方式吗？试分析。

2. 领导生命周期理论

该理论是由美国学者卡曼于 1966 年首先提出的，后由保罗·赫塞和肯尼思·布兰查德进一步发展和完善。它是在领导行为四分图理论的基础上，加入了第三个因素——被领导者的成熟程度，从而创造了三维结构的领导效率模型，如

图 6-4 所示。

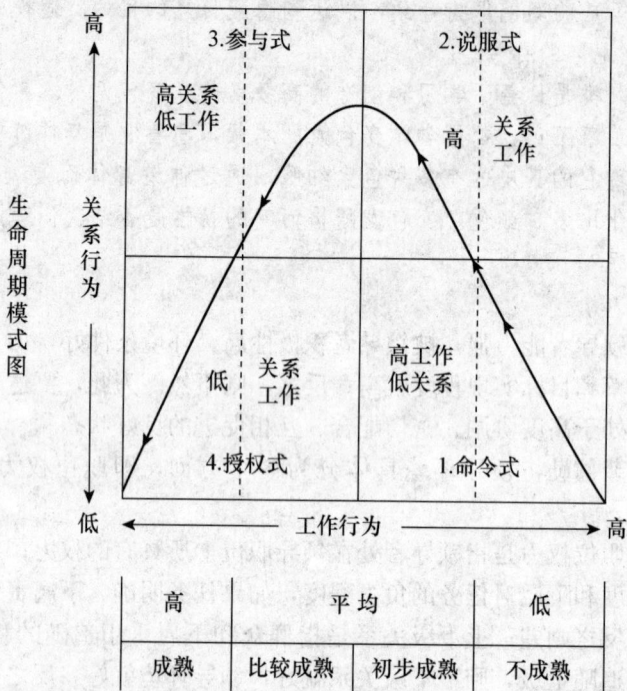

图 6-4　领导生命周期理论

成熟度，并不是指年龄和生理上的成熟，而是指成就感的动机，对自己的直接行为负责任的意愿和能力，及个人与工作相关的教育和经验。它包括工作成熟度和心理成熟度。

工作成熟度是指下属完成任务时具有的相关技能和技术知识水平。

心理成熟度是指下属做事的意愿、动机以及自信心和自尊心。

领导生命周期理论认为，有效的领导行为应该是根据下属的不同成熟度，把工作行为和关系行为结合起来，并适当调整两者的投入比例。并把下属的成熟过程划分为 4 个阶段，依次采取恰当的领导行为。

（1）当下属处于低成熟度时，应采取命令型，即高工作—低关系。此时，下属不成熟，没有能力承担责任，也不愿承担责任，领导者给下属规定任务，指示他们什么时间、地点、用什么方式去做什么工作。

（2）当下属处于较不成熟时，应采取说服型，即高工作—高关系。此时，下属有承担责任的愿望，但没有独立承担责任的能力，缺乏自信，领导者既要关心任务，指导工作，又要与下属沟通，交流感情，鼓励下属。

（3）当下属比较成熟时，应采取参与型，即高关系—低工作。此时，下属已经比较成熟，基本能胜任工作，不太满意领导者更多的指示和约束。领导者应通过双向沟通和悉心听取下属意见，建立良好关系，调动下属积极性，鼓励下属参与管理，领导者提供支持和帮助。

（4）当下属达到高成熟度时，应采取授权型，即低关系—低工作。此时下属已高度成熟，有能力承担任务，而且也有热情从事工作，自信心和自尊心都很强。领导者应当赋予下属一定的权力，让下属自己决策和控制整个工作过程，自己只起监督作用。

职场印象

最受欢迎的毕业生

他叫刘辰，是一个年仅23岁的应届毕业生，再过一个月就要毕业了，面对严峻的就业形势，他压力很大。他觉得自己实在没有什么过人之处。该找什么样的工作呢？如果能做自己最感兴趣的事情就好了。他是一个公交迷，北京市所有的公交线路他都了如指掌。从小学六年级开始，他就开始关注北京市的公交线路。哪条公交改线路了，哪辆公交车换车型了，他都会记录下来。从上初中起，他就是同学们的出行顾问，无论谁想去哪里，他都能很快地回答出最便捷的公交路线。

就在他为工作发愁时，机会来了。天津卫视的《非你莫属》节目组通过了他的申请，他可以到现场去求职。来到现场，他发现，果然有一家公司有适合他的职位——旅游体验师。可是，他担心自己文笔不够好，恐怕不能把旅游的种种美妙感受表达出来。主持人问他有什么才艺，他说："我是一个公交迷，对北京市的公交、地铁线路都有一些研究。"主持人来了兴趣，现场考他："从国贸到旧鼓楼大街该怎么乘车？"他不假思索地回答："在国贸坐1路汽车，到天安门东，换乘82路，就可以到达。"主持人再问："那从国贸出发，到菅慧寺呢？"他同样不假思索地回答："先坐地铁一号线，坐到五棵松站下车，然后再换乘运通113线就能到达。"

他的回答把台上12位老板的情绪都调动了起来，他们开始争先恐后地向他提问。他有问必答，不但准确无误地按顺序报了一大堆地铁站的名字，而且还给一对情侣设计了一个在北京一日游的路线。他对公交的这种专注显然为他打开了大门。老总们不仅不约而同地向他发出了热情的邀请，而且绞尽脑汁，在现场因人设岗，给他非常好的职位和待遇，只为留住这个人才。最终，他选择了一家他感兴趣的公司。

主持人问这家公司的老总："你给的薪水是不是太高了？"这个老总回答："专业的、执著的、优秀的人才，是无价的。"是的，无论在哪个行业，最缺的永远都是专注的人。专注的人永远不缺机会！正如一个老总所说："很多用人单位不招应届大学生，不只是因为他们缺少工作经验。更主要的是，他们缺少一种专注和投入的精神。而刘辰最打动人的，就是他的敬业和那种往里钻的专注。只要有这种精神，无论在哪个行业，都能干出一番成绩。"有许多大学毕业生都在抱怨找不到工作，其实，老板们又何尝不知，大学毕业生们缺少工作经验是很正常的事情，所以老总们更看重的，往往是毕业生对工作的投入度、专注度以及热情与激情。(资料来源：张宏生. 最受欢迎的毕业生 [J]. 读者，2012（2）.)

　　思考题：为什么说简单的招式练到极致就是绝招？结合上述案例，对照你的工作成熟度和心理成熟度，思考你将来如何成为受欢迎的毕业生。

3. 途径—目标理论

　　这一理论是由加拿大多伦多大学教授罗伯特·豪斯于 1971 年提出的。他把激发动机的期望理论和领导行为四分图理论结合起来，创造了这种理论模型。

　　途径—目标理论认为，领导的效率是以能激励下级达成组织目标，并在其工作中使下级得到满足的能力来衡量的。只有下级确切地知道怎样达成组织目标时，才能起到激励作用。这种理论的关键是领导者影响下属的行为和目标间的"途径"的方法。领导者要努力协助下属找到最好的途径，确定挑战性的目标，并消除在实现目标过程中出现的障碍。

　　(1) 领导者的职责。领导者的职责是使下属明确任务和工作目标，帮助下属消除实现目标过程中存在的障碍，提供可选择的途径，增加其个人满足的机会；目标完成后增加报酬的种类和数量，确立挑战性目标，激发更大的动力。

　　(2) 领导行为的类型。①指导型。领导为下属提出要求，明确方向，为下属提供其应该得到的指示和帮助，让下属了解他的期望。②支持型。领导对下属很友善，关系融洽，更多地关心下属的需要。③参与型。让下属参与决策和管理，在决策之前，与下属共同协商，并充分考虑他们的意见和建议。④成就导向型。领导为下属设定富有挑战性的目标，相信下属愿意去做并能实现目标。

职场忠告

　　联想 CEO 柳传志说："我是一个喜欢追求高远目标的人，会不断给自己树立更高的目标，然后坚定不移地朝这个目标前进。另外，我也愿意学习，在实践中不断总结，研究企业发展、企业管理的基本规律。我觉得我的心胸也比较开阔，我的人生目标，不是追求个人的财富，而是要让我的家人、我的朋友，以及所有与我一起努力奋斗的同事们，都能够与我共同分享这份产业。"

6.4　激　励

　　领导者最重要的一项工作就是激励。美国哈佛大学的一项研究表明，员工在没有激励的前提下其个人能力只发挥了 20%，而激励后潜能会发挥到 80%。可见要实现组织活动的目标，必须运用激励。

　　激励是指通过一定的手段使员工的需要和愿望得到满足，以调动他们的工作积极性，使其主动而自觉地把个人的潜能发挥出来，从而实现组织目标的过程。组织行为学研究结果表明：工作绩效与对员工的激励密切相关，即：

工作绩效＝f(能力，激励，环境)

上式说明，工作绩效的大小取决于员工的能力、员工被激励的程度和工作环境条件。行为科学家、心理学家和社会学家们从不同角度研究如何激励人，并提出了相应的激励理论。在实践中，对这些理论的创造性的运用，就表现为激励的艺术。

6.4.1 需要层次理论

1. 需要层次理论的主要内容

这一理论是由美国的心理学家、行为科学家亚布拉罕·马斯洛于1943年提出来的。马斯洛著有《人类激励理论》(1943)、《激励与个性》(1954)等作品。马斯洛认为，需要是有层次的，由低级到高级分为5个层次，即生理需要、安全需要、社交需要、尊重需要和自我实现需要，如图6-5所示。

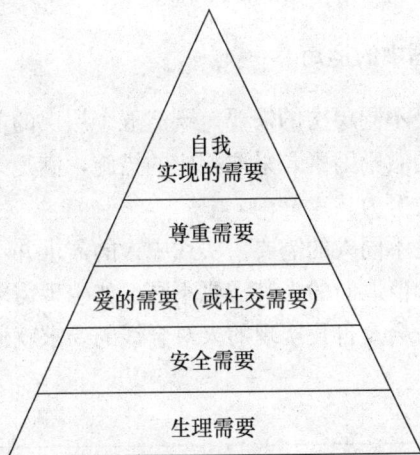

图6-5　马斯洛需要层次理论

(1) 生理需要。它包括维持生活和繁衍后代所必需的各种物质上的需要，包括衣食、性欲等。这些需要是人类最基本的需要，因而也是驱动力最强大的需要。生理的需要得不到满足时，其他需要就不会对人们产生激励作用。

(2) 安全需要。这是有关免除危险和威胁的各种需要。生理需要满足之后，推动人们工作的最强大力量便是安全需要。这种需要分为两类，一类是对现在安全的需要，如就业安全、人身安全、经济的安全等；另一类是对未来安全的需要，希望未来生活能有保障，如医疗保险、养老保险等。

(3) 社交需要。这也称感情和归属方面的需要。当生理需要和安全需要基本满足后，社交需要便占主导地位。它包括同亲属、朋友、同事等保持良好关系，得到别人的友爱和帮助，自己有所归属，即成为某个团体公认的成员等。

(4) 尊重需要。即希望别人对自己的工作、人品、能力、才干给予承认并给予较高的评价，希望自己在社会上有一定威望和声望，从而得到别人的尊重并发挥一定的影响力。如自尊心驱使人们奋发向上的强大动力，这类需要很少有人能得到完全满足，因为它是无止境的。

（5）自我实现需要。这是人类最高一级的需要，指一个人需要做他认为最适宜的工作，发挥最大的潜在能力，表现个人情感、思想、愿望、兴趣、能力、意志和特性，实现自己的理想，并能不断地自我创造和发展。

管理借鉴

生命中最重要的事情是什么？如果我们问一个正生活在饥饿边缘的人，他的答案一定是"食物"。如果我们问一个快要冻死的人，答案一定是"温暖"。如果我们拿同样一个问题问一个寂寞孤独的人，答案可能是"他人的陪伴"。这些需求都获得满足后，是否还有些东西是每一个人都需要的呢？那应该是：明白我们是谁，为何会在这里。（资料来源：乔斯坦·贾德. 苏菲的世界［M］. 北京：作家出版社，2007.）

2. 需要层次理论在管理中的运用

（1）满足不同层次的需要。既然五个层次的需要是客观存在的，管理者就应该找到相应的激励因素，采取相应的措施，满足人们需要，以引导人们的行为向组织的目标去努力。

（2）满足不同人的需要。实践中人的需求并不是严格按照由低到高的序列产生的。不同价值取向的人其需要不同。如生理需求较高的人，对金钱有较大的需求；而对于社会及自我实现的人对金钱的要求就低些。

职场忠告

稻盛和夫说，人生决定于在命运中与什么人相遇。在命运中遇到对自己抱好意善意的人，因而时来运转，要有一个前提，就是自己也是一个抱善念、施善行的人。如果我们一味利己，只考虑自己的得失，那么对方也会成为自我中心的利己主义者，他也会从自己的立场出发，根据自己的利害得失提出意见。这样就不会有好的结果。

小思考：你目前处于何种需求层次，是否满足？还有其他的需求吗？

6.4.2 双因素理论

1. 双因素理论的主要内容

该理论是由美国的心理学家弗雷德里克·赫兹伯格于 1959 年提出的。他的著作主要有《工作的激励因素》（1959）、《工作与人性》（1966）等。赫兹伯格在管理学界声望巨大，他提出的双因素一是保健因素，二是激励因素，如图 6-6 所示。

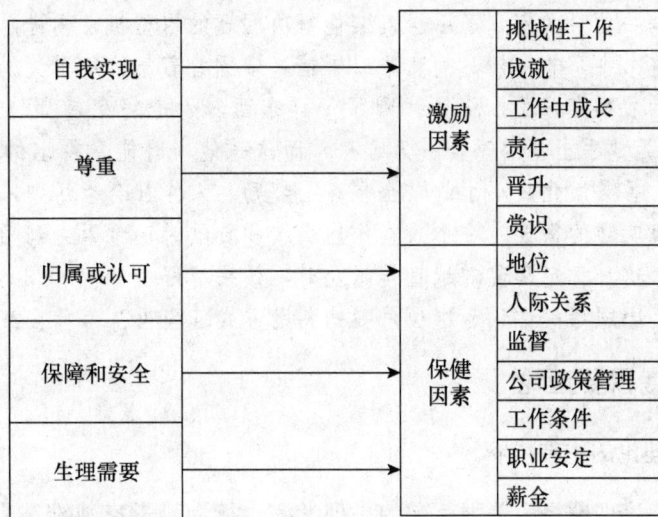

图 6-6　赫兹伯格双因素理论

（1）保健因素。它的满足对职工产生的效果类似于生活保健对身体健康所起的作用，卫生保健不能直接提高健康水平，但有预防疾病的作用。同样，保健因素不能直接起到激励员工的作用，但能防止员工产生不满情绪。当保健因素改善后，职工的不满情绪就会消除，但并不会导致积极的效果，而只是处于一种既非满意又非不满意的中性状态。保健因素包括组织政策、与上下级的关系、监督、与同事的关系、工作安全、工作条件、基本工资、地位、职业的安定性、个人生活等因素，它们基本上都是属于工作环境或工作关系方面的因素。

（2）激励因素。它才能产生使员工满意的积极效果。激励因素能激励个人或集体以一种成熟的方式去工作，充分调动了员工积极性和创造性，不断提高工作效率。这里所说的成熟是指对待工作的认真态度和强烈的责任感。激励因素包括工作上的成就感、受到重视、提升、工作本身的性质、个人发展的可能性、责任等因素。它们基本上都是属于工作本身或工作内容方面的因素。

2. 双因素理论在管理中的运用

（1）要注意运用保健因素。"双因素理论"给管理人员的重要启示是，要调动和维持职工的积极性，要重视保健因素的运用，以防止不满情绪的产生。

（2）要利用工作本身的内在激励因素，去激发员工的工作热情，智慧工作，以创造奋发向上的局面，特别是把"工作丰富化"同员工工作的满足感及激励效果结合起来，更具有借鉴意义。

管理故事

金香蕉奖

在美国福克斯波罗公司早期，急需一项与公司性命攸关的技术改造。一天深夜，一位科学家拿了一台确实能解决问题的原型机，闯进总裁的办公室。总裁看到这个主意非常妙，简直难以置信，就琢磨着怎样给予奖励。他弯下腰把办公桌的抽屉都翻遍了，总算找到了一样东西，于是躬身对那位科学家说："这个给你！"他手上拿的竟是一只香蕉，而这是他当时能拿得出的唯一奖酬了。自此以后，香蕉演化成小小的"金香蕉"奖励。人在社会生活中，都有希望受到尊重和自我实现的需要。一个人在作出成绩和贡献时，希望得到领导的奖赏和社会的肯定，这种肯定和奖赏越直接越及时，效果越好。

小思考：你认为这位总裁的奖励方式恰当吗？为什么？

6.4.3 成就需要理论

1. 成就需要理论的主要内容

该理论是由美国著名的心理学家、行为科学家戴维·麦克利兰于1961年提出来的。他对管理学的贡献集中在人的激励理论方面，其著作主要有《取得成就的社会》(1961)、《成就动机是可以培养的》(1965)、《渴求成就》(1966)、《权力的两面性》(1970)。

麦克利兰认为马斯洛对动机的研究带有一定的局限性，他注重研究人的高层次需要与社会性的动机。麦克利兰归结出三大类社会性需要：对权力的需要、对社交的需要和对成就的需要。

(1) 权力需要。具有较大权力欲的人对施加影响和控制表现出极大的关切。其特点：这种人一般追求领导者的地位，他们十分健谈、好辩论、性格坚毅直率、头脑清醒，有能力并善于提出要求；喜欢演讲，爱教训人，有影响和控制他人的需要。

(2) 社交需要。极需社交的人常从友爱中得到快乐，并因被某个社会团体拒绝而痛苦。其特点：他们渴望保持融洽的社会关系、亲密无间、互相谅解、助人为乐。高社交需要的人渴望友谊，喜欢合作而不是竞争的工作环境，希望彼此之间的沟通和理解，他们对环境中的人际关系更为敏感。社交需要是保持社会交往和人际关系和谐的重要条件。

(3) 成就需要。极需要成就的人对成功有一种强烈的渴望，同时也担心失败。他们愿意接受挑战，为自己树立一个可以实现但有一定难度的目标，对待风险采取一种现实主义的态度，宁愿承担责任，对他们正在进行的工作情况期望得到及时反馈，喜欢长时间工作，遇到失败也不过分伤心，对前途充满希望。

小思考

有人总结了员工工作的四种状态：

第一种：工作是使命；

第二种：工作是兴趣；

第三种：工作是饭碗；

第四种：工作是苦差事。

作为学生的你，把学习作为了什么？为什么？请反思。

2. 成就需要理论在管理中的运用

（1）根据高成就感需要的人希望有独立解决问题的工作环境的特点，管理者应该为其提供良好的工作环境与条件；

（2）谨慎地确定有限的成就目标，以加强他们的成就感；

（3）管理者要不断在工作中予以鼓励，以满足那些希望得到工作业绩的不断反馈的下属的心理需求。

管理借鉴

美国著名橄榄球教练保罗·贝尔对于他的球队为何能够取得一个又一个的胜利，是这样解释的："如果有什么事办糟了，那一定是我做的；如果有什么差强人意的事，那是我们一起做的；如果有什么事做得很好，那么一定是球员做的。这就是使球员为你赢得比赛的所有秘诀。"

保罗·贝尔的话，让人能够看出他是一个充满大智慧的人，他具有极高的个人风范。他的这种"出了责任自己承担，而将荣誉全部给予下属"的精神深深震撼、鼓励了球队的每一个成员，所谓"士为知己者死"，那么，他们球队的每战必胜也就是情理之中的事了。

6.4.4 期望理论

1. 期望理论的基本内容

期望理论最早是由美国心理学家托尔曼等人提出的，后由美国心理学家、行为科学家维克托·H. 弗鲁姆于 1964 年在其基础上又做了进一步研究和完善，才正式形成系统的理论。弗鲁姆的主要著作有《工作与激励》。弗鲁姆认为，一个人受激励的力量与他对目标价值和实现的概率估计相关。期望理论用公式表示为：

$$激励力(M)＝效价(V)×期望值(E)$$

其中，激励力（M）是促使一个人采取某一行动的内驱力的强度，即努力的程度；效价（V）是指某项活动成果的吸引力，即个人在主观上认为活动成果能满足需要的程度；期望值（E）是指一个人对某项活动导致某一成果可能性大小的判断。

由此可知，如果一件事的效价越大，期望值越高，所产生的激励力就越大；相反，如果一件事的效价越小，期望值越低，所产生的激励力越小，甚至没有。

管理故事

皮革马利翁效应

希腊神话中有这样一则故事：塞浦路斯一位王子皮革马利翁用象牙雕刻了一

位美女，雕刻时他倾注了自己的全部心血和感情，雕成后每天捧在手中，用深情的目光注视着她，时间久了，有一天这女子竟然有了生命。受这个故事的启发，1968 年，美国心理学家罗伯·罗森塔尔和雷诺尔·贾可布森进行了一项著名的实验，取得了出乎意料的效应。他们把这种效应称为"皮革马利翁效应"，人们也称之为"罗森塔尔效应"。

温馨提示

效价大小和期望值大小有 4 种组合，即效价大和期望值大、效价小和期望值大、效价大和期望值小、效价小和期望值小。对于期望理论的应用，应从管理者和个人两个角度进行决策分析。

（1）努力与绩效的关系。人总是希望通过一定的努力能够达到预期目标，如果个人主观认为通过自己努力达到预期目标的概率较高，就会激发出很强的工作力量；但如果认为目标太高，通过努力也不会有很好的绩效时，就会失去其内在动力。

（2）绩效与奖励的关系。人总是期望达到预期目标后能够得到恰当的肯定和奖励，包括物质奖励和精神奖励。如果没有行之有效的奖励进行强化，人们被激发起来的内部力量就会逐渐消失。

（3）奖励与满足。人总是希望自己所获得的奖励能满足自己某方面的需要。由于不同的人需要是不同的，因此，对于不同的人，要针对不同的需要实行多种形式的奖励，以满足其愿望。

2. 期望理论在管理中的运用

（1）确定适宜的目标。管理者要增加目标的吸引力，就要制定适宜的目标。目标既要有挑战性，又要有实现的可能性，使组织目标与个人目标有机结合。

（2）提高员工的期望值。管理人员可以通过指导与培训的方法，明确员工通过努力可以实现的期望值，以调动他们的潜在力量。

（3）正确认识报酬在员工中的效价。员工对在工作中得到的报酬评价是不同的，所以管理者应该重视特定的报酬与员工需要的吻合度，注意采用差别激励。

管理故事

上帝与三个总裁

汤姆、约翰和盖茨分别是三家公司的总裁，他们三个人一起乘坐飞机去旅行。不幸的是飞机失事了。三个人死后来到了天堂，看到上帝坐在他的宝座上。上帝先问汤姆："你一生中最相信的是什么？"汤姆答："我相信品质的力量，相信产品的品质、服务品质、整体的品质。"上帝说："很好很好，你答得很好，过来，坐在我的左边。"

上帝问约翰："你一生中最相信的是什么？"约翰说："我相信速度，相信不能浪费时间，我相信任何人只要去追寻他的梦想，只要迅速行动，就会得到最后的成功。"上帝点头说："很好很好，你回答得很好，过来坐在我的右边。"然后上帝稍作停顿，问盖茨："你一生中最相信的是什么？"盖茨说："我相信您老人家坐的是我的椅子。"

小思考： 这则故事说明了什么？回忆一下，在你的生活中，你自己及你的家长、老师及同学有过运用期望理论的例子吗？

6.4.5　公平理论

1. 公平理论的基本内容

该理论是由美国的心理学家约翰·斯达西·亚当斯于 1963 年提出来的。亚当斯于 1963 年发表论文《对不公平的理解》，1965 年发表论文《社会交换中的不公平》，提出了公平理论的观点。这种理论的基础在于，员工不是在真空中工作的，他们总是在进行比较，比较的结果对他们在工作中的努力程度有影响。

大量事实表明，员工经常将自己的付出和所得与他人进行比较，而由此产生的不公平感将影响到他们以后付出的努力。亚当斯认为，员工的工作动机不仅受其所得的绝对报酬的影响，而且受到相对报酬的影响。人们总是将自己所作出的贡献和所得到的报酬和与自己相关的人所作出的贡献和所得到的报酬相比较，来判断报酬的分配是否公平，从而决定下一步行为。如果个人的报酬和贡献的比率和与自己相关人的报酬和贡献的比率基本相等，就会认为公平合理，从而心情舒畅努力工作。

用公式表示为：

$$\frac{O_P}{I_P} = \frac{O_O}{I_O}$$

式中：O_P——自己对所获报酬的感觉；

O_O——自己对别人所获报酬的感觉；

I_P——自己对所投入量的感觉；

I_O——自己对别人所投入量的感觉。

需要说明的是：

投入量包括个人所受到的教育、能力、经验、努力程度、时间等因素；

报酬包括物质奖励和精神奖励以及工作安排、晋升等；

"别人"包括本组织中的其他人以及别的组织中与自己工作、能力相当的同类人。

如果 $O_P/I_P > O_O/I_O$ 则说明此人单位投入量得到了比别人高的报酬，这种情况下，他一般不会要求减少报酬，而有可能会自觉地努力工作。但过一段时间他就会因重新评价自己的报酬而心安理得，于是感觉是公平的。

如果 $O_P/I_P < O_O/I_O$，则说明此人对组织的报酬感到不公平。此时他可能会要求增加报酬，或者自动地减少投入以便达到心理上的平衡。当然，他也有可能

离职，另谋高就。

2. 公平理论在管理中的运用

（1）影响激励因素的不仅有报酬的绝对值，还有报酬的相对值；

（2）激励时力求公平，尽管有主观判断上的误差，也不至于造成严重的不公平感；

（3）在激励过程中应注意对被激励者公平心理的引导，绝对的公平是不存在的，不要盲目攀比，不要按酬付劳。

（4）对于无法量化的工作，公平与不公平往往是心理上的一种感觉，在组织中，塑造具有奉献精神的文化，公平理论的积极作用才能发挥出来。

管理故事

两个买土豆的年轻人

在美国的佛伦萨州曾经发生过这样的一个故事。一个叫约翰和一个叫哈里的两个年轻人，同时进入一家蔬菜贸易公司。三个月后，哈里很不高兴地走到总经理的办公室，向总经理抱怨说："我和约翰同时来到公司，现在约翰的薪水已经增加了一倍，职位也升到了部门主管。而我每天勤勤恳恳地工作，从来没有迟到、早退，对上司交代的任务总是按时完成，从来没有拖沓过，可是我的薪水一点没有增加，职位依然是公司的普通职员。"

总经理没有马上回答哈里的问题，而是意味深长地对他说："这样吧，公司现在打算预订一批土豆，你先去看一下哪里有卖的，回来我再回答你的问题。"于是，哈里走出总经理办公室，找卖土豆的蔬菜市场去了。半小时后，哈里急呼呼地来到总经理办公室，向总经理汇报："20公里外的集农蔬菜批发中心有土豆卖。"总经理问："一共有几家卖土豆的？"哈里挠了挠头说："我刚才只是看到有卖的，没有留意有几家，你等一会儿，我再去看一下。"说完又急乎乎跑出去。

20分钟后，哈里喘着气跑回总经理办公室汇报，"报告总经理！一共有三家卖土豆的。"总经理问："土豆的价钱是多少？三家的价格都一样吗？"哈里愣住了，挠了挠头说："总经理，你再等一会儿，我去问一下价格。"说完，又要往外跑。这时，总经理叫住他："你不用再去了，你去帮我把约翰叫来吧。"

三分钟后，约翰和哈里一起进了总经理办公室，总经理先对哈里说："你先坐下来休息一下吧。"然后对约翰说："公司现在打算预订一批土豆，你去看一下哪里有卖的？"40分钟后，约翰回来向总经理汇报："在20公里外的集农蔬菜批发中心有三家卖土豆的，其中两家是0.9美元一斤，但一个老头的只卖0.8美元一斤。我看了一下他们的土豆，发现老头的最便宜，而且质量最好，因为他是自己农场种植的。如果我们需求量大，价格还可以优惠，并且他有货车，可以免费送货的。我已经把老头带回来，就在公司大门外等着，要不要让他进来具体谈一下？"总经理说："暂时不用了，你让他先回去吧。"于是约翰就出去了。

这时，总经理才对看得目瞪口呆的哈里问："你都看到了吧！如果你是总经理，你会给谁加薪晋职呢？"哈里惭愧地低下了头。

小思考：你同意总经理的做法吗？为什么？如果不同意，你如何做？

6.4.6 目标设置理论

1. 目标设置理论的基本内容

1968 年，美国的洛克（E. A. Locke）提出了理解目标设置效果的理论框架，通常称之为目标设置理论。人类行为的重要特点是其具有目的性，与绩效有关的工作行为最直接的前提就是组织成员的各种绩效目标。研究表明，目标的设置对绩效有明显的影响。目标设置理论认为目标是行为的最直接动机，设置合适的目标会使人产生想达到目标的成就需要，因而对人有强烈的激励作用。洛克等人提出，任何目标都可以从三个纬度来分析：

一是目标的具体性，即能精确观察和测量的程度；

二是目标的挑战性，即实现目标的难易程度；

三是目标的可接受性，指人们接受和承诺目标及任务指标的程度。

大量的研究表明，从激励的效果或工作行为的结果来看，有目标的任务比没有目标的任务好，有具体的目标比空泛的、抽象的目标好，可接受性和挑战性相统一的目标比没有困难的目标好。合适的目标所具有的激励作用较大。

管理借鉴

戴尔的人生目标

戴尔公司的总裁戴尔，在 1984 年创业时仅有 1 000 美元。到 2003 年，戴尔公司已有 46 000 名员工，销售额达到 414 亿美元，他曾被《财富》杂志誉为全球十大杰出商业领导人之一。他为什么如此成功，按他自己的话来说，他 19 岁就有了人生目标——将计算机直接卖给用户。这就是他成功的奥秘之一。

2. 目标设置理论在管理中的运用

（1）设置合适的目标是管理情景中最直接有效的激励方法和技术。

（2）组织的激励者应把组织目标转化为个人目标，并进行反馈和奖励，以充分调动组织成员的积极性。

管理实践

名企的目标激励

联想的杨元庆用愿景激励员工。当从联想教父——柳传志手中接过"联想未来"时，杨元庆面对充满期待的联想员工，说："我们以 2001 年联想实现 260 亿元的营业额为基点，2003 年，我们的营业额将做到 600 亿元。在未来的 10 年内，联想要成为全球领先的高科技公司，进入世界 500 强……"

特立独行的任正非选择用金钱刺激。在华为创业的初期，任正非对同事们说："我们所从事的这个行业，发展的前景是不可限量的，你们将来买房子一定要买阳台大一点的，这样钱发霉了的时候，你们就可以拿出来晒一晒。"

苹果公司 CEO 史蒂夫·乔布斯则是个兜售理想的高手。乔布斯对他的员工说："我们工作并不是为了使苹果电脑的业务蒸蒸日上，而是想要创造出一家最棒的电脑公司。"

畅所欲言：假设你是某个团队的负责人，你还能够想出什么目标激励的高招吗？

6.4.7 强化理论

1. 强化理论的基本内容

该理论是由美国的心理学家、行为科学家斯金纳首先提出来的用强化的方法来控制行为的一种理论。斯金纳认为，为了达到某种目的，人会采取一定的行为，这种行为将作用于环境，当行为的结果对其有利时，这种行为就会重复出现；当行为的结果对其不利时，这种行为就会减弱或消失。为了组织目标的实现，如果想改变人的行为，可通过控制行为的后果对人的行为进行强化。

所谓强化指的是对一种行为的肯定或否定的后果（报酬或处罚），至少在一定程度上决定这种行为在今后是否重复发生。根据强化的性质和目的，强化可分为正强化和负强化两大类型。

（1）正强化。

所谓正强化是指肯定或奖励那些符合组织目标的行为，以便使这些行为得到进一步强化，从而有利于组织目标的实现。正强化的刺激物包括奖金、工资等物质奖励和表扬、晋升、改善工作关系等精神奖励。为了使强化能达到预期的效果，还必须注意实施不同的强化方式。

①连续的、固定的正强化。如对每一次符合组织目标的行为都给予强化，或每隔固定时间给予一定数量的强化。尽管这种强化是及时的，取得了立竿见影的效果，但时间一长，人们对这种正强化有越来越高的期望，或者认为这种正强化是理所当然的。管理者要不断加强这种正强化，否则其作用会减弱甚至起不到激励作用。

②间断的正强化。时间和数量都不固定的正强化，是按某种规律有选择地给予强化，包括固定比例强化、可变比例强化、固定间隔强化和可变间隔强化，每次强化都能起到较大的效果。实践证明，后一种方式的正强化更有利于组织目标的实现。

管理故事

一条腿的鸭子

从前有一位县官喜欢吃烤鸭，并且请了一名厨艺很好的厨师。有一天这位县官发现厨师端出来的烤鸭只有一条腿，感到很是奇怪，可是不好意思追问。一连几天都是这样，终于有一天县官忍不住了，就叫来厨师问："你做的鸭子为什么只有一条腿，另外一条腿呢？"厨师回答说："大人，鸭子本来就只有一条腿，不信我带你去看。"于是县官就跟着厨师来到后院鸭场，时值中午时分，天气炎热，鸭子都在树下，缩着一条腿，单腿站立休息。厨师说："大人，你看鸭子不是一条腿吗？"县官很生气，使劲拍了拍手，鸭群惊起，跑开了，这时县官反问道："你看，鸭子不是有两条腿吗？"厨师答说："大人，你如果早知道拍拍手，那鸭子就有两条腿了。"

小思考：你认为领导者应该怎样激发员工的工作热情？

（2）负强化。

所谓负强化是指否定或惩罚不利于组织目标的行为，以便使这些行为削弱直至消失，从而保证组织目标的实现不受干扰。负强化的刺激物包括罚款、批评、降级等，从某种意义上说，减少正强化或取消正强化是在实施负强化。

2. 强化理论在管理中的运用

（1）经过强化的行为趋于重复发生。强化就是使某种行为在将来重复发生。当某人的行为后果受人称赞时，就增加了这种行为的可能性。如奖励见义勇为者、最美乡村教师、最美乡村医生及 CCTV 每年一届的经济年度人物评选等。

（2）依照强化对象的不同采用不同的强化措施。如年龄、性别、职业、学历、经历等不同设置不同的激励。

（3）及时反馈。通过某种形式与途径将某种行为的结果告知行动者以激发或终止某种行为的再次发生。

温馨提示

在以人为本的管理时代，负强化在必要的时候才采用，应以正强化的方式为主进行激励。丘吉尔说过，"你想让一个人具有怎样的优点，你就怎样去赞美他"。

6.4.8 挫折理论

1. 挫折理论的基本内容

挫折理论主要研究阻碍人发挥积极性的各种因素，了解挫折产生的原因、遭受挫折后的表现以及应付挫折的办法。挫折是指当个体从事有目的的活动时，在环境中遇到障碍和干扰而不能克服，使其目标无法实现与需要不能得到满足时的焦虑和紧张的情绪状态。必须注意不能达到目标是一种客观现实，但同时要认识到挫折具有主观性，即与人的意志和抱负水平有关。

（1）引起挫折的外在因素和内在因素。

①外在因素。指由于外界事物或情况阻碍人们达到目标而引起的挫折。它主

要包括自然因素和社会因素。

②内在因素。这是受个人自身条件限制而引起的，如知识、智力、能力、容貌、身材、健康、生理缺陷等因素带来的限制。

遭受挫折之后，不同的人对挫折的容忍力不同。一般来说，生理条件好、心理素养高、生活阅历和知识丰富的人对挫折的容忍力强，否则就弱。挫折对于强者来说是一块垫脚石，对于弱者来说是一块绊脚石。

管理故事

积极的心态

有这样一个老太太，她有两个儿子，大儿子是染布的，二儿子是卖伞的，她整天为两个儿子发愁。天一下雨，她就会为大儿子发愁，因为不能晒布了；天一放晴，她就会为二儿子发愁，因为不下雨二儿子的伞就卖不出去。老太太总是愁眉紧锁，没有一天开心的日子，弄得疾病缠身，骨瘦如柴。一位哲学家告诉她，为什么不反过来想呢？天一下雨，你就为二儿子高兴，因为他可以卖伞了；天一放晴，你就为大儿子高兴，因为他可以晒布了。在哲学家的开导下，老太太以后天天都是乐呵呵的，身体自然就健康起来了。

温馨提示

美国成功学学者拿破仑·希尔关于心态的意义说过这样一段话："人与人之间只有很小的差异，但是这种很小的差异却造成了巨大的差异！很小的差异就是所具备的心态是积极的还是消极的，巨大的差异就是成功和失败。"是的，一个人面对失败所持的心态往往决定他一生的命运。

(2) 挫折的表现形式。

①理智性反应。这在心理学上又称积极的进取，它包括：

➤ 继续努力，反复尝试，坚持不懈，最终实现目标；

➤ 调整目标，多次尝试不能成功，可适当降低目标；

➤ 改变目标，设置一个新的目标，向新方向努力以获成功；

➤ 改变方法，一种方法不能成功，可谋求多种途径和方法，多角度思考问题。

管理故事

成功在于下一次

爱迪生发明灯泡的时候失败了很多次，当他用了一千多种材料做灯丝的时候，助手对他说："你已经失败了一千多次了，成功已经变得渺茫，还是放弃吧!"但爱迪生却说:"到现在我的收获还不错,起码我发现有一千多种材料不能做灯丝。"最后,他经过六千多次的实验终于成功了。可以试想,如果爱迪生在助手劝他停止实验的时候放弃了,我们现在会怎么样呢?可能我们还要点只有豆粒般大小火苗的油灯在夜里照明。其实爱迪生的每次试验失败都可以看作是挫折。这么一算,爱迪生发明电灯就遇上了六千多次的挫折,这是一个多么惊人的数目啊!

②非理智性反应。这在心理学上称为消极的适应或防卫,具体表现在以下几个方面:

➢ 攻击。又称为侵犯和对抗,分为直接攻击和间接攻击。直接攻击是指攻击行为直接指向造成挫折的人或物;间接攻击是把愤怒的情绪发泄到毫不相干的人或物上。

➢ 固执。屡屡受挫的人,悲观厌世,对批评产生抵触,性格变得固执。

➢ 倒退。又称退化,指人在受到挫折时会表现出与自己年龄不相符的幼稚行为。

➢ 妥协。是指人们在受到挫折时,采取某些不当措施,以减少在挫折时由于心理或情绪过分紧张而给身体造成的损害,妥协一般表现为4种形式,即文饰、投射、反向、表同。

2. 挫折理论在管理上的运用

(1) 从思想上正确认识和对待挫折;
(2) 改变受挫折的人的工作环境,以减轻压力;
(3) 采用精神发泄法,以调整心理状态;
(4) 帮助受挫者总结经验,吸取教训。

管理借鉴

用脚弹琴的少年

巴尔扎克说:"挫折就像一块石头,对于弱者来说是绊脚石,让人却步不前,而对强者来说是垫脚石,使人站得更高。"用脚弹一段优美的钢琴曲子,你能做到吗?也许你会认为这是开了一个玩笑,而现在世界上就有人用脚弹琴,给许多人带来震撼!他就是强者少年——刘伟。

10岁那年,刘伟在与小朋友玩耍时,不小心手碰到了高压线上,只好做高位的截肢手术,从此刘伟成了无臂男儿。一个健全人是很难接受这样的打击的。刘伟起初很低迷,甚至有死的念头,最后他接触了一些无臂的残疾人,才重新振作了起来,他相信别人能做的,自己也能做,从此学会了洗脸、刷牙等,生活完全可以自理,还会修电脑。12岁那年,他又学会了游泳,并且拿过几次全国游泳冠军。可噩运又一次到来,正在他为2008年奥运会作准备时,突然又生了一场大病，由此告别了泳池。刘伟再一次陷入低迷失落之中，他在家天天听音乐，从音乐中他又振作了起来，决定学弹钢琴。由于是残疾人，他找了很多音乐学校，人家不收他，他把这些压力当作动力，在家自学弹琴。弹琴需要灵活的手指，但他没有了，他用脚弹，刚开始是一个音一个音地弹，不成曲子，特别难听，但坚强的刘伟却坚持要弹好，一天七个小时的弹奏，脚上起了血泡，脚抽筋，腿也疼，走路都一瘸一拐的。这些艰辛最后使他能熟练地弹奏《梦中的婚礼》。用脚弹琴是个奇迹，因为用脚弹琴比用脚写字、画画都要困难，但这种奇迹不是无缘无故就有的，是用毅力和艰辛去打造的。

没有眼睛就用耳朵聆听吧，没有手就用脚弹琴吧，没有身体就用灵魂歌唱吧……上帝关上了这扇门，同时也为我们打开了另一扇门，只要心有梦想，就一定能够有梦想成真的一天。如果说贝多芬用天才与意志谱写了与生命抗争的英雄佳作，那么刘伟就用坚守与毅力奏出了一曲时代的赞歌。(资料来源：中华网论坛，2009-10-07.)

思考题："天下无难事，有志者成之；天下无易事，有恒者得之。"结合案例，回顾在你的成长历程中，有过什么样的挫折，你是怎么化解的，有什么经验教训，请与大家分享。

6.5 领导艺术

领导活动的复杂性要求现代领导者不仅要掌握丰富的领导科学理论和方法，还必须善于运用领导艺术，才能达到领导预期管理目标。所谓领导艺术是指领导者在拥有一定知识、经验、才能等因素基础上，富有创造性地运用领导理论和方法，创新性地分析和解决问题的特殊技巧。

6.5.1 领导艺术的特点

1. 创造性

创造性是领导者智慧的结晶，是领导者经验的积累和个人新颖的构思及独特的方法的体现。

2. 非规范性

领导艺术没有固定的模式，没有规范的工作程序和方法可循，而是依据时间、地点和条件的不同，随机和灵活地处理问题的技巧。

3. 经验性

领导艺术虽有一定理论作为指导，但更多地来源于领导者的阅历和经验，带有明显的个人风格，在很大程度上取决于领导者领导经验的积累和升华。

管理故事

韦尔奇的领导艺术

美国通用公司的 CEO 韦尔奇可谓铁腕人物，员工无论在生产上打破多少纪录，他总嫌不够，员工就像被挤干了汁的柠檬一样，被韦尔奇榨干了。曾有一位中层主管在韦尔奇面前第一次主持简报，由于太紧张，两腿发起抖来说："我太太跟我说，如果这次简报砸了锅，我就不要回去了。"听后，韦尔奇叫人送一瓶最高级的香槟和一束红玫瑰给这位经理的太太，并在便条上写到"你先生的简报非常成功，我们非常抱歉，害得他在最近一个星期忙得一塌糊涂。"韦尔奇真可谓是"胡萝卜加大棒"的高手。（资料来源：刘晓. 杰出的领导艺术家杰克·韦尔奇 [J]. 北京成人教育，2000（07）.）

6.5.2　决策艺术

决策既是一门科学也是一门艺术，是领导的主要工作。对于常规性决策，领导者可按一定的科学程序和方法进行；而对于大量的非常规决策，必须依靠领导者丰富的知识、经验、智慧运用创造性思维作出决断，这就是决策艺术。

6.5.3　用人艺术

用人艺术是领导者实施领导职责时必须掌握的领导艺术。

善于用人的领导者总是能够洞察人性的优点，深谙人性的弱点，将性格各异的人放在最能够发挥其强项的岗位上，巧妙地加以整合，达到精英之才锦上添花、寻常之辈点石成金之效。

温馨提示

卓有成效的管理者善于用人之长。

——彼得·德鲁克

1. 敢用有缺点的人

没有缺点的人是一个平庸的人，缺点越明显，优点越突出。只要缺点不妨碍工作，又能发挥其优点的人，就应大胆任用。德鲁克说过，谁想在一个组织中任用没有缺点的人，这个组织最多是一个平平庸庸的组织；谁想找到只有优点没有缺点的人，结果只能找到平庸的人，或是无能的人。强人总有较多的缺点，有高峰必有低谷。谁也不能项项都强。

2. 重用有主见的人

人才的可贵就在于有主见，有创见，不随波逐流，不人云亦云。

这对于决策者十分重要，好的决策应以相互冲突的意见为基础，而不是从众口一词中得来的。一个没有冲突的组织是个没有活力的组织。对领导者来说，这可能是一个陷阱。

3. 善用比自己强的人

一位领导者不一定是各方面都优秀的人才，这就需要领导者善于把强过自己的人编织到为自己服务的组织机构中来，形成一个结构合理、有战斗力的团体。历史与现实生活中这样的例子举不胜举。如电话的发明人贝尔、汉高祖刘邦、美国的钢铁大王卡耐基等都是敢用比自己强的人的成功典范。

4. 勇于重用年轻人

年轻人最富有创造力。据统计，人的一生中，25～45 岁是创造力最旺盛的黄金时间，被称为创造年龄区。哥白尼提出日心说时 38 岁；爱迪生发明留声机时 29 岁，发明电灯时 31 岁；贝尔发明电话时 29 岁；爱因斯坦提出狭义相对论时才 26 岁；提出广义相对论时 37 岁；居里夫人第一次获得诺贝尔奖才 31 岁；《共产党宣言》发表时马克思 30 岁，恩格斯 28 岁。一切成功的领导者都敢于不拘一格重用年轻人。

5. 慎用或避亲用人

用人避亲是针对任人唯亲而言的。用人不避亲中外均有，成也有，败也有，然而当今的世界性潮流是用人避亲。用人避亲并不完全意味着亲属当中没有人才，而是因为任用亲属可能陷入家庭经营的旋涡，而发掘不到真正的人才。中外有些家族经营的企业辉煌几年之后，就淡出了人们的视线，甚至倒闭。昔日王安电脑帝国的崩溃有力地说明了任人唯亲就难逃失败的结局。

管理故事

佛祖的用人智慧

去过庙的人都知道，一进庙门，首先是弥勒佛，笑脸迎客，而在他的北面，则是黑口黑脸的韦陀。但相传在很久以前，他们并不在同一个庙里，而是分别掌管不同的庙。

弥勒佛热情快乐，所以来的人非常多，但他什么都不在乎，丢三落四，没有好好地管理账务，所以依然入不敷出。而韦陀虽然管账是一把好手，但成天阴着个脸，太过严肃，搞得来烧香的人越来越少，最后香火断绝。

佛祖在查香火的时候发现了这个问题，就将他们俩放在同一个庙里，由弥勒佛负责公关，笑迎八方客，于是香火大旺；而韦陀铁面无私，锱铢必较，则让他负责财务，严格把关。在两人的分工合作中，庙里一派欣欣向荣景象。

小思考：这则小故事说明了用人的什么道理？

6.5.4　用权艺术

　　领导者要实施有效的领导，必须善于运用手中的权力。同样的权力，不同的使用方法，会产生截然不同的效果。

1. 有声命令与无声命令的结合

　　领导的权力分为职位权力和非职位权力。职位权力包括法定权、强制权和奖励权，非职位权力即个人影响权，包括专长、品格、道德、知识、业绩等。有声命令是行使职位权力的最典型形式，没有职位权力是不能命令下属做事的。实际上，任何形式的有声命令都必然包含着个人影响力的成分。无声命令也是一种很重要的用权形式，在有声命令中，职位权力起主要作用，个人权威起次要作用。在实际运用中，两者的高度结合就是高超的用权艺术。

2. 正确运用集权、分权和授权

　　（1）正确运用集权和分权。集权和分权是组织层级化设计中的两种相反的权力分配形式。集权是指决策指挥权在管理系统中的较高层次集中，分权是指权力在管理系统中的较低层次分散。在任何一个组织中都不存在绝对的集权和绝对的分权，不能定论集权好还是分权好，只要领导者坚持集权和分权标准，针对不同权力、不同下属、不同环境恰当地集权和分权，就是高水平的用权艺术。集权的标准是集权的程度应以不妨碍下属人员积极性、创造性的发挥为限度；分权的标准是分权的程度应以上级不失去对下级的控制为限度。

　　（2）合理授权。授权是指领导者在实际管理工作中为了更好地实现所任职务的目标任务，充分利用专业人才的技能，在组织制度分权的基础上将制度规定的权力部分地授予下级。不能实行有效授权的领导者，实际上是一个不称职的领导者，是一个不会用权的领导者。一般情况下，领导者基于以下 3 个方面的考虑而向下属授权：一是领导工作需要分身；二是下属胜任某项工作；三是有目的、有意识地培养和锻炼下属。

小思考

　　如果你是某公司的总经理，在周末接到一个重要客户的电话。客户非常着急，因为他们向公司购买的设备出了故障，需要紧急更换零部件。但是公司全体人员都下班了。在这种情况下，你认为应该采取哪种做法？

　　A. 告诉顾客周末找不到人，下周一一定帮他解决。

　　B. 认为这个客户很重要，找人很麻烦，亲自处理。

　　C. 打电话给主管经理让他设法马上处理。

　　D. 请值班人员打电话给主管经理安排处理。

　　领导授权应做到以下几点：

①因事择人，视责授权，授权时应明确授权的范围及任务目标。

②不能越级授权。领导者只能向其直属下级授权，否则会导致双重领导。

③适度授权。领导者不能将全部权力授予下级，应做到大权多揽、小权分散，不能将同一权力授予两人，也不能将不属于自己的权力授予下属。

管理实践

王雪红授权的艺术

HTC掌门人王雪红，与其父台湾"经营之神"王永庆采用中央集权制，部属看到他永远敬畏三分不同，她所投资的每家公司，都交由职业经理人打理。目前由王雪红担任董事长的企业超过二十家，她却几乎都不亲身参与经营，仍能创下全球瞩目的好成绩。众人皆知，威盛与HTC，在一票不姓王的职业经理人操盘下，先后成为台湾"股王"。

王雪红完全放手，职业经理人为她赚进了大把财富，更成为台湾最有钱的女人。正因如此，她被称为全球科技圈最会用人以及借力使力的老板。王雪红曾经说，"我每天所做的事情，就是了解他们，挑战他们。更重要的，能够让他们觉得没有后顾之忧。"说穿了，王雪红的成功之道，就是高度授权，让下属自律、自动自发达成目标。她的事业先后都能成功，最重要有两个关键：一个是她礼贤下士，另一个是她的领导统御能力。

④适当监督。领导者对被授权者保持必要的监督和控制，必要时，给予下属适当的支持和帮助。

3. 用权适度，用而不滥

领导者运用手中的权力惩罚犯错误的下属是无可非议的，但是，除必要的惩罚以外，如果保留惩罚下属的权力，慎用该权力，可能会取得更好的效果，这就是用权适度，用而不滥。领导者要根据不同的环境和条件、不同的下属，审时度势，变换行使权力的方式和方法，以期收到适度用权的良好效果。

管理故事

太宗用权

有一天，宋太宗在北园与两个重臣一起喝酒，边喝边聊，两臣喝醉了，竟在皇帝面前相互比起功劳来，他们越比越来劲，干脆斗起嘴来，完全忘了在皇帝面前应有的君臣礼节。侍卫在旁看着实在不像话，便奏请宋太宗，要将这两人抓起来送吏部治罪。宋太宗没有同意，只是草草撤了酒宴，派人分别把他们送回了家。

第二天上午，他俩都从沉醉中醒来，想起昨天的事，惶恐万分，连忙进宫请罪。宋太宗看着他们战战兢兢的样子，便轻描淡写地说，昨天我也喝醉了，记不起这件事了。

宽容是一个优秀领导者的美德。

6.5.5 人际交往艺术

基于管理决策的需要，领导者需要与各种各样的人打交道。各种关系处理的好坏，直接影响到自身的威信与形象，进而影响到工作目标的实现。

1. 与上级的人际交往艺术

（1）尊重上级，形成良好的、融洽的上下级关系氛围。

（2）发挥上级特长，根据上级不同的爱好与特点灵活对待，在良好的关系中开展工作。

（3）体察上级难处。当上级处境艰难时，要善于出谋划策，分担忧愁，从相互理解中谋求良好关系。

2. 与下级的人际交往艺术

（1）吸引艺术。领导者的人际吸引力不是靠容貌，而是其专长与个人魅力。

（2）分寸艺术。保持适当的距离，否则就会失去领导的尊严与威信；这也是领导公平、公正的重要条件。

（3）弹性艺术。一是做事情、待下属不绝对；二是给下级犯错误、改正的机会；三是充分信任下属，提供发挥才能的机会；四是善于倾听，从不满与牢骚中发现解决问题的思路与方法。

管理故事

金人之谜

曾经有个小国的人到中国来，进贡了 3 个一模一样的金人，把皇帝高兴坏了。可是这小国的人不厚道，同时出一道题目：这 3 个金人哪个最有价值。皇帝想了许多办法，请来珠宝匠检查，称重量，看做工，都是一模一样的。怎么办，使者还等着回去汇报呢。泱泱大国，不会连这个小事都不懂吧。最后，有一位退位的老大臣说他有办法。皇帝将使者请到大殿，老臣胸有成竹地拿着 3 根稻草，插入第一个金人的耳朵里，这稻草从另一边耳朵出来了；第二个金人的稻草从嘴巴里直接掉出来；而第三个金人，稻草进去后掉进了肚子，什么响动也没有。老臣说，"第三个金人最有价值，"使者默默无语，答案正确。此故事说明善于倾听是成熟的人最基本的素质。

6.5.6 协调艺术

协调艺术是指领导者巧妙地解决和处理组织与组织、组织与个人、个人与个人之间的矛盾和冲突的技巧。没有冲突的组织是一个没有活力的组织。巧妙地解决冲突与矛盾是领导的一门艺术。

领导者可采取回避、建立联络小组、转移法、强制法、分析讨论法、润滑法、教育法等方法来解决矛盾和冲突。

1. 回避

在领导活动中，无论是个体还是群体之间发生矛盾和冲突是司空见惯的，并且常常令人不快。所以在矛盾和冲突发生后，领导者可视情况采取消极的处理办法，如无视冲突的存在，希望时间能淡化一切，双方自己通过减少群体间的相互接触次数来消除分歧。

2. 建立联络小组

当组织内的群体交往不是很频繁，而组织目标又要求他们协同解决问题时，群体间就可能产生冲突。在这种情况下，相互交往对组织是非常重要的，这时，领导者可采取建立联络小组的方法来促进两个群体间的相互交往，联络小组的作用就是通过内部边界的扩展在两个群体间架起一座桥梁。

3. 转移法

转移法就是通过树立超级目标，使冲突各方不要纠缠于局部的冲突，而为实现更高的目标努力。超级目标的作用在于使双方冲突的成员感到有紧迫感和吸引力，然而任何一方单独凭借自己的资源和精力又无法达到目标，并且超级目标只有在相互竞争的群体通力协作下才能达到。在这种情况下，冲突各方可以相互谦让和做出牺牲。

4. 强制法

领导者对处于冲突中的群体采取这种策略，是利用组织赋予的权力有效地处理，并最终从根本上强行解决群体间的冲突。

5. 分析讨论法

由于组织内的群体、个体可能不经常进行相互间的沟通，在这种情况下，可采取分析讨论方法来处理组织冲突。这种办法是将冲突双方或代表召集到一起，让他们把分歧讲出来，辨明是非，找出分歧的原因，进行充分的讨论和分析，提出办法，最终选择一个双方都满意的解决方案。

6. 润滑法

运用奖励、表扬的方式，突出双方的成绩方面，使大家感到满意，或个别做思想工作，给予发泄不满的机会和提供某些新的积极诱因，使之心理平衡。

7. 教育法

晓之以理，动之以情，使各方冷静下来，以诚相见，达到化干戈为玉帛的目的。

6.5.7 激励艺术

各种激励理论都从激励过程的不同方面或角度说明了如何实施有效的激励等问题。在现代管理实践中，必须以这些理论的基本思想为指导，掌握多种方法，因时、因地、因人而异，才能展示出良好的激励艺术。常用的激励的方法有以下几种。

管理实践

1. 目标激励

目标激励就是通过树立工作目标来调动人们的积极性。多数人都希望工作具有挑战性，能在工作中充分发挥自己的能力，从而体会自我价值的实现感和成就感。

花旗中国

花旗集团在许多国家员工的满意度非常高。通过花旗"员工之声"全球满意度调查，花旗新加坡的员工满意度有时会达到 100%。在新加坡，持有花旗员工卡的人，可以在遍布全国的商业网点、酒店等获得很大优惠。仿效新加坡，花旗中国也成立了自己的员工俱乐部。花旗集团将员工看作最大的财富，时刻关注员工的健康。为了让员工保持良好的身体与精神状态，花旗中国每周的星期一都为员工买好高质量的食品、饮料，免费提供给花旗中国的每一名员工。

管理实践

让员工敲锣

台湾有一家公司，在公司的大厅里，放置了一个大铜锣，只要业绩突破新台币 100 万元的人，就可以去敲它一下，突破 200 万元则敲两下，依次类推上去。该公司的办公室紧临着大厅，所以，只要这个铜锣被敲，它的声音马上会传入办公室内，也等于是告知全办公室内的人，有人的业绩突破百万大关了。当他步入办公室时，所有的人起立鼓掌，给予他英雄式的欢呼。这家公司的做法是否很有创意呢？

2. 评判激励

评判激励是对人的某种行为作出一定的反应，或是肯定的奖励、表扬或是否定的惩罚、批评及什么也不做的"沉默"。运用评判激励要注意求实、及时、中肯，要根据正确的标准和价值观念以及人的需要的不同层次和同一需要的不同阶段，给予不同类别的评判。

管理实践

海尔的激励

在海尔企业内部，将激励手段分为正激励与负激励。正激励是对员工符合组织目标期望的行为进行奖励，诱发这种积极行为更多地出现，如海尔用工人的名字命名他所改革的创新工具，极大地激发了普通员工在本岗位创新的激情；负激励是对员工违背组织目标期望的行为进行的惩罚，惩罚使人产生内疚感，从而修正自己的行为，使错误减少甚至杜绝。海尔每月都对干部进行考核，表扬得 1 分，批评减 1 分，年底两者相抵，达到负 3 分的即淘汰。同时通过制定制度让干部在多个岗位轮换任职，全面增长才干，根据轮岗表现决定是否升迁。（资料来源：刘洪儒. 海尔集团的激励机制与文化——访海尔集团总裁张瑞敏［J］. 中外管理，1999（02）.）

3. 荣誉激励

荣誉表明一个人的社会存在价值，它在人的精神生活中占有重要地位。正常人都有荣誉感，可通过发给奖状、奖旗、奖牌、证书以及给予记功、授予称号等来调动广大员工工作的积极性。

管理故事

渔夫对蛇的激励

一个渔夫看到船边有一条蛇，口中正衔着一只青蛙。看到垂死挣扎的青蛙，渔夫觉得它很可怜，便动了恻隐之心，把青蛙从蛇的口中救了出来。但随后，渔夫又开始为那条蛇将要挨饿而感到难过。因为没有什么吃的东西，他便拿出一瓶酒往蛇的口中滴了几滴。蛇喝了酒后高兴地游走了，青蛙也为重获新生而高兴，渔夫则为自己的善举而感到快乐。渔夫认为这是个皆大欢喜的结果。但没多久，渔夫就听到有东西在叩击他的船板。他低头一看，几乎不敢相信自己的眼睛，他看见那条蛇又回来了，而且嘴里咬着两只青蛙，它在等待渔夫给予酒的奖赏。渔夫的本意是希望蛇不要再去捉青蛙，但结果事与愿违。

小思考：现在年轻人进入职场，都希望先拿高薪，再认真工作，心里想的是我工资待遇不够，凭什么努力工作，你知道老板是怎么想的吗？

4. 危机激励

这种方法并不是直接从正面鼓励人们去实现某项目标，而是向他们提示或暗示与此目标相反的另一种结果，而这种结果则是他们不愿接受甚至是无法接受的，从而转变他们的态度、观点和行为，焕发精神，树立信心，鼓足勇气积极进取。

管理案例	波音的危机激励
飞机制造商波音公司曾别出心裁地摄制了一段模拟企业倒闭的录像片，并定期播放。此片讲的是在一个昏暗的傍晚，员工们一个个哭丧着脸，耷拉着头，步履沉重地离开自己的岗位，一步三回头、恋恋不舍地离开自己心爱的工厂。高大的厂房上悬挂着"厂房出售"的招牌，一个沉重的声音在反复宣告着不幸的消息"今天是波音公司时代的终结，波音公司关闭了最后一个车间……"	这则企业倒闭的录像片使员工们强烈地意识到市场竞争的残酷无情，市场经济的大潮随时都有可能吞噬掉企业，员工们不努力工作的结果就是企业倒闭的场景。如果员工们不愿意看到这种结局，只有把企业当成自己的家，不断进取、创新、拼搏，企业才能在经济大潮中乘风破浪，在竞争中立于不败之地。

5. 许诺激励

　　许诺激励是适应下属心理需要来激发其积极性，从而实现工作目标的一种激励方法。许诺可采取公开许诺和个别许诺两种形式。许诺必须正确运用，才能起到激励效果，否则，一个不能实现的承诺，对人来说是一大打击，比没有得到承诺受到的伤害更大。

管理实践

亚马逊的利润分享制

　　亚马逊网上书店员工的收入比市场标准还要低，甚至连短期奖金也没有，并且要自己掏腰包承担大部分医疗保险费，可是为什么一大批优秀人才甘心情愿留在亚马逊呢？这个诱惑就是股票！1997 年 5 月亚马逊股票上市，以每股 9 美元的价格开盘，1998 年年底最高峰时突破 300 美元！每个员工的认股权是公司对他们的一个美好承诺。只要公司一开始盈利，就会创造出一大批富翁来，这就是亚马逊的未来利润分享制。总裁贝索斯宣称，公司是大家的，是每一个人的，这个信念甚至连打扫卫生的老太太也铭记在心。

6. 关怀激励

　　关怀激励就是把他人的政治利益、物质利益和精神需要时刻放在心里，关心和支持他人的学习、工作、生活、成长和进步。

管理实践

攻心为上

　　海底捞始终倡导"双手改变命运"的价值观，为员工创建公平公正的工作环境，实施人性化和亲情化的管理模式，提升员工价值。因此，海底捞在关心员工和解决员工后顾之忧方面花了很多心思。当员工达到一定级别和工作年限后，公司会给员工的父母发放"父母补贴"，根据级别的不同，金额也会不一样，让父母一起分享孩子的进步和荣耀；所有员工租住的都是正式住宅小区公寓，房间配有电话、电脑和空调等设施；如果员工是夫妻，还会安排单独房间。只要勤快肯干，海底捞的每个服务员都有成为店长甚至地区经理的机会，当上门店经理后可享受每年1.2万元的子女教育补助。在平均流动率28.6%的中国餐饮行业，海底捞近万名员工，年流动率不到8%。服务营销是一种潜移默化的过程，经营的是人心。海底捞正是通过对员工的情感经营，带动了员工对服务的热情，从而赢取了消费者的忠诚。

7. 宽容激励

上级和下级之间产生矛盾和冲突是在所难免的，下级触犯上级的情况也时有发生。领导者若以豁达的态度泰然处之，不计个人恩怨，下属就会感到内疚，深受感动，会把这种感激融入到工作中。

管理故事

楚王断带

春秋时期，楚王请了很多臣子们来喝酒吃饭，席间歌舞妙曼，美酒佳肴，烛光摇曳。同时，楚王还命令两位他最宠爱的妃子许姬和麦姬轮流给他的属下敬酒。

忽然一阵狂风袭来，吹灭了所有的蜡烛，漆黑一片。席上一位官员趁机揩油亲泽，摸了许姬的玉手，许姬一甩手，扯了他的帽带，匆匆回到座位上并在楚王耳边悄声说："刚才有人趁机调戏我，我扯断了他的帽带，你赶快叫人点起蜡烛来，看谁没有帽带，就知道是谁了。"

楚王听了，连忙命令手下先不要点燃蜡烛，大声向各位臣子说："我今天晚上，一定要与各位一醉方休。来，大家都把帽子脱了痛快饮一场。"

众人都没有戴帽子，也就看不出是谁的帽带断了。后来楚王攻打郑国，有一将领独自率领几百人，为三军开路，斩将过关，直通郑国的首都，而此人就是当年揩许姬油的那一位。他因楚王施恩于他，而发誓毕生忠于楚王。

小思考：楚王的智慧之处在哪里？

8. 授权激励

授权激励是充分利用人才、信任人才的一种做法。领导者将日常行政事务和技术性工作交给下属去做，可以充分调动下属的工作积极性。

三只鹦鹉

有这样一个发人深省的笑话：有一个人走进鸟店，看见三只鹦鹉大同小异，可是标价不同，第一只鹦鹉卖 3 000 元，第二只卖 5 000 元，而第三只卖 7 万元，十分不解，就问卖鸟的店长："第一只鹦鹉卖 3 000 元，为什么？"

店长回答说："第一只鹦鹉会使用电脑 Windows，收发 e-mail，所以卖 3 000 元。""第二只会什么呢？"那人问道。"第二只鹦鹉不但会使用 Windows，"店长解释说："而且还会写电脑程序，更厉害！所以卖 5 000 元。"

"那，第三只会什么？"店长回答说："第三只鹦鹉什么都不会，但是第一只和第二只叫它老板。"

9. 参与激励

让职工在不同程度上参与决策，重大事情与职工协商，吸收员工的合理意见和建议，是对员工的尊重和爱护，能培养员工的认同感、归属感，在自尊心和荣誉感的驱动下，员工的潜在能力将得到更大发挥。

美国 IBM 的"百分之百俱乐部"

美国 IBM 公司有一个"百分之百俱乐部"，当公司员工完成其年度任务，就被批准为该俱乐部会员，他和他的家人被邀请参加隆重的集会。公司的雇员都将获得"百分之百俱乐部"会员资格作为第一目标，以获取那份光荣。结果，由于广泛的员工参与，使企业的业绩不断持续增长。

10. 文化激励

组织文化是一个组织在长期的经营过程中提炼和培养出来的一种适合组织特点的经营管理方式，是组织群体所共同认可的特有的价值观念、行为规范及奖惩规则的总和。一个具有激励特性的、优良的组织文化能调动组织成员的积极性、主动性和创造性，成为保持组织永续发展的不竭动力。

道德教化，仁义感人

山西日升昌票号的很多掌柜都是饱学诗书的鸿鹄硕儒，对儒家的伦理道德至为推崇，多用行动诠释"仁、义、礼、智、信"的内涵。比如雷履泰对伙友的训诫是：思无邪，主忠信；守道义，莫欺心；惜名节，守本分；讲道德，奉博爱；

忠信义，去虚伪；敦品行，喜闻过；节情欲，茹辛苦；肯耐劳，不偷闲；戒奢华，必忠诚；鄙利己，行好事；慎妄言，贵读书；精票务，广交游。他们通过道德教化来感召人的同时，也注重日常行为来考察其思想觉悟和道德品行。如"远则易欺，远使以观其志；近则易狎，近则观其敬；烦则难理，烦使其观其能；卒则难办，卒间以观其智；急则易爽，急期以观其信；财则易贪，委财以观其仁；危则易变，告危以观其节；久则易情，班期二年观其则；杂处易淫，派往繁华而观其色"。张兴邦坐镇总号期间，一个已经顶到六厘身股的冯姓伙友因其伯父偷了自家20捆麦子，要求里正（现在的村长）责打20大板，罚钱20吊。事情传到张兴邦那里，他认为这一不仁不义之举严重违背了日升昌票号的"重仁义、讲厚道"的宗旨，遂将此人开除出号。

管理实践

"海底捞"你能学会

1994年，还是四川拖拉机厂电焊工的张勇在家乡简阳支起了4张桌子，利用业余时间卖起了麻辣烫。十多年过去，海底捞在全国6个省市开了30多家店，张勇成了6 000多名员工的董事长，在竞争激烈的餐饮业硬是创下了一片自己的天地，引发了餐饮业的一个热点现象。北大光华管理学院两位教授对海底捞进行了一年多的深入研究，甚至派人"卧底"当服务员，总结出海底捞的管理经验。中国的企业，有很大一部分属于劳动密集型的中小企业，员工工时长、工作累、报酬低、劳资矛盾突出，经常为人诟病。但海底捞却告诉我们，即使是在火锅这样技术含量不高的行业，一样可以创造出令人羡慕的高昂士气、充满激情的员工团队和出色的业绩。那么海底捞有哪些与众不同的激励手法呢？

一、打造良好的晋升通道

海底捞为员工设计好在本企业的职业发展路径，并清晰地向他们表明该发展途径及待遇。"海底捞现有的管理人员全部是从服务员、传菜员等最基层的岗位做起，公司会为每一位员工提供公平公正的发展空间，如果你诚实与勤奋，并且相信用自己的双手可以改变命运这个理念，那么海底捞将成就你的未来！"每位员工入职前都会得到这样的告知。

在海底捞，只有两个岗位有学历的特殊要求：技术总监与办公室主任合并由一个人担任；财务总监与物流董事长合并由一个人担任。这两个岗位是从外部招聘，要求学历和专业的管理水平；其他所有的干部，包括北京区经理、西安区经理，每人要管理近2 000名员工，然而他们都是从最基层服务员培养起来的，都没有很高的学历，但是都具备同样的素质，就是勤奋、诚实和善良。在具备了基本品质的基础上，谁的能力提高得快，显现出来了，谁就有机会晋升。

二、构建独特的考核制度

海底捞对干部的考核非常严格，在张勇的办公室墙上，张贴着对店长以上干部的考核表。考核分为多个项目，除了业务方面的内容之外，还有创新、员工激情、顾客满意度、后备干部的培养，每项内容都必须达到规定的标准。对这几项不易评价的考核内容，海底捞都有自己衡量的标准。例如"员工激情"，总部不定期地会对各个分店进行检查，看员工的注意力是不是放在客人的身上，看员工的工作热情和服务的效率。如果有员工没有达到要求，就要追究店长的责任。海底捞有一个信息源监督制度，每一个分店都会选举两个普通员工做信息源，对本店管理方面出现的问题以书面形式向总部反映，每个月都必须要有，张勇看过后，再转到监察部备案、核实。如果确定反映的问题属实，就会转给该部门的领导进行处理。

三、营造尊重与关爱的家庭氛围

海底捞的管理层都是从最基层提拔上来的，他们都有切身的体会，都了解下属的心理需求，这样，他们才能发自内心地关爱下属，并且给予员工工作与生活上的支持和帮助，同时也得到员工的认可。张勇曾举例说，"如果将北京区的总经理换成一个从美国回来的博士，相信不到半年就乱套了。员工不认可你，你讲得再好，你的理念再好，员工与你不是一条心，不听你的，没办法！"

在海底捞，尊重与善待员工始终被放在首位。从2003年7月起，海底捞实行了"员工奖励计划"，给优秀员工配股，以西安东五路店作为第一个试点分店，规定一级以上员工享受纯利率为3.5%的红利。2005年3月，又推出第二期"员工奖励计划"，以郑州三店作为员工奖励店给优秀员工配股，并且经公司董事会全体董事一致同意，从郑州三店开始计算，公司每开办的第三家分店均作为员工奖励计划店。

为了鼓舞和激励员工的工作热情，培养他们的爱岗敬业精神，海底捞格外重视员工的业余文化生活。公司办起了《海底捞报》，内容包括企业管理知识、职场成长故事、哲理故事、饮食文化、健康知识。在如此和谐的文化与工作氛围中，员工们的热情日益高涨，工作业绩不断提升。

四、构筑企业与员工共成长

谈到未来的发展，张勇告诉记者，海底捞尽管已经有17家分店、十多家加盟店，但是只开在少数几个大城市，还远远不够，海底捞的第三个目标就是开向全国，紧接着进军海外。为此，他已经考察了国外几个地区的餐饮市场。同时，海底捞还有专门的食品加工配送、仓储和工程部门，这些部门也必须同时发展壮大。

要想实现这个目标，海底捞需要大量的管理人才、外语人才和专业技术人才。目前，海底捞一方面加大内部培养的力度，选出第一批员工分别进行英语培训、管理培训和技术培训。另一方面，也开始重视对大学生的招聘与吸引。大学生的加入能带动员工队伍整体素质的提升。"我们希望高素质的员工越来越多，因为在海底捞协助员工双手改变命运的同时，员工也在协助海底捞实现远大理想！"可以说海底捞是寻求人性化与标准化平衡的典范。（资料来源：餐饮军师.海底捞成功激励法则. http://blog.sina.com.cn/stewyhw. 2011-10-19.）

思考题：海底捞的激励制度对你有何启发？

名人名言

☆只凭一句赞美的话，我就可以活上两个月。

——马克·吐温

☆授权就像放风筝，部属能力弱线就要收一收，部属能力强线就要放一放。

——国际战略管理顾问林正大

☆授权并信任才是有效的授权之道。

——管理专家柯维

☆用人不在于如何减少人的短处，而在于如何发挥人的长处。

——彼得·德鲁克

☆不善于倾听不同的声音，是管理者最大的疏忽。

——美国女企业家玛丽·凯

☆成功的领导艺术的标志是，当事成之后，被领导者均认为"事情是我们自己做的"。

——美国政治学家 H·克里夫兰

☆真正意义的激励因素，来自成就、个人成长、职业满意感和赏识。

——弗雷德里克·赫兹伯格

☆组织变革要取得成功的方法是：75％～80％靠领导，其余 20％～25％靠管理，而不能反过来。

——约翰·科特

☆当企业遇到大好机遇时，作为领导者，一定要找到兼顾速度与稳健的最佳平衡点。我的左眼是一个望远镜，右眼是显微镜，所以我既能看到远处（战略动向），又要考虑到内部的精确管理。

——伊利集团董事长兼总裁潘刚

"管理训练营"之模块六

项目一：交流分享

1. 观看电视剧《亮剑》李云龙的部分片段。谈谈你对李云龙的个性特点与领导行为有何认识，并与同学交流。

2. 一位著名作家说过，一个人每天应该说六句话，三句赞扬别人，三句批评自己。你同意他的说法吗？为什么？

3. 管理的三层境界是：一流的管理者把困难与挫折当作机遇；二流的管理者对逆境绕道而行；三流的管理者面对困境踌躇不前。你属于哪种境界，试分析。

4. 结合本章内容，尝试写出 2～3 句管理警句，并不断提升自己科学运用权力、激励别人的能力，鞭策自己向一个优秀的管理者的目标迈进。

项目二：案例分析

"倒立"的马云

2012 年，阿里巴巴集团董事会主席兼首席执行官马云荣获 2012 经济年度人物新锐奖，再次引起了业界的高度关注。如今淘宝创造了一千万个创业机会，每天有超过一亿人登录消费。而马云正在率领淘宝向十万亿的目标进发。在阿里巴巴的每个人，不论男女老少都必须学会倒立。倒立不仅是阿里巴巴从上到下的一种娱乐方式，也是阿里巴巴旗下的淘宝公司特有的一种文化，更是一种被具体化了的企业价值观。

（一）倒立文化的起源

阿里巴巴倒立文化的起源是在 SARS 暴发的高峰期，因有一名阿里巴巴员工被诊断为非典疑似病例，所以所有在杭员工都被隔离了。由于在家办公，没法进行锻炼，所以想到了用倒立的方式锻炼身体。在那 80 天里，阿里巴巴的业务一直没有停止过。马云从此开始了对倒立的深入思考：

首先，坚持倒立有助于身体健康；其次，一个人做不到，在有人帮助的情况下，就一定能做到，这就是团队合作；最后，就是因为在平时，人们很少会意识到，那些看起来强大的事物，如果倒过来看的话，就并非那么强大了，所以淘宝的理念是首先要健康，其次要换一种角度来看 eBay，它看起来很强大，但是如果倒过来看的话，它一点儿也不可怕。马云认为，用不同的方式，用阿里巴巴自己的方式看世界，这就是"倒立"的意义。

（二）与众不同的创业思维

"倒立"使得马云的做事方式和看问题方式与众不同。他对员工说，今天要记住：我们不要害怕国外的企业，淘宝的整个案例给中国企业一个很大的启发，就是说中国企业完全可以挑战世界一流企业的竞争。

"倒立"思维使得竞争对手看起来不再可怕。马云一直把世界上最强的行业领导者作为竞争对手。面临竞争对手 eBay 在国际上的影响力，淘宝并没有感到压力。淘宝第一期投资 1 亿元人民币，而竞争对手 eBay 当时市值 700 亿美元，难怪投资者听说阿里巴巴要跟 eBay 竞争都以为它疯了，说马云是狂人，但他觉得这是一次学习的绝好机会。

（三）真正的竞争对手是自己

阿里巴巴人在马云的领导下坚信一点，那就是中国电子商务市场一定比美国大，原因是中国有 13 亿人口。中国让 3 亿人上网大概用了 5 年时间，而美国整个人口只有 2.5 亿～2.6 亿，要让 3 亿人上网，现在开始生孩子，20 年以后人口也不足 3 亿。所以，马云认为电子商务是中国人的天下，在竞争中要用欣赏的眼光看对手，绝对不能仇恨，仇恨只能让你鼠目寸光。骄兵必败，商场上也一样。商场上很多东西看起来能赢，结果都输掉了，就是因为对它不够重视。

马云的倒立思维使得新生的淘宝看清了中国的市场，而没有去模仿 eBay 这个行业里的巨头。他告诫高管团队，要清醒地看到，做企业的每天都是如履薄冰，每一天，对每一个项目、每一个过程都要非常仔细认真。他认为真正的竞争对手是自己，所以不用去研究别人。为此，他花费了大量口舌来说服高层管理团队。在百米冲刺时，研究对手就是往后看。只有研究明天、研究自己、研究用户，才是往前看，才是根本，因为别人也不一定是对的。现在各种模式太多了，如果总是研究别人，脚步自然而然就跟过去了，对此必须坚定不移。研究对手只会拖累自己，让你把自己的强项丢掉。（资料来源：李野新，周俊宏. 倒立的马云［M］. 杭州：浙江人民出版社，2011.）

案例分析问题：

1. 作为当今全球互联网 B2B 的著名领袖，马云有哪些特立独行、与众不同的企业家的特质与精神？

2. 你还了解马云哪些为人与创业故事以及经典名言？对你成为一名优秀管理者有何借鉴意义？

项目三：管理游戏 1
授权方式

形式：8 人一组

时间：30 分钟

材料：4 个眼罩，20 米长的绳子一条

使用对象：全体参加团队建设及领导力训练的学生

活动目的：让学生体会与学习作为主管在分派任务时通常犯的错误及改善的方法

操作程序：

1. 老师选出一位总经理、一位总经理秘书、一位部门经理、一位部门经理秘书及四位操作人员。

2. 老师把总经理及总经理秘书带到一个看不见的角落而后向他们说明游戏规则：

（1）总经理要让秘书给部门经理传达一项任务，该任务就是由操作人员在戴着眼罩的情况下，把一条 20 米长的绳子做成一个正方形，绳子要用尽。

（2）全过程不得直接指挥，一定是通过秘书将指令传给部门经理，由部门经理指挥操作人员完成任务。

（3）部门经理有不明白的地方可以通过自己的秘书请示总经理。

（4）部门经理在指挥的过程中要与操作人员保持 5 米以上的距离。

有关讨论：

1. 作为操作人员，你会怎样评价你的这位主管经理？

2. 如果是你，你会怎样来分派任务？

3. 作为部门经理，你对总经理的看法如何？

4. 对操作人员在执行过程中看法如何？

5. 作为总经理，你对这项任务的感觉如何？你认为哪方面是可以改善的。

项目四：管理游戏2

"糖豆"

形式：集体参与，人多时分组

时间分钟：15分钟

道具：纸、笔、奖品

场地：教室

目的：员工激励与团队建设

游戏规则和程序：

1. 给每个人5分钟时间，如实并尽可能多地写出对别人的赞扬。原则是，在相互交换时必须进行目光的交流。

2. 直到所有的成员把自己的赞扬（即"糖豆"）都给了别人，收到"糖豆"的人才可以打开它们。

3. 评价一下现场的气氛。

4. 在向成员发出信号让他们看自己手中的"糖豆"时，提问"有多少人从某个你们从未给过他'糖豆'的人那儿收到了至少一个'糖豆'？""你们对此感觉如何？"

5. 打开自己的"糖豆"时，整个班级的情绪会不断高涨起来。

有关讨论：

1. 为什么我们总是抑制自己如实赞扬所关心的甚至是一直留心观察的同学呢？

2. 当你看到别人所写的关于你的一些优点时，你的感受如何？

3. 你还会再送一些"糖豆"给别人吗？当你想做的时候，为什么不去做呢？

项目五：自我评估

你用哪一种方式管理企业

1. 你是否喜欢表现自己的威风？

2. 在实施一项决定之前你是否认为应该花时间去说明理由。

3. 新调来一个下属，你是否先问他的姓名，而不是先自我介绍。

4. 你是否让下属知道与他们有关的最新发展情况，并理所当然。

5. 你在向下属交派任务时，是否只讲目标，而让下属自己决定工作方法。

6. 你是否认为应该与下属保持疏远态度，否则下级会不尊重你？

7. 你是否认为对下级人员的处理是件很容易的事？

8. 你是否希望有一个委员会来解决一项问题，而不是自己处理？

9. 你是否认为你的每一个下级都应该对你表示忠诚？

10. 你是否认为想避免纪律上的问题最好的办法是采取处罚措施？

说明：

只需回答"是"或"否"，测试前先不看答案，如果你在1、6、7、9、10中回答"是"，那么你倾向于专断式领导；如果你在2、3、4、5、8中回答"是"，那么你倾向于民主式领导。

项目六：情景剧

【实训目标】

1. 培养了解人的心理需求，分析解决复杂问题的能力；
2. 培养运用激励理论与艺术，调动人的积极性的能力。

【实训内容与要求】

1. 根据本章内容与实训目标，由学生在课下收集、选择、编写及讨论预习剧本，并进行必要的排练。

2. 由"演员"按照剧本进行表演。主要有两部分：一是表演事件的基本事实与过程；二是由学生按照自己设计的方案进行分析与决策。扮演者提出自己的主张与建议，并充分论证，以说服别人；不同的扮演者可以有不同的方案。

3. 由同学对表演者管理行为的合理性进行分析与评价。

4. 在表演和讨论的过程中，老师可以随剧情发展进行提问，引导剧情与讨论逐步深入，并进行小结。

项目七：与企业家对话
马化腾给创业者的一封信：互联网创业的蓝海无限

亲爱的合作伙伴：

这个盛夏，我们刚好一起走过了两年的开放之路。

腾讯开放平台白皮书的大量数据表明，开放平台已是用户与内容、用户与开发者之间互惠互利的最佳桥梁。这两年，腾讯开放平台出现很多很有意思的互联网应用，深受用户喜爱，不仅获得收入，也给腾讯带来了增值，取得了三方多赢。

过去的一年，为了快速响应用户需求，腾讯调整了组织架构，我们需要从大公司变成小团队，全面拥抱移动互联网，打造优秀的产品和平台，创造对用户有价值的整合服务，重塑小公司的创业特质和创业激情。

所以，在开放两周年的今天，我想以创业者面对创业者的方式，和大家分享几个感受。

1. 创新思维

互联网的竞争生死时速，用创新的方式去突破，才具竞争力。

在PC互联网，QQ首次把通信、社交、平台化三者一体地建立起来，这是我们亚洲互联网企业在全球互联网行业的一次创新。在移动互联网，微信引入朋友圈和轻APP的模式也是全球第一个。我们觉得未来互联网世界或许不需要域名，不需要注册一个网址，只需要一个号码或二维码一扫，所有的服务都可以提供和实现。创新，才是我们永葆青春的方式。

互联网从来不论资排辈，没有先来后到。无论是应用还是平台，无论是员工还是管理者，都应该敢于挑战、勇于试错。正是因为不断地尝试，经历过失败，才能深入学习，才能宽容失败，才能理解多样性。新的挑战带来新机会和新活力，实时激发我们个人及团队的灵感。

2. 创业精神

有志向创业或准备创业的同学常常思考这个问题："我适合创业吗?"

选择"创业"，其实是选择了一种生活方式，与你所在的家庭、职位、平台、环境没有特别大的关系。发现自己的兴趣、渴望、理想，专注地去发挥自己最擅长的那个部分，就是有梦想有行动力的创业者，在哪儿都能创造和贡献自己的价值。这也是我们国家我们民族重点倡导的创业精神。

在腾讯开放平台百万开发者中，我们看到个人创业者达到 70%，中小企业超过 96%，小而美的中小团队服务着 3 亿用户，创新创业的风气深入人心，创业精神已成普世价值观。最近和创业者接触，我也常常被问这样的问题："这是最好的时代吗? 现在创业还有机会吗?"不少媒体和创业者曾认为，腾讯、百度、阿里这样大企业的存在，使中国创业机会减少，创业的风险和成本很高。

我们知道，创业不是件容易或轻松的事，中小创业者在产品、资本、人才、管理、品牌、营销等方面资源十分有限，却要与大公司直接竞争，人们都用"九死一生"来形容创业的艰难。幸运的是，我们遇上了开放平台。开放平台提供一个无风险零成本的创新创业机会，大大地降低了创业门槛，还提供丰富的能力和资源，创业成功率翻倍。

开放的移动互联网演变出了新的商业模式，是 2013 年最受关注的创业机遇。通过微信公众平台、QQ 生活服务平台，所有的线下商户、个人、草根团队已能成为内容和服务供应商，真正迎来了创业者的春天。

3. 创造价值

用户价值，是互联网产品的立身之本。从 QQ 的第一个产品开始，我们就坚持用户价值至上的原则。当腾讯做开放平台的时候，我们不仅关注平台对开发者创业者的价值，关注应用内容的健康度，也关注着整体产业生态链、创业的生态圈。比如，一边提升社交平台的增值服务，一边发展社交平台的广告模式，同时做好全程的管理和协调，才能确保用户、创业者和平台之间的利益长期均衡。

共创美好新生态是期许，更是承诺。

未来，我们是永远的合作伙伴。创业者与腾讯有更多的合作空间，不断地实现产品互联、业务共享、多网互动或内容互相授权。

未来，我们有所为有所不为。一方面，在专业领域深耕细作，打造最好的用户平台;另一方面，培育产业链，让更多的腾讯合作伙伴走向成功。

未来，我们进一步开放思维。向互联网产业的更高境界迈进，共同构建一个跨屏的跨界的新生态系统，与各位合作伙伴一起培育这片森林。

互联网的明天，承载着十多亿用户的期盼，我们创业的蓝海无限。希望所有合作伙伴与我的同事一起扎根中国，放眼世界，拥抱变化，拥抱未来，创造有价值的互联网服务，让亿万用户生活更美好!

因为我们正青春，我们有激情有兴趣去探索，我们有理想有信心再携手。
谢谢你们！

——马化腾

（资料来源：马化腾. 马化腾给创业者的一封信：互联网创业的蓝海无限. 中国企业家网，2013-07-03.）

作业：请给马化腾回复一封信，谈谈你的人生抱负与职业理想。（要求1 500字左右）

第 7 章

控　制

1％的错误会导致 100％的失败，很多时候 100－1 不是等于 99，而是等于 0。

——《细节决定成败》作者汪中求

把一件简单的事做好就不简单，把每一件平凡的事做好就不平凡。

——海尔 CEO 张瑞敏

引入案例

"阿米巴"经营的秘密

近年来，日本京瓷公司的"基于精细化独立核算的阿米巴经营"受到了我国企业界的高度关注。京瓷的创办者稻盛和夫俨然已成为国内许多企业家竞相膜拜的"导师"，稻盛和夫也成为全球唯一一个率领两家企业进入500强的企业家。他成功的原因有许多方面，其中阿米巴经营是成功的主要原因之一。

一、"阿米巴经营"及其成功经验

1. 将"销售额最大化和成本最小化"作为原则和基础

在市场容量有限的情况下，"价格是由客户，也就是市场决定的"。所以，追求"成本最小化"更为实际。"但成本是我们自己可以控制的。竭尽全力降低成本，最终挤出来的就是利润。"基于这样的认识，"阿米巴经营"始终把"定价"作为整个经营的核心，把控制成本作为管理的重点。

2. 依靠制造现场的一线员工来实现成本控制

稻盛和夫认为，企业的利润是由制造部门产生的。既然如此，就应当让制造部门承担起实现"成本最小化"的责任，依靠身处现场的一线员工在生产作业中自觉地处处精打细算，主动控制成本。

要让这种责任在日益复杂庞大的制造部门真正落实，就必须缩小核算单位，否则，管理者只知道总成本，却不了解成本具体是怎么产生的，制造过程中到底哪个环节成本过高，想降低成本就无从下手。而如果只依靠管理者去指导、督促制造部门降低成本，即使他能够及时了解现场情况，面对大堆问题层出的生产环节以及瞬息万变的市场价格，照样会分身乏术。所以，还必须将部分管理权力赋予生产一线的基层单位，使其成为员工主动控制成本的经营实体。

基于这样的思路，从1963年起，稻盛和夫对京瓷公司的制造部门进行了改造，将每一个能够独立完成业务的基层单位细分为相对独立的小团体，并要求它们对自己的成本和利润进行独立核算，这就是所谓"阿米巴"的由来。

3. 采用简单明确的核算手段，使制造现场真正承担起控制成本的责任

"单位时间核算制度"是"阿米巴经营"的重要内容。为了让普通一线员工也能对核算结果一目了然，"单位时间核算制度"采用了很简单的计算公式，将市场价格的变动引入到制造部门"阿米巴"的核算中。只要产品降价，"阿米巴"的利润

及单位时间附加价值就立刻减少，从而促使制造现场员工赶快想办法主动降低成本。此外，销售部门作为制造部门与客户的中介，还要从生产金额中提取一定比例的营业佣金作为收入。如果市场价格降低，而佣金比例不变，销售部门的利益就会受到影响。这就会使制造和销售两个部门主动沟通信息，共商对策。

4. 对成本控制的高标准，确保了企业即使遭遇困境也不会亏损

与一般企业仅考虑直接的制造成本不同，京瓷的制造部门"阿米巴"在核算中还要将销售佣金扣除才有利润。这就促使其制造部门在平时就必须将成本降低到其他企业标准成本以下，否则利润就是 0 甚至负数。这使企业在平时就获得了竞争优势，一旦遇到市场低迷，这种优势就更为明显。这意味着京瓷在平时就已经为在困境中生存做好了准备。所以，它能保持近 50 年从不亏损。

二、"阿米巴经营"的条件及要求

"阿米巴经营"对企业的基础管理水平要求很高，要将高度复杂、环环相扣的企业制造部门划分为一个个能够独立核算的小团体，这本身就要求制造部门乃至整个企业的组织结构非常成熟，同时也对会计管理及每一个相关单位乃至员工的核算意识、习惯提出了很高要求；"阿米巴经营"的有效运行高度依赖正确的经营哲学和良好的企业文化。经营中高额薪水或奖金不是最主要的方法，取而代之的是得到伙伴们的赞赏和感谢，得到精神上的荣誉。如果没有正确的经营哲学和良好的企业文化，这是不可想象的。京瓷的经验表明，管理者始终不脱离制造现场，并能够采取有效手段改善现场管理，是解决问题的重要思路，这很值得我国企业借鉴。（案例来源：金涛．"阿米巴"的局限与启示［J］．企业管理，2013（5）．）

思考题："阿米巴经营"给我国企业提供了哪些可以借鉴的做法？

◆◇◆◇◆◇◆◇◆◇◆◇◆◇◆◇◆◇◆◇◆◇◆

7.1 控制概述

控制是管理过程中不可缺少的一个重要职能。管理者尽管可以制订出周密的计划，可以将组织结构设计得非常有效，但是这些都不足以保证所有的行动都能按计划执行，而控制通过监视组织各方面的活动和组织环境的变化，保证组织计划与实际运行状况保持动态适应。

7.1.1 控制的概念及其作用

1. 控制的概念

"控制"一词最初来源于希腊语"掌舵术"，意指领航者通过发号施令将偏离航线的船只拉回到正常的轨道上来。所以，维持达成目标的正确行动路线是控制概念的最核心含义。

控制从其最传统的意义上来说，就是"纠偏"，即按照计划标准衡量所取得

的成果，并纠正所发生的偏差，以确保计划目标的实现。

2. 控制的作用

控制作为管理的重要职能，其主要作用可概括为如下三点：

（1）有效的控制可以保证组织计划与外部环境相适应。

组织计划不可能是一成不变的，特别是在复杂多变的市场环境中，很难准确地预测未来发展的变化情况，就更加需要根据目标标准随时对计划进行调整，以便使实际活动适应变化了的环境。

（2）有效的控制可以保证计划与组织各部门的利益相协调。

组织的总体目标是由各部门的目标组成的，管理者在进行总目标的分解和落实的过程中，还必须对各部门及其活动进行大量的协调工作，否则就可能出现各自为政、偏离总体目标和计划，甚至造成资源不能合理分配和有效使用。

（3）有效的控制可以保证组织计划与各级人员的素质、能力和责任相匹配。

即使有了正确的计划，仍然不能确定各项工作计划都能圆满地完成。只有通过检查、监督，才能及时发现计划任务与责任人员之间匹配的失误，采取纠正失误的措施。

管理借鉴

哈勃望远镜

美国国家航空航天局（NASA）经过长达 15 年的精心准备，耗资 15 亿美元的哈勃太空望远镜最后终于在 1990 年 4 月发射升空。但是，NASA 仍然发现望远镜的主镜片存在缺陷。由于直径达 94.5 英寸的主镜片的中心过于平坦，导致成像模糊。因此望远镜对遥远的星体无法像预期那样清晰地聚焦，结果造成一半以上的实验和许多观察项目无法进行。哈勃望远镜的例子说明，在一个组织机构中，如果没有严格的控制将发生什么。

管理知识链接

丢失一个钉子，坏了一只蹄铁；

坏了一只蹄铁，折了一匹战马；

折了一匹战马，伤了一位骑士；

伤了一位骑士，输了一场战斗；

输了一场战斗，亡了一个帝国。

——西方民谣

小思考： 谈谈你对这首民谣的理解与看法。

7.1.2 控制的原则

要使控制工作发挥应有的作用，在建立控制系统或进行控制活动时应遵循以下几个原则。

1. 未来导向原则

未来导向原则是指控制工作应当着眼未来，而不是只有当出现了偏差才进行控制。由于在整个控制系统中存在着时滞，所以一个控制系统越是以前馈而不是以简单的信息反馈为基础，则管理人员越是能够有效地预防偏差或及时采取措施纠正偏差。

2. 反映计划原则

反映计划原则是指计划越明确、完善和综合化，则控制越能用来体现计划，也越能有效地为管理的需要服务。

3. 组织适宜性原则

组织适宜性原则是指一个组织的结构如果是明确的，则控制就能很好地反映出组织结构中哪个部门或人员应对采取措施承担责任，也就能及时地纠正偏差。

4. 关键点控制原则

关键点控制原则指管理人员选择计划的关键点来作为控制的标准，可以使控制更为有效。因为人的精力是有限的，所以管理人员在某些情况下不必拘泥每个细节，只需注意对计划的执行起到举足轻重作用的关键性问题。

5. 例外原则

例外原则是指管理人员的控制应当顾及例外情况的发生，也就是说，把主要注意力集中在那些出现了特别好或特别坏的情况上。它强调必须留意在这些关键点上偏差的规模。如果把两者很好地结合起来，就可以使控制工作既有好的效果又有高的效率。

6. 直接控制原则

直接控制是相对于间接控制而言的，它是通过提高管理人员的素质来进行控制工作的。直接控制的指导思想认为，合格的管理人员出的差错最少，他能觉察到正在形成的问题，并能及时地采取纠正措施。

7.2 控制的类型和过程

7.2.1 控制的类型

1. 按控制实施的时间划分

按控制实施的时间划分，控制可分为事前控制、现场控制和事后控制三类。

具体划分如图 7-1 所示。

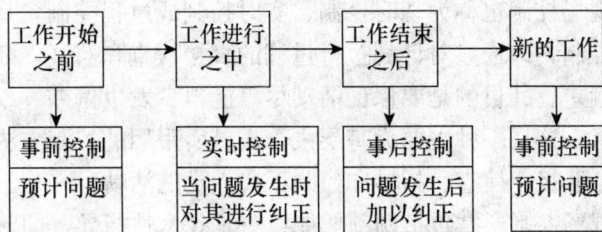

图 7-1　控制类型

（1）事前控制。

事前控制也可称为前馈控制，是指在执行计划之前预先规定计划执行过程中应遵守的规则和规范等，规定每一项工作的标准，并建立偏差显示系统，使人们在工作之前就已经知道如何做。这是一种面向未来的控制，而不是等到事件发生后再进行控制。

这类控制建立在预测的基础上，尽可能在偏差发生之前将其觉察出来，并及时采取防范措施。事前控制强调"防患于未然"。事前控制的重点是预先对组织的人、财、物、信息等合理地配置，使它们符合预期的标准，从而保证计划的实现，如成本控制中的标准成本法，预算控制，管理部门制定的规章制度、政策和程序等。

管理故事

厨房失火

有位客人到某人家里做客，看见主人家灶上的烟囱是直的，旁边又有很多木柴，于是，忠告主人说："烟囱要改曲，木柴也要移到别的地方去，否则将来可能会有火灾。"主人听了没有做任何表示。不久，主人家里果然失火，四周的邻居赶紧跑过来救火，最后火被扑灭了。于是，主人烹羊宰牛，宴请四邻，以酬谢他们救火的功劳，但是并没有请当初建议他将木柴移走、烟囱要改曲的人。有人很不解，问主人为何不请那个提建议的人。主人说："他没有帮我救火，没给我做任何事，我为什么要请他呢？"那人对主人说："如果当初你听了那位先生的话，今天也不用准备筵席，而且也没有火灾的损失。现在论功行赏，原先给你建议的人没有被感恩，而救火的人都是座上宾，真是很奇怪的事。"主人顿时省悟，赶紧去邀请当初给予建议的那位客人。

温馨提示

俗话说，"预防重于治疗"。防患于未然，胜于治乱于已成。由此观之，企业问题的预防者优于企业问题的解决者。

（2）现场控制。

现场控制也称为现时控制、实时控制或过程控制，是指计划执行过程中所实施的控制，即通过对计划执行过程的直接检查和监督，随时检查和纠正实际与计划的偏差。其目的是要保证活动尽可能地少发生偏差，改进本次而非下一次活动的质量。这是一种主要为基层主管人员所采用的控制方法，主管人员通过深入现场亲自监督、检查、指导和控制下属人员的活动。

现场控制通常包括两项职能：一是技术性指导，即对下属的工作方法和程序等进行指导；二是监督，确保下属完成任务。现场控制的有效性主要取决于基层主管人员的个人素质，因此，基层主管人员的言传身教将发挥很大作用。

管理实践

海尔之所以能够成为国内家电的领头羊，与其精细化的管理密切相关。海尔创立了"日事日毕、日清日高"的 OEC 管理模式，即 O—Overall（全方位）、E—Everyone（每人）、Everyday（每天）、Everything（每件事），C—Control（控制）and Clear（清理）。OEC 模式就是对每天、每人、每件事进行全方位的控制和清理。

小思考： 联系自己的工作与学习实际，谈谈你对此的认识。

（3）事后控制。

事后控制也可称为反馈控制，是指从已经执行的计划或已经发生的事件中获得信息，运用这些信息来评价、指导和纠正今后的活动。事后控制是一种最主要也是最传统的控制方式。它的控制作用发生在行动作用之后，其特点是把注意力集中在行动的结果上，并以此作为改进下次行动的依据。其目的并非要改进本次行动，而是力求能"吃一堑，长一智"，提高下一次行动的质量。

事后控制的对象可以是行动的最终结果，如企业的产量、销售额、利润等，也可以是行动过程中的中间结果，如新产品样机、工序质量、产品库存等。在组织中使用事后控制的例子很多，如产成品的质检、人事的考评、对各类财务报表的分析等。

这类控制对组织营运水平的提高发挥着很大的作用。但事后控制最大的弊端就是它只能在事后发挥作用，对已经发生的对组织可能的危害却无能为力，它的作用类似于"亡羊补牢"。

管理寓言

扁鹊的医术

魏文王问名医扁鹊说："你们家兄弟三人，都精于医术，到底哪一位最好呢？"扁鹊答："长兄最好，中兄次之，我最差。"文王再问："那么为什么你最出名呢?"扁鹊答:"长兄治病,是治病于病情发作之前。由于一般人不知道他事先能铲除病因,所以他的名气无法传出去;中兄治病,是治病于病情初起时。一般人以为他只能治轻微的小病,所以他的名气只及本乡里。而我是治病于病情严重之时。一般人都看到我在经脉上穿针管放血、在皮肤上敷药等大手术,所以以为我的医术高明,名气因此响遍全国。"

这个故事告诉我们,事后控制不如事中控制,事中控制不如事前控制。防患于未然,胜于治乱于已成。

2. 按控制的手段划分

按控制的手段,控制可分为间接控制和直接控制两类。

(1) 间接控制。

间接控制是指根据计划和标准考核工作的实际结果,分析出现偏差的原因,然后找到责任者,并追究责任者的个人责任以使其改进未来工作的一种控制方法,多见于上级管理者对下级人员工作过程的控制。

间接控制的优点在于:它能纠正管理人员由于缺乏知识、经验或判断力所造成的管理上的失误和偏差,并能帮助主管人员总结、吸取经验教训,增加他们的知识、经验和判断能力,提高他们的管理水平。这种控制方式在管理中简单易行,容易被人们所接受,实际效果也不错。

实现间接控制的条件包括:

①工作成效是可以计量的,因而也是可以相互比较的。

②人们对工作任务所负有的个人责任是清晰的、可以分割的和相互比较的。

③分析偏差和追究责任所需的时间、费用等是有充分保证的。

④出现的偏差可以预料并能及时发现,有关责任单位和责任人会采取纠正措施。

(2) 直接控制。

直接控制是相对于间接控制而言的,是指管理者直接检查操作者是否按照规定要求执行的一种控制方式。它着眼于培养更好的主管人员,使他们能熟练地运用管理的概念、技术和原理,以系统的观点来改善他们的管理工作,从而防止出现因管理不善而造成的不良后果。

直接控制的特点是:

①直接对操作者的行为和工作过程加以控制,可以减少偏差的发生;

②可以减少间接控制中用于检测偏差、寻找原因和责任者的时间与费用;

③直接控制取得的心理效果好,鼓励下属自我约束、自我控制、自觉修正错误。

直接控制的实现也需要一些条件:

①操作人员按操作要求和规则去办,很少犯错误;

②管理工作的成效是可以计量的;

③输出的结果与操作规则的执行存在因果必然关系,甚至操作要求和规则可以直接成为衡量结果的标准。

管理实践

教授的测试题

有位医学院的教授，在上课的第一天对他的学生说："当医生，最要紧的就是胆大心细！"说完，便将一只手指伸进桌子上一只装有尿液的杯子里，接着再把手指放进自己的嘴中。随后教授将那只杯子递给学生，让这些学生学着他的样子做。看着每个学生都把手指伸入杯中，然后再塞进嘴里，忍着呕吐的狼狈样子，他微微笑了笑说："不错、不错，你们每个人都够胆大的。"紧接着教授又难过起来："只可惜你们看得不够心细，没有注意到我伸入尿杯中的是食指，放进嘴里的却是中指啊！"

教授这样做的本意，是教育学生在科研与工作中都要注意细节。相信尝过尿液的学生应该终身能够记住这次"教训"。

温馨提示

注意细节其实是一种功夫，这种功夫是靠日积月累培养出来的。俄罗斯教育家乌申斯基曾说过，"良好的习惯是人在其思维习惯中所存放的道德资本，这个资本会不断增长，一个人毕生可以享受它的'利息'。"

3. 按结构划分

按结构可将控制分成分散控制和集中控制两种。

（1）分散控制。

分散控制的特点是由若干分散的控制机构来共同完成组织的总目标。在这种控制方式中，各种决策及控制指令通常是由各局部控制机构分散发出的，各局部控制机构主要是根据自己的实际情况，按照局部最优的原则对各部门进行控制。分散控制适应结构复杂、功能分工细的组织。

（2）集中控制。

集中控制的特点是由一个集中控制机构对整个组织进行控制。在这种控制方式中，把各种信息都集中传送到集中控制机构，由集中控制机构进行统一加工处理。在此基础上，集中控制机构根据整个组织的状态和控制目标，直接发出控制指令，控制和操纵所有部门和成员的活动。集中控制方式比较简单，指标控制统一便于整体协调，但缺乏灵活性和适应性，机构的变革和创新会很困难。

4. 按来源划分

根据来源可以将控制分成正式组织控制、群体控制和自我控制三种。

（1）正式组织控制。

正式组织控制是由管理人员设计和建立起来的一些机构或人员来进行控制，组织可以通过规划指导成员的活动，通过审计监督来检查各部门或各个成员是否按规定进行活动，并提出具体更正措施和建议意见。例如，组织可以规划、指导成员的活动，通过预算来控制消费。

（2）群体控制。

群体控制基于群体成员的价值观念和行为准则，它是由非正式组织自发发展起来和维持的。非正式组织的行为规范虽然没有明文规定，但成员都十分清楚它的内容，都知道自己如果遵守所能带来的利益和违反将要受到的损失。群体控制作为正式组织控制的补充，增强了组织对环境变化作出适应性反应的能力，有利于达成组织目标。但由于群体控制通过非正式组织来影响成员的行为，也可能给组织带来危害，所以要对其加以正确引导。

（3）自我控制。

自我控制即个人有意识地按某一行为规范进行活动。这种控制成本低、效果好。但它要求上级给下级以充分的信任和授权，还要把个人活动与报酬、提升和奖励联系起来。

5. 按逻辑划分

按逻辑可将控制分为试探控制、经验控制、推理控制和最优控制四种。

（1）试探控制。

试探控制也叫随机控制，是一种原始的控制方式，也是其他控制方式的基础。试探控制完全建立在偶然机遇的基础上，是"试试看"思想在控制活动中的体现。试探控制在成功的同时，常常伴随着失败。这种控制方式有较大的风险，对事关重大的活动，一般不宜采用这种控制方式。

（2）经验控制。

经验控制也称为记忆控制，是一种应用广泛的控制方式。把由试探控制得出的结果用于指导下一次控制，就是经验控制。在经验控制中，最重要的是经验的可靠性。它包括两层含义，一是真实性，二是必然性。

（3）推理控制。

推理控制也称为逻辑控制，是试探和经验控制相结合的产物。它通过中间起过渡作用的媒介实现控制，因此也称为共轭控制。

（4）最优控制。

最优控制是控制方式发展的高级阶段。所谓最优控制就是符合最优标准的控制。其核心思想是，不仅要保证实现控制目的，而且强调要在较短的时间内，以尽可能少的人力、物力、财力的消耗（即系统的输入量）来实现控制目的。

7.2.2 控制的过程

控制的对象一般都是人员、财务、作业、信息及总体绩效。无论哪种控制对象，其所采用的控制技术和控制系统实质上都是相同的。控制的过程一般包括三个步骤，即确定标准、衡量绩效和纠正偏差。

管理寓言

做一天和尚撞一天钟

从前，有一个小和尚在寺院担任撞钟之职。按照寺院的规定，他每天必须在早上和黄昏各撞钟一次。如此半年下来，小和尚感觉撞钟的工作极其简单，备感无聊。后来，干脆"做一天和尚撞一天钟"了。一天寺院住持忽然宣布要将他调到后院劈柴挑水，原因是他不能胜任撞钟之职。小和尚觉得奇怪，就问住持："难道我撞的钟不准时、不响亮?"住持告诉他："你的钟撞得很响，但钟声空泛、疲软，因为你心中没有理解撞钟的意义。钟声不仅仅是寺里作息的准绳，更为重要的是唤醒沉迷众生。因此，钟声不仅要洪亮，还要圆润、浑厚、深沉、悠远。"

温馨提示

"做一天和尚撞一天钟"是由于住持没有提前公布工作标准造成的。工作标准是员工的行为指南和考核依据。缺乏工作标准，往往导致员工的努力方向与公司整体发展方向不一致，造成大量的人力和物力资源浪费。制定工作标准时应尽量做到数字化，与考核联系起来，注意可操作性。

1. 确定标准

标准必须从计划中产生，计划必须先于控制。换言之，计划是管理人员设计和进行控制工作的准绳，所以控制工作的第一步总是制定标准。

所谓标准就是衡量实际工作绩效的尺度，它们是从整个计划方案中选出的，可以给管理者一个信号，使其不必过问计划执行过程中的每一个具体步骤，就可以了解工作的进展情况。然而，由于不同的企业和不同部门的特殊性，有待衡量的产品与服务种类繁多，有待执行的计划方案也数不胜数，所以不存在可供所有管理人员使用的统一标准。但是，所有的管理人员必须使控制标准与其控制工作的需要相一致。

控制标准的种类有很多，可以是定量的，也可以是定性的。一般情况下，能够定量化的应尽量定量化，以提高控制的准确性。控制标准一般分为以下几种：

(1) 时间标准。即完成一定工作量所需的时间长度，如生产周期、生产提前期、生产间隔期、生产线的节拍等。

(2) 实物量标准。即一定时间内应完成的实物任务量，如产品产量、产量定额、生产批量等。

(3) 货币标准。即一定时间内应完成的价值任务量，如销售收入、利润、应交税金等。

(4) 消耗标准。即完成一定工作任务所需的有关消耗，如物料消耗定额等。

(5) 质量标准。即工作应达到的要求或产品应达到的品质标准，如合格率、优等品率是工作质量标准，理化指标是产品技术标准等。

（6）行为标准。即对员工规定的行为准则要求。

管理实践

《麦当劳手册》的魅力

麦当劳是员工密集型的企业，生产和服务都十分简单，它的管理精髓都集中在细节一词上。麦当劳的总裁弗雷德·特纳把麦当劳战胜竞争者归功于细节，他曾说："我们的成功表明，我们的竞争者的管理层对下层的介入未能坚持下去，他们缺乏对细节的深层关注。"

为了贯穿管理流程的细节化，需要麦当劳的员工付出大量的学习时间和工作强度。《麦当劳手册》这本书是他们把细节管理做到极致的体现。这本书包含了麦当劳所有服务的每个过程和细节，例如"一定要转动汉堡包，而不要翻动汉堡包"，或者"如果巨无霸做好后10分钟内没有人买，法国薯条做好7分钟后没人买就一定要扔掉"，"收款员一定要与顾客保持眼神的交流并保持微笑"，等等。甚至详细规定了卖奶昔的时候应该怎样拿杯子、开关机器、装奶昔直到卖出的所有程序步骤。麦当劳现在还在不断地改进和增加这本书的内容。现在，麦当劳的每一家连锁店都要严格按照这本书操作。正是这本书的推行，使麦当劳的所有员工都能够各司其职、有章可循地工作，即使是新手，也能借助这本书迅速学习和操作，保证任何人都能在短时间内驾轻就熟，胜任岗位，实现了"谁都会做、谁都能做"。

如此地关注细节，如此地规范细节，正是这种对细节的关注程度，使得麦当劳的特许连锁经营方式迅速发展起来。麦当劳每年以2 000家的速度增长，现在全球有3万家分店。麦当劳的连锁经营有四个特点：标准化、单纯化、统一化、专业化。标准化要求连锁店在店名、店貌、设备、商品、服务等方面，完全符合总部制定的规则，达到麦当劳所认证合格的水准。单纯化要求连锁店各个岗位、各个工序、各个环节运作时，尽可能做到简单化、模式化，从而减少人为因素对日常经营的影响。统一化要求连锁店在经营过程中，将广告宣传、信息收集、员工培训、管理经营方针等做到协调一致，整齐划一。专业化要求连锁店将决策、采购、配送、销售等环节统统细化，不同职能截然分开。这四个方面其实都是细节，因为只要贯彻其中任何一个思想，中间都有无数的细节需要被严格执行。

最大限度地追求完美服务，关注经营过程中的每一项细节，这是麦当劳正在做、还将永远做的。可以说细节是麦当劳管理思想的精髓，也是它长期立于不败之地的魅力所在。（资料来源：《麦当劳手册》的魅力. 管理人网，2008－10-14.）

思考题："差错发生在细节，成功取决于系统。"想一想，如果麦当劳没有严格的标准化与高度的统一化，会是什么结果？

2. 衡量绩效

（1）衡量内容及方法。

有了合理的标准，下一步就要对实际工作进行评价。为此，要搜集实际工作的数据，了解和掌握实际情况，对照标准进行衡量。在这里，衡量什么以及如何去衡量，是两个核心问题。

一是衡量内容。随着标准的制定，计量对象、计算方法以及统计等也相应地被确立下来。所以，要衡量的是实际工作中与已制定的标准相对应的要素。

二是衡量方法。在实际工作中有各种各样的衡量方法，常用的有如下几种。

①个人观察。最普通的衡量是通过个人观察，直接观察受控对象的工作完成情况，特别是在对基层工作人员工作业绩的控制时，以及衡量因素比较简单时，这是一种非常有效的、无可替代的衡量方法。但是个人观察的方法也有其局限性，包括工作量大，不能考察更深层次的工作内容等。

②统计报告。统计报告就是根据衡量标准，采集相关的数据，并按一定的统计方法进行加工处理而成的报告。采用统计报告时特别要注意两个问题，一是所采集的原始数据要真实、准确；二是所使用的统计方法要恰当。否则，统计报告就没有实际意义。

③口头报告和书面报告。口头报告的优点是快捷方便，而且能够得到立即反馈。其缺点是报告内容容易受报告人一时的主观意识所左右，也不便于存档查找和以后重复使用。书面报告要比口头报告来得更加精确全面，也易于分类存档与查找，质量更易控制。

④抽样检查。在全面检查工作量比较大而且各人工作质量比较平均的情况下，通过抽样检查来衡量工作业绩，不失为一个好办法。抽样检查就是随机抽取一部分工作作为样本，进行深入细致的检查、测量，再通过样本数据的统计分析，从而推测全部工作的情况。这是一种科学有效的方法，例如，在大批量生产的企业，产品的质量检查通常采用这种方法。

管理知识链接

细节管理要领

抓住核心细节

管好重要、关键的细节

密切监控易出差错的细节

放松一般、次要的细节

简化忽略无关紧要的细节

（2）分析衡量结果。

获得了实际工作的真实、可靠的信息，就是获得了衡量结果。分析衡量结果就是要将实际结果与控制标准进行对照，找出差距，为进一步采取管理行动做好准备。

①确认存在的偏差。

事实上，实际结果与标准完全相同是不可能的，如果实际结果与标准只是稍有出入，并无大碍。因此，人们往往规定了一个可以浮动的范围，只要实际结果在这个范围之内就可以认为不存在偏差，而一旦实际结果在允许范围之外，就可以认为存在偏差。

偏差可以分为两种，一种是结果比标准完成得还好，将它称为正偏差；另一种是实际结果没有达到标准的要求，则称为负偏差。出现负偏差当然是不理想的事情，但出现正偏差时也不一定就没有问题，同样必须作一些必要的分析。因为一些偶然因素的作用或是目标定得太低等原因而出现的正偏差，在控制要求比较高的情况下，要严格控制，否则对今后的工作会带来不利的影响。

②出现偏差的原因分析。

一种实际结果的形成受到多方面因素的影响，也就是说，出现偏差的原因可能是多种多样的。问题的关键和原因必须通过进一步分析来确定。

一般来讲主要有以下三个原因：

➤ 计划或标准本身就存在偏差。

➤ 组织内部因素的变化，如组织松懈、控制不力、工作人员不努力等。

➤ 组织外部环境的影响，如宏观经济的调整、市场环境的变化等。

虽然出现偏差的原因都可以归结为以上三点，但对一种偏差要作出具体的分析，不但要求管理者具备丰富的工作经验和科学的分析能力，而且要求建立一个完善的控制体系。有了衡量结果，确定了偏差，作出了具体的、理智的分析，就可以决定下一步所应采取的管理行动。如果认为偏差是在所允许的范围内或是只存在健康的正偏差，那么本阶段的控制工作就可结束。但不要忘记为下一阶段的管理循环提出合理的建议，以期进一步提高控制水平。

职场印象

忽视细节的代价：100－1＝0

《武汉晨报》有这样一份报道，说的是江汉大学应届毕业生陈某因为一份简历而使他在应聘时栽了跟头。事情的经过是这样的：参加招聘会的那天早上，小陈不慎碰翻了水杯，将放在桌上的简历浸湿了。为尽快赶到会场，小陈只得将简历简单地晾了一下，便和其他东西一起，匆匆塞进背包。

在招聘现场，小陈看中了一家深圳房地产公司的广告策划主管岗位。按照这家企业的要求，招聘人员将先与应聘者简单交谈，再收简历，被收简历的人将得到面试的机会。轮到小陈时，招聘人员问了小陈三个问题后，便向他要简历。小陈掏出简历时才发现，简历上不光有一大片水渍，而且放在包里一揉，再加上钥匙等东西的划痕，已经不成样子了。小陈努力将它弄平整，递了过去。看着这份伤痕累累的简历，招聘人员的眉头皱了皱，还是收下了。那份折皱的简历夹在一叠整洁的简历里，显得十分刺眼。

三天后，小陈参加了面试，表现非常活跃，无论是现场操作 PHOTO-SHOP，还是为虚拟的产品做口头推介，他都完成得不错。在校读书时曾身为学校戏剧社骨干社员的小陈，还即兴表演了一段小品，赢得面试负责人的啧啧称赞。当他结束面试走出办公室时，一位负责的小姐对他说："你是今天面试者中最出色的一个。"

然而，面试过去一周后，小陈依然没有得到回复。他急了，忍不住打电话向那位小姐询问情况。小姐沉默了一会，告诉他："其实招聘负责人对你是很满意的，但你败在了简历上。老总说，一个连简历都保管不好的人，是管理不好一个部门的。"（资料来源：汪中求. 细节决定成败 [M]. 2 版. 北京：新华出版社，2004.）

小思考：汪中求先生说："使人疲惫的不是远方的高山，而是鞋里的一粒沙子。"请结合毕业生陈某的应聘失败谈谈你的感触。

3. 纠正偏差

控制过程的最后环节就是采取管理措施，纠正偏差。

（1）修订标准或预订计划。

在某些情况下，例如负偏差过于严重，或是存在有疑问的正偏差，就要考虑原来的标准或计划是否有不切实际的地方。如果标准定得过高或过低，即使组织内外部各种因素都处在正常状态，也必定会出现预料之外的偏差。

有两种情况需要对计划或标准进行修订：

①原先的计划或标准有不科学、不合理的地方，在执行中发现了问题。

②原来是正确的计划或标准，由于客观条件发生了较大的变化而需要做出调整。

在作出修订标准的决定时，管理者一定要保持慎重的态度，防止标准被用来作为工作业绩不佳的借口，应从控制的目的出发作详细的分析，确认标准或计划的确存在不合理的地方，才作出修订的决定。

（2）采取纠偏措施。

在多数情况下，需要采取措施以纠正偏差。确定纠偏措施以及实施过程中要注意如下问题。

①使纠偏方案双重优化。针对某一对象的纠偏措施可以是多种多样的，一个可行的纠偏方案，其经济性必须优于不采取任何措施使偏差任其发展可能带来的损失，如果实施纠偏方案的费用超过存在偏差带来的损失，其经济性就不好。这是第一重优化。第二重优化是在此基础上，将经济可行的方案进行对比，选择追加投资量少、纠正偏差效果满意的方案来组织实施。

②充分考虑原计划实施带来的影响。当发现偏差时，可能已部分或全部实施了原计划。由于客观环境发生了重大变化，或是主观认识能力的提高，而引起纠偏的需要，可能会导致对部分原计划、甚至全部计划的否定，从而要对企业的活动方向和内容进行重大的调整。这种调整可以称为"追踪决策"。在制定和选择追踪决策的方案时，要充分考虑原计划的实施所带来的影响。

③注意消除人们对纠偏措施的疑虑，协调好组织成员之间的关系。任何纠偏措施都会在不同程度上引起组织的结构、关系和活动的调整，从而会涉及某些组织成员的利益。

因此，管理人员要充分考虑到组织成员对纠偏措施的不同态度，协调好组织成员之间的关系，争取更多人的理解和支持，以保证纠偏措施能更顺利地进行。

控制过程的三个基本步骤是相互联系、不可或缺的。首先，没有第一步确立标准，就没有衡量实际业绩的依据；其次，不进行工作业绩的衡量和把它与标准进行比较，就不会知道是否存在偏差以及产生偏差的原因是什么；最后，不采取纠偏措施和落实纠偏措施，控制过程就会成为毫无意义的活动。

管理故事

凯西的烦恼

凯西是华盛顿某政府机关办公室的管理员。最近她的下属员工士气低落，原因是他们原先实行了弹性工作制，现又恢复了上午 8 时至下午 4 时半的传统工作制。上级批准她的办公室实行弹性时间时，她慎重地宣布了弹性时间制度：上午10 时至下午 2 时半为核心时间，每个人均需上班；上午 6 时至下午 6 时可由个人自行选择上下班时间补足 8 小时。她相信员工是诚实的并且已经被激励，因此没制定新的控制系统。开始，一切工作进行顺利，士气旺盛。两年后，从总会计室来了位审计员，调查发现凯西的员工平均每人每日工作 7 小时，有两位雇员只在核心时间来工作达两个月之久。凯西的部门经理看到审计员的报告后，命令凯西的办公室仍恢复传统工作制。凯西极为不安，对她的下属员工很失望，认为自己信任的人使自己下不了台。凯西的问题出在哪？

温馨提示

控制应是一个连续的过程，是按照计划标准来衡量所取得的成果，并纠正所发生的偏差，以确保计划与目标的实现符合管理的相对封闭原则。凯西在实行弹性时间时，虽有标准，但没有对照标准检查实际执行情况，所以凯西的控制方法不是一种有效的控制。

7.3 控制的方法

俗话说：工欲善其事，必先利其器。要对整个组织的活动进行全面控制，必须借助于各种不同的控制方法。充分了解并有效地运用这些控制方法，是现代组织进行成功控制的一个重要方面。

7.3.1 预算控制

预算就是用数字，特别是用财务数字的形式来陈述的组织中短期活动计划，它预估了在未来特定时期内的收入，也规定了各部门支出的额度。预算控制是将实际和计划相比较，确认预算的完成情况，找出差距并进行弥补，以实现对组织资源的充分合理利用。预算结合了事前控制、实时控制和事后控制，被广泛运用于组织的各种不同层次的控制中。

财务报表用来追踪出入组织的商品和服务的货币价值。财务报表是组织监控三个主要方面的财务状况的基本工具：一是流动性，将资产变为现金以满足现期财务需要和偿债需要的能力；二是总体财务状况，负债和股本之间的长期平衡（扣除负债后的资产）；三是盈利能力，长期获取稳定利润的能力。财务报表被管理者、股东、金融机构、投资分析家、工会及其他企业利益相关者广泛用来评估组织的业绩。管理者能把组织现在的财务报表与过去的报表相比较，与竞争对手的报表相比较，用以衡量组织在一定时期内的业绩。获得足够的信息后，就能洞察变化趋势，并采取纠正措施。银行家和财务分析家则根据财务报表，来决定是否应该向某家公司投资。但是，财务报表并不能显示所有的相关信息。一般来说，预算内容包括收入预算、成本预算、现金预算和资产负债预算等。

1. 收入预算

收入预算是所有利润项目预算中最关键的，但也是最不确定的。它是由预期的销售价格和销售量的乘积来计算，用以衡量营销的效率。拥有大量的订单就比较容易做出准确的销售预算。即使是在波动的市场销售中也可以通过控制广告、服务、人员培训和其他因素来影响销售，对销售做出预测。

2. 成本预算

传统的成本会计计量方法已经不适合今天的经济环境，因为它是以过时的组织层次划分为基础的。

美国的克莱斯勒公司和通用电气公司都开始采用以活动为基础的成本计量（ABC）法。ABC法假设组织是由从事为满足客户需求的活动的不同业务人员所组成的集合，组织由人力资源、采购或维护3个部分组成。ABC法就是对活动流程进行确认，并将成本匹配到特定的业务中去。它要求员工将每天的活动进行分解以定义他们的基本活动。

例如，公司质量控制部门的雇员从事的活动包括统计销售订单、部件来源、工程变化和解决问题。这些活动构成形成ABC法的基础。用传统的方法虽然也可以得到相同的成本总额，但ABC法是根据业务活动的过程配比成本，它更直观准确地表现了成本在产品和服务中的分布情况，突出了哪些是浪费性的活动，或哪些活动发生的费用对于这种活动能对客户提供的利益来说过高。通过提供这样的信息，ABC法迅速成为一种监督企业业务流程的有用的方法。

跟三星学如何开会

在三星有几个简单却很有意义的公式：

1. 开会＋不落实＝零

2. 布置工作＋不检查＝零

3. 抓住不落实的事＋追究不落实的人＝落实

三星在 20 世纪 90 年代崛起，李健熙首先发起公司的"会议文化"改良，建立了良好的会议文化。三星的巨大成功离不开强有力的中控平台，就是高效的"会议文化"体系。以下是三星公司如何高效开会的制度：

1. 凡是会议，必有准备。

在三星，永远不开没有准备的会议。会议最大的成本是时间成本，会议没有结果就是对公司的犯罪，没有准备的会议就等于一场集体谋杀。所以，在三星重大的会议有事先检查制度，没有准备好的会议必须取消。

2. 凡是会议，必有主题。

在三星，开会必须要有明确的会议目的，在会议准备的 PPT 前 3 页，必须显示会议主题。没有主题和流程的会议，就好比让大家来喝茶聊天，无异于浪费大家的生命。

3. 凡是会议，必有纪律。

在三星，开会设一名纪律检查官（一般由主持人担任），在会议前先宣布会议纪律，对于迟到要处罚，对于会议上不按流程进行要提醒，对于发言带情绪要提醒，对于开小会私下讨论的行为要提醒和处罚，对于在会上发恶劣脾气和攻击他人的行为要进行处罚。

4. 凡是会议，会前必有议程。

要在会议之前明确清楚会议议程，会议运营人员要在会前书面发给各参加会议的人员有关材料，使他们能了解会议的目的、时间、内容，每一项讨论必须控制时间，不能泛泛而谈，海阔天空。

5. 凡是会议，必有结果。

开会的目的就是解决问题，会议如果没有达成结果，将是对大家时间的浪费，所以，每个人都要积极地参与到会议议程中来，会议监督官有权利打断那些偏离会议主题的冗长的发言，会议时间最好控制在 1.5～2 小时。

6. 凡是开会，必有训练。

三星把培训看成节约时间成本的投资，让员工快速成长。培养员工，让员工减少犯错，提高技能，本质是提高了时间价值。

7. 凡是开会，必须守时。

设定时间，准时开始、准时结束，实际上就是尊重别人的时间。

8. 凡是开会，必有记录。

9. 凡是散会，必有事后追踪。

（资料来源：王鉴石. 跟三星学如何开会. 新浪博客，2013-04-11）

小思考：尝试策划一个高效节约的主题会议。

如何节约时间，以最大限度地提高企业工作效率并节约成本是摆在各企业管理者面前的一个不容忽视的问题。开会要落实到具体的问题上，切不可把时间和精力浪费在无休止、没有意义的会议上。

3. 现金预算

现金预算是对企业未来生产与销售活动中现金的流入与流出进行预测。现金预算只能包括那些实际包含在现金流程中的项目，如赊销所得的应收账款在用户实际支付以前不能被列作现金收入。企业的销售收入很大，利润即使相当可观，但大部分尚未收回，或收回后被大量的库存材料或再制品所占用，那么它也不可能在目前给企业带来现金上的便利。

通过现金预算，可以帮助企业发现资金的闲置或不足，从而指导企业及时利用暂时过剩的现金，或及早筹齐维持营运所短缺的资金。

4. 资产负债预算

资产负债预算是对企业会计年度末的财务状况进行预测，它可以发现企业未来的财务安全性、偿债能力上的问题，从而提醒企业在资金的筹措方式、来源及其使用计划上做相应的调整。另外，通过将本期预算与上期实际发生的资产负债情况进行对比，还可发现企业财务状况可能会发生哪些不利变化，从而指导事前控制。

7.3.2 财务控制

财务报表是用来追踪出入组织的商品和服务的货币价值，它是监控资产的流动性、总体财务状况和盈利能力这三个主要方面的财务状况的基本工具。而对组织整体绩效进行控制的两个主要的财务报表是资产负债表和损益表。

1. 资产负债表

资产负债表反映的是企业在某一时点的财务结构。报表分为 3 个部分：资产、负债和股东权益。资产是公司拥有的各种物品的价值，包括流动资产和非流动资产。货币资金、短期投资、应收票据、应收账款、存货等都属于流动资产；长期投资、固定资产净值、无形资产属于非流动资产。负债是公司的债务数量，它包括流动负债（如应付账款、应付票据等）和长期负债。股东权益是公司应付给所有者的数额。资产、负债、股东权益三者关系如下：

$$资产＝负债＋股东权益$$

2. 损益表

损益表反映了公司收入和支出的各项内容。它概括了公司在给定时期内的财务绩效。损益控制是整个企业最常用的手段，在多样化经营的公司，是针对每个事业部存在的。如果控制是由部门进行的，如在分权的公司，则部门经理必须对本部门的收入和费用、利润和亏损进行控制，每个部门的产出、成本，包括管理费用都由这个部门承担。预期的净收入是衡量一个部门绩效的标准。

3. 财务评价

利用财务报表提供的数据，通过财务比率和经营比率，可以对组织整体绩效进行检查，这些比率可以说明公司运营的有利和不利之处。

（1）偿债能力评价。

衡量短期偿债能力大小的指标有流动比率、速动比率和现金比率。流动比率是流动资产和流动负债的比率。这个比率表明企业用于偿还流动负债的流动资产的充足程度。反映长期偿债能力的指标有资产负债率、负债权益率、利息保障率和长期负债与运营资金率。资产负债率是负债总额与资产总额的比率，负债权益率是企业由债权人和股东提供的资金的相对数量。

（2）运营能力评价。

总资产运营能力可以用总资产周转率和总资产周转天数来衡量。总资产周转率是销售收入净值与平均资产总额的比率。总资产周转率是从周转速度角度来衡量企业全部资产的使用效率，总资产周转次数越多，说明企业资产分布结构越合理，运营能力越强。

（3）盈利能力评价。

盈利能力是企业偿债能力的综合体现，可以直接从资产结构、资产运用效率、资产周转速度以及偿债能力等各方面表现出来。总资产报酬率是指企业一定时期内利润总额与资产总额的比率。在竞争比较激烈的情况下，总资产报酬率越大，说明总资产利用的效果越好。

尽管财务比率既提供了绩效标准又提供了已完成任务的指标，但过度地依赖财务比率也是有负面效应的。因为比率总是基于某一时间段（月、季或年），它容易引起管理近视——管理者以牺牲长期战略目标为代价而过分注重短期收入与利润。此外，财务比率将其他重要因素都放在了次要地位，使得研发、管理开发、人力资源管理和其他因素可能没有得到足够的关注。因此，比率的使用应有其他控制手段进行补充。组织可以通过市场份额、获得专利权的数量、新产品的销售、人力资源开发和其他绩效指标对管理者进行考核。

管理借鉴

全球第一 CEO：杰克·韦尔奇

"全球第一 CEO"、"21 世纪最受尊敬的 CEO"、"美国当代最成功最伟大的企业家"，这些耀眼的头衔都属于一个人——美国通用电气公司原董事长兼 CEO 杰克·韦尔奇。在短短 20 年间，韦尔奇将一个弥漫着官僚主义气息的超级航母公司，打造成一个充满朝气、富有生机的企业巨头。在他的领导下，通用电气2012年资产7272亿美元，市值由他上任时的130亿美元上升到了2137亿美元，排名也从世界第十提升到第三。他所推行的六个西格玛标准、全球化和电子商务，几乎重新定义了现代企业。如今，通用电气旗下已有12个事业部成为其各自市场上的领先者。韦尔奇带领通用电气，从一家制造业巨头转变为以服务业和电子商务为导向的企业巨人，使百年历史的通用电气成为真正的业界领袖级企业。

1935年11月19日，杰克·韦尔奇出生在美国马萨诸塞州萨兰姆市的普通工人家庭。韦尔奇是家里的独生子，身材矮小，还带点口吃，因此，小时候很自卑。但他的母亲说，这算不了什么缺陷，只不过是他想的比说的快些而已。这位母亲把儿子的缺点变成一种激励，教会韦尔奇正确看待自己的缺陷，在此之后，韦尔奇再也不以口吃为耻。这是这个伟大而平凡的母亲给予韦尔奇的最大财富。

母亲一直以一种宽松而包容的方式来教育他，别的孩子出远门父母都要陪着，可是韦尔奇的母亲很早就把他当大人看待，只是把他送上火车，让他独自去参加球赛，培养他独立生活的能力。在中学的时候，韦尔奇还当上了学校曲棍球队的队长。这些经历让韦尔奇受益匪浅，这对他以后走上职业生涯从事领导活动打下了重要的基础。（资料来源：全球第一CEO．光明网——读书频道，2011-11-16.）

小思考：杰克·韦尔奇的成长经历对你有何启发？

7.3.3 审计控制

从证实财务报表的诚实和公正，到为管理决策提供关键基础，审计有着许多重要作用。审计是对反映企业资金运动过程及其结果的会计记录及财务报表进行审核、鉴定，以判断其真实性和可靠性，从而为控制和决策提供依据的过程。审计控制分为三种主要类型，即外部审计、内部审计和管理审计。

1. 外部审计

外部审计是由外部机构（如会计事务所）选派的审计人员对企业财务报表及其反映的财务状况进行独立的评估。为了检查财务报表及其反映的资产与负债的账面情况与企业真实情况是否相符，外部审计人员需要抽查企业的基本财务记录，以验证其真实性和准确性并分析这些记录是否符合公认的会计准则和记账程序。

外部审计实际上是对企业内部虚假、欺骗行为的一个重要而系统的检查，因此起着鼓励诚实的作用。由于知道外部审计不可避免地要进行，企业就会努力避免做那些在审计时可能会被发现的不光彩的事。外部审计的优点是可以保证审计的独立性和公正性。但由于外来的审计人员不了解企业内部的组织结构、生产流程，在对具体业务的审计过程中可能产生困难。此外，处于被审计的内部组织成员可能产生抵触情绪，不愿积极配合，这也可能增加审计工作的难度。出于战略的考虑，企业也可以利用公开信息对竞争对手或其他公司进行外部审计，这类审计包括以下三种：

①调查其他公司，寻找并购的可能性；

②对主要的供应商的信誉进行评估；

③发现竞争对手的长处和短处，以保持或加强企业的竞争（外部审计常常作为发现和调查借贷欺诈行为的反馈控制手段）。

管理实践

"魔鬼在细节"中

"魔鬼在细节"这句话是 20 世纪世界知名建筑师密斯·凡·德罗总结他成功经验时的高度概括。他认为，不管你的建筑设计方案如何恢宏大气，如果对细节的把握不到位，就不能称之为一件好作品。细节的准确、生动可以成就一件伟大的作品，细节的疏忽会毁坏一个宏伟的规划。德罗的工作到底有多细，从他设计的剧院竣工后，都要亲自去调试每一把座椅，以使每一名观众都能得到最好的音乐效果来看，可见一斑。

小思考：结合自己的专业谈谈"魔鬼在细节"这句话对你的启发。

2. 内部审计

内部审计简称内审，是单位内部审计部门或人员进行审计的过程。内部审计由于情况比较熟悉，一方面能针对本单位情况加强监督、审核，另一方面还能提出有关建议以利于加强控制。内部审计应强化制度、经常化建设，以充分发挥审计部门和专职人员的作用。

3. 管理审计

管理审计是一种对企业所有管理工作及其绩效进行全面系统评价和鉴定的方法。管理审计既可以由内部的有关部门进行，也可以聘请外部的专家来进行。

管理审计的方法是利用公开记录的信息，从反映企业管理绩效及其影响因素的若干方面，将企业与同行业其他企业或其他行业的著名企业进行比较，以判断企业经营与管理的健康程度。反映企业管理绩效及其影响的因素主要有以下八种：

①经济功能。检查企业产品或服务对公众的价值，分析企业对社会和国民经济的贡献。

②企业组织结构。分析企业组织结构是否能有效地达到企业经营目标。

③企业盈利状况。根据在一定时期内盈利的持续性和稳定性来判断。

④研究与开发。管理者对待研发的态度、新产品的比重和企业的研发储备。

⑤财务政策。评价企业的财务结构是否合理，企业是否有效地运用财务政策和控制来达到短期和长期目标。

⑥生产效率。

⑦销售能力。这方面的评估包括企业商业信誉、代销网点、服务系统以及销售人员的工作技能和工作态度。

⑧对管理人员的评估。即对企业的主要管理人员的知识、能力、勤奋、正直、诚实等素质进行分析和评价。

管理审计常常存在一些不良的现象，如从事了不必要的工作，重复工作，造成不必要的费用和资源的浪费等。尽管如此，管理审计仍然可以对整个组织的管理绩效进行评价，为企业在未来改进管理系统的结构、工作程序和结果提供有用的参考。

职场印象

地毯上的纸团

有家公司招聘高级管理人才，对一群应聘者进行复试。尽管应聘者都很有自信地回答了考官们的简单提问，可结果却都未被录用，只得怏怏而去。这时，有一位应聘者走进房门后，看到了地毯上的一个纸团。地毯很干净，那个纸团显得很不协调。这位应聘者弯腰捡起了纸团，准备把它扔进纸篓里。这时考官发话了："您好，朋友，请看看您捡起的这个纸团吧！"这位应聘者迟疑地打开纸团，只见上边写着："热忱欢迎您到我公司任职。"几年以后，这位捡纸团的应聘者成了这家著名公司的大总裁。

小思考：你平时在细节方面做得怎么样？注重细节与你未来的职业倾向有何关系？

7.3.4 其他控制技术和方法

1. 统计分析控制

统计分析控制是指组织的管理者通过对过去资料的统计分析，形成对未来的预测，利用其中的规律与组织的实际运行业绩进行比较，从而进行控制的方法。

这种方法的优点是利用历史数据，可以形成简单明了的统计曲线或图表，使管理者对组织过去的经营情况一目了然，并能对未来进行预测。根据预测的结果与实际结果进行比较，可以发现组织活动中存在的问题，从而实施有效的控制。当然这一方法也有缺点，主要体现在根据过去对现在或未来的预测上，这种预测的准确性会受到多种因素的限制，从而影响其准确性，进而影响控制的效率。

管理知识链接

何谓六西格玛

西格玛（Sigma）是希腊文字母σ，是用来衡量一个总数里标准误差的统计单位。六西格玛由摩托罗拉公司发明，指换算为百万分之 3.4 的错误/缺陷率的流程变化（六个标准偏差）尺度。六西格玛理论是一种以数据为基础，追求几乎完美的质量管理理论，自 20 世纪 90 年代中期开始，从一种全面质量管理方法演变成为一个高度有效的企业流程设计、改善和优化技术，并提供了一系列同等地适用于设计、生产和服务的新产品开发工具。在 20 世纪 90 年代后期，被称为"全球第一 CEO"GE 的杰克·韦尔奇，实施六西格玛理论取得了巨大成就。

1 西格玛＝690 000 次失误/百万次操作

2 西格玛＝308 000 次失误/百万次操作

3 西格玛＝66 800 次失误/百万次操作

4 西格玛＝6 210 次失误/百万次操作

5 西格玛＝230 次失误/百万次操作

6 西格玛＝3.4 次失误/百万次操作

7 西格玛＝0 次失误/百万次操作

一般企业的瑕疵率大约是 3～4 个西格玛，以 4 西格玛而言，相当于每一百万个机会里，有 6 210 次误差。如果企业不断追求品质改进，达到 6 西格玛的程度，绩效就几近于完美地达成顾客要求，在一百万个机会里，只找得出 3.4 个瑕疵。

目前六西格玛与全球化、产品服务、电子商务等战略齐头并进，成为追求管理卓越性的企业重要的战略举措。六西格玛逐步发展成为以顾客为主体来确定企业战略目标和产品开发设计的标尺，是企业追求持续进步的一种质量管理哲学。

2. 网络分析法

网络分析法就是应用网络图来反映一项计划中的任务、活动过程、工序、工期及费用的先后顺序或相互关系，通过计算确定出关键路径作为控制的重点，寻求最佳的控制方案。网络分析法可以有效地对项目中使用的人力、物力、财力等进行平衡，能够合理而经济地控制项目的进度和成本，能够在实施过程中出现偏差时找出原因和关键性的因素，并从总体上进行调整，以保证项目如期完成。从某种意义上说，网络分析法是一种前馈控制，它可以及时弥补由于前面项目拖期而造成的时间短缺，从而不致影响整个工期。另外，网络分析法体现了关键点控制的原理，通过把握关键路径，可以使控制工作更加简化、经济、高效。

管理故事

一天，老师为商学院的一群学生做了一个实验。他首先把大石块一一放进一个大木桶里，直到盛不下为止。他问学生："木桶装满了吗？"学生回答："装满了。"然后老师又把一堆小石块倒进去，并将木桶摇了一摇，小石块填满了大石块的缝隙。他又问学生："现在满了吗？"有些学生小声道："可能还没有"。老师又将一堆沙子倒了进去，又摇了摇木桶，沙子填满了小石块的缝隙。他再一次问学生："填满了吗？"这次学生明白了实验的用意，大声说："没满"。最后老师又将水倒了进去，水充满了沙子的缝隙。老师又让学生将顺序反过来，把同样的水、沙子和石块放进木桶，结果无论怎么样都无法将这些东西再全部放到木桶里去了。

温馨提示

如果不是先放大石块，那就再也不能把它们全部放进木桶里，所以做事要有次序。要想顺利地实现组织目标，首先要有明确的目标和完善可行的计划，然后要有对各种资源能够进行有效配置的组织结构和专职的控制部门，紧接着设计能进行良好信息反馈的沟通渠道和实施有效的领导及激励，最后才能使控制工作水到渠成地发挥其功效。

3. 现场观察法

观察是一种最古老、最直接的控制方法，又被称为走动管理，其基本作用在于获得第一手的信息。基层管理人员通过观察，可以判断出产量、质量的完成情况以及设备运转情况和劳动纪律的执行情况等；职能部门的管理人员通过观察可以了解生产计划的执行、劳动保障的执行、生产进度等情况；上层管理人员通过观察可以掌握组织的方针、目标和政策是否深入人心，检验职能部门的报告是否属实以及发现被埋没的人才等。所有情况都是管理人员需要了解的，但又是正式报告中见不到的第一手信息。但是这种方法也存在缺点，如观察可能引起下属的误解等消极作用。

管理实践

价值 2 亿的工作态度

2004 年年底，国际航空联盟决定在亚洲遴选一座有超级吞吐能力，且在软硬件上都过硬的机场，作为国际客运及货运的航空枢纽，成为各个国际航班的中转站。很快，中国的浦东机场和地处东北亚交通网中心的韩国仁川机场进入了最后的决赛圈。

决赛争夺得尤为激烈，因为在各项硬件条件上，浦东机场和仁川机场不相上下。国际航空联盟的几个官员通过到两家机场"明察暗访"，发现在登机以及乘坐的过程中的规范化服务，两家做得难分伯仲。

但是接下来，暗访的官员们下飞机到行李区取自己的行李箱时，却发现了两家机场的不同之处：从仁川机场取到的箱子非常干净，几乎是一尘不染，但在浦东机场取到的却显得有些脏兮兮的，有一个官员的箱子甚至无缘无故地新增了一道裂纹，好像是被摔过似的。官员们经过调查发现，在下行李时，当行李箱从滑梯上滑下来后，仁川的机场地勤工作人员面带微笑，小心翼翼地接过行李箱，用一块抹布将整个箱子从头到尾地认真擦了一遍，然后再将其小心认真地摆放到行李车上，等着乘客来取。在整个过程中，工作人员不仅是全身心一丝不苟地投入，而且还是发自内心的喜爱和热爱。

而在浦东机场，官员们却发现了另一番景象——当行李箱滑下来后，地勤工作人员接到后，随意地使劲将其朝放在一旁的行李车上一扔，发出"轰"的一声响。有时没扔准，掉了出来，他们则显得很是不耐烦，恨不得上前踹上一脚。工作中，他们脸上的表情麻木，感受不出一点对这份工作的喜欢和享受。

最终的结果是浦东机场输给了仁川机场。国际航空联盟给出这样的解释：我们不能把每年200万吨乘客携带的货物交给一群不热爱自己工作的人来随心所欲地处理，这不符合亚洲中心空港的气质，也不符合每年近3 000万次乘客的心愿！这不仅使得浦东机场没拿到每年近2亿美元的收入，而且之前为迎接检查所做的一切投入都付之东流。（资料来源：《意林》杂志官方博客，2010-11-05.）

思考题："没有任何借口"是美国西点军校200年来奉行的最重要的行为准则，其核心就是敬业、责任、服从、诚实。结合此谈谈你对价值2亿元工作态度的理解与感悟。

名人名言

☆图难于其易，为大于其细；天下难事，必作于易；天下大事，必作于细。

——老子

☆小事成就大事，细节成就完美。

——戴维·帕卡德（惠普创始人）

☆教育者也要检点自己，反省自己和控制自己。

——苏霍姆林斯基

☆管理就是预测和计划、组织、指挥、协调以及控制。

——亨利·法约尔

☆管理的控制工作是使实践活动符合计划。

——戈茨

☆管理是一种实践，其本质不在于"知"而在于"行"；其验证不在于逻辑，而在于成果；其唯一权威就是成就。

——彼得·德鲁克

☆一件没有预料的事件可能引起故障，一个长久被忽略的问题可能导致一次危机。

——亨利·明茨伯格

☆在企业经营过程中，经常会遇到各种诱惑，如果控制不住自己的欲望，就有可能犯错误。境界和思想可以超越，精神可以升华，但力量不可超越。

——鲁冠球

☆认真做事只是把事情做对，用心做事才能把事情做好。

——李素丽

☆中国不缺少雄韬伟略的战略家，缺少的是精益求精的执行者。

——汪中求

"管理训练营"之模块七

项目一：交流分享

1. 有人说：做事不贪大，做人不计小。观察与关注你所在的学校或社团组织经常采用什么控制方法，以加强学校的教育、教学管理。试评价其利弊。

2. 钢铁大王卡内基说过：有两种人绝不会成大器：一种是除非别人要他做，否则绝不主动做事的人；另一种是即使别人要他做，也做不好事情的人。那些不需要别人催促，主动去做应该做的事而且不会半途而废的人，必将成功。你认为自己是哪种人？你做到了从自动自发到高效执行吗？请反思。

3. 结合本章主要内容，以及自己的专业，尝试写出 2～3 句管理警句，并不断鞭策与鼓励自己，逐步具备一个优秀的管理者应有的管控素质与能力。

项目二：案例分析

巴林银行是如何垮掉的

巴林银行在 20 世纪 90 年代前是英国最大的银行之一，有超过 230 年的历史，在世界 1 000 家大银行中依据核心资本排名第 489 位。巴林银行 1763 年创建于伦敦，是世界首家商业银行，并在证券、基金、投资商业银行等方面获得了长足的发展，20 世纪初还获得过一个特殊的用户，即英国皇室。由于巴林银行卓越的贡献，巴林家族先后获得了 5 个世袭爵位。就是这样一个历史悠久、声名显赫的银行，竟被一个 28 岁的青年毁于一旦。

1992—1994 年期间，28 岁的尼克·里森由于业绩出色被巴林银行总部任命为新加坡分行总经理兼首席交易员（Nick Lesson），从事日本大阪及新加坡交易所之间的日经指数期货套期对冲和债券买卖活动，他既负责前台交易，又从事行政财务管理。如果他只是交易员，而没有资金安排权，也不至于葬送一家如此实力雄厚的大投行。在悲剧发生之前，里森在短短 2 个月从事了许多风险很高的金额巨大的交易，并且巴林银行总部根据里森的要求先后向其提供大约 7 亿英镑的资金。里森由于权力过大，又没有任何监督与约束机制，致使累积亏损超过 10 亿美元，导致巴林银行于 1995 年 2 月破产，最终被荷兰 ING 收购。

调查中发现，巴林银行的高层对里森在新加坡的业务并不了解，在事发 3 年内居然无人看出里森的问题。其实，巴林银行 1994 年就已经发现里森在账上有 5 000 多万英镑的差额，并对此进行了几次调查，但都被里森非常轻易地蒙骗过去。

1999 年 7 月，尼克·里森在狱中撰写了《我如何弄垮巴林银行》。里森在当年事发后曾说过："有一群人本来可以揭穿并阻止我的把戏，但他们没有这么做。我不知道他们的疏忽与罪犯级的疏忽之间界限何在，也不清楚他们是否对我负有什么责任。但如果是在任何其他一家银行，我是不会有机会开始这项犯罪的。"

公司首席执行官彼得·诺里斯说："我认为可以从中吸取很多教训，最基本的一条就是不要想当然认为所有的员工都是正直、诚实的，这就是人类本性的可悲之处。多年来，巴林银行一直认为雇佣的员工都是值得信赖的，都信奉巴林银行的企业文化，都将公司的利益时刻放在心中。而在里森的事件中，我们发现他在巴林银行服务期间一直是不诚实的。所有金融机构的管理层都应该从里森事件中吸取教训，意识到用人的风险所在。"（资料来源：我如何弄垮巴林银行的 揭秘破产倒闭之迷. http://finance.sina.com.cn. 2001-08-06.）

案例分析问题：你认为应从巴林银行倒闭事件中吸取什么教训？结合自己的专业谈谈员工应该具备的基本职业道德。

项目三：自我评估
你在一个组织中从事管理的动机有多强？

要求：每一个问题，在最能反映你的动机强烈程度的数字上划圈，然后加总你的分数。

1. 我希望与我的上级建立积极的关系。
2. 我希望与我同等地位的人在游戏和体育中比赛。
3. 我希望与我同等地位的人在工作有关的活动中竞争。
4. 我希望以主动和果断的方式行事。
5. 我希望吩咐别人做什么和用法令对别人施加影响。
6. 我希望在群体中以独特的和引人注目的方式出人头地。
7. 我希望完成通常与工作有关的例行职责。

弱　1　2　3　4　5　6　7　强

参考答案：你的得分将落在7～49分的区间内。

评分标准为：17～21：较低的管理动机；22～34：中等的管理动机；35～49：较高的管理动机。

项目四：职前练兵
职业素养修炼的七道关

即将进入职场的你，应如何快速转换角色，融入团队？实践证明提升职业素养、强化自我修炼、丰富人生积淀，并打通这下面的"七道关"，是一个人成功转型的必修课。

第一关，印象关：形象决定未来

职场形象管理就是"美"的管理。"美"分内在和外在。外在的美包括服装、发型、配饰搭配等。内在的职场形象，可简单归纳为以下几点：面带微笑、专心聆听；不对人抱怨；在其他人背后议论别人是非时只听不说，或巧妙换话题；时常对人表达衷心感谢；说话常用"我们"开头；虚心接受他人批评；如有收获，事后诚恳致谢；常分享开心事；学会真心为他人喝彩。

第二关，心态关：社会人——职业人

事实上，我们的人生构成是可以通过自身努力去把握和调控的，人生的方向盘完全握在自己手中，这一切取决于你的心态。建议做到以下 40 字诀：阳光性格、正确定位；消除惰性、放下包袱；善待自己、与人为善；积极主动、精进成长；开放兼容、赢得信赖！

第三关，道德关：道德安身立命

因在 2000 年成为"杀猪哥"而闻名的北京大学毕业生陆步轩，站上母校的讲台感慨道：我们就是北大的丑角。但我们没自杀、没跳楼、没出国，我们是正面的——这是他首次应北大邀请回校，作为一名"另类"的创业成功者与面临就业压力的学生分享自己的心得。"杀猪哥"给我们上了一堂职场道德课。陆步轩不是北大的丑角，而是北大的楷模、社会的楷模。

第四关，沟通关：职场"人气王"

GE 公司原总裁韦尔奇说：沟通无边界。沟通是人们不可或缺的一项能力！如果每个人都能善用沟通技巧，并且使之成为一种习惯，那么不管身处在什么领域，都会成为受人欢迎的"大红人"、"人气王"。在这里，提出职场沟通的 7 大禁忌：(1) 作战状态；(2) 缺少尊重；(3) 口若悬河；(4) 阴谋诡计；(5) 反复排练；(6) 言不由衷；(7) 迷失方向。

第五关，专业关："大虾"横空出世

蘑菇定律通常适用于职场初出茅庐的毕业生，他们往往会被置于阴暗的角落（在不受重视的部门，从事打杂的工作），并且还得不到必要的指导和提拔。你如何从"蘑菇堆"中冒出头来，变成迎风微笑的向日葵？"蘑菇"们得各凭本事。这个本事就是"专业"。

在一份工作上老老实实工作 5 年甚至 10 年以上的经验积累，社会需要这样的专才。

第六关，诚信关：突围职场竞技

"细节决定成败，诚信决定存亡。"要想让对方对你诚信不欺，你自己就先要对他人诚实守信。正如马克思所言："只能用爱来交换爱，只能用信任来交换信任。"如果你想感化别人，那你就必须是一个实际上能鼓舞和推动别人前进的人。

第七关，忠诚关：走进"核心圈"

在"接班人的能力重要还是忠诚度重要"问题上，马云首先选择的是后者。企业大都不缺少有能力的人，缺少的是对企业绝对忠诚的人。对老板而言，有能力而不忠诚是一件非常可怕的事情。但要注意的是，忠诚不仅是一种品德，更是一种能力，而且是其他所有能力的统帅与核心。（资料来源：谭小芳. 职业素养修炼的七道关 [J]. 企业管理，2013 (6).)

要求：检查观照自己做到了几点？并规划出今后达到目标的具体做法。

项目五：管理能力训练

城市"疮疤"何时休

提起不文明现象，不少人脑海中会闪现出乱涂写、乱张贴小广告的行为。虽然大家都反感这些城市"牛皮癣"，但仍有一些人无视城市环境卫生，形形色色的小广告如一道道疮疤，影响了城市的美丽，污染了我们的视觉，影响了城市形象。

斑驳纷乱的"牛皮癣"随风起舞，漫天飞转。这类大煞风景的城市"牛皮癣"，既污染了都市的视觉环境，成为城市的一大公害，又与我们国家提倡的低碳营销、绿色推广的环保国策明显相悖。这些乱贴乱画的小广告大体可以分为两大类：一是违法广告，办假证、招聘公关、贷款、假币、二手车等；二是与市民生活相关的广告，租卖房屋、招服务员、家政服务、开锁、疏通下水道、寻人寻物启事等。这些不文明现象与非法行为，已经严重影响了城市的形象，干扰了人们正常的工作和生活，给城市发展和市民的生活环境带来极大的危害。应该说，所有在城市工作、生活的人都是这些不文明现象和不法行为的受害者。

（资料来源：砚水清. 宿迁新闻网，2013-06-10.）

要求：

1. 根据以上资料进行小组讨论，经过磋商与讨论，形成共识，提出切实可行的治理措施，为有关部门的管理决策献计献策。

2. 做成PPT，并在班级演讲。

3. 老师与评审团做出评判与点评。

第 8 章

管理理论前沿

21 世纪，没有危机感是最大的危机。没有危机感，其实就有了危机；有了危机感，才能有效地避免危机。

——斯坦福大学教授理查德·帕斯卡尔

学习目标

1. 知识学习目标
- 理解学习型组织产生的理论背景和要点
- 理解业务流程再造理论产生的背景和要点
- 了解跨文化管理产生的背景和要点
- 了解核心能力理论产生的背景和要点
- 熟悉美日管理的要点

2. 能力实训目标
- 尝试把有关的新理论运用在自己的学习与工作中

引入案例

审视苏宁"云商模式"

2013 年 2 月 20 日，传统零售商苏宁电器发布公告拟更名为"苏宁云商集团股份有限公司"。2 月 21 日，苏宁正式公布其"云商"零售模式。苏宁云商是一种新的商业模式，可以概括为"店商＋电商＋零售服务商"，其核心是以云技术为基础，整合苏宁前台后台，融合苏宁线上线下，服务全产业、全客户群。

中国零售业在电商企业的冲击下正在发生着翻天覆地的变革。中国零售业正处在历史的危急关头，行业的成本增长抵消了消费的增幅，网购渠道分流线下，物流配送低效发展，实体零售效益大面积下滑，电商企业普遍亏损，线上线下数以千万家商家搏杀于红海之中。京东和苏宁都在谋求战略转型，都拥有百亿现金储备，相信两者将在电商业、零售业进行更加激烈的肉搏战。

云商模式无疑是苏宁成立 23 年来跨度最大的一次战略转型。在远超缠斗多年的竞争对手国美之后，苏宁突然发现自己还必须面对更加强大的阿里巴巴、京东两大劲敌。按照"店商＋电商＋零售服务商"的云商模式，苏宁既要做线上，也要做线下；既要做店商，也要做电商，还要做零售服务商。

云商模式从经营形态上看是"店商＋电商＋零售服务商"的业态分类，以更好地实现线上线下互补融合发展；从盈利模式上看是零售（店商＋电商），强调的是通过商品进销差价赚钱＋服务（零售服务商），强调的是开放平台，通过整合利用苏宁的各种资源，为入驻商家、供应商、消费者提供支付、金融、数据、营销、托管、仓储物流、云计算等增值服务来赚钱。（案例来源：陈建平. 审视苏宁云商模式［J］. 企业管理，2013（5）.）

思考题：

苏宁的云商模式在什么背景下提出？你如何理解与评价？

8.1 学习型组织理论

管理理论自产生到现在已跨越百年的历史。在这个漫长的发展历程中，无不凝聚着人类的理性、智慧与创新。管理永恒的主题是在不断变化的社会中，保持一个充满活力的组织，使之能够持续地经营，完成组织的使命，履行其社会责任。自 20 世纪 90 年代以来，经济全球化、信息化和知识化迅猛发展，使现代组织所面临的经营环境日益复杂多变，竞争愈来愈剧烈。众多管理者不断探索，提出了许多新的管理理论。本章主要介绍学习型组织理论、业务流程再造理论、比较管理与跨文化管理、核心能力理论等理论前沿，使读者对于管理的发展前途及脉络走向有一个基本的把握，为自己的管理生涯播下一颗蓄势待发的种子。

8.1.1 学习型组织产生的原因

当今社会出现了许多重大变化，如组织内部的变化、工作性质的变化、员工的变化以及学习方法的变化，这些变化必然对组织产生影响。

1. 组织的变化

在瞬息万变的现实社会，任何组织如果不进行变革就无法生存，而要实现变革，就必须不断学习，反复不断地改进。如在技术变化方面，为了充分地应用计算机和其他技术，就需要学习新的工作方法和思想方法；在顾客服务理念方面，不管顾客是谁、在哪里，要懂得顾客的需要并予以满足；在时间节约方面，企业要缩短研究开发、生产和提供服务的时间，也要缩短学习活动的时间；在竞争方面，企业的竞争越来越走向全球化。在这些因素影响下的环境中生存，不论是组织还是个人，都必须不断地学习，准确、灵活地预见未来。

2. 工作的变化

当今企业生活在相互矛盾的时代潮流中。一方面，许多组织要求把工作技能简单化，把技能简单化到员工只受过最低限度的教育就可以工作。例如超市的收款台，机器读出商品上附有的条形码，自动地把价格输入到电脑中，与人所从事的工作简单化相对照，机器变得聪明起来。另一方面，只需要低技能的工作数量将减少，而需要高等教育和技能的工作数量将增加。如摩托罗拉公司由于采用了可靠性超过人的每小时生产 11 000 个半导体的制造设备，只要原来员工的 1/3 就足够了。这样一来，员工必须具有能读取电子计算机图像，以确认机器人是否在正确进行工作的能力。现在不论是哪个层次的员工，都不得不进行大量的分析判断。在过去，大约 80% 的工作可以根据明确的规章和手续处理，只有大约 20% 的工作需要作出判断，并且这种判断是管理人员和专家的工作。然而，今天工作中的这种比例已经倒过来了。

3. 学习的变化

现在，不仅工作发生了变化，而且员工在个人学习和集体学习这一意义上也有了变化。学习型组织是由具有立志学习的员工所支撑起来的。过去，学习的形式是中小学和大学这样正规的教育体制，毕业后按照各自的教育水平就业，最后退休。然而，今天在一切领域所需要的知识有了很大变化，从而使终生学习成了学习形式的一种常态。

8.1.2 学习型组织的内涵

彼得·圣吉于 1990 年出版了名为《第五项修炼——学习型组织的艺术与实务》的著作。这本著作一出版立即引起了轰动。彼得·圣吉用全新的视野来考察人类群体危机最根本的症结所在，认为人们片面和局部的思考方式及由此所产生的行动，造成了目前切割而破碎的世界，为此需要突破线性思考的方式，排除个人及群体的学习障碍，重新就管理价值观念、管理的方式方法进行革新。圣吉的学习型组织理论认为，在新的经济背景下，企业要持续发展，必须增强企业的整体能力，提高整体素质，也就是说，企业的发展不能再只靠福特、斯隆、沃森那样伟大的领导者一夫当关、运筹帷幄、指挥全局，未来真正出色的企业将是能够设法使各阶层人员全心投入并有能力不断学习的组织——学习型组织。所以，《第五项修炼——学习型组织的艺术与实务》被称为"21 世纪的管理圣经"。

学习型组织，是指在这样的组织中，大家不断地共同学习，培养全新、前瞻而开阔的思维方式，得以不断突破自己的能力上限，全力实现共同的抱负，而"第五项修炼"则是创建学习型组织的捷径。

管理知识链接

"学习型组织之父"——彼得·圣吉

彼得·圣吉（Peter M Senge）1947 年出生于美国芝加哥，1970 年在斯坦福大学获得航空及太空工程学士学位。其后进入麻省理工学院史隆管理学院，师从佛睿思特（Jay Forrester）教授，向他学习系统动力学整体动态搭配的管理新观念。20 世纪 70 年代中期，不到 30 岁的圣吉与两位前辈基佛（Charles Kiefer）和佛立兹（Robert Fritz）一起，参与新顾问业的工作，强调结合系统思考、自我觉知技术及组织变革的趋向，将系统动力学运用于企业管理实践。

1978 年获得博士学位后，圣吉继续留在麻省理工学院任教，开始和一群工作伙伴及资深的企业界人士探讨有关系统思考与企业实务的交叉作用问题。他们认识到，不管是个人还是整体组织，只有不断开发潜能，才能达到所要获得的成效。他们孜孜不倦地致力于将系统动力学与组织学习、创造原理、认知科学、群体深度对话和模拟演练游戏融合，从而发展出一种人类梦寐以求的组织蓝图——学习型组织，希望在这样的组织中，通过学习培养适应变革和创造的能力。

圣吉在进行大量实证研究和深入思考的基础上，发现在许多团体中，每个成员的智商都高达120以上，而团体的整体智商却很低，只有62。原因是这些团体正遭受着一系列的学习障碍，使组织被一种看不见的巨大力量所侵蚀，从而在竞争中丧失了机遇。如何使这些学习不力的组织变为学习型组织，使其保持优势并得到创新性的发展，圣吉提出了以系统思考为核心的"五项修炼"。

（1）第一项修炼：自我超越。

自我超越的修炼是学习型组织的精神基础。它是一个人成长的学习修炼，不断看清并加深个人的真正愿望，集中精力，培养耐心，客观地观察现实，能够不断实现内心深处最想实现的愿望。

自我超越包括3项内容：一是建立愿景；二是看清现状；三是实现愿景。

愿景是指愿望、理想、远景或目标。个人愿景是个人生命中真正想要达成的目标，个人愿景并不与组织的愿景相矛盾。只有组织中的每个成员都有了愿景，才能活出生命的价值，组织发展才有动力。看清现状就是要面对现实，看清现状与愿景间的距离，从而产生出"创造性张力"，以缩小现状与愿景间的差距。实现愿景是指由"创造性张力"引发创造性工作，从而能动地改变现状，缩小现状与愿景间的距离，使之逐渐靠拢并实现愿景。原先的愿景实现后，又培育起新的愿景。随着愿景的不断提升，又产生出新的"创造性张力"。

管理故事

三个砌墙人

有个人经过一个建筑工地，问那里的建筑工人们在干什么。第一个工人回答："我正在砌一堵墙。"第二个工人回答："我正在盖一座大楼。"第三个工人回答："我正在建造一座城市。"十年以后，第一个工人还在砌墙，第二个工人成了建筑工地的管理者，第三个工人则成了这个城市的领导者。

小思考：禅宗大德提出禅宗管理学的四大魅力，即"在工作中享受人生，在逆境中开发心灵，在团队中超越自我，在人性中认识佛性"的观点。结合上述故事，谈谈你的感悟？

自我超越的意义在于激发创造的欲望，用创造的观点来面对自己的工作、生活与生命，把个人事业上的成就感作为衡量自我超越的一个尺度。组织成员都有了自我超越能力，组织也就有了力量的源泉。因此，彼得·圣吉说"自我超越"是组织生命力的源泉。

（2）第二项修炼：改善心智模式。

"心智模式"即存在于人们大脑中的许多设想、图像或印象，它源于对过去事物的认识过程，但又加入了对现实事物的认识。人的心智模式影响着人们看待现实世界、看待别人、看待事物的态度，它有时可能直接决定人的成功与否。一个人的心智模式，是从小到大经历漫长的过程而逐渐形成的，与其所受的教育、生活环境与经常接触的人的思想有关。人们的心智模式有着这样或那样的缺陷，加之能力上的差异，就更使事情的本来面目受到曲解。以这样的认识去指导实践，就难免"事与愿违"。改善心智模式的修炼是发掘自己内心深处的秘密，并客观地加以审视，以改变原来固有的思考问题的方式和方法，而不是把责任推给别人，这有利于自己深入地学习。这项修炼是学习型组织的思维基础，要求组织成员有效地表达自己的想法，并以开放的心灵容纳别人的想法。

管理故事

苏东坡与佛印禅师

宋代著名学者苏东坡与僧人佛印是好朋友，一天，苏东坡对佛印说："以大师慧眼看来，吾乃何物？"佛印说："贫僧眼中，施主乃我佛如来金身。"苏东坡听朋友说自己是佛，自然很高兴。他见佛印胖胖的，就想打趣他一下，笑曰："然以吾观之，大师乃牛屎一堆。"佛印听苏东坡说自己是"牛屎一堆"，并未感到不快，只是说："佛由心生，心中有佛，所见万物皆是佛；心中是牛屎，所见皆化为牛屎。"

温馨提示

人的改变是从内心开始的，内在没改变，外在的改变是不可能的；即使能改变，也是不可持续的。

小思考：你对别人有过偏见吗？偏见会有什么不良后果？

（3）第三项修炼：建立共同愿景。

共同愿景指组织中共同的前景或目标，这是学习型组织的动力基础。它源自于个人愿景，但绝不是个人愿景的简单相加，它是经过不断交流而逐渐形成的超越所有个人愿景的愿景。它要求组织的全体成员拥有共同的目标和使命感，为了实现这个目标，大家发自内心地努力学习，从而创造出难以想象的业绩来，而这个共同愿景为学习提供了焦点与能量。这项修炼是学习型组织的方法基础，要求组织成员之间能够敞开心扉，相互启迪，使大家都能在相互学习中共同改进工作、学习，增强创新能力。

管理故事

心的力量

有一个人经过热闹的火车站前，看到一个双腿残障的人摆设铅笔小摊，他漫不经心地丢下了一百元，当作施舍。但是走了不久，这人又回来了，他抱歉地对残障者说："不好意思，你是一个生意人，我竟然把你当成一个乞丐。"过了一段时间，他再次经过火车站，一个店家的老板在门口微笑喊住他。"我一直期待你的出现，"那个残障的人说，"你是第一个把我当成生意人看待的人，你看，我现在是一个真正的生意人了。"

小思考

你有什么愿景？你所在的团队有什么愿景？愿景对你目标的实现有何意义？实现的路径是什么？

（4）第四项修炼：团体学习。

团体学习是指发挥团体成员整体配合能力和提高实现共同目标能力的过程。它建立在"自我超越"及"共同愿景"的修炼上。团体是组织的基础，学习型组织的学习是团体学习，它可以改变组织的行动，也可以增强组织的革新能力和成长动力。在现代组织中，学习的基本单位是团体而非个人。组织的所有目标都是直接或间接通过团体的努力来达到的。团体无法学习，组织也就无法学习。团体学习的目的是使团体智商远远大于所有成员智商之和。团体中的成员互相学习，取长补短，不仅使团体的整体绩效大幅提升，而且使团体中的成员成长得更快。在团体学习中，让每个成员的想法都能进行自由交流，从而达成共识，得出远胜于个人的见解。但是，圣吉也指出，团体学习存在着局限性，团体学习的修炼就是要走出这种困境。团体学习的主要方法是"对话"与"讨论"，使团队中的所有成员都能够敞开心扉，进行心灵的沟通，克服有碍学习的因素，进入真正统一思考的过程。

管理故事

聪明的山雀

19 世纪末，在英国的庄园里生活着山雀和知更鸟两种鸟，山雀比较多而普通，而知更鸟长得很漂亮且稀少。在庄园里飞来飞去的这两种鸟都掌握了一种技术，它们都会在敞口的奶瓶的表面上喝奶油。然而到了 20 世纪中叶，送奶工把瓶口用漆封了起来。山雀的数目很多，有的山雀发现把漆封啄开窟窿就能吃到奶油，渐渐地整个山雀群都学会了这招，而美丽的知更鸟到现在还是不会。人们的研究发现，它们之间的差别在于，知更鸟没有社会系统，也缺乏群体生活的习惯，它们是一种领域意识很强的动物。与之形成强烈对比的山雀，总是群体活动，形成的社会系统能够使它们学习和分享群体内任一只山雀的新发现。

小思考：你认为山雀聪明在何处？

管理实践

　　星巴克是一家著名的专业咖啡零售商，不仅向客户售出美味的咖啡和高贵、时尚、浪漫的文化氛围，还向世人展示了成功的高绩效团队。星巴克是一个依赖团队获得成功的典型，它在全球 8 000 多家连锁店的员工都要参加为期三个月的培训课程，不仅是让员工学习如何制作优质的咖啡，更重要的是让他们学习如何与别人一起工作，如何建立团队的氛围，使得每个人都参与和分享整个过程。高绩效团队成了其他公司难以模仿的星巴克独有的竞争优势。

　　小思考： 你认为星巴克的竞争优势在哪里？

　　（5）第五项修炼：系统思考。

　　人类社会是一种系统，是由一系列彼此息息相关的因素所构成的有机整体。这些因素通过不同的渠道相互影响。但是，这种影响常常要很长时间以后才能完全展现出来。身处系统中的一小部分，人们往往不由自主地关注系统中的某一片段，无法真正把握整体。系统思考的修炼就在于扩大人们的视野。系统思考要求组织成员运用系统的观点看待组织的发展。它引导人们全面而不是片面地分析问题，要透过现象看出问题的本质，而不是就事论事；要能找到可从根本上解决问题的治本之法，而不是暂时缓解问题的治标之法，也就是说要整体地、动态地和本质地思考问题。

　　彼得·圣吉认为在这五项修炼中，改善心智模式和团体学习是基础；自我超越和建立共同愿景是向上张力；而系统思考是学习型组织的灵魂，也是 5 项修炼的基石。组织应以系统思考为核心，与心智模式、共同愿景、团体学习和自我超越相互融会贯通，形成浑然一体的修炼艺术和技能。

小思考

　　彼得·圣吉说，未来唯一的持久优势，就是有能力比你的竞争对手学习得更快。谈谈你对这句话的理解。

管理实践

海尔的"三无"目标

　　海尔在自主管理方面已经探索很多年，十几年以前就提出了"人单合一"双赢的管理模式。人单合一双赢模式，"人"即员工；"单"不是狭义的订单，而是用户资源；"双赢"，就是把每一个员工和用户结合到一起，让员工在为用户创造价值的同时实现自身价值。美国沃顿商学院教授来海尔，他说："如果这些能实现，海尔一定是世界上最好的企业之一。但我认为你们不可能实现。"这位教授跟踪研究了海尔十几年，到现在还在跟踪研究，而且在写案例。

  海尔的网络组织颠覆了传统的科层制，其特点是："三无"。

  第一个"无"即企业无边界。传统企业有边界，典型的就是规模经济和范围经济。规模经济就是企业做得很大，就有了门槛，别人想进都进不来。比如沃尔玛很大，别人想进就进不去。但是在互联网时代，无数的网店加起来，淘宝就可以超过沃尔玛。这就是互联网时代企业没有边界的意思，无论企业想做什么，只要整合资源就可以做到。

  第二个"无"即管理无领导。原来的企业，员工进来后一定要看自己的领导是谁；现在没有领导了，员工的领导就是用户。德鲁克说，企业要问自己三个问题：我的客户是谁？我为客户创造的价值是什么？我为客户创造价值之后我得到的成果是什么？很多企业回答不上来。现在海尔要每个员工来回答，这个难度可想而知。

  第三个"无"即供应链无尺度。

  当然，海尔人单合一模式做了十几年，仍在不断试错。（资料来源：海尔是如何建立学习型组织的. http://www.5ucom.com/p-87924.html.）

  思考题：海尔为什么要努力实现"三无"的管理目标？

8.2　业务流程再造理论

8.2.1　业务流程再造理论产生的时代背景

1. 市场竞争的现实需要

  20世纪六七十年代，美国企业面对来自其他国家企业的严峻挑战，不得不针对自身竞争能力不断下降的现实，反思自身存在的弊端。同时，西方发达国家完成工业化进程，逐步进入信息化社会后，人们的需求层次逐渐提高，需求的内容也日益多样化，供需矛盾日益突出，企业之间的竞争不断加剧。信息技术革命使得企业的经营环境和运作方式发生了极大的变化，而美国经济的长期低迷又使得市场竞争日益激烈，企业面临着越来越严峻的挑战。有些管理专家用"3C"理论阐述了这种全新的挑战。

  （1）顾客（Customer）。

  买卖双方关系中的主导权转到了顾客一方。竞争使顾客对商品有了更大的选择余地，随着生活水平的不断提高，顾客对各种产品和服务也有了更高的要求。

  （2）竞争（Competition）。

  技术进步使竞争的方式和手段不断发展，发生了根本性的变化。越来越多的跨国公司越出国界，在逐渐走向一体化的全球市场上展开各种形式的竞争。

  （3）变化（Change）。

  市场需求日趋多变，产品寿命周期的单位已由"年"趋于"月"，技术进步使企业的生产、服务系统经常变化，这种变化已经成为持续不断的事情。因此，在大量生产、大量消费的环境下发展起来的企业经营管理模式已无法适应快速变化的市场。

2. 经济理论的深化和发展

企业再造理论的出现，一个明确的指向就是亚当·斯密提出的"分工理论"。斯密认为"劳动生产力最大的增进以及运用劳动时所表现的更大的熟练、技巧和判断力，似乎都是分工的结果"。但是，分工理论在不断提高企业生产效率的同时，也给企业的持续发展套上了一道无形的枷锁。首先，将一个连贯的业务流程转化成若干个支离破碎的片段，既导致劳动者技能的专业化，成为一个片面发展的机器附属物，又增加了各个业务部门之间的交流工作和沟通，因此会大大增加交易费用。其次，在分工理论的影响下，科层制成为企业组织的主要形态，这种体制将员工分为严格的上下级关系，即使进行一定程度的分权管理，也大大束缚了企业员工的积极性、主动性和创造性。特别是在老的工业经济时代逐步向新的知识经济时代过渡的过程中，流行了 200 多年的分工理论已经成为亟须变革的羁绊。因此，以恢复业务流程本来面目为根本内容的"企业再造理论"便应运而生了。

管理故事

犹太人的选择

有三个人要被关进监狱三年，监狱长答应他们三人每人一个要求。

美国人爱抽雪茄，要了三箱雪茄。法国人最浪漫，要一个美丽的女子相伴。而犹太人说，他要一部与外界沟通的电话。三年过后，第一个冲出来的是美国人，嘴里鼻孔里塞满了雪茄，大喊道："给我火，给我火！"原来他忘了要火了。

接着出来的是法国人。只见他手里抱着一个小孩子，美丽女子手里牵着一个小孩子，肚子里还怀着第三个。最后出来的是犹太人，他紧紧握住监狱长的手说："这三年来我每天与外界联系，我的生意不但没有停顿，反而增长了 200%，为了表示感谢，我送你一辆劳斯莱斯！"

小思考： 从这个故事中你得到了什么有益的启发？

8.2.2 业务流程再造的含义

"再造"（Reengeering）的概念起源于 1984—1989 年进行的一项名为"20 世纪 90 年代的管理"的研究。当时，基于以"3C"为特征的三股力量对企业的影响日益增大，科层制管理不再能适应企业的发展。该研究项目旨在借助计算机及其信息技术带来的革命性影响为企业管理指明方向。正是基于上述背景，迈克·哈默（M Hammer）在提出"业务流程"（Business Process，BP）、开创了一场新的管理革命之后，1993年，迈克·哈默与詹姆斯·钱皮（James A Champy）合作推出《企业再造：工商业革命的宣言）一书，首次提出了业务流程再造概念，并将其定义为：对企业业务流程进行根本性的再思考和彻底性的再设计，以在成本、质量、服务和速度等衡量企业绩效的关键指标上取得显著性的进展。

该定义包含了四个关键词，即流程、根本性、彻底性和显著性。

（1）流程就是以从订单到交货或提供服务的一连串作业活动为着眼点，跨越不同职能和部门的分界线，以整体流程、整体优化的角度来考虑与分析问题，识别流程中的增值和非增值业务活动，剔除非增值活动，重新组合增值活动，优化作业过程，缩短交货周期。

（2）根本性就是要突破原有的思维方式，打破固有的管理规范，以回归零点的新观念和思考方式，对现有流程与系统进行综合分析与统筹考虑，避免将思维局限于现有的作业流程、系统结构与知识框架中，以取得目标流程设计的最优。

（3）彻底性就是要在根本性思考的前提下，摆脱现有系统的束缚，对流程进行设计，从而获得管理思想的重大突破和管理方式的革命性变化。它不是在以往基础上的修修补补，而是彻底性的变革，追求问题的根本解决。

（4）显著性是指通过对流程的根本思考，找到限制企业整体绩效提高的各种环节和因素。通过彻底性的重新设计来降低成本，节约时间，增强企业竞争力，从而使得企业的管理方式与手段、企业的整体运作效果达到一个质的飞跃，体现高效益和高回报。

管理知识链接

"企业再造之父"——迈克·哈默

"企业再造之父"迈克·哈默博士是世界著名的管理学家之一。他是"企业再造"和"业务流程"理念的创始人。他的思想使现代经营管理领域发生了深刻的变化。遍及全球的许多企业将他所倡导的理念运用于自身的经营活动和组织结构之中，创造了惊人的业绩。《商业周刊》把他列为20世纪90年代4位杰出的管理思想家之一。在《时代》杂志列出的一份全美25位最有影响力的人物名单中，迈克·哈默博士榜上有名。迈克·哈默曾是麻省理工学院的计算机科学教授，后担任咨询公司总裁。他以"企业再造之父"的美名享誉于国际管理学界。《华尔街日报》评论说，"哈默用简练而鲜明的笔触、精彩的事例阐述了企业管理理念。最重要的是他大声疾呼，坐而论道不如身体力行。值此经济饱受世界不稳定因素影响之际，他的呼吁更显得意义深远。"

8.2.3　业务流程再造的程序

企业再造就是重新设计和安排企业的整个生产、服务和经营过程，使之合理化。通过对企业原来生产经营过程的各个方面、每个环节进行全面的调查研究和细致分析，对其中不合理、不必要的环节进行彻底的变革。在具体实施过程中，可以按以下程序进行。

1. 对原有流程进行全面的功能和效率分析，发现其存在的问题

根据企业现行的作业程序，绘制细致、明了的作业流程图。一般来说，原来的作业程序是与过去的市场需求、技术条件相适应的，并由一定的组织结构、作业规范作为保证。当市场需求、技术条件发生了变化使现有作业程序难以适应时，作业效率或组织结构的效能就会降低。因此，必须从以下方面分析现行作业流程的问题。

（1）功能障碍。随着技术的发展，曾经技术上具有不可分性的团队工作中，个人可完成的工作额度会发生变化，这就会使原来的作业流程变得支离破碎增加了管理成本，或者核算单位太大造成权责利脱节，并会造成组织机构设计的不合理，形成企业发展的瓶颈。

（2）重要性。不同的作业流程环节对企业的影响不同。随着市场的发展，顾客对产品、服务需求发生变化，作业流程中的关键环节以及各环节的重要性也在变化。

（3）可行性。根据市场、技术变化的特点及企业的现实情况，分清问题的轻重缓急，找出流程再造的切入点。为了对上述问题的认识更具有针对性，还必须深入现场具体观测、分析现存作业流程的功能、制约因素以及表现的关键问题。

管理故事

不拉马的士兵

一位年轻有为的炮兵军官上任伊始，到下属部队视察操练情况。他在几个部队发现了相同的情况：在一个单位操练中，总有一名士兵自始至终站在大炮的炮管下面纹丝不动。军官不解，询问原因，得到的答案是：操练条例就是这样要求的。军官回去后反复查阅了军事文献，终于发现，长期以来炮兵的操练条例仍因循非机械化时代的规则。在那个时代，大炮是由马车运载到前线的，站在炮管下士兵的任务是负责拉住马的缰绳，以便在大炮发射后调整由于后坐力产生的距离偏差，减少再次瞄准所需的时间。现在大炮的自动化和机械化程度很高，已经不再需要这样一个角色了，但操练条例没有及时调整，因此才出现了"不拉马的士兵"。军官的这一发现使他获得了国防部的嘉奖。

小思考：该则故事说明了什么问题？从当下你作为学生的角度看，有何借鉴之处？

2. 设计新的流程改进方案，并进行评估

为了设计更加科学、合理的作业流程，必须群策群力、集思广益、鼓励创新。在设计新的流程改进方案时，可以考虑以下问题：

（1）将现在的数项业务或工作组合，合并为一。

（2）工作流程的各个步骤按其自然顺序进行。

（3）给予员工参与决策的权力。

（4）为同一种工作流程设置若干种进行方式。

（5）工作应当超越组织的界限，在最适当的场所进行。

（6）尽量减少检查、控制、调整等管理工作。

（7）设置项目负责人。

对于提出的多个流程改进方案，还要从成本、效益、技术条件和风险程度等方面进行评估，选取可行性强的方案。

3. 形成系统的企业再造方案

制定与流程改进方案相配套的组织结构、人力资源配置和业务规范等方面的改进规划，形成系统的企业再造方案。企业业务流程的实施，是以相应组织结构、人力资源配置方式、业务规范、沟通渠道甚至企业文化作为保证的，所以，只有以流程改进为核心形成系统的企业再造方案，才能达到预期的目的。

4. 组织实施与持续改善

实施企业再造方案，必然会触及原有的利益格局。因此，必须精心组织，谨慎推进。既要态度坚定，克服阻力，又要积极宣传，形成共识，以保证企业再造的顺利进行。企业再造方案的实施并不意味着企业再造的终结。在社会发展日益加快的时代，企业总是不断面临新的挑战，这就需要对企业再造方案不断地进行改进，以适应新形势的需要。

管理案例　　　　　　　　　　　海尔再造

1. 海尔面临的挑战

1998 年的海尔，已经实现了销售收入超 100 亿元。海尔开始考虑实施国际化战略，但是，海尔同国际大公司之间还存在很大的差距。这种差距集中表现在海尔的客户满意度、速度和差错率不优秀，企业员工对市场压力的感知程度不高。

2. 海尔的再造方案

在企业再造前，海尔是传统的事业本部制结构，集团下设 6 个产品本部，每个本部下设若干个产品事业部，各事业部独立负责相关的采购、研

发、人力资源、财务、销售等工作。1999 年，海尔在全集团范围内对原来的业务流程进行了重新设计和再造，并以"市场链"为纽带对再造后的业务流程进行整合。

（1）同步业务流程结构——"三个大圈、六个小圈、两块基石"。海尔的再造方案，将原来各事业部的财务、采购、销售业务分离出来，实行全集团统一采购、营销和结算。将集团原来的职能管理部门整合为创新订单支持流程 3R（R&D——研发、HR——人力资源开发、CR——客户管理）和保证订单实施完成的基础支持流程 3T（TCM——全面预算、TPM——全面设备管理、TQM——全面质量管理）。

（2）流程运转的主动力——"市场链"。推动整体业务流程运转的主动力不再是过去的行政指令，而是把市场经济中的利益调节机制引入企业内部，将业务关系转变为平等的买卖关系、服务关系和契约关系，将外部市场订单转变为一系列的内部市场订单。

（3）流程运作的平台——海尔文化和 OEC（日事日毕，日清日高）管理模式。

3. 海尔再造的成效

交货时间降低了 32%，到货及时率从 95% 提高到 98%，出口创汇增长 103%，利税增长 25.9%，应付账款周转天数降低 54.79%，直接效益为 3.45 亿元。

4. 海尔再造对我们的启示

（1）再造的时机。企业经营管理水平上台阶。

（2）再造的核心。将纵向一体化结构转变为平行的网络流程结构。

（3）再造的目标。以顾客满意度最大化为目标。

（4）再造的动力。发挥每一个员工的积极性和主动性。

（5）再造的保证。领导全力推进、企业文化渗透。

（案例来源：企业过程再造. http://baike.baidu.com/view/3800848.htm. ）

小思考：海尔企业再造对你有何启示？

8.3　比较管理与跨文化管理

8.3.1　比较管理的概念

在对各国的企业管理活动进行比较的研究中，不同的学者开发了不同的模型。美国和日本是当今世界上经济最为发达的两个国家，同时它们的企业管理模式也是最具特色和具有影响力的。在这里仅从战略指向、公司治理模式、人力资源管理及管理者的权力来源与应用方面，对这两个国家的大型企业的管理进行比较。

1. 美国的管理

（1）战略指向。

美国企业崇尚自由、独立、竞争的文化，对科技的迷恋再加上公司治理模式中强调外部市场的作用，使得利用独特技术，追求全球市场的利润成为美国大企业的战略指向。在战略形成过程中有严密的分析与市场调查，强烈的利润追求与股票价格上升的期待对战略形成也具有很大影响。这些造成了美国企业在通用性产品竞争领域有很强的竞争优势。

管理借鉴

美食凝聚力

在谷歌公司，几乎年年当选明星员工的人不是创始人谢尔盖，也不是技术工程师，而是一位名叫艾尔斯的普通员工。艾尔斯不会编程，也不懂经营，他只是谷歌公司食堂里的一位厨师，是谷歌公司创立初期用高薪聘请来为员工做可口免费午餐的。谢尔盖向艾尔斯承诺，如果做得好可以得到公司的股份。艾尔斯竭尽所能为大家烹饪美食。后来，谷歌公司做了一项调查，请员工们列出谷歌让人留恋的原因。排在第一位的，不是高收入也不是光明的职业前景，而是艾尔斯的美食。

现在外界对谷歌公司的印象里，依旧有谷歌放满美食的吧台。这恐怕是许多深谙商道的人意想不到的。美食是具有凝聚力的，它是一种美妙的"经营手段"。

谷歌把工作餐作为一种"文化"来经营，让它成为员工们心中最大的念想。所以，这世界上多的是平庸的公司，少的是像谷歌这样有个性的公司。（资料来源：流沙. 美食凝聚力 [J]. 年轻人，2013 (5).)

(2) 公司治理模式。

在所有权和经营权分离的情况下，如何建立一种既保证经营者不损害所有者利益，又能刺激其努力工作的机制成为一项重要任务。美国采用的公司治理模式具备以下几个基本特点，同时英美法系的国家如英国、澳大利亚等国也采用这种方式。

①企业融资以直接融资和股权融资为主，资产负债率比较低，一般在35%～40%之间。

②在股权结构中，机构投资者占主体，股权高度分散化。

③股权的流动性很高，导致公司资本结构不稳定，而且成为通过市场对经营者实施制衡的一种重要机制。

④董事会由内部董事和外部董事组成，并且外部董事通常会占到60%以上，这些外部董事大多具有专业知识，懂经营与管理，自己也是股东代表，因此对公司业务非常关心。

⑤有关信息披露、内幕交易的控制、小股东权益的保护等各项法规非常完善。

⑥对企业高层给予高额的激励。这个制度安排的结果是通过来自公司外部的力量，促使管理层遵纪守法，努力工作，实现股东利益最大化。正是因为如此，根据1995年美国对经理人的一项调查表明，75%以上的美国企业经理人认为股东利益是第一位的，而在德国和法国分别不足20%和25%，在日本，高达98%的经理人认为企业是为所有利益集团服务的。

(3) 人力资源管理。

美国企业的人力资源管理呈现以下特征：

①人力资源配置上，主要依赖外部劳动力市场。美国企业具有组织上的开放性，市场机制在人力资源配置中发挥着基础作用。作为需求方的企业，通过规范的程序招聘，或通过有目标的市场竞争，从其他企业"移植"人才。作为供给方的劳动者，会根据自身条件选择职业，企业和劳动者之间是简单的短期供求关系，没有过多的权利和义务约束。

②人力资源管理，实现最高度专业化和制度化。美国企业管理的基础是契约、理性，重视刚性制度安排，组织结构上具有明确的指令链和等级层次，分工明确，责任清楚，讲求用规范加以控制，对常规问题处理的程序和政策都有明文规定。企业分工精细、严密，专业化程度很高，员工在各自岗位上工作，不得随便交叉。

③人力资源使用上，美国企业重能力，不重资历，对外具有亲和性和非歧视性。员工进入企业后，拥有管理学硕士学位的人可以直接进入管理阶层，受教育多的人起点也高。企业的中高层领导，可以从内部提拔，也可以选用别的企业中卓有建树者，一视同仁。员工如果有能力，有良好的工作绩效，就可能很快得到提升和重用，公平竞争，不必熬年头和论资排辈。

④人力资源激励上，以物质刺激为主。美国企业认为，员工工作的动机就是为了获取物质报酬，可以不向员工说明此项工作的意义，但必须说明此项工作的操作规程。因此，员工的报酬是刚性的工资，收入的95%甚至是99%以上都是按小时计算的固定工资。

（4）管理者的权力来源与应用。

非常强调授权和授权的程序与规则，对于权力的应用也非常强调合法性。对于授权对象主要强调他的能力以及过去的业绩，对于资历、人脉等不重视，属于典型的业绩主义倾向。

管理知识链接

7S——刚柔并济式管理模式

美国一流的咨询企业麦肯锡公司提出的企业成功管理的7S模式，正日益被产业界所采纳。7S中，战略（Stratagy）、结构（Structure）、制度（System），是企业管理成功的"硬件"；作风（Style）、人员（Staff）、技能（Skills）和共同的价值观（Shared values）则是企业经营管理成功的"软件"。20世纪80年代初，哈佛大学迈克尔·波特教授提出了行业分析模型，战略规划问题引起了全球经理人员的注意，使经理们充分认识到"管理不只是把事情办对，更重要的是办对该办的事"。战略规划使经理们能够高瞻远瞩，全神贯注于领导、使命和愿景，带领公司走向未来。建立能够执行战略和计划的组织结构，设计各种制度，是保证战略实施的必要措施。然而，仅有"硬件"是远远不够的。如今的企业管理中，比以上"硬件"更重要的是"软件"，即每个公司都应有独特的积极向上的良好作风，更充分重视人才的价值、个性和自我实现。这就是著名的"7S管理模式"。

典型的美国式管理是以"法"为主的管理，强调个人价值，强调严格的制度、理性决策和追求最大限度的利润等。

2. 日本的管理

（1）战略指向。

由于日本经济结构的特点，以及公司治理模式的特点，使得日本大型企业的战略指向于高的市场占有率，以及迅速占领新兴市场。为了巩固自己的市场地位，他们不断加速开发新产品，并同时采用低成本战略。日本的集体主义思维方式在经济低迷时期通过集体降低薪酬标准的方式获得生存的空间，企业主义哲学大行其道。

（2）公司治理模式。

与美国等国主要依靠外部的力量对管理层监控不同，日本的公司治理模式主要以公司大股东的内部监控为主。形成的原因在于日本的外部市场以及它的经济结构和社会结构的要求。

①股权结构稳定。法人股东的持股行为具有较少的投机性，即使在公司经营不理想、收益很低时，也不轻易出售股权，而是共同想方设法渡过难关。

②经营决策具有长期性。法人股东的目的不在于短期获利，而在于通过与公司保持长期稳定合作获利，因此股票价格的波动不作为评价经营者的指标，而是以公司是否能长期稳定发展作为评价指标。因此，经营者能对决策进行长期考虑。

③公司尤其是大公司拥有了附加的财团内部融资渠道，这样如果公司的资本预算超过了它的运营现金流时，它可以向主银行或财团内的共创公司融资，避免了通过公开发行股份的方式融资所引发的成本上升和可能由此向外发出坏信息的信号。

④决策与执行在组织形式上几乎为一个总体。公司的董事往往就是公司的高层领导，几乎没有外部董事。在经营不顺的时候，大股东或者大债权人方面的董事会成为高层管理者。

典型的日本式管理是以"理念"为主的管理，强调和谐的人际关系、上下协商的决策制度、员工对组织忠诚及组织对社会负责。

（3）人力资源管理。

第二次世界大战后，随着日本经济的恢复，调整发展时期形成的日本人力资源管理模式，即年功序列、终身雇佣、企业内工会曾经被称为日本企业的三大神器。

①人力资源配置上，主要依靠内部培训。日本企业具有用人上的相对封闭性，内部培训是满足企业对人力资源需求的主要方式。日本企业在职工培训上的投入是美国企业的 25 倍。培训时不仅要学习技术方面的硬技能，还要学习企业内部的管理制度、上下协调关系等"软知识"和"软技能"。

②人力资源管理上，具有感情色彩。日本企业管理的基础是关系，重视富有弹性的制度安排，组织结构上具有含蓄的职务主义，侧重于靠人对企业进行控制。一方面有严明的纪律和严格的要求，另一方面又有无形的约束和含蓄的控制，企业更侧重于通过树立信仰，灌输价值观念，潜移默化地影响员工的行为，使其自觉地与企业目标和要求保持一致。

③人力资源使用上，采取有限入口和内部提拔。日本具有保守性和排他性，有新的工作需要时，一是从学校吸收，二是尽可能通过内部调节来满足。因而日本企业人才使用的入口狭窄，进入企业必须从基层干起，通过按部就班的培养过程，逐步了解企业、认可企业、完善自身、创造效益，求得提拔重用。

④人力资源激励上，以精神激励为主。采取终身雇佣制度，不轻易解雇工人，即使企业处于困难时期，可放假、停工也不会将工人赶出工厂，除非职工犯了严重错误或触犯刑律，才会被解职。

管理借鉴

稻盛和夫的《活法》

日本京瓷公司的董事长稻盛和夫撰写的《活法》一书中提出的人生方程式，从一个新的角度，诠释积极工作对人生成就的巨大推动作用。

稻盛和夫 27 岁创办京瓷公司，初始他确是经营的门外汉，缺乏经营的知识和经验，不知道怎样做才能使公司经营顺利。他选择了坚持将正确的做人准则运用到公司经营中，并在公司从小做大的过程中，提炼出了自己人生方程式：

人生/工作的结果＝思维方式×热情×能力

这个方程式的关键在于乘法。他举例说，有的人头脑聪明可以得 90 分，但他炫耀自己的能力，骄傲自满、懒怠努力，只发挥了 30 分的热情，那么乘积只有 2 700 分。另一方面，中等智力水平的人只有 60 分能力，而通过努力来弥补，以超过 90 分的热情投入工作，结果乘积是 5 400 分。

稻盛和夫的释义涵盖了生活态度、哲学、思想、伦理观等人格因素。痛惜战后的日本以选择聪明才辩型的人做领导为潮流，忽略了道德规范和伦理标准，导致政界、商界丑闻频发，他建议领导者的选拔标准是德要高于才，也就是居人上者，人格第一，勇气第二，能力第三。

他指出热爱是点燃工作激情的火把。无论什么工作，只要全力以赴去做就能产生很大的成就感和自信心，而且会产生向下一个目标挑战的积极性。成功的人往往都是那些沉醉于所做事的人。

稻盛和夫在 52 岁，别人已经考虑退休的年龄时，又创办了 KDDI 公司，因为他深信劳动的喜悦是最大的喜悦，人在工作中可以不断成长、提高自身修养、丰富内心，从而使自己的人生更加美好。

小思考：谈谈你对稻盛和夫"人生方程式"的理解。

（4）经营者权力的来源与应用。

日本企业在选拔干部以及任命新的最高经营者的过程中，虽然也强调能力，但是更加强调资历以及人际关系。因为集体决策是经营决策过程中采用的主要决策方式，如何协调各方利益，成为各级管理者都要具备的能力。

管理实践

一套西服引发的管理难题

一家美国公司收购了一家日本企业，负责接收的是新任命的分部总监德国后裔巴赫。美国公司有一个很得人心的传统，就是上班时大家都穿休闲服，于是，走进新接手的这家公司，看到公司职员身着颜色庄重的深色西装时，巴赫觉得他们就像一片压抑的蓝灰黑色蚂蚁群。巴赫开始琢磨尽快把穿休闲服的好处落实。谁知，这条指令下达后，日本员工除了"哈伊"以外没有任何表示，第二天上班一看，还是蓝灰黑色蚂蚁；第三天照旧，只不过日本员工一致把领带摘了。于是巴赫再发电子邮件给大家，好心好意地解释，大家可以穿各种休闲服。第四天，日本员工终于穿得多种多样地来上班了，不过，他们的表情绝对和自由、舒服不搭界，反而士气低落，连来公司谈业务的客户都少了很多。

原来，日本是个等级分明的国家，穿不穿西装反映的是工作属于白领还是蓝领。这家日本公司的员工都属于白领，让他们不穿西服而改穿便服，他们不会以为你是要让他们更舒服更自由，反而认为你是要降低他们的地位。聪明的巴赫于是在二天的邮件中，补充了一句话：如果你愿意，也可以把西服作为休闲服的一种来穿。于是皆大欢喜，公司又恢复了蓝灰黑色蚂蚁的热闹场面，只是蚂蚁们看起来个个精神抖擞。

（资料来源：萨苏. 一套西装引发的管理难题. 新浪博客，2013-03-15.）

小思考：你能比较一下美、日、中文化的异同吗？美、日文化有哪些值得我们借鉴的？

8.3.2 跨文化管理

1. 跨文化管理的概念

跨文化管理又称交叉文化管理，就是在跨国经营中，对不同种族、不同文化类型、不同文化发展阶段的子公司所在国的文化采取包容的管理方法，其目的在于如何在不同形态的文化氛围中设计出切实可行的组织结构和管理机制，在管理过程中寻找超越文化冲突的公司目标，以维系不同文化背景的员工共同的行为准则，从而最大限度地控制和利用企业的潜力与价值。

2. 跨文化管理的策略

（1）本土化策略。

跨文化管理中首要考虑的是要本着思维全球化和行动当地化的原则来进行。通常跨国企业在海外进行投资，就必须雇用相当一部分的当地职员。这主要是因为当地雇员熟悉当地的风俗习惯、市场动态以及政府方面的各项法规，而且和当地的消费者容易达成共识，雇用当地雇员无疑方便了跨国企业在当地拓展市场、站稳脚跟。"本土化"有利于跨国公司降低海外派遣人员和跨国经营的高昂费用和与当地社会文化融合以及减少当地社会对外来资本的危机情绪。在任用管理人员方面，主要考虑的是该雇员的工作能力及与岗位的匹配度，选用最适合该岗位的职员。

（2）文化相容策略。

根据不同文化相容的程度，可以细分为以下两个不同层次。

①文化的平行相容策略。这是文化相容的最高形式，习惯上称之为"文化互补"，就是在跨国公司的子公司中并不以母国的文化或东道国的文化作为子公司的主体文化。母国文化和东道国文化之间虽然存在着巨大的文化差异，但并不互相排斥，反而互为补充。美国肯德基公司在中国经营的巨大成功可谓是运用跨文化优势，实现跨文化管理成功的典范。

②文化和平相容策略。这是指跨国公司中的母国文化和东道国文化之间存在着巨大的文化差异，而两者文化的巨大不同也很容易在子公司的日常运作中产生"文化摩擦"，管理者在经营活动中刻意模糊这种文化差异，隐去两者文化中最容易导致冲突的主体文化，保存两者文化中比较平淡和微不足道的部分。意见分歧，也很容易通过双方的努力得到妥协和协调。

管理借鉴

双星集团：生态文化观

"鹰文化"：创新的市场观

在双星集团总裁汪海的办公室里，有一个展翅飞翔的根雕——雄鹰，而双星名人标志也是雄鹰的形状，寓意"雄鹰展翅，搏击市场"。针对"鹰文化"，汪海解释道，双星有个"ABW"理论：A就是要创一流；B就是要有个性，敢于创新；W就是形似雄鹰、大鹏展翅。企业家要成为搏击长空的雄鹰，要像鹰一般飞得高。

"猫文化"：坚定的发展观

在双星集团总部和双星形象连锁店人们都能看到，双星的吉祥物是一黑一白两只猫，象征着双星所提倡的"不管白猫黑猫，抓住老鼠就是好猫；不管说三道四，发展是硬道理"的企业发展观。猫，看得远，扑捕目标，靠真本事吃饭。

"虎文化"：强者的活力观

虎性精神是一种强者精神。在有"虎文化"特征的企业里，有着富于创造性的工作环境；领导者往往以革新者和敢于冒险的形象出现；企业最为看重的是在行业的领先位置；而企业的成功就在于能提供独特的产品、服务，具有强大的市场拼杀力。

"鱼文化"：和谐的人本观

在双星集团总部大楼三楼有一个巨型鱼缸，不同颜色、不同种类的鱼儿在鱼缸内或翩翩畅游，或甩尾跃起。企业如水，员工如鱼，员工和企业鱼水相依。放水"养鱼"，激发了员工热情，增强了双星的凝聚力和向心力，推动了双星发展。

"蜗牛文化"：谨慎的危机观

双星山上，有一座似蜗牛的独特建筑，并置于一个格外显眼的位置，这让许多人摸不着头脑。汪海说："蜗牛虽然动作慢，但别人都休息时它却不休息，而且能爬到树枝最顶上的也只有蜗牛。所以，我们建这座'蜗牛'的目的，就是要学习蜗牛的这种精神，无论遇到什么狂风险浪，都向着目标前进。"

（资料来源：企业文化网，2012-07-19.）

小思考：双星的生态文化观给你什么启发？你所在的组织适合哪种文化观？

（3）文化创新策略。

文化创新策略是指母公司的企业文化与国外分公司当地的文化进行有效的整合，通过各种渠道促进不同的文化相互了解、适应、融合，从而在母公司文化和当地文化基础之上构建一种新型的国外分公司企业文化，以这种新型文化作为国外分公司的管理基础。这种新型文化既保留着强烈的母公司企业文化特点，又与当地的文化环境相适应，从而体现跨国企业的竞争优势。

（4）文化规避策略。

文化规避策略是指当母国的文化与东道国的文化之间存在着巨大的不同，母国的文化虽然在整个公司的运作中占了主体，可又无法忽视或冷落东道国文化存在的时候，由母公司派到子公司的管理人员，就必须特别注意在双方文化的重大不同之处进行规避，不要在这些"敏感地带"造成彼此文化的冲突，特别在宗教势力强大的国家更要特别注意尊重当地的信仰。

（5）文化渗透策略。

文化渗透是个需要长时间观察和培育的过程。跨国公司派往东道国工作的管理人员，基于其母国文化和东道国文化的巨大不同，并不试图在短时间内迫使当地员工服从母国的人力资源管理模式，而是凭借母国强大的经济实力所形成的文化优势，对公司的当地员工进行逐步的文化渗透，使母国文化在不知不觉中深入人心，东道国员工逐渐适应了这种母国文化并慢慢地成为该文化的执行者和维护者。

（6）借助第三方文化策略。

跨国公司在其他的国家和地区进行全球发展，由于母国文化和东道国文化之间存在着巨大的不同，而跨国公司又无法在短时间内完全适应由这种巨大的文化差异而形成的完全不同于母国的东道国的经营环境时，采用的人事管理策略通常是借助比较中性的，与母国的文化已达成一定程度共识的第三方文化对设在东道国的子公司进行控制管理。用这种策略可以避免母国文化与东道国文化发生直接的冲突。

（7）占领式策略。

占领式策略是一种比较偏激的跨文化管理策略，是全球发展企业在进行国外直接投资时，直接将母公司的企业文化强行注入国外的分公司，对国外分公司的当地文化进行消灭，国外分公司只保留母公司的企业文化。这种方式一般适用于强弱文化对比悬殊，并且当地消费者对母公司的文化完全接受的情况下采用，但从实际情况来看，这种模式采用得非常少。

总之，全球发展企业在进行跨文化管理时，应在充分了解本企业文化和国外文化的基础上，选择自己的跨文化管理模式，从而使不同的文化达到最佳的结合，形成自己的核心竞争力。

管理案例

刚柔并济——美国西南航空公司

美国西南航空公司是一家享誉中外的卓越航空公司。它不仅有以"理"服人、借助于外力寻求提高人力资源使用效率的途径、严格成本管理的刚性设计，还有以"情"动人、注重挖掘人的内在价值与积极性、建立在自觉自愿基础上的投入与奉献的柔性设计。刚柔相济成就了它的不断发展壮大。1971 年美国西南航空公司还是一个地方性的小航空公司，现在已成为美国第六大航空公司，拥有 1.8 万名员工，服务范围已横跨美国 22 个州的 45 个大城市。到 1990 年公司年收入达到 10 亿美元，成为美国市场的大型骨干航空公司。它是如何做到今天的成就的呢？

1．低经营成本的运营模式。

公司基本上没有枢纽站，都是短程的、点对点的航班，平均飞行时间为 55 分钟。它不与其他的航班联运，也不需要转运行李，因此建立了一个汽车票价更便宜的有竞争力的细分市场。

2．和谐快乐的组织氛围。

从公司成立那天起，作为创始人和首席执行官的赫布·凯莱赫，就试图使西南航空公司成为一个愉快的工作场所。他常和雇员们无拘无束地闲谈，他们称呼他"赫布大叔"。他常参加设在达拉斯的公司总部的周末晚会，鼓励像乘务人员扮演的滑稽小丑这样的小闹剧，以及像击鼓传令这样的小游戏。他给袜子上有最大窟窿的乘客发奖品。飞机乘务员在复活节的晚会上穿着小兔服装，在感恩节穿着火鸡服装，在圣诞节戴着驯鹿角，凯莱赫自己还经常穿着小丑套装或小精灵戏装扮演各种角色。他这样做的目的是培育同心协力的精神，这有助于提高生产率。低成本加上大量的航班和可靠的服务，换来的是日益增多的高度忠诚的顾客。西南航空公司尽一切努力使你准时到达所要去的地方。

3．透明的管理方式。

如果你要见总裁，只要他在办公室，你可以直接进去，不用通报，也没有人会对你说不；每年举行两次"新员工午餐会"，领导和新员工们直接见面，保持公开联系。领导向新员工们提些问题，例如："你认为公司应该为你做的事情都做到了吗？""我们怎样做才能做得更好些？""我们怎样才能把西南航空公司办得更好些？"员工们的每项建议，在 30 天内必能得到答复。一些关键的数据，包括每月载客人数、公司季度财务报表等，员工们都能知道。

为了让员工们对学习公司财务情况更感兴趣，西南航空公司每12周给每位员工寄去一份"测验卡"，其中有一系列财务方面的问题。答案可在同一周的员工手册上找到。凡填写测验卡并寄回全部答案的员工都登记在册，有可能得到免费旅游的机会。这种爱心精神在西南航空公司内部闪闪发光，正是依靠这种爱心精神，当整个行业在赤字中跋涉时，他们连续22年有利润，创造了全行业个人生产率的最高纪录。1999年有16万人前来申请工作，人员调动率低得令人难以置信，连续3年获得国家运输部的"三皇冠"奖，表彰他们在航行准时、处理行李无误和客户意见最少三方面取得的最佳成绩。

（案例来源：黄雁芳，宋克勤. 管理学教程案例集［M］. 上海：上海财经大学出版社，2001.）

思考题：美国西南航空公司的管理有哪些值得我国企业借鉴？

8.4 核心能力理论

企业核心能力理论是当今管理学、经济学交叉融合的最新理论成果之一，日益受到企业管理理论界与实践界的关注。

8.4.1 核心能力的概念

核心竞争力又称核心能力，这一概念由美国著名管理学家普拉哈拉德（C. K. Prahalad）和加里·哈默（G. Hamel）于1990年提出。在他们所著的《企业核心竞争力》一书中，把核心竞争力界定为"使得商业个体能够迅速适应变化环境的技术和生产技能"，是"组织中的累积性学识，特别是运用企业资源的独特能力"。普拉哈拉德和哈默形象地把核心竞争能力、核心产品和最终产品之间的关系，比喻为树根、树干和花果之间的关系。

企业拥有核心竞争能力，核心产品的份额才是核心竞争力的标志。核心能力具有"偷不去、买不来、拆不开、带不走和溜不掉"的特点，包括许多不可逆转的专用投资或渠道优势在内。核心竞争力之所以令其他企业难以模仿，主要在于知易行难，它是长期积累的产物，绝非一时一日之功。

管理知识链接

普拉哈拉德简介

普拉哈拉德1941年出生于印度南部泰米尔纳德邦的哥印拜陀镇，他从金奈的马德拉斯大学物理系毕业后，在联合碳化电池公司的一个分部担任经理，积累了一定的管理经验。之后他留学美国继续深造，获哈佛大学的博士学位。他在印度及美国都任过教，最终加盟密歇根大学商学院，现为商业管理哈维·C. 弗鲁豪夫讲席教授。在安娜堡的时候普拉哈拉德与加里·哈默相遇，当时的哈默还是一位年轻的国际商业学生，他们的邂逅是管理思想界的福音，普拉哈拉德与哈默合作的巅峰之作是1995年出版的《为未来而竞争》，曾被《商业周刊》（Business Week）评为年度最佳管理图书。这本书描述了工商管理的状况是如何演变的，它从陈旧的控制与指挥模式一路发展过来，到现在，经理人必须主动出击，寻找新的市场机遇，商业的成功很大程度上有赖于市场状况和客户的满意程度。

8.4.2　核心能力理论的要义

核心能力理论认为，并不是企业所有的资源、知识和能力都能形成持续的竞争优势。区分是指能为企业带来相对于竞争对手的竞争优势的资源和能力。该核心能力和非核心能力主要在以下五个方面。

1. 价值性

核心竞争能力必须对用户看重的价值起重要作用。

2. 异质性

一项能力要成为核心能力必须是某公司所独有的、稀缺的，没有被当前和潜在的竞争对手所拥有。

3. 不可模仿性

其他企业无法通过学习获得，不易为竞争对手所模仿。

4. 难以替代性

没有战略性等价物。

5. 延展性

从公司总体来看，核心竞争能力必须是整个公司业务的基础，能够产生一系列其他产品和服务，能够在创新和多元化战略中实现范围经济。

管理实践

同仁堂：以优秀文化打造核心竞争力

北京同仁堂是我国中药行业著名的老字号，三百多年的历史造就了同仁堂独特而又深厚的文化底蕴。同仁堂创业者尊崇"可以养生，可以济世者，惟医药为最"的信念，把行医售药作为一种养生济世、回报社会的高尚事业。历代同仁堂人恪守"炮制虽繁必不敢省人工，品味虽贵必不敢减物力"的古训，即便面对形形色色的外部冲击，同仁堂依旧保持着优良文化传统，始终坚持依大义之道取财，藉"诚信"二字发展。如今，以"德、诚、信"为核心的职业道德，以古训堂训为基本内涵的经营理念，以创新发展为基础的时代精神，以"义为上，义利共生"的经营哲学，"同心同德、仁术仁风"的管理信念，"同修仁德，济世养生"的企业精神，以及"四个善待"、"四条标准"等，共同构成了同仁堂传统而现代的品牌文化。精良的质量和显著的疗效在消费者心中形成了一种难解的"同仁堂情结"。

坚持品牌服务。"下品无高门，上品无贱族"，品牌代表着品格。同仁堂人始终将"同修仁德，济世养生"的创业宗旨恪守于心，形成了独特的同仁堂品牌服务。如今，同仁堂集团已在国内外开设零售药店 500 余家。将众多药店维系在一起的，是同仁堂集团的企业精神。各店皆以顾客高满意度为其服务追求的境界，让顾客最大限度地受益于同仁堂集团经营的产品和服务。同仁堂集团提倡用心服务，以情经商，将经营所为与顾客所欲融为一体，在售真药、售好药、指导用药的基础上，让消费者满意，从而树立了同仁堂的品牌服务，成就了一个"以优秀文化打造核心竞争力"的老字号的经典传奇。（资料来源：金永年. 同仁堂：以优秀文化打造核心竞争力. 新浪网，2007-01-04.）

小思考：你认为同仁堂这块中医药的"瑰宝"如何在未来的市场竞争中立于不败之地？

职场忠告

比尔盖茨的 11 个忠告

1. 生活是不公平的，要去适应它。

2. 这世界并不会在意你的自尊。这世界指望你在自我感觉良好之前先要有所成就。

3. 高中刚毕业你不会一年挣 4 万美元。你不会成为一个公司的副总裁，并拥有一部装有电话的汽车，直到你将此职位和汽车电话都挣到手。

4. 如果你认为你的老师严厉，等你有了老板再这样想。老板可是没有任期限制的。

5. 烙牛肉饼并不有损你的尊严。你的祖父母对烙牛肉饼可有不同的定义；他们称它为机遇。

6. 如果你陷入困境，那不是你父母的过错，所以不要尖声抱怨他们的错误，要从中吸取教训。

7. 在你出生之前，你的父母并非像他们现在这样乏味。他们变成今天这个样子是因为这些年来他们一直在为你付账单，给你洗衣服，听你大谈你是如何的酷。所以，如果你想消灭你父母那一辈中的"寄生虫"来拯救雨林的话，还是先去清除你房间衣柜里的虫子吧。

8. 你的学校也许已经不再分优等生和劣等生，但生活却仍在做出类似区分。在某些学校已经废除不及格分；只要你想找到正确答案，学校就给你无数的机会。这和现实生活中的任何事情没有一点相似之处。

9. 生活不分学期。你并没有暑假可以休息，也没有几位雇主乐于帮你发现自我。自己找时间做吧。

10．电视剧并不是真实的生活。在现实生活中，人们实际上得离开咖啡屋去干自己的工作。

11．善待乏味的人。有可能到头来你会为一个乏味的人工作。

小思考：经济学家张维迎说，核心竞争力是别人"偷不去、买不来、拆不开和带不走"的。结合自己的实际，你认为自己的核心竞争力是什么？

8.5　知识管理理论

8.5.1　知识驱动下的管理革命

著名的管理大师彼得·德鲁克在《知识社会的兴起》一书中指出，100 多年来，人类经历过三次革命，这就是工业革命、生产力革命和管理革命。这三次革命都是由知识意义的根本转变驱动的。第一次革命是知识被应用于工具、过程和产品，形成了工业革命；第二次革命是知识被应用于工作，从而引起了生产力革命；第三次革命则是知识被应用于知识本身，从而引起管理革命。如果说诞生在美国的"泰罗制"引发企业管理的第一次革命，那么，人类在进入 21 世纪后，全球的企业管理迎来了第二次革命，即以"人性化"的知识管理为标志的时代。所谓知识型员工又称为知识工作者，一般指从事生产、创造和运用知识的能力，能够为企业带来知识资本增值并以此为职业的人。所以在当今知识经济时代如何激励、管理知识型员工成为企业提升核心竞争力的重要工作。

管理知识链接

彼得·德鲁克——管理界的贝多芬

在管理学界有一句名言：学管理不知道德鲁克，就像学音乐不知道贝多芬。由此可见德鲁克的影响力。彼得·德鲁克（1909—2005），管理学科开创者，被尊为"大师中的大师"、"现代管理学之父"。他的思想传播到了 130 多个国家和地区，他称自己是"社会生态学家"，对社会学和经济学的影响深远。他的著作架起了从工业时代到知识时代的桥梁。

1909 年彼得·德鲁克生于维也纳的一个书香门第，1931 年获法兰克福大学国际法博士学位，1937 年与他的德国校友多丽丝结婚，并移居美国，终身以教书、著书和咨询为业。在美国他曾担任由美国银行和保险公司组成的财团的经济学者，以及美国通用汽车公司、克莱斯勒公司、IBM 公司等大企业的管理顾问。

为纪念其在管理领域的杰出贡献，克莱蒙特大学的管理研究生院以他的名字命名；为表彰他为非营利领域所带来的巨大影响，国际慈善机构"救世军"授予德鲁克救世军最高奖项"伊万婕琳·布斯奖"。他曾连续 20 年每月为《华尔街日报》撰写专栏文章，在《哈佛商业评论》上共发表 38 篇文章，至今无人打破这项纪录。他著述颇丰，包括《管理的实践》、《卓有成效的管理者》、《管理、使命、责任、实务》、《旁观者》等几十本著作，以 30 余种文字出版，总销售量超过 600 万册。其中《管理的实践》奠定了他作为管理学科开创者的地位，而《卓有成效的管理者》已成为全球管理者必读经典。他曾 7 次获得"麦肯锡奖"，2002 年 6 月 20 日，获得当年的"总统自由勋章"，这是美国公民所能获得的最高荣誉。20 世纪 80 年代，德鲁克思想被引入中国，2004 年，德鲁克管理学全面进入中国的管理教育。2005 年 11 月 11 日，德鲁克在加州克莱蒙特的家中溘然长逝。（资料来源：德鲁克〔美〕. 管理的实践（珍藏版）[M]. 齐若兰，译. 北京：机械工业出版社，2009.）

温馨提示

20 世纪，企业最宝贵的资产是它的生产设备。21 世纪，企业最宝贵的资产是知识工作者和知识工作者的生产率。所以，研究知识工作者有什么特点、决定知识工作者生产率的是哪些因素，就显得尤为重要。

8.5.2 知识员工的特征

1. 具有相应的专业专长和个人素质

大多受过系统的专业教育，掌握一定的专业技能，具有开阔的视野、宽阔的知识面，有较强的学习能力。他们积极性与稳定性如何，决定了企业整体优势的高低。

2. 具有实现自我价值的强烈愿望

从心理特征上看，作为知识的载体，知识员工更加关注"自我价值"，他们有能力也有信心对自身职业生涯的目标给予更高的定位。他们往往有较高的需求层次，追求掌握价值的实现，热衷于具有挑战性、创造性的工作，渴望通过这一过程实现个体价值。

3. 具有很高的创造性和自主性

知识工作者面对的是一种柔性工作，与体力劳动者从事简单重复劳动相反，他们倾向于从事具有创造性的工作，期望有宽松的工作环境，强调工作中的自我管理。

4. 强烈的个性及难以监督性

知识工作者有相对比较独立的人格心理。他们不仅富有才智、精通专业，而且尊重知识、崇拜真理，由于他们掌握着特殊的专业技能及工作的创造性特征，工作过程表现出极大的主观性与随意性，所以对他们的监控流于形式。

5. 工作成果不易直接测量与评价

他们的工作成果往往以创意、思想、技术发明及管理创新的形式出现，再加上工作的团队协作的必要性，给评价知识员工的价值及酬薪带有一定的难度。

管理实践

乔布斯的人生信条

乔布斯教给我们最重要的是他的人生信条："你的时间有限，所以不要为别人而活。不要被教条所限，不要活在别人的观念里。不要让别人的意见左右自己内心的声音。最重要的是，勇敢地去追随自己的心灵和直觉，只有自己的心灵和直觉才知道你自己的真实想法，其他一切都是次要。"乔布斯走了，但苹果是他生命的延续。一个改变世界的人，人们应该记住他！乔布斯及其苹果公司除了给数以十亿计的消费者带来美轮美奂的产品之外，至少改变了6个行业格局：

(1) 他用苹果电脑开创了个人电脑行业；

(2) 他用皮克斯开创了三维动画电影行业；

(3) 他用 iPod 颠覆了整个音乐行业；

(4) 他用 iPhone 颠覆了设计通信行业；

(5) 他用 iPad 正在改变新闻出版业；

(6) 他用 iTunes 改变了软件行业。

可以说乔布斯是美国硅谷宽容失败、鼓励创新的典范，给我们提供了一个如何培养自己的乔布斯的制度思考。

小思考：德鲁克说："对员工最大的激励就是帮助他们获得业绩，只有业绩才能让他获得成就感。不是加薪，不是晋升，不是奖励，那只是结果而已。"结合上述实例，谈谈你对这句话的理解。

8.5.3　对知识员工的激励

1. 设计合理的酬薪体系，激发其忠诚感

鉴于知识员工的特殊性，借鉴国外薪酬的成熟经验，可以采取两种方法，一是外在性薪酬，即为员工提供可以量化的货币性价值；一是内在薪酬，即提供各种不能量化的非货币价值的奖励。

2. 充分授权，委以重任，提高他们的参与感

要求上级管理者要有一定的超脱性，让下级充分自治；是给下级委以重任；

扩大非干预下级的业务流程,增强下级的工作成就感。

3. 强化教育培训,使他们不断获得与企业同步成长的自豪感

管理大师彼得·德鲁克说,员工的培训与教育是员工不断成长的动力与源泉。通过出国进修、职务提升、参与重要工作,不断获得新的知识结构,不断与企业融为一体,这是企业最可靠的宝贵资源。

4. 采取弹性工作制,创设宽松的工作环境,提高他们的归属感

企业要为知识型员工提供更多选择性的工作方式和自由发表意见的氛围,容忍犯错误的空间,创造快乐工作的条件,从而增强其归属感。

温馨提示

知识管理中企业的终极目标,就是用无形的知识创造有形的价值。针对人性在知识条件下的变化,企业的管理方式也应该从传统的权力运用和层次控制转变为平等协作,向管理对象无形化、管理内容知识化、管理文化融合化、管理边界虚拟化、管理思想人性化、管理方法柔性化、管理组织扁平化及管理平台信息化的潮流发展。

8.6 战略管理理论

战略管理理论,又称企业战略理论,其研究开始于 20 世纪 60 年代,70 年代得到了进一步发展。80 年代后期,美国企业战略管理进入了"衰落"阶段。90 年代以后,战略管理理论再次受到普遍重视。代表人物为美国著名战略管理学家安索夫、美国哈佛大学商学院迈克尔·波特教授和安德鲁斯教授等。

管理知识链接

迈克尔·波特:竞争战略第一权威

迈克尔·波特出生于密歇根州的大学城——安娜堡,父亲是位军官。波特在普林斯顿时学的是机械和航空工程,随后转向商业,获哈佛大学的 MBA 及经济学博士学位。

迈克尔·波特是哈佛大学商学院著名教授、当今世界上少数最有影响的管理学家之一。他曾在 1983 年被任命为美国总统里根的产业竞争委员会主席,开创了企业竞争战略理论并引发了美国乃至世界的竞争力讨论。他先后获得过"大卫·威尔兹经济学奖"、"亚当·斯密奖",五次获得"麦肯锡奖"。迈克尔·波特有多本著作,其中最有影响的有《品牌间选择、战略及双边市场力量》(1976)、《竞争战略》(1980)、《竞争优势》(1985)、《国家竞争力》(1990)等。

8.6.1　企业战略的概念

企业战略一词最初是由美国学者安索夫在其 1976 年出版的《从战略计划走向战略管理》一书中提出的。他认为，企业战略是指将企业日常业务决策同长期计划决策相结合而形成的一系列经营管理业务。之后"企业战略"成了时髦用语，各种解释不计其数，至今为止仍没有形成统一的定义。

由于对企业战略存在不同的理解，对什么是战略管理同样意见不一。主要有两大流派：

（1）行业结构学派（环境派）。

这一学派认为公司必须在有吸引力的行业中竞争。如何选择有吸引力的行业，是战略管理的首要任务。另一项重要任务则是如何在已经选择的行业中定位，企业可根据行业结构特点，摸清盈利潜力，实施一种可建立防御性竞争地位的战略。企业超额利润是外部环境特征决定的，而不是由公司特定的内在资源和能力决定的。

（2）内部资源学派（能力派）。

从 20 世纪 80 年代开始兴起的这一学派与行业结构学派正相反，认为战略管理过程的主要因素来自企业的内部环境，企业战略管理在于资源整合产生能力。一个公司的资源可分为三类：物力、人力和组织。单项资源无法产生持续竞争优势。只有当生产设备和公司运行的其他因素有效地成为一个整体时，它才能成为战略相关资源。总的说来，正是通过一系列资源的组合和整合，才形成了持续竞争优势。在制定战略行动时内部环境比外部环境更重要，公司独特的资源和能力为战略提供了基础，应当注重制定战略所需资源的积累。

综合上述两种学派的观点，对战略管理可界定为：根据企业外部环境和内部经营要素确定企业组织目标，保证目标的正确落实，并使企业使命最终得以实现的动态过程。

管理知识链接

有哲学的企业

《企业家不是天生的》一书的作者——美国西北大学凯洛格商学院管理学教授劳埃德·谢洛德说，可以把企业分成金字塔形状的四个层次：

最多的企业是"存在的企业"，这是塔基；其上是"有形象的企业"；再往上是"有文化的企业"；塔尖则是"有哲学的企业"。这里作为塔基的"存在的企业"，没有战略思想和战略眼光，只顾眼前利益，只要条件具备，它们有可能会成事一时，但绝不可能成事一世。对它们来说，今天的热点，就是明天的出血点、后天的死亡点。

小思考：为何说有哲学的企业才有持续发展的原动力？

8.6.2　战略管理的流程

战略管理理论认为，研究和实施战略管理的最好方法是采用适当的模式。战略管理模式所显示的战略管理过程，分为三个阶段：

（1）战略制定，包括制定任务陈述、外部环境因素分析、内部环境因素分析、建立长期目标、评价和选择战略。

（2）战略实施，包括确定年度目标、为战略实施制定相关政策、资源配置、与战略实施配套的组织结构及奖励制度。

（3）战略评价，美国战略管理学家理查德·鲁梅特提出了可用于战略评价的四条标准，即一致、协调、可行、优越。

战略管理理论对于我国企业的借鉴意义是显而易见的。随着我国市场经济体制的建立和企业运行机制的变革，企业都面临着如何面对激烈竞争和实现长远发展的问题，随着国际局势的复杂化还面临着如何应对国际竞争和合作的问题。因此，目前在我国理论界，对战略管理理论的研究也已经形成热潮。

管理知识链接

战略管理是一个复杂的辩证思考过程

国际四大会计师事务所之一的德勤，根据其多年为跨国公司和各类企业提供战略管理咨询的经验，总结出德勤将战略管理过程划分为：确定业务宗旨、环境分析、战略选择和战略实施四个阶段，在每个阶段均要求其内在对立的因素达到均衡的辩证统一状态。

1. 在确定业务宗旨阶段，主要研究企业的使命与愿景，即企业发展的长期方向与定位问题。这里需要将企业的核心能力与业务发展所受到的法律、经济、市场等因素的限制相平衡。

2. 在环境分析阶段，主要研究外部市场需求与企业自身资源和能力的匹配问题，从而发现行业成功的关键因素和企业参与市场竞争的优势和劣势，达到扬长避短、趋利避害的目的。

3. 在战略选择阶段，战略制定者需要草拟出一系列的战略方案，之后采用优选法，应用定量和定性分析相结合的手段，在众多方案中选择风险与收益相平衡的战略方案。

4. 在战略实施阶段，战略实施计划需要受到战略监控方案的制约，以确保战略方案的切实落实并实现预定的战略目标。

德勤认为，无论是"环境派"还是"能力派"，其观点都有失偏颇。企业的战略管理是一个复杂的辩证思考过程，需要将各种因素有机地均衡组合才是战略的精髓。

小思考：只有战略正确，细节才有意义，执行才有价值，否则细节再完美，无异于南辕北辙。你对此有何体会？

一个大学生的自述：我是如何把我的公司做死的

他如今已是在线教育资深从业者，但在 2009 年，其大学毕业之初，在懵懂的创业中，遭遇了在线教育的滑铁卢。他总结了自己的教训：

第一，不逢时。在线教育一定是大的趋势，现在不管是多贝，还是 51talk、91 外教都在这个领域做得不错，但是，作为市场先行者，在没有风险资本支持下，成功绝对是偶然，失败一定是必然。市场还需要时间培育，一个产品做得太早或者做得太迟都不好。

第二，缺乏规划。做时没有想清楚每一步该怎么做，感觉是做到哪一步算哪一步，最后的结果是死掉。

第三，盲目扩张。一个点都没搞定的情况下，却一下上了两个点，加速了死亡。

第四，对市场投放没有反馈与分析。只知道投放，却没有做精细化的市场反馈与论证，没有预料到资金的风险，在做得不错的时候没有进行及时的新一轮的融资。

第五，没有联合创始人。一直都是一个人单打独斗，只注重销售，却忽视了互联网产品最重要的是用户体验，团队没有产品和技术，只凭自己销售之力。最终导致团队失控。

第六，资源不足。作为大学生创业，很少有风投来投资你，归根结底，做了一个极度需要资源和资金的项目，而自己又缺乏经验，所以，失败就是必然了。

第七，对现金流没有清晰的认识。总觉得，只要有启动资金了，有客户进来了，现金流就会正常了，结果由于资金一直不充足，自己又慌了阵脚，接连作出错误的和非理性的判断，加速了项目的死亡。（资料来源：黑马. 一个大学生的自述：我是如何把我的公司做死的. 中国企业家网，2013-07-04.）

小思考：你将来想创业吗？如果是，那么你希望在什么行业创业？怎么才能以此为戒，少走弯路？

8.6.3　战略管理思想的新发展

目前主要有三种新的战略管理思想：

（1）战略联盟、战略竞标和战略再造。企业战略再造的范围是整个经营单位，关注的焦点是所有重要的核心流程，再造小组对组织结构、目标体系、激励机制、公司文化、工作流水线采取全局观念。

（2）战略再造直接与战略目标相联系。战略竞标主要有以下几层含义：竞争的对象是产品、服务和管理；目标是争做领头羊；过程是针对外部环境持续地进行；方法是比较和衡量。

（3）战略联盟（Strategic Alliances）。这是 20 世纪 90 年代以来国际上流行的一种新兴的战略管理思想。战略联盟的概念是由美国 DEC 公司总裁简·霍普兰德（J. Hopland）和管理学家罗杰·奈杰尔（R. Nigel）提出的，它是指两个或两个以上的企业之间为了实现某种共同的战略目标而达成的长期合作安排。其核心思想是在竞争中合作、在合作中竞争，即所谓的"竞合"思想。

企业实行战略联盟的内在驱动力在于，企业之间的战略联盟至少可以带来如下好处：实现优势互补、减少重复投资、优化资源配置、扩大市场份额、迅速获取技术、降低经营风险、增强企业实力。联盟的双方完全是平等互利的关系，"合则聚，不合则散"是联盟行动的基本原则。战略联盟作为一种新兴的组织形式，既有很多成功的案例，也有许多失败的案例。据有关专家统计，战略联盟的失败率介于30％～60％之间。从众多实行战略联盟的企业实践来看，战略联盟获得成功的关键要素主要有四：一是核心优势互补；二是实力大体相当；三是市场交叉程度低；四是企业文化兼容。

管理案例   **"五谷道场"怎么了？**

2005年年底，一则广告风靡大江南北，占据了央视及各大地方电视台的黄金时段：著名实力派演员陈宝国"霸气"登场，脱口而出"我不吃油炸方便面，这才是非油炸的健康方便面"。五谷道场"非油炸"方便面刹那间红遍全国，2006年销量突破10亿元，荣登当年度"中国成长性企业100强"榜首。

然而好景不长，五谷道场在2007年下半年便陆续出现断货、拖欠经销商货款和员工工资的负面新闻，中旺集团最初遮遮掩掩，但并未解决根本性问题。到了2008年10月，由于资金链断裂等问题，五谷道场全面停产，债台高筑迫使其申请了破产重整，直到2009年被中粮集团收购。五谷道场从无到有，由兴至衰，演绎了一场中国式快消品牌"快起快落"的传奇。可以说五谷道场成也战略，败也战略。

一、战略创新铸就成功

五谷道场的诞生是一个战略上的成功。"非油炸"的概念被挖掘出来，借助当时卫生部建议减少食用油炸食品的大背景，大打健康牌的五谷道场硬生生地将方便面市场切割出一个全新的品类，短时间内让康师傅、统一等对手感到不寒而栗。其实，非油炸方便面在日本有超过40年的历史，但市场占有率一直低于20％，原因是制作工艺繁琐、成本较高，且非油炸方便面遇开水不容易变软，口味也没有油炸的清爽、鲜美，所以消费群

体只有特定的高血脂患者或爱美女性等。这从一个侧面说明，颠覆性产品虽然时尚，却容易远离消费的主流而被视为另类。

颠覆性的战略创新是最具影响力的创新，但也是最具破坏性的创新。

二、救赎之路如此艰难

对中粮来说，依托得天独厚的"全产业链"优势和资金优势，打造一个"非油炸"的概念不会很难，关键还是缺乏营销方面的创新和产品口感上的变革。事实上，中粮对五谷道场在广告和营销方面的投入也不少，新产品、新渠道的开拓均花了很多人力、物力、财力，但五谷道场交出的成绩单却差强人意，以至于品牌负责人宋国良在2010年离职。

"非油炸"虽然非主流，面临的竞争压力也非常巨大，但毕竟有很清晰的品牌定位，可以很直接地传递"健康、天然"的价值主张。五谷道场在产品口感上倒是应做一些创新。纵观近几年成功的方便面品牌，无一不是在口感上寻找灵感。例如今麦郎让葛优幽默地演绎面的"弹性"、给面加料（如卤蛋）。又如统一在酸菜方面做足了功夫，让汪涵大喊"酸爽过瘾"。再如，康师傅以区域口味来布局，如立足西南的泡椒牛肉面、抢占广东的老火煲猪骨面、专做东北市场的小鸡炖蘑菇面等。这说明方便食品最重要的卖点是口感、口味，消费者最大的诉求就是饥肠辘辘之时那短

暂的味觉快感，如果"非油炸"方便面未来在口感和配料上能够推陈出新，消费者就会觉得"贵得有道理"。

三、线上线下整合才是出路

对所有传统企业来说，互联网营销和电子商务是近几年必须面对的重大课题。五谷道场实际上也做了一些有益的尝试，如早前推出一个"脱掉外套100%有奖有料"的活动，即买方便面产品的消费者可以获得网购代金券，可在几大网络商城兑换优惠券，并可参与抽奖。类似这种营销不应只停留在促销和打折，更应该依靠互联网传播快、覆盖面广的特点，去塑造品牌的口碑和传播品牌主张。

开拓新销售渠道也很必要。更重要的是，五谷道场还应立足于线下渠道，因为对于低价生活用品，消费者更多会倾向于在实体店购买。在商城、超市主要货架都被几大巨头抢占的情况下，五谷道场不妨另辟蹊径，如连锁便利店、小杂货店等，利用长尾效应来赢得终端出镜率，这样或许才有翻身的机会。企业要发展就要创新，了解消费者的需求和行为，并做有针对性的调整和坚持，五谷道场依然大有前途。（案例来源：林岳. 五谷道场跌倒之谜 [J]. 企业观察家，2013 (5).）

思考题：有人说，五谷道场是一个还没有上阵就牺牲的战士，你同意这种说法吗？你认为该怎样汲取它的教训，把一个好品牌做长久？

8.7 危机管理

当今社会竞争日益激烈和多元化，任何企业都处在风云莫测的环境中，企业将不可避免地会面临随时可能发生的危机。无论是享誉世界、规模庞大的跨国公司，还是那些默默无闻、为数众多的中小企业，都会面临危机的困扰，都可能会遭受危机的侵袭。面对危机时，不同的危机处理方式会给企业带来截然不同的结果。成功的危机处理，能将企业所面临的危机化险为夷、转危为安并利用这种机会重塑企业的良好形象。

8.7.1 危机管理定义

危机是一种使企业遭受严重损失或面临严重损失威胁的突发事件。这种突发事件在很短时间内波及很广的社会层面，对企业或品牌会产生恶劣影响，而且此种突发紧急事件由于其前景具有不确定性，会给企业带来高度的紧张感和压力。危机管理主要包括两方面内容：第一，建立危机管理体系，为危机做好准备；第二，危机公关，把企业想说的告诉公众，把企业想做的也告诉公众。

管理寓言

狮子和羚羊

在广袤的非洲大草原上，早晨，东方刚刚露出鱼肚白，一只羚羊从睡梦中猛然惊醒，同伴对它大喊："快跑，如果慢了，就会被狮子吃掉！"

于是羚羊起身就跑，向着太阳升起的方向飞奔而去。就在羚羊醒来的同时，一只狮子也惊醒了，它看到前面有几只羚羊在跑，它不由得想："得赶快去追，否则就没饭吃，我已经好长时间不知道肉是什么滋味了，再这样下去，那岂不是要饿死。"于是，起身就跑，也向着太阳奔去。它们都没命地跑，前边的羚羊看到身后的狮子，所以跑得飞快；后边的狮子看到前面的羚羊，于是就飞快地追。谁快谁就赢，谁快谁生存。一个是自然界之王，一个是食草的羚羊，实力悬殊却面临同一个问题——如果羚羊快，狮子就饿死；如果狮子快，羚羊就会被吃掉。

从生物角度来说，这符合物竞天择、适者生存原理；从生活角度来说，就是只有你做到最强最好，才有好的生活，所以我们应时刻警惕。

8.7.2 危机案例警示

案例1：锦湖轮胎质量门事件

2011年央视"3·15"晚会，扔出一枚重磅炸弹：世界十大轮胎制造商之一的锦湖轮胎原料大量掺假，为减少成本不按照比例掺胶，而使用大量返炼胶，严重影响轮胎的质量，给采用其品牌轮胎的汽车带来了安全隐患。锦湖轮胎是全球十大轮胎企业之一，在国内为包括上海通用、上海大众、一汽大众、北京现代、东风悦达起亚、神龙汽车、一汽轿车、奇瑞、比亚迪、长城汽车、哈飞汽车、华晨汽车等12家汽车企业的35款车型提供配套轮胎，在中国国内配套市场占有率第一。其行业的特殊地位，使得锦湖轮胎事件牵一发而动全身，很多车企被锦湖轮胎事件拖累。锦湖轮胎正面临一场信任危机的风暴。锦湖轮胎虽然不直接面向消费者市场，但是经过央视曝光之后成了尽人皆知的品牌。锦湖轮胎竟然是以此种方式第一次强势登场实在悲哀。而锦湖轮胎在危机发生之后的反应也显示出其公关意识不到位。

锦湖轮胎在被曝光之后先是拒不认错，表示轮胎不存在质量问题。这样的态度首先让消费者对其品牌形象大跌眼镜，也由此引起媒体的更大关注，并最终引起更大的负面舆论。之后，迫于舆论压力，锦湖轮胎中国区总裁李汉燮公开发布道歉声明，否认之前宣称的不存在质量问题的情况，以获得消费者的谅解。同时在国家质检总局的压力下，走上了漫长的免费检测和召回的道路。锦湖仍然要为其质量的缺陷付出漫长而沉重的代价。

案例2：台湾塑化剂事件

2011年5月24日，台湾媒体称，5月23日是台湾食品安全的崩溃日，除其他食品安全问题外，更出现了塑化剂饮料。上万公吨"致癌起云剂"流入多家下游厂商，制造出各类饮品和果冻，波及全台食品生产销售领域。之所以事件引起各方高度重视，因为原本起云剂是一种合法的食品添加物，可促进食品乳化，常用于果汁、饮料、果冻和优格粉末。但某些厂家为降低成本，用DEHP代替起云剂，而DEHP属于环境荷尔蒙，会危害男性生殖能力，促使女性性早熟，在台湾已被列为第四类毒性化学物质，不得添加在食品里。台湾卫生主管部门5月30日表示，含致癌塑化剂DEHP、起云剂的相关食品已流通到香港、大陆及东南亚地区。6月，大陆开始就台湾塑化剂事件展开社会热议，尤其以微博等网络平台的网民关注更是引起大陆对于塑化剂的恐慌。随后，各大传统媒体也进行了实时报道，塑化剂事件从而成为整个社会关注的热点。

　　案例 3：郭美美微博炫富事件

　　2011 年 6 月 21 日，新浪微博用户"郭美美 Baby"备受网友关注，这个自爆"住大别墅，开玛莎拉蒂"的 20 岁女孩，认证身份却是"中国红十字会商业总经理"。网友对其真实身份猜测万分，更有网友认为她是中国红十字会副会长郭长江的女儿，由此引发网友对中国红十字会的热议。同日早上，新浪微博上出现了一个名为"郭长江 RC一"的未认证微博与"郭美美"互相关注。其发布了三条微博，发布不到两个小时，就引来了诸多网友的口水，不少网友认为这是中国红十字会副会长郭长江的微博。

　　6 月 22 日中国红十字会称郭美美与红十字会无关，新浪也对实名认证有误一事而致歉。6 月 29 日，天涯、猫扑相继删除原始爆料郭美美炫富事件的帖子。而北京警方也对郭美美事件正式立案，通报结果为郭美美及其母亲与中国红十字总会无直接关联，其认证的"中国红十字会商业总经理"身份属自行杜撰。警方的最终通报似乎将郭美美事件与中国红十字会彻底撇清关系，然而舆论浪潮早已一发不可收拾，红十字会深陷信誉危机。

　　最应具有爱心的红十字会，变成挥霍奢侈的邪恶代表。此次中国红十字会的信誉危机并非偶然，郭美美无疑只是一条导火索，引爆长期积累的潜伏因子。

　　红十字会作为公益组织，财务信息却从来讳莫如深。公众捐款捐物献爱心，却永远不知道自己的一份爱心沦落何处。可以说，此次中国红十字会信誉危机，是其长期不透明管理与内外信息渠道封闭造成的，在一定程度上是对中国公益组织体制进行公众拷问。（资料来源：林景新，赵玉竹．2011 年上半年十大企业危机公关事件盘点分析．新浪微博，2011-08-08.）

　　思考题：以上三个案例暴露出企业危机管理中的什么问题？企业应该如何防范与应对危机？

8.7.3　危机管理对策

1. 做好危机预防工作

　　如果企业管理人员有敏锐的洞察力，根据日常收集到的各方面信息，能够及时采取有效的防范措施，完全可以避免危机的发生或使危机造成的损害和影响尽可能减少到最小程度。因此，预防危机是危机管理的首要环节。企业应树立强烈的危机意识，建立预防危机的预警系统，建立危机管理机构，制订危机管理计划。

2. 进行准确的危机确认

　　危机管理人员要做好日常的信息收集、分类管理，建立起危机防范预警机制。危机管理人员要善于捕捉危机发生前的信息，其主要的预警信号有：员工不满；令人失望的财务状况；顾客抱怨；经营战略失策；危机管理无计划；不重视环保等。在出现这些危机征兆时，尽快确认危机的类型，为有效的危机控制做好前期工作。

3. 遵循危机管理 6F 原则

（1）Forecast（事先预测）原则；

（2）Fast（迅速反应）原则；

（3）Fact（尊重事实）原则；

（4）Face（承担责任）原则；

（5）Frank（坦诚沟通）原则；

（6）Flexible（灵活变通）原则。

4. 危机的善后工作

首先，进行危机总结、评估，对问题进行整顿。

其次，应对危机全面管理。对于危机的深度处理，需要资源管理、行为管理、舆论管理三线并重，以全面落实危机管理，全面应对危机。

再次，政府公关，寻求帮助。完全依靠企业自身的力量往往难以确保企业从危机中尽快实现恢复，需要政府提供相应的帮助。此外，如果企业危机是由顾客、媒体等公众的误解或敌对情绪引发的，那么政府的帮助显得尤为重要。企业应请求政府有关部门对有关事件开展调查，了解事情的真实情况，并取得政府的支持和帮助，说服社会大众改变对企业的不利看法。

最后，加强危机防范培训。危机防范机制作为管理硬件，更需员工危机防范能力的软实力与之匹配，避免不利事件的重复发生。

总之，危机并不等同于企业失败，危机之中往往孕育着转机。危机管理是一门艺术，是企业发展战略中的一项长期规划。企业在不断谋求技术、市场、管理和组织制度等一系列创新的同时，应将危机管理创新放到重要的位置上。一个企业在危机管理上的成败能够显示出它的整体素质和综合实力。成功的企业不仅能够妥善处理危机，而且能够化危机为商机。

管理实践

华为的"末日管理"

华为是中国近二十年以来一直保持高增长、向世界级企业稳步迈进的公司。从业绩上看，这是一家狂飙突进的公司，同时，它又是一家一路哀歌的公司。任正非那篇著名的文章《华为的冬天》我们至今记忆犹新，而任正非与华为 2012实验室干部和专家充满激情又异常冷静的谈话，名为《华为的 2012》，或干脆称之为《华为的末日》，又给业界敲了一个警钟。

一、敏锐感知灾难的洞察力

只有内心足够强大和自信的公司，才敢把自己的名字与像冬天、末日等如此负面、严峻的语汇放在一起，表现出一种直面现实的勇气，一种在盛况中敏锐感知灾难的洞察力。任正非在观看了著名的灾难片《2012》之后，把华为的战略性研发部门命名为 2012 实验室，也叫诺亚方舟实验室。其用意非常明显，那就是，在彻底改变行业格局的毁灭性灾难来临之前，华为如何找到存活之道，如何打造能让公司在大洪水中安然无恙的诺亚方舟。

二、居安思危直面现实的勇气

所谓末日管理，就是用可能发生的灾变，倒逼眼前的路径选择，而不是被眼下的格局牵扯着走，直到路越走越窄，无路可走。吉姆·柯林斯说企业基业长青源于企业领导人的"高瞻远瞩"。高瞻远瞩的关键，恰恰是对巨大的危机和灾难有充分的感知力和想象力，真真切切地感受到灭顶之灾近在眼前，从内心唤起一种强烈的紧迫感，一种要改变现状的强烈的激情和执行力。

每当经营业绩让公司上下信心倍增的时候，任正非就会站出来"唱衰"公司，发布盛世危言，让公司管理层在心态上提前置身于"冬天"，置身于"大洪水"，提前准备粮食、寒衣，准备诺亚方舟。高瞻远瞩首先是一种直面死亡的勇气。

三、置于死地而后生的远见卓识

在任正非看来，企业在经营过程中，不仅要谋求竞争优势，而且要有意地消解、耗散眼前的优势；不仅要想着赚大钱，而且要想着"赚小钱"。它把华为的持续成长归结为能够"赚小钱"。他说："我们盈利能力还不如餐馆的毛利率高，也不如房地产公司高，还能让我们垮到哪儿去。我们垮不了。所以当全世界都在摇摆、都人心惶惶的时候，我们没有慌，我们还在改革。我们为什么能稳定，就是我们长期挣小钱。"

在中国，华为是少数在二十年来的产业风云变幻中持续成长，没有发生过大动荡的公司，正如华为是中国企业中少数真正有经营哲学的公司。它的经营哲学的核心，就是末日意识，那就是，以异常冷峻的心态，接收并放大来自未来的坏消息，提前将自己置于死地，然后置之死地而后生。2012 显然不是什么末日之年，但的确是转型和变革之年。而卓有成效的变革和转型，有赖于强烈的忧患意识。（资料来源：吴伯凡．华为的"末日管理"．网易财经，2012-10-11.）

思考题：你认为军人总裁任正非在华为一贯倡导的末日管理，其真实意图是什么？对公司基业长青有何意义？

名人名言

☆21 世纪最重要的，也是最独特的对管理的贡献，是制造业中手工工作者的生产力提高了 50 倍。21 世纪对管理最重要的贡献，同样将是提高知识与知识工作者的生产力。

——彼得·德鲁克

☆要使企业再造获得成功，必须要有高瞻远瞩的领导，同时，我们也不能低估流程再造中遇到的各种各样的阻力，包括来自组织结构的惯性以及实施再造所引发的阻力。

——迈克·哈默

☆未来最本质的竞争优势就是一个企业比竞争对手拥有学习得更快的能力。

——彼得·圣吉

☆管理，从根本上讲，意味着用智慧代替鲁莽，用知识代替习惯与传统，用合作代替强制。

——彼得·德鲁克

☆若不能从根本着手，奢谈企业管理是没有用的。管理没有秘诀，只看你肯不肯努力下工夫，凡事求其合理化，企业经营管理的理念应是追根究底，止于至善。

——王永庆

☆管理是由心智所驱使的唯一无处不在的人类活动。

——戴维·B. 赫尔茨

☆没有人能够左右变化看，唯有走在变化之前。

——彼得·德鲁克

"管理训练营"之模块八

项目一：交流分享

1. 试回忆一下在你本学期的生活、学习、工作中用过哪些管理理论与方法？有何成效？有什么心得与体会？请与同学交流分享。

2. 游戏：移数字，101－102＝1；规则：移动等式中的一个数字或者符号，使得等式成立（不能将数字对调，也不能是不等式）；目的：激发创新思维与应变能力。

3. 结合本章内容，参照名家名言，尝试写出 2～3 句管理警句，并不断鞭策与鼓励自己，自觉培养自己具有管理者的远见卓识，为将来成为一个优秀的管理者而养精蓄锐。

项目二：与企业家对话
优秀管理者的风采

杰克·韦尔奇被誉为全球第一 CEO。自 1981 年他接任通用电气公司（GE）第 8 任总裁以来到 1998 年，GE 各项主要指标皆保持着两位数的增长。到 2012 年年底，GE 的营业收入超过了 1 476 亿美元，已连续多年名列财富 500 强前列。

1989 年美国《财富》杂志介绍杰克·韦尔奇的人格特征和经营理念时，归纳了以下几点：

（1）掌握自己的命运，否则将受人掌握；

（2）面对现实，不要生活在过去或幻想之中；

（3）坦诚待人；

（4）不要只是管理，要学会领导；

（5）在被迫改革之前就进行改革，若无竞争优势，切勿与之竞争。

目前，GE 公司每位员工都有一张"通用电气价值观"卡。卡中对领导干部的警戒有 9 点，包括痛恨官僚主义、开明、讲究速度、自信、高瞻远瞩、精力充沛、果敢地设定目标、视变化为机遇以及适应全球化。对于 21 世纪的领导人，GE 提出了"A 级人才标准"，并向各个业务部门和全球推广。这种领导人需要具有 4E 品质，即：充沛的精力；激发别人的能力；敢于提出强硬要求——要有棱角；执行的能力——不断将远见变为实际的能力。

韦尔奇将管理的 3 个手段——T（技术）、P（政治）、C（文化）视为一条绳子的 3 股线，3 股线交织得越紧密，则绳子就越结实。在对 GE 的改革中，韦尔奇同时也充分发挥了三大控制手段——警察、媒体与学校的作用，GE 的"警察"是指专门吹毛求疵的专业干部以及策略规划和财务审计人员；"学校"是指培训干部的克罗顿维尔学校；"媒体"则包括各种印刷品及广播电视。

为了使企业更具有竞争力，在"硬件"上，韦尔奇通过著名的"数一数二"原则来裁减规模，进而构建扁平化结构，重组通用电气的产业；在"软件"上，则尽力试图改变整个企业的文化及员工的思考模式。20 世纪 90 年代以来，公司年复一年的增长源于一直在全公司范围内推行的三大增长措施——全球化、服务和六西格玛质量标准。

到了 20 世纪 90 年代初期，韦尔奇认识到服务导向比产品导向重要。于是他决定将通用电气的重点从卖产品转变为向用户提供解决方案。

"成功属于精减敏捷的组织。"GE 人非常讲究速度、简洁和自信。韦尔奇相信，自信可以使复杂的问题简单化，而简单的程序可以保证快速的应变。用他一贯主张的速度原则表述便是，最少的监督、最少的决策拖延、最灵活的竞争。

GE 为使这一运动取得最佳效果，改变了管理评价和奖励制度。新的全方位管理评价制度使领导注重发现和奖励那些表现出这样一种能力的人，他们能够使公司内的每一个人每天都在不懈地寻找新创意——寻找更好的方法。同时 GE 提出扩展性目标的考核法，韦尔奇认为，"年终时，我们所衡量的并非是否实现了目标，而是与前一年的成绩相比，在排除环境变化因素的情况下，是否有显著的成长与进步。当员工遭受挫败时，我会以正面的酬赏来鼓舞他们，因为他们至少已经开始改变。若是因为失败而受到处罚，大家就不敢尝试和行动了。"

韦尔奇认为任何企业都有两类问题：硬性问题和软性问题。硬性问题包括财务、营销、技术和生产等，而软性问题是关于价值观、士气和沟通等。硬性问题通常会影响到企业的底线——利润线，而软性问题则会影响到企业的上线——营业收入总额。

企业文化与价值观是企业管理中最模糊的领域，也是迄今为止最具挑战性的一环。

（资料来源：王志美. 管理学原理［M］. 北京：中国物资出版社，2004.）

思考题：

1. 杰克·韦尔奇曾说："对我的衡量，不是现在，而是我退出通用 5 年后的业绩。"谈谈你对这句话的理解。

2. 在 21 世纪，对企业管理者最具有挑战的领域是什么？

项目三：小试牛刀 1

富士康跳楼事件引发的管理思考

2010 年上半年，随着富士康"N 连跳"员工自杀事件的发生，富士康公司一时成为风口浪尖上被人们高度关注的焦点。针对富士康接二连三的员工自杀事件，人们从不同角度寻找原因。从管理角度看，富士康公司在生产运营中所存在的以下一些现象已经引起人们的格外重视。

一、高度机械化的紧张劳动

"我已经在这里做了有 5 年多了，每天都重复着枯燥的操作。到现在虽然工资涨了一些，却总是感觉没有出头之日，看不到希望，这样下去终究不是办法。"富士康观澜厂区员工张金告诉《每日经济新闻》记者，自己中专一毕业便进入富士康工作，一干便是 5 年。前段时间频繁的跳楼事件发生之后，他选择了辞职。"工作感觉就像是一个机器，流水线上单调枯燥的动作要反复不停地重复着。"对"N 连跳"，已经回到湖北老家的张金显得并不奇怪，"在电视里面已经看到新闻了，这是迟早的事，光在我们组，很多同事都做得很郁闷！但是没想到跳楼这么密集。"富士康新闻发言人此前表示，"如果我们是血汗工厂，为什么每天会有这么多人排着队要进来？"但这也被人直指"恰好暴露出富士康同样每天都有大批人排着队离开"。据悉，因为流失率太高，人力严重不足，导致生产线上的人均劳动强度比以前更大。

二、半军事化的管理让人与人之间缺少必要沟通

从富士康企业管理的角度说，富士康实行"半军事化管理"，如同卓别林电影《摩登时代》，工人没有自己的思想、权利，纯粹是流水线上的一颗螺丝钉、一个智能机器人，自愿"加班"，不得不"任劳任怨"。而富士康的企业文化缺失，40 万工人生活在相对封闭的环境，很多时候同一宿舍的人也叫不出彼此名字。曾经在公司组织的一次新年联欢会上，主持人给参与的员工出了一道有奖问答题，题目是请说出你同一宿舍的同事的名字，说出一个就可以得一份奖品，可令人吃惊的是，这样一个简单的问题居然没有几个人能获奖。

高强度的工作压力、缺乏精神关怀，在此前提下，自杀率再高也没什么意外。

三、层级森严的管理制度设计

富士康的管理制度层级森严。公司对于内地籍员工，分管理职位、薪资资位、岗位职系三条线管理，以多重标准考核员工和定岗定编。最简单的是岗位职系，意即"工种"。最复杂的是资位，分为"全叙"和"不全叙"；"全叙"又分

为员级和师级，员级分为员一、员二、员三，师级又分为师一到师十七。每个级别的薪资都不同，这套体系始自台湾地区军队的管理等级划分方法。至于管理职位，也从组长、课长、专理，到经理、协理，再到副总经理、总经理、副总裁等，一个事业群的级别高达12层。富士康有12个这样的大事业群，之间还存在竞争，每年都要根据业绩进行排名。而这种层级的晋升往往通过后浪推前浪的方式进行，对这种层级制度，有人批评它缺乏灵活性，也有人认为这种简单的晋升会使一些管理者，特别是基层管理者缺少必要的管理技能，这也是导致一些管理人员对操作层员工管理手段简单粗暴的又一方面原因。

四、"处罚文化"下的激励制度缺陷

当人们满足了基本生存和安全的需求后，友爱和社交需要会显得越来越重要；不幸的是，富士康内部沟通交流方式就是命令，无视那些最普通的劳动者基本的心理需求。据一些接受媒体采访的富士康前员工回忆，富士康内部"缺乏人与人之间的尊重"、"员工关系冷漠"，富士康虽然企业精神"非常严谨"，但企业文化冷漠，"对员工精神生活关注不够"。据此，不少声音指出，富士康频频发生命案，源于缺少"人文关怀"的企业管理文化。对富士康来讲，尽管"N连跳"在法律上没有责任，但在道义上无法逃脱伦理道德的谴责。

有舆论认为，富士康的经营管理者必须来一次彻底的经营观念转变。管理者首先要认识到，在企业尤其是制造型企业里，员工特别是一线员工才是创造价值的主体。管理者应该把自己的工作定位为向员工提供服务，而非传统意义上的"监督、管理"。学会尊重员工的人格，为员工创造良好（愉悦）的工作环境，把"以人为本"的优秀管理思想真正体现在具体的管理行动上，尽可能让员工活得更有尊严，赋予劳动者更充分的尊重，而不是简单的"处罚文化"，这也许是富士康在企业文化再造上应该思考的问题。

讨论题：请结合管理学的相关理论，分析材料中所反映的富士康公司在管理中存在的不足，并谈谈你对完善相关管理应该采取的措施与制度的建议。

项目三：小试牛刀2

"小米"有道

2012中国经济年度人物新锐奖颁奖词，说雷军是最成功的投资人之一。既非出身手机世家，也非当热安卓阵营中的兄弟，新生小米却能比肩国内一线品牌，其大红大紫的表现让人们对其刮目相看。2001年雷军跻身中国福布斯富豪榜，年过不惑，他决定投身创业。他想只在互联网上卖手机。有人说他异想天开。根据数百万用户的意见定制手机，在他看来，这才是小米最大的创新。2012年小米共销售719万部小米手机，获得126.5亿元的含税销售额，年度纳税总额达到19亿元。小米手机的成功，有方方面面的因素，单从创新的角度看，主要有以下几个方面。

一、营销手段创新

小米手机除了运营商的定制外，只通过电子平台销售，最大限度地省却了中

间环节，运营成本比传统品牌大大降低，从而为终端销售价格的降低成为可能。此外，良好的用户体验，增加了顾客的口碑；饥饿营销中秒杀、预售到 F 码、小米之家，各种手段频出，挤牙膏式的发货，配合大量事件营销大大提升了用户关注度；依靠 MIUI、米聊，以及发烧友为原点带动的口碑营销等独具匠心的手法，是其成功的主要原因。

二、商业模式创新

目前国内众多的手机厂商都是靠卖手机赚钱，但小米作为一家互联网公司更多地在意用户的体验，尽管价格很低，但只要有足够多的用户群，就会通过终端销售与服务获得盈利。小米不仅是有自主知识产权的品牌，而且有系统级产品服务，所以在手机移动终端的背后有一个庞大的市场。

三、竞争策略创新

小米在激烈的市场竞争中找到了属于自己的蓝海，即不依靠硬件赚钱的模式来发展手机产品，软硬件一体化，战略定位是价格向下、配置向高，赢得了自己的竞争空间；同时，手机与互联网混合经营。小米相对于一般竞争对手安卓有多个竞争优势（MIUI 米聊等），而且与哪些关联公司（金山软件、优视科技、拉卡拉、凡客诚品等）进行快速整合、对接，形成一个以小米手机为纽带的移动互联网帝国。真正既懂鼠标又懂水泥，将两者结合起来是小米的杀手铜。

四、战略思维创新

手机是目前人们不可或缺的随身移动电子设备，未来所有的信息服务与电子商务服务都要通过这个设备传递到用户手上，谁能够成为这个入口的统治者谁就是王者。而王者必须集硬系统软件与云服务于一体，这就是雷军所说的"铁人三项"，再加上 CPS 即通讯录、电话与短信。未来小米的核心竞争力是从地面的硬件到天上的云端。尽管目前雷军和他的小米面临诸多的考验，但我们希望他和他的团队，一路走好。（资料来源：艾瑞."小米"有道. IT 商业新闻网，2012-04-26.）

讨论题：你认为雷军和他的小米今后面临哪些主要问题？如果你是雷军，你如何持续提升小米的核心竞争力？

项目四：自我评估 1

你适合做管理者吗？

1. 如果让你选择一个职业，你喜欢做一个
A. 医生（　　　）　　　　　　　　B. 勘探员（　　　）
2. 你喜欢读哪一方面的书？
A. 地理学（　　　）　　　　　　　B. 心理学（　　　）
3. 你喜欢怎样度过一个夜晚？
A. 做新家具（　　　）　　　　　　B. 和朋友做游戏（　　　）
4. 如果某人耽误了你的时间你会怎样？
A. 总是很耐心（　　　）　　　　　B. 往往会发火（　　　）

5. 你喜欢

A. 会见陌生人（　　）　　　　　　　B. 看展览会（　　）

6. 你喜欢别人称你

A. 善于合作（　　）　　　　　　　　B. 机智多谋（　　）

7. 每样东西多各就各位这对你

A. 很重要（　　）　　　　　　　　　B. 不怎么重要（　　）

8. 如果你强烈反对某个人你会

A. 力求最大的统一，使争论最少（　　）

B. 在原则问题上争个水落石出（　　）

9. 你是否能够容易地放下一本正在阅读的有趣的书

A. 能（　　）　　　　　　　　　　　B. 不能（　　）

10. 在一出戏中，你喜欢演哪种角色？

A. 政治家（　　）　　　　　　　　　B. 工程师（　　）

（参考答案：选择的 A 越多，越适合做管理者，至少在 6 个以上。）

自我评估 2

你创造能力有多强？

1. 即使是十分熟悉的事物，你也常用陌生的眼光审视它。

2. 你评价资料的标准首先是它的来历而不是它的内容。

3. 对所从事的事业即使遇到困难和挫折也不会动摇你的意志。

4. 你从来不做那些自寻烦恼的事情。

5. 聚精会神工作时，你常常忘记时间。

6. 你特别关心周围的人对你的评价。

7. 你最愉快的是对某个问题深思熟虑、精推细敲。

8. 你不认为灵感能揭开成功的序幕。

9. 你对周围的事物有好奇心，一旦产生了兴趣便很难放弃。

10. 你认为把事情做得尽善尽美是不明智的。

11. 遇到问题，你能从多方面探索它的可能性，而不是拘泥于一条思路。

12. 那些没有报酬的事，你从来就不想干。

13. 你对于事情过于热心，当事情完成之后总有一种兴奋感。

14. 按部就班、循序渐进才是解决问题最正确的方法。

15. 你宁愿单枪匹马，也不愿和许多人搅在一起。

16. 自己和朋友争论问题时，你宁可放弃自己的观点，也不使朋友难堪。

17. 对你来说，提出新建议比说服别人接受这些建议更重要。

18. 你所关心的是是什么，而不是可能是什么。

19. 你总觉得你有用不完的潜力。

20. 你不能从别人的成败中发现问题、吸取经验和教训。

计分方法

上面共列出 20 个测试题，每题 2 分共 40 分，凡在单号题 1、3、5……答"是"的得 2 分，答"否"的得零分；在双号题 2、4、6……答"是"的得零分，答"否"的得 2 分。

测试结果

28～40 分：创造力强。你具有许多不寻常的个性心理特征。你既能灵活深刻、有条不紊地思考问题，又能将思考的结果加以实现，这是你最大的优势。你是个人才，如果已经有所成就就要戒骄戒躁，如果暂时还没有也不要急，只要努力，总会崭露头角。

16～26 分：创造力一般。你习惯采用现有的方法与步骤考虑问题、处理问题，虽比较保险，但难有大的突破。思维灵活性是创造力的基础，你不妨做些自我训练，说不定机会适合时会显出你的才干。

项目五：管理群英会

1. 课程即将结束，回顾一下你学习整个课程的心路历程，把学习管理学的点点滴滴进行梳理，要求不是简单的知识点的回忆，而是在其过程中有哪些是促使你成长的东西，包括感悟、体验、借鉴与教训。（要求：给自己做一个合适的定位，如总经理、董事长、主任或一名出色的员工等，并以此角色参加大会。）

2. 结合中国企业的现实，你认为在立足于本土实际的基础上，如何借鉴国际先进管理理念与方法，探寻中国企业独特管理模式？你有何见解？

3. 请根据以上两点，在管理实践基础上，上升到理论高度，写一篇论文，题目为"如何成为一个优秀管理者的自我规划"，要求有理有据、合情合理、真情实感，富有启发与借鉴意义。同时请做成 PPT 与你的同学分享交流。

4. 课程结束了，但自我的修炼刚刚开始。许多管理的道理与精髓需要一生去感悟与修炼，期望你从这里起航，牢记正确地做正确的事，顺利驶向你憧憬的成为优秀管理者的理想彼岸。

参考文献

[1] 刘若溪. 管理学一本通 [M]. 北京：中国华侨出版社，2013.

[2] 邵喜武，林艳辉. 管理学实用教程 [M]. 北京：北京大学出版社，2010.

[3] 周健临. 管理学教程 [M]. 上海：上海财经大学出版社，2001.

[4] 单凤儒. 管理学基础 [M]. 北京：高等教育出版社，2004.

[5] 孟英玉，张桂荣. 管理理论与实务 [M]. 北京：北京大学出版社，2008.

[6] 陈国海. 管理心理学 [M]. 北京：清华大学出版，2012.

[7] 温德诚. 精细化管理Ⅱ [M]. 北京：新华出版社，2005.

[8] 汪中求. 细节决定成败 [M]. 北京：新华出版社，2004.

[9] 黄铁鹰. 海底捞你学不会 [M]. 北京：中信出版社，2011.

[10] 黄雁芳，宋克琴. 管理学教程案例集 [M]. 上海：上海财经大学出版社，
     2001.

[11] 苏勇. 东方管理案例精选一 [M]. 上海：复旦大学出版社，2008.

[12] 吕进. 老经理侃管理 [M]. 北京：中国工人出版社，2004.

[13] 吕国荣. 改变世界的100道管理鸡汤 [M]. 北京：中国经济出版社，2005.

[14] 周瑞. 培养员工品质的100个拓展训练 [M]. 北京：中国经济出版社，2010.

[15] 刘松. 管理智慧168 [M]. 北京：机械工业出版社，2005.

[16] 徐国华，张德，赵平. 管理学 [M]. 北京：清华大学出版社，1998.

[17] 斯蒂芬·P·罗宾斯〔美〕. 管理学 [M]. 北京：中国人民大学出版社，2004.

[18] 王利平. 管理学原理 [M]. 北京：中国人民大学出版社，2000.

[19] 许庆瑞. 管理学 [M]. 北京：高等教育出版社，1999.

[20] 张玉利. 管理学 [M]. 天津：南开大学出版社，2004.

[21] 邢以群. 管理学 [M]. 杭州：浙江大学出版社，2005.

[22] 芮明杰. 管理学——现代的观点 [M]. 上海：上海人民出版社，1999.